21 世纪通识教育系列教材
21st Century Textbooks of General Education

中华文明通论

A General Survey of Chinese Civilization

罗世琴　李京泽 ◎ 主编

中国人民大学出版社
· 北京 ·

·出版说明·

随着信息时代的来临、经济全球化的深入与文化软实力竞争的加剧，重视大学生人文素养与创新能力的培养，提升大学生的综合素质，已成为各国教育改革与发展关注的重点和热点。人们越来越意识到：高等教育不仅要培养大学生良好的专业素质，更重要的是使得他们在走向社会之后拥有长足的自我拓展能力。只有以宽口径、厚基础、复合型为人才培养目标，才能更好地提高我国高等教育的质量，培育出适应现代社会需求的具备公民意识、社会责任感与创新精神的优秀人才。

从中外大学通识教育的实践来看，通识教育是一项系统工程，而课程体系建设始终是推进通识教育的核心任务，教材建设则又是其中的重要环节。为满足广大高校师生对高质量通识教育教材的需求，中国人民大学出版社组织多学科、多领域的专家学者，在广泛调研与深入研讨的基础上，组织编写了这套“21世纪通识教育系列教材”，为推动高等学校通识教育教材建设进行了努力的探索。

本套教材分为人文、政法和经管三大板块，定位为非专业统开课教材，突出“通识”的特色，强调内容阐释的“基础”和“宽度”，力求突破单纯的“专业视域”或“知识视域”，引导学生调整知识结构，拓宽文化视野，以达成人才培养效果上的“宽度”，从而实现高等教育培养复合型人才的目标。

本套教材中的每一本均由该学科领域有影响力的专家学者领衔编写。通识教材的“基础”与“宽度”，需要特别重视教材纲目与内容的适用性、可拓展性和灵活性。唯有在该领域具有丰富教学经验及精深学术水准的名家，方能“取精用弘，由博返约”，编写出体现“通识”特色的高水平教材。

本套教材形式与内容和谐统一，教材内容基础适用，语言简洁生动，并辅以典型、有趣的案例和图表，轻松活泼的栏目和插图等，图文并茂，引人入胜，照顾到青年学生群体的阅读习惯。

作为出版者，我们特别希望通过加强通识教育教材建设，推进高校课程体系的融会贯通，提高学生跨学科、跨文化的理解能力，为学生未来的职业生涯与人生发展奠定良好的知识和能力基础。这套通识教育系列教材只是开始，期望更多的专家学者共襄此事，推进通识教育教学的改革与发展。

中国人民大学出版社

目　录

经邦治世篇

文化信仰篇

社会生活篇

经邦治世篇

第一章　战国历史巨变与《韩非子》法术势互补思想

蒋重跃*

各位同学大家好！很高兴今天我们一起讨论这个话题。

大家结束高中学业不久，对学过的中学历史课本应该还有印象。我们今天要谈的韩非，在中学课本里是提到过的。不过，他的名字不会出现在高级别的章节标题上。孔子会在较高级别的章节标题上出现，秦始皇也会在较高级别的章节标题上出现，韩非不会，他的故事一般是藏在标题下的文字里面的。与孔子和秦始皇比起来，韩非的知名度没有那么高。从汉代开始，韩非的形象出现了负面的倾向，历史上人们往往羞于承认自己读过《韩非子》。史家若说某人读《申》（申不害著作《申子》的简称）《韩》，那多半是在批评那个人。这说明在两千多年的历史上，有一个文化传统，那就是贬低法家，贬低韩非。

为什么要贬低韩非？韩非主张治理国家要诉诸物质激励，还要使用法律制裁。其实儒家也承认保障民众生活和遵守国家法制是治理国家必不可少的手段，听起来与韩非的主张差不多，但他们还认为，要想做到长治久安，最好的办法莫过于道德教化，激发百姓的善良本性。而韩非却认为，要想使百姓服从国家的意志，不能靠道德的劝导。人出于本性，只有为了获得利益，或惧怕惩罚时，才会服从，怎么可能发自本心地主动实践国家确定的“公义”呢？韩非遭到贬损，大概是因为他不大看好道德教化的意义，又有纵容物欲、助长强权的倾向吧。

不过，汉朝以后的两千多年里出现了一个奇怪的现象，韩非虽说总是受到批判，可是他的书却是先秦诸子中保存得最完好的；表面上没有几个人承认自己读《韩非子》，可是每当需要，又总会有人偷偷去读。为什么会是这

---

* 蒋重跃，北京师范大学历史学院教授、博士生导师。研究领域：中国古代历史理论，先秦诸子，世界史研究方法论。代表性学术成果：《道的生成与本体化》《韩非子的政治思想》《先秦两汉学术思想蠡测》《古代中国文明》《人文社会科学基础》。

样呢？

还有一个问题也挺有趣。秦国在法家（包括韩非）理论的指导下夺取了天下，应该说法家获得了巨大的成功。但是统一之后仅仅15年，秦朝就灭亡了。法家（包括韩非）应不应该承担责任？

两千多年过去了，韩非那段令人嗟叹的悲剧人生，早已成为历史的陈迹了。可是，为什么今天还要提起呢？韩非所倾力构筑的法、术、势互补的思想体系对于今天的我们究竟有怎样的意义呢？

要想回答这些问题，就要对法家思想有所了解。韩非是法家思想的集大成者，了解韩非思想，对于理解法家思想，理解秦国的意识形态，理解古代中国两千多年法治传统，理解今天的法制建设任务，应该会有所帮助。

今天我要讲的就是韩非的法、术、势互补思想以及这个思想对于中华法治新传统的形成所具有的重要意义。内容包括三部分：第一，韩非面对怎样的社会现实？或者说他要解决的问题是什么？第二，韩非作为一个理论家，他的理论基础是什么？第三，韩非思想中最核心的内容——法、术、势是怎样互补的？或者说法、术、势这三者是怎样结合起来的？这个思想对于中华法治新传统产生了哪些影响？

一、韩非面对的社会现实

（一）春秋战国时代的变革

首先我们来讲时代的问题。在座的有200人，我们这200人，同时坐在教室里面，面对同一个时代，但是在我们的心目中，“时代”的定义是完全一样的吗？应该说有一样的地方，也可能有很多还是不一样的。因为我们每一位同学个人的经历是有所不同的，每个人关注周围环境的兴趣和角度也是有所不同的。虽然我们处于同一个时代，但是在我们的思想中，对于时代的理解，每个人有自己的角度和途径。思想家对所处的时代大概也是如此。

韩非生活在战国的后期。就大的时代背景来说，从春秋后期的孔子到战国后期的韩非这二百多年的时间，总体上处于同一个大的时代，但这个时代又可划分为不同的阶段，不同阶段的思想家对于时代的理解是不一样的。如果再进一步，我们会发现，同处一个阶段，不同派别的思想家，对时代的理解也会有所不同；即使是在同一派别中，不同的思想家对时代的理解也会有着深刻的差异。总的来说，在儒家学者眼里，时代虽然不好，人还是人，人性中不变的善良还在，所以总还是有希望的，人还可以通过教育成就美好品德。法家学者在很多情况下沿用了通行的儒家语言，在这个意义上，他们有时也承认时代不好，时代的人性状况同样不好，但却认为无法也无须通过教育来改善，只能靠物质刺激和法律制裁加以规范。为什么会是这样呢？

思想家的时代背景，有共性的一面，更有个性的另一面。所谓共性的一面，是指对当时的所有人都一样的东西，那就是春秋战国时期是社会剧烈转型的时期。对此，古代中国的知识精英早已认识到了。

王夫之是明末清初的一位大思想家，他说战国时代是“古今一大变革之会”（王夫之《读通鉴论》）。他的意思是中国历史可以分为两个阶段，一个叫作“古”，一个叫作“今”，古今两个阶段的交会点，或曰转折点，就在战国。

跟他同时代的另一位大思想家顾炎武对春秋战国时期的社会变革做了这样的描述：“春秋时犹尊礼重信，而七国则绝不言礼与信矣；春秋时犹宗周王，而七国则绝不言王矣；春秋时犹严祭祀重聘享，而七国则无其事矣；春秋时犹论宗姓氏族，而七国则无一言及之矣。”（《日知录·周末风俗条》）

顾炎武想说的大概是这几点：

第一，春秋时期还遵守传统的礼制，还看重诚信，还尊崇周天子。周幽王烽火戏诸侯，西周灭亡了。他的儿子平王迁都洛邑建立东周，历史进入春秋时代。这个时期，天子的权威下降了，诸侯的势力上升了，虽然许多邦国间的大事都是诸侯说了算，但好歹还在名义上尊重周王的天子地位。诸侯之间也还讲究礼数。即使是两军对垒，胜利一方的将军来见被俘的敌方君主，还要尽臣子之礼，恭恭敬敬地奉上礼物。到了战国就不再尊重周王了。古人有一句话：“天无二日，民无二王。”西周只有一个日、一个王，即使是春秋时期，诸侯并起，但是天下也还是只有一个王，这个王就是周王。春秋时期华夏系统的诸侯叫什么呢？齐桓公、晋文公，他们还不敢称王。到了战国，华夏系统的诸侯就有了齐威王、梁惠王、赵武灵王、燕昭王、秦惠文王。这意味着华夏系统的诸侯已经不再把周王当作天子，而是自己要当天子了。更不要说非华夏系统的“蛮夷戎狄”了，他们不遵守华夏礼法，早早地就自行称王了。在原来的政治信仰中，天下只能有一个王，可七国的君主都想当这个王，结果就只能诉诸战争，而且是你死我活的，这就是兼并战争。这种战争与春秋时期的争霸战争不同，既不是打着周天子的旗号抵御异族的侵扰（“尊王攘夷”），也不是复兴被灭亡的其他华夏诸侯，延续他们几乎断绝的宗族祭祀（“兴灭继绝”），而是消灭与自己竞争的其他邦国，最后只能剩下一个兼并了其他邦的邦，这个邦就将成为统治天下的政权，这个邦的君主就将成为统治天下的新的唯一的天子了。

第二，春秋时期还实行较为严格的祭祀活动，看重诸侯之间的往来（“严祭祀重聘享”）。因为那时的诸侯国很多是亲戚，这与宗法制度有关，他们都要在周天子带领下祭祀同一个祖先，互相还要根据礼数往来聘问。到了战国时期，诸侯国之间展开了你死我活的战争，哪还顾得上祭祀共同的祖先？当然，诸侯之间也有访问，可那更多的是邦交斗争，是策士们施展纵横之术的智谋博弈罢了。

第三，春秋时期还要论宗族、辨姓氏（“宗姓氏族”）。古代有“姓”和“氏”的区分。姓是原生氏族的标志。氏族实行族外婚，即所谓“同姓不婚”。为了做到这一点，就必须辨明氏族，也就是姓。不过，随着族群繁衍，同姓的分支越来越多，分支就叫作氏。春秋以前姓和氏还是两回事。比如我姓蒋，这是今天的说法。如果在春秋时期或之前，我的姓可不是蒋，那只是我的氏，我的姓应该是姬。柳宗元《捕蛇者说》称主人公为“蒋氏”，是对的。蒋氏追溯上去，祖先是周公，周公的第三个儿子伯龄分封到河南的“蒋”这个地方，所以后人就以地名“蒋”为氏。周公是姬姓，所以蒋氏也是姬姓。西汉的时候，姓和氏就已经混淆了。

总之，我们的古代思想家发现了春秋和战国的历史巨变，目光是犀利的，描述也是准确的、精彩的。但是怎样理解这个时代的本质属性呢？或者说能不能用更加精练的语词把这个时代的最有典型意义、最为深刻、最足以区别于其他时代的本质特点概括出来呢？古人有用“礼崩乐坏”来概括的，可能是比较深刻地表现这个时代精神的一种表述。不过，对于习惯了社会发展史的当代人来说，这种表述仍然是一种描述，解释力犹有不足。礼崩乐坏在历史上会经常出现，这一次的礼崩乐坏与其他阶段出现的礼崩乐坏有什么异同？还是说不清楚。为了找到解释效果更好的说法，人们不得不另辟蹊径。

我们大家都是学习马克思主义的。恩格斯说马克思平生有两大贡献，一个是唯物史观，一个是剩余价值学说。什么是唯物史观？唯物史观给我们提供了一个视角，一套方法，让我们认识社会发展和变革的最深刻的本质，或者说让我们深入人类社会的基本结构，认识社会历史变化的原因。首先，人要生存，就必须生产，要生产就必须结成一定的生产关系，于是就出现了第一对矛盾，即生产力跟生产关系的矛盾。我们都知道生产力决定生产关系，一定的生产关系一定要适应并反作用于一定的生产力。生产力与生产关系就构成了通常说的社会的经济基础。有什么样的经济基础就会有与之相应的政治、社会制度和意识形态等上层建筑。由此构成第二对矛盾，即经济基础和上层建筑的矛盾。在马克思主义看来，不管有多少种社会现象，归根结底，人类社会无非就是这两组矛盾的运动，这个运动推动了社会的发展和变革。

按照马克思主义的理解，人类历史的发展变动大体上要经过五种生产方式或曰五个阶段，即原始共产制社会、奴隶制社会、封建制社会、资本主义社会、社会主义/共产主义社会。中国的马克思主义历史学家运用这个观点来分析中国历史，发现春秋战国时期的生产力和生产关系、经济基础和上层建筑的结构性矛盾运动确实有本质性变革。有的历史学家认为，春秋战国时期中国社会的变革是从奴隶制社会向封建制社会转型；也有的历史学家认为，春秋战国的转变是领主封建制向地主封建制转变。无论如何，马克思主义给我们提供了一个认识社会发展根本原因的基本方法，这样，就可以把春秋战国时期社会结构变革的性质解释清楚了。这样的定性，比单纯罗列若干现象显然要深刻得多、有效得多。

马克思是 19 世纪的德国人。19 世纪法国历史学家古朗日则从另一个角度研究世界历史。他发现古希腊罗马那个时代（大体相当于中国的春秋战国秦汉时期）人类的历史发生了巨大的变化，他认为这是人类共同体的组织方式和规模的变化，也是与之相应的宗教信仰的变化。一方面是从氏族到部落到城邦，再到地区性国家，最后形成世界性帝国，另一方面宗教也随之发生变化，开始时是一家一户供奉自家的神，后来崇拜氏族部落的神，再后来信仰地区国家的神，最后出现了跨地区的、世界性的一神教。古朗日的研究贡献也很大，中国学者李玄伯不但把这部书翻译成中文，还照着这部书的结构撰写了《中国古代社会新研》，特别是用“古代城邦向帝国的转变”和“古代宗教信仰的发展转变”的基本结构来认识中国春秋战国时期的历史变革，产生了很大影响，也为我们认识春秋战国时期的社会变革提供了另一个视角。

19 世纪英国法学家亨利·梅因在他的名著《古代法》中也贡献了一个看待历史变化的视角。他是从人的自然身份、人的法律身份的角度来看问题的。他有一句名言：“所有进步社会的运动，到此处为止，是一个‘从身份到契约’的运动。”什么叫身份？身份就是你生下来是什么等级就是什么等级，出身于贵族家庭的自然就是“高贵的”，奴隶生下的后代还是奴隶。什么叫契约？所谓契约，就是自由人相互之间达成的协议。要想跟人签协议，必须具有平等身份，必须是自由人，这样，才能做自己的主。读《左传》就知道，春秋时期，政治舞台上活跃的人物基本上是贵族，主角绝对是贵族。我们大家读过的课文里就有这样的人物，例如，《曹刿论战》中的曹刿、《晋灵公不君》中的赵盾、齐国的晏婴、郑国的子产、楚国的子文等等，春秋时期，是这种人的天下。到了战国时期，活跃在政治舞台上的角色就掺和进来很多没有贵族血统的人了，即使有些人祖上曾是贵族，到了他这一代也早已不是贵族了。像李斯，就出身楚国的平民。商鞅以公孙为氏，说明他祖上曾是贵族，可是到了他这一代只是平民，靠着个人的知识和技能谋生。《战国策·齐策》中有“冯谖客孟尝君”的故事，我们在中学课本中读到过。那位动不动就唱出“长铗归来乎……”的冯谖，连生计都成问题，却靠着智谋，设计了狡兔三窟之计，成了孟尝君的座上客。魏国公子信陵君无忌，靠着结交看门的侯嬴和市井屠夫朱亥，成就了个人的名声。孟尝君想逃出秦国的虎口，靠的不是别人，而是几位鸡鸣狗盗之徒的相助。这些个下层人物，竟然成了故事的主角，这在春秋时期是无法想象的。这就是从身份到契约转变的时代主题在历史上的生动表现，由此，我们发现了理解春秋战国时代社会变革的又一个视角。

让我们再回到德国，哲学家雅斯贝斯（出生于19世纪，活跃于20世纪中期以前）发现，从公元前8世纪到公元前3世纪这500年中，在古希腊、中近东、印度和中国，不约而同地涌现出了一大批杰出的大思想家。他们创造了各自的思想，这些思想一直影响到今天，记录这些思想的伟大著作直到现在仍然是广为阅读的经典。我们今天的言说方式、思想方式、行为方式基本上还是苏格拉底、孔子、佛陀在那个时代开创的传统。今天的人其实并不比那时的思想家高明，今天的学者未必达到了那时的思想家的高度，今天的人们仍然需要不断地从那时的作品中学习知识，汲取智慧，接受启迪。今天我们面临着许多问题，不得不到那时的著作中寻找答案。雅斯贝斯把那个时代叫作“轴心时代”。所谓轴心，指的是门的枢轴，有了枢轴，门就可以开合。历史就像隔着一扇门，被分为两个阶段，一古一今，当门沿着枢轴打开，人类就可从一个房间来到另一个房间，时代就进步了。轴心时代创造的文化，雅斯贝斯叫作“轴心文化”，他认为，今天的人们尽管有了古代、中世纪、近代、现代、当代的划分，其实，仍然生活在轴心时代创造的文化传统之中。雅斯贝斯把历史分为两个阶段，跟王夫之一样。但是他用文化和思想来为历史的变化做标志，为我们提供了又一个看问题的角度。按照轴心文化的标准，今天的人们其实与轴心时代的大思想家是生活在同一个时代的，今天我们的生活方式、思考问题的方式，与苏格拉底、孔子和佛陀开创的思想属于同一范畴，包括韩非在内的春秋战国时期思想家开创的传统，就是我所说的新传统。

根据上述，我们可以从社会结构和规模、宗教信仰形式、人的身份、轴心时代思想等的变化来认识和理解春秋战国时期，认识和理解那时的思想，认识和理解韩非对中华法治新传统的贡献。

（二）韩非心目中的时代主题：“上下一日百战”

春秋时期邦国林立，周天子影响越来越小，一些有势力的诸侯国打着“尊王攘夷”的旗号，纠集其他诸侯，结成联盟，于是出现了争霸斗争。到了战国时期，随着形势的发展，七雄间相互兼并成为这个历史阶段的主要内容。韩非所在的韩国是个弱国，东面是魏国，南面是楚国，西面是秦国，北面是赵国，四面都是大国。这个小邦外部危机四伏，内部又矛盾重重，韩非就生活在这个环境里面。他是王室的公子，但是地位比较可怜。因为不是嫡出，与君主较为疏远。但作为王室成员，他又非常担忧国家的安危和前途。处于这种境地的人往往会很敏感，所以能发现很多问题。韩非有智慧，有学问，他怎样看待时代的课题？肯定与儒家不同。儒家认为时代最大的课题就是教育，认为只要把人教好，就会解决社会的根本问题。韩非认为靠教育解决不了问题，为什么呢？面对“古今一大变革之会”，他发现“上下一日百战”才是最为严峻的问题。新生的官僚制度内部上下级的关系异常紧张，已经到了“一日要打一百次仗”的程度，处理这样紧张的关系，单纯用说教怎么能行呢？

那么，韩非的看法有没有道理呢？或者在什么意义上是有道理的呢？或者有着怎样的道理呢？我们可以对当时的历史背景做一个大致的了解。

春秋战国时期，铁器普及，私田拓展，城市繁荣，商业发达，信贷活跃，这些是当时的普遍现象。铁器普及也就是生产工具的进步，必然带动生产力的提高，促进社会经济的发展。社会进步的同时，社会矛盾也越来越尖锐，尤其以信贷的情况为最糟糕，它一方面可以刺激经济发展，另一方面又会带来很多现实的不平等的问题，高利贷活动猖獗就是那时严重的社会问题之一。

在文化上，风气开通、教育进步、思想深化是当时显著的社会现象。春秋时期，周天子没有什么权威了，由周王室主持的贵族教育也难以维持，王室的知识分子纷纷逃离，分散到各个诸侯国。孔子创办私人教育机构，社会上的教育慢慢恢复和发展起来。教育的内容有原来的贵族文化，即孔子教的礼、乐、射、御、书、数，是贵族教育的基本内容；也有新时代的知识成果，像苏秦、张仪、韩非等人学过的策术，是战国纵横家的知识成果。随着受教育的人逐渐增多，思想也活跃起来，社会变动也越来越剧烈，个人自由度扩大。

首先来看贵族。宗法制解体过程中贵族集团影响日渐减少。分封制有一个天生的弱点，贵族的家族繁衍、人口增长之后，可以分封的土地就越来越少，嫡长子继承制度下，嫡长子之外没有“承重”责任的贵族子弟得不到分封，就只能另谋生路，这样，贵族出身的绝大部分人的生活状况就逐渐下降，有的甚至穷困潦倒，境遇还不如普通的平民。

其次是“齐民”阶层的形成。所谓齐民，是指宗法制解体情况下的普通大众阶层。战国时期，宗法制难以维持，贵族中有许多人的经济和社会地位不断下降。而随着经济的发展进步，下层民众获得了相对独立的发展机会，于是，上下汇流，社会上就逐渐形成了大体平等的普通居民阶层——齐民。他们身份是自由的，地位大致相当，都在政府有户籍登记，成为承担国家赋税和徭役的基本阶层。

战国时期最为耀眼的社会阶层是新形成的自由职业者群体——士人。战国时期的士，遍布各行各业，其中的文士在历史上最有影响。士，原本是最低等级贵族的称呼。春秋时期，还实行“士食田”的制度，作为贵族的士，还有一定土地，或者叫份地，以维持从军参战的条件。如果按照宗法原则，士的田只能由嫡长子继承，其他儿子就只能另谋出路了。因为士人子弟出身贵族阶层，有受教育的权利，所以他们往往具备一定的文化知识。此外，随着经济实力的增强，社会地位的上升，原来平民阶层中有一部分人的子弟接受了教育，成为有文化、有知识的人才。这两部分人汇合在一起，就形成了一个新的社会阶层——有文化的士。战国时期，社会上应该存在着大量的被称为士人的自由职业者，成为一个庞大的职业后备军，此后的中国历史在很大程度上是由这类人决定的。士人个人意识的觉醒，成为当时的社会风尚，那就是唯利是图，用他们自己的话说，叫作“士为知己者用”。战国时期的士人，上有“经天纬地”之才，像吴起、商鞅、范雎、李斯之流，下有“鸡鸣狗盗”之徒，像侯嬴、朱亥、冯谖等辈。国家政权机构的发展需要管理人才，录用了一批士人；有权有势的大贵族大官僚，也纷纷养士，最著名的有齐国的孟尝君田文、魏国的信陵君无忌、赵国的平原君赵胜、楚国的春申君黄歇、秦国的文信侯吕不韦和长信侯嫪毐，都是豢养着数千名士人的著名人物。

战国时期最为显著的变化还是在政治上。

在体制变革方面，实现了从分封制到郡县制的变革，各诸侯国不再实行分封制度，而是在地方上设立郡县，作为国家政权的派出机构，对普通人民实施治理，由此形成了君主集权制与文官科层制相结合的新的行政管理体制。在这个新体制下，必然地出现了君臣、臣臣、君民、官民等诸多新的关系。

在战国时期，诸侯不再奉周室为天子，于是，周室之外，就出现了七个王（事实上不止七个，像中山国也称王），这七个王相互发动战争，目的是夺取天下的统治权。为此，他们就要加强对资源的控制。土地是最大的资源，因此，在国内就不能再实行分封制度了，因为如果权力下放，中央就无法管控，所以他们就在新占领的土地上设立派出机构实施行政管理，这就是郡县制。郡县制是人类历史上的一个了不起的发明！在秦国，经过商鞅变法，形成较为完备的中央集权制度，也就是形成了从中央，经郡、县，再经乡、亭、里、什、伍的管理体系，以实施对全国直到普通臣民的统治。这种体制的优点就在于保证管理的效率和维护国家的统一。

这种体制从战国开始一直沿用下来，对中国的发展和中华文明的延续产生了不可估量的深远影响。19 世纪后期，清朝统治已经很腐朽了，帝国主义打来了，动不动就割地赔款。但是幸亏有郡县制度，到 1912 年隆裕太后把政权移交给袁世凯的时候，中国领土还有 1 100 多万平方公里，国家总体上没有分裂，领土大体保全。要知道，就在这之前 12 年，八国联军占领北京，太后和皇帝逃跑了，但国家还在，各级政权机构还在运转，地方上省、府、州、县衙门照常上班。这就是中央集权制度下中央政府和各级地方政府的科层制度的作用，就是郡县制的作用。

战国时期的天下形势是列国纷争与天下一统：集权、耕战、纵横捭阖、统一是时代主题。

不过，新制度确立了，新的问题也出现了。这个问题就是新旧政治势力的激烈斗争。战国七雄中都存在，但要数韩国的政治最为黑暗：那里，掌握实权的旧贵族被称为"重人"(有权势的人)，他们里通外国，废储立君，成为最为腐朽恶劣的政治势力。同时，新生的官僚科层制度下，君主与臣下、臣僚上下级之间，也存在着尖锐的矛盾，特别是君主与臣下之间，矛盾甚至严重到"上下一日百战"的地步。在韩非眼里，甚至成为君主集权所面临的头等重要的问题。

韩非认为君臣关系出现这种情况，指望说服教育是无法奏效的，只有想出更为有效的办法，才能解决这个问题。法、术、势互补并用就是韩非为解决这个问题设想出来的办法。

(三) 孤独激愤的思想者

韩非的身份是韩国"诸公子"，是庶出而非嫡子。他曾与楚国平民李斯同学于儒学大师荀子，司马迁说李斯自知不如韩非。那韩非是怎样看待李斯的?司马迁没有说，估计不会有很高评价。韩非的为人比较高傲，很可能在人际关系上有问题。韩非"为人口吃，不善道说"，但文章写得极好。他的文章在世上流传，秦王政读到《孤愤》《五蠹》两篇，感叹道："寡人得见此人与之游，死不恨矣!"公元前 233 年，韩非来到秦国，不久就死在监狱中。

《孤愤》写的是在重人当道的黑暗形势下，提倡张公权、杜私门的法术之士所遭遇到的压制和迫害，所郁积的孤独和愤慨。文章把这种心情表达得淋漓尽致，引起了秦王政的共鸣。秦王为什么会产生共鸣呢？难道他也有像韩非那样的孤愤吗？我想应该是有的。他身为秦国的君主，虽然地位崇高，但是，他要推行法治改革，要加强集权，势必会损害大臣和旧贵族的利益，因此也必然会遭到顽强的抵抗和反对，一定也是处在矛盾的漩涡中的。此外，他从小的经历也很曲折坎坷，父亲在赵国当人质，在邯郸的贵族圈里，他是属于被冷落、被轻视，甚至被敌视的那种人，应该也是有孤愤的。

《五蠹》是说在治理国家的事业中，会遇到五种人，一是学者（指战国末期的儒家），二是言谈者（指纵横家），三是带剑者（指游侠），四是患御者（依托私门之人），五是工商之民，韩非认为这五种人是国家的蠹虫。首先是儒者，“儒以文乱法”，儒家讲尊重个人的人格，甚至要高于对君主的效忠，这种思想到了关键时候，自然就与君主集权相抗衡了。其次是纵横家，靠说术博取利禄，许多人投身其中，这就与秦国重农重战的政策相悖谬。复次是游侠，“侠以武犯禁”，中央集权国家秩序是由官府保障的，不需个人自行诉诸武力。又复次是“患御者”，自以为贤达而依托私门，逃避兵役。最后是工商之民，商人逐利，与国家争夺劳动人手；还经营高利贷，往往致民破产；工若不入官府，自行发展，就会与国家争夺资源。总之，这五种人的存在，必然会妨碍国家权力的集中，妨碍新的统治秩序的建设和运行。《五蠹》的这个观点自然会博得积极加强集权的秦王政的赞赏。

虽然秦王政对韩非的两篇文章有这么强烈的共鸣，可韩非到了秦国之后，遭遇却出人意料，令人惋惜。《史记》上说秦王派兵攻打韩国，韩王不得已，派韩非出使秦国，谋求退兵。韩非到了秦国，所言所行在史家的记载中却显得有些暧昧，到底是韩国的使臣，还是秦国的谋臣呢？当时恰逢东方四国联合攻打秦国，秦王采纳李斯建议，派姚贾挟带重宝，贿赂四国要人，促成罢兵。在群臣纷纷祝贺姚贾立功受奖的当口，韩非贸然进言，严厉批评姚贾利用秦国重宝，里通外国，谋求私利，实属奸臣。一不小心，陷入与老同学李斯的矛盾中去了。韩非个性极强，在韩国郁结的孤愤情结在秦廷喷发出来，给姚贾定的罪名过大，而且牵扯到李斯。逼得姚贾、李斯不得不奋力反击，说韩非来秦的目的是存韩，而不是为秦。大概是因为秦廷群情激愤，秦王政下令把韩非关押起来。韩非是个贵族书生，性格偏执，哪里受过这般委屈？再加上他对君权有着超级的崇拜和恐惧，认为君主是龙，而龙有逆鳞，不小心触到，必遭杀身之祸。老同学李斯看出了他的心思，不失时机地送来了毒药，韩非就这样去世了。韩非不在了，但他的思想却在秦国大行其道。

韩非有著作传世，《史记·韩非列传》提到“《孤愤》《五蠹》《内外储说》《说林》《说难》十余万言”。《汉书·艺文志》记载西汉时有“《韩子》五十五篇”。今本字数、篇数相同。

近代以来，由于对西方实证主义的片面理解，我国学术界在对中国元典的考证研究中，出现了简单依据名词定性，忽视思想体系分析的倾向。关于《韩非子》，最极端的观点认为，只有五六篇是韩非所著，其余都可怀疑。近些年来，经过认真研究，多数学者认为，今本《韩非子》虽然个别篇章存在一些疑问，但全书大体上都应该是记录韩非思想的真实资料。

研究可知，韩非思想的学术渊源很广，包括法家商鞅之学的法治思想，术家申不害之学的用术思想，势家慎到之学的乘势思想，道家老子之学的道德学说，齐国黄帝之学（《管子》）的道理学说，儒家荀子之学的类的思想，等等，可见，韩非是一个综合性的集大成的思想家。在多元而丰富的思想资源的基础上，韩非加以理论整合和创造。经过他的努力，一个理性的、严密的思想体系形成了。

二、韩非政治思想的理论基础

思想家与行动家不同，行动家强调做事，要把一套价值理想变成现实；而思想家要建立一个体系，要给具体的价值理想提供一套说明，作为理论的基础，让它听起来有根有据，做起来理直气壮。韩非是思想家，他为法、术、势互补的体系提供的理论基础包括人性论和历史观（还有世界观，此处不具）。

（一）“人情有好恶，故赏罚可用”——《韩非子》的人性论

战国时期，人性问题成为思想的一个焦点，学者们都在讨论。儒家相信感化人、教育人是管用的。孟子讲性善，说人从根本上说有善良的根子，要相信这一点，对人要有信心。到了战国后期，形势更加严峻了，荀子的表述中就有点不一样了。他对人性中原始、粗糙、劣质的情况看得比孟子重了些。荀子承认“涂之人可以为禹”，人有仁义的品质，这说明，他的思想中儒家的底色没有什么不同。但是，毫无疑问，他更关注的，是人性中存在的问题。他说的人之性恶，不是对人性做的理论概括，这与孟子一样。孟子所谓性善，其实也不是对人性的理论概括。两人的观点无非是为各自理解的教育的着重点选定一个理论的前提。不过，孟子抓住人性中善的因素，号召加以发扬，荀子注意到人性中有使人走向恶的可能因素，因此主张加以改造，在他看来，

适当地实施一些强制性的管理，也是必要的。所以荀子讲“隆礼重法”，一方面用礼义实施教化，另一方面也要用法来实施强制性的规范。

韩非的人生似乎有特殊的遭遇，对人性的看法比较悲观。他不相信教育会起作用，认为“人情有好恶，故赏罚可用”。显然他从儒家关于性善性恶的讨论中跳了出来，直接把人性纳入法治范畴。法、术、势的核心，就是赏和罚，赏和罚之所以应该使用，就是因为人性中有追求利益、逃避损害的倾向，人以趋利避害为行动的基本原则，没有天生不变的道德可言。对此，韩非举了很多具体的例子加以说明。

关于普通百姓的人性状况，韩非认为，老百姓没有天生的道德善良可言，一切都是基于利益。他举了两个木匠的例子，一个是制作棺材的，他肯定希望死的人多一点，这不是存心恶毒，而是利益所在；另一个是制作车子的，他则希望富贵的人多一点，这不是存心善良，同样是利益所在。在韩非看来，人不过就是追求利益的动物。

关于普通百姓的人性状况，韩非还有说法。他说，人在婴儿时，家里贫穷没有养好，孩子长大了会怨恨父母；儿子成年了，须孝敬父母、赡养老人，可是一旦照顾不周，父母就会生气，责骂儿子。儒家宣称父慈子孝是发自内心的感情。韩非嘲笑说：“儿子和父母是至亲啊，结果儿子怨恨父母，父母责骂儿子，这是因为他们都认为对方应该善待自己而事实上却做不到”，这哪有先天不变的道德可言啊。再看两姓旁人，虽然没有血缘关系，一旦家里有活需要帮手，只要给足了工钱，饭菜做得可口，受雇的佣工就会好好地干活，不但完成任务，还会做得非常漂亮。韩非由此感慨道：“所以为人处事啊，只要心里面想到给人利益，那再远的人也容易相处；如果心存相互坑害的念头，即使是父子也会离心离德，相互怨恨的。”

在韩非的叙述中，还有更加不忍卒读的例子。他说：“父母对于孩子，生了儿子则庆贺，生了女儿则杀掉。都是父母所生，为什么会有如此的不同呢？还不是考虑将来的便利，替自己打算吗！可见，父母对于儿女尚且用算计之心，如果没有父子之亲，那还不知道要怎样呢！”

普通百姓的人性是趋利避害，那贵族能好些吗？韩非本人就是大贵族，他太有发言权了。他直言不讳，讲述了下面这样极端的情况：你看，王室里面，国王的王后、妃子、太子、公子等等都是贵族，可是这些人里面就有希望国王早点死的，特别是王后和太子。为什么呢？韩非做了理性的论证：男人到了50岁还会想着纳妾，而妇女到了30岁容颜就会衰败，由此，王后、妃子、夫人就担心国王会移情他爱，不喜欢自己，太子也可能因此失去身份地位而无法继承王位。要想继续保住富贵荣华，唯一的办法就是把国王干掉，这样，儿子可以当上国王，自己当上太后，与从前当王后、妃子和夫人时没有两样，这不是一劳永逸之计嘛。韩非的这个论证，在儒家那里实在是不堪入耳。可是中外历史上这样的故事还少吗？韩非做了理性的说明之后，又引述《桃左春秋》的一句话："做君主的，能得病死的，都不到一半啊。"那另一多半的君主怎么样了？都是不得好死的啊。最后，韩非公开揭露道：这就是为什么在宫廷里毒药和绳索屡屡使用的原因啊！

普通百姓和贵族的人性状况都是那样的恶劣，那古代的圣人是不是好一些呢？儒家歌颂尧舜那样的远古圣人，以为是高尚的典范，可韩非却指出尧舜没什么高尚的，他们那个时候住在草棚里，穿的是兽皮，吃的是野菜，还要带领群众从事繁重的体力劳动，其生存状况，连战国时看门的都不如，实在是受不了了，所以才会把天下让给别人，也就是把痛苦的差事推卸给别人，这怎么能算是美德呢？这有什么值得歌颂的呢？战国时代，即使当个县令，后人好几代都可以有车坐，哪会有人愿意让出去呢？所以说，古代人很轻易地辞去天子之位，后代很难辞去县令之职，这不是道德问题，而是利益薄厚的问题啊！

这就是韩非对人性的看法。他断言，人性如此，教育是没有用的，对于臣民，不能靠教育唤起他们的自觉，而必须采用其他任何可能的有效手段——包括法、术、势——来实施强制性的管理。①

（二）"世异则事异""事异则备变"——《韩非子》的历史观

在中国古代，思想家大多不愿意给历史划分阶段。儒家常说"古今"，认为古今有变化，但不是变好了，大体上是变坏了，今人不如古人，古代有尧舜，后代则是天下无道。可是，儒家对人类社会的未来总是抱着强烈的愿望，所以又认为古今还有不变的东西，那就是人性，就是人心。人性中善的倾向古今是相同的，而且是不变的。这一点，孔子、孟子和荀子没有什么区别。正因为如此，儒家并没有郑重其事地给历史划分阶段，所谓"古今"，也就是随便那么一说。

---

① 关于这一点，韩非有很多论断："凡治天下，必因人情，人情者，有好恶，故赏罚可用，赏罚可用则禁令可立而治道具矣。"（《八经》）"设民所欲以求其功，故为爵禄以劝之；设民所恶以禁其奸，故为刑罚以威之。"（《难一》）"（人情）莫不好富贵而恶贫贱……夫耕者之用力也劳，而民为之者，曰：可得以富也；战之为事也危，而民为之者，曰：可得以贵也。"（《五蠹》）统治者要"掌好恶以御民力"（《制分》）。"（训乌之法）明主畜臣亦然，令臣不得不利君之禄，不得无服上之名，夫利君之禄，服上之名，焉得不服？"（《外储说左上·说一》）

法家则不同，他们热衷于研究历史的阶段及其变化，韩非最为积极。《韩非子》中的《五蠹》篇明确提出“上古”“中世”“当今”或“上古之世”“中古之世”“近古之世”“当今之世”的阶段划分，而且宣称，不同阶段的道德状况相应地是不同的，不但不同，还不能相互混淆，相互替代，相互错位。不同阶段的道德状况并没有高下之分，也没有进步落后之别，更没有孰优孰劣的评断，一切都是自然而然的，不必在价值和情感上有不同的裁判。第一阶段他叫作“上古之世”。传说中有尧、舜禅让的美德。韩非认为尧、舜为天下服务，苦得很，他们把天下让出去，只是为了逃脱苦役，根本不是出于什么美德，如果把这种行为叫作美德，那也不是什么值得夸耀的东西。而当时的实际情况是人跟动物差不多，生存条件很艰苦，当时所谓的聪明人或者圣人，无非就是教大家怎么躲避大自然中危害人类生命的禽兽，教大家怎么保护自己的身体和生命的人。第二阶段他叫作“中古之世”。那时，天下大水，有鲧和禹父子，带领群众治水，特别是大禹，开山决渎，疏通河道，解决了水患，被群众称为圣人。第三阶段他叫作“近古之世”。桀、纣暴乱，汤、武征伐。这时天下混乱，战乱不已，谁能通过打仗平定天下，谁就是英雄。第四阶段他叫作“当今之世”。世道更乱，要想天下太平，绝不能用前三个阶段流行的方法，而只能靠谁的粮食多，谁的兵力强才能解决问题。所以，韩非认为，历史有不同的阶段，各个阶段有各自的主题，“上古竞于道德，中世逐于智谋，当今争于气力”；而且相互之间是不能代替的，用韩非的话叫作“世异则事异”，“事异则备变”，就是说时代变了，要做的事就会随之变化；要做的事变了，做事的方法也要随之变化。

儒家的历史观有一定的循环论的味道，他们渴望着美好的远古圣王时代能在未来某个时候再次实现。有人以为法家有进步的历史观，其实不然。法家所认可的历史阶段没有高下之分，也没有先进落后之别，不同的历史阶段之间不具有可比性。“上古竞于道德”和“当今争于气力”不是谁进步、谁落后的问题，而是谁适合上古、谁适合当今的问题。法家主张变法，但是没有给历史设定终极目标，历史的未来究竟是什么，不是他们关心的问题，假如人类社会遭遇了毁灭性打击，上古时代的生活状态再次出现，相应地，“竞于道德”的行为也一定会随之复活。这样看来，法家与儒家的区别，主要在于是不是主张变法，而不在于谁是循环论，谁是进步论。

三、法、术、势三者是怎样互补的

面对着自己所认为的“上下一日百战”的严峻现实，根据自己对当时人性状况的估计，根据自己对历史变革使命的理解，韩非确信他要完成的理论任务就是把三个东西综合起来，这三个东西叫法、术、势。

（一）“法治”与单纯“法治”的不足

战国时期，法家强调“法治”（法家意义上的）。从广义上说，法就是国家统治的办法，各种办法都称为“法”。此外，法还有狭义的理解，就是指当时的法律制度。战国时期各邦法律制度总体上确立了成文法即创制法制度。古代中国的法治传统在春秋战国时期经历了一次深刻的变革，如果借用“不成文法”（“习惯法”）和“成文法”概念的话，那就是从“不成文法”向“成文法”的转变。所谓“成文法”，当然是书写成文字的法，即 written law，但更重要的属性则是创制之法（the legislatively created laws），即由立法机关经过立法程序创制的法律。也就是说，我们今天使用的成文法概念，其侧重点不在 written（写成文字）上面，因为很多习惯法（即所谓“不成文法”）也是写成文字的，例如英国有很多习惯法就是写下来的，普通法实践中的判例法也都是记录在案的。但不同的是，判例法是法官创制的，是一个一个案例开拓出来的，而不是经过立法机关创制的。习惯法是自古以来一直按照习俗沿用下来的。由此可见，所谓成文法的更为核心的要素是立法创制。战国时期最根本的法治变革就是最高统治者君主获得了立法权，他们有权当下立法，即创制新法，废除旧法。

在战国时期以前，法并不都是君主当下创制的，或者绝大部分都不是君主当下创制的，而是大家共同遵守的一些习俗，所以很难改变。下面有一则故事。春秋时期，楚国有位国君叫楚灵王，当国王之前是个王子，人称公子围。在担任令尹（楚国的最高行政长官，相当于后世的丞相）时外出行猎，就擅自打起国王的旗号，十分招摇。一位大臣名叫芋尹无宇，实在看不下去，亲手把旗帜折断，而且还愤愤地说：“一国两君，其谁堪之!”后来公子围趁当国王的侄子病重，用冠缨勒死了他，自己取而代之，当了国王。为了享受奢华的生活，他建造了章华宫。芋尹无宇的一个奴隶逃到章华宫，无宇前往要人，章华宫的守卫人员自然不会交还给他，反而把他抓了起来，理由是“执人于王宫，其罪大矣”。他们押着无宇来见楚灵王。当着楚灵王的面，芋尹无宇慷慨陈词，说周文王有一条法律叫“有亡荒阅”（有逃亡者，要全面搜捕），因为这条法律，周得了天下。楚文王有“仆区之法”，规定“掩藏偷盗的赃物，与偷盗者同罪”，因为有这条法律，楚国的地盘向北拓展到了汝水。大王不学习两位文王，难道要效法殷纣王吗?（殷纣王曾因招纳逃人而得罪天下，招致杀身亡国之祸。）楚灵王听到这里，无法反驳，只得把奴隶还给无宇。芋尹无宇拿两条几百年前的所谓法律，讨回了自己的奴隶。这个故事说明了什么？它说明，春秋时期，习惯法还在流行，还有权威，臣子可以利用习惯法从国君手里讨回自己的奴隶，而国君竟然无可奈何！可见，在习惯法盛行的时代，国君的权力受到很大的限制。

不过，就在春秋时期，旧的贵族法制传统开始被打破。公元前536年，郑国子产把刑书铸在金属器上公布出去。公元前513年，晋国赵鞅、荀寅把刑法铸在鼎上。这两次活动在形式上朝着成文法的方向迈出了一步。到了战国前期，君主立法活动兴起。公元前407年，李悝作《法经》，有盗、贼、囚、捕、杂、具六项内容（《晋书·刑法志》)，40多年后，商鞅携带入秦，成为秦国立法的蓝本。睡虎地出土的秦简中，有许多是法律文件，就说明成文法代替习惯法的历史性变革已经实现了。

韩非对成文法的本质有深刻的理解，这体现在他的行文中，他说过“君之立法”（《韩非子·饰邪》）的话，还说：“法者，宪令著于官府，刑罚必于民心，赏存乎慎法，而罚加乎奸令者也，此臣之所师也。……臣无法则乱于下。”（《韩非子·定法》）“法者，编著之图籍，设之于官府，而布之于百姓者也。……法莫如显……明主言法，则境内卑贱莫不闻知也。”（《韩非子·难三》）这些算是接近于科学定义的表述，虽还不是严格意义上的定义，但毕竟举出了法所具有的一些特征和属性，我们还是可以通过它知道法所具有的一些要素。法，就是宪令，由官府公布出来，执行的时候要让老百姓都知道。法往往编著在文件里，设置于官府，公布到百姓那里去，境内居民不论贵贱都要知道。在以上这些话里面，“君之立法”这句最为经典，它较好地表现了当时的法具有成文法的最根本的属性。

我用“成文法”这个概念，目的是要强调君主立法的本质，它体现了作为主权者的君主的意志和利益。从理论上说，战国时期的君主可以随时立法，也可以随时废法。法律都由立法者的意志和利益所决定。可是立法者的意志和利益却随时可以变化，他们可以根据个人意志和利益的变化，随时创制和废除法律。而习惯法（不成文法）却不成，它们往往是更多人的意志和利益的体现，变动性要小很多，甚至可以长期不变。芋尹无宇援引数百年前周文王和楚文王的两条法律，就是习惯法的稳定性在政治和司法实践上的生动表现。

战国时代君主获得了立法权，可以创制和废除法律，这不等于法治的一切问题都解决了。其实，这时的法治还有很多问题，韩非就发现了其中一个重要问题，因而提出单纯使用“法”是不够的。

东汉班固作《汉书·艺文志》，提到“法家出于理官”，认为法家是出于司法职业的从业者，理官就是法官，就是司法官。韩非发现，“商君治秦，法令至行，公平无私，罚不讳强大，赏不私亲近，法及太子……”法官执行法律，可以因此而成就自己的名声。《战国策》说：“今秦妇人婴儿皆言商君之法，莫言大王之法。是商君反为主，大王更为臣也。”在执法过程中出现这种反客为主的情况是真实存在的，它反映了一个很现实的问题，就是凡立规则，都会给规则的执行者谋取个人利益提供机会。所以，有些决策者不太愿意多立规则，因为那些规则总会脱离创制者，被他人分享甚至独享。有的时候规则没有达到约束他人的目标，却反倒成了约束自己的绳索和笼子。法具有普遍性，既然是普遍性的东西，就有可能变成他人的获利工具。韩非从秦国的政治实践中敏锐地发现了这个问题，他说：“公孙鞅之治秦也，设告相坐而责其实，连什伍而同其罪，赏厚而信，刑重而必，是以其民用力，劳而不休，逐敌，危而不却，故其国富而兵强。然而无术以知奸，则以其富强也资人臣而已矣。及孝公、商君死，惠王即位，秦法未败也，而张仪以秦殉韩、魏。惠王死，武王即位，甘茂以秦殉周。武王死，昭襄王即位，穰侯越韩、魏而东攻齐，五年而秦不益尺土之地，乃成其陶邑之封；应侯攻韩八年，成其汝南之封；自是以来，诸用秦者皆应、穰之类也。故战胜则大臣尊，益地则私封立，主无术以知奸也。商君虽十饰其法，人臣反用其资。故乘强秦之资，数十年而不至于帝王者，法不勤饰于官，主无术于上之患也。”（《韩非子·定法》）商鞅治理秦国，法令严苛，百姓遵从，耕战事业取得良好的效果。可是，这样良好的效果却并没有转化成国家的收益，反倒被大臣当作个人的利益收入囊中。为什么会是这样呢？原因就是单纯使用法来推动事业发展，却不知道用术来管住官员，防止他们盗享国家的成就。这是韩非的一个重大发现。

法治并不是没有问题的完美之物。明末清初的大思想家王夫之就曾在史书中发现了秦朝法治的矛盾现象。秦统一后，楚国贵族项梁被关押在栎阳，蕲县的狱掾（狱曹的属官）曹咎写信给栎阳的狱掾司马欣，结果项梁就免受惩罚。项梁是楚国大将军的儿子，是秦朝最为忌惮的要犯之一，司马欣一介小小的狱掾，就能使项梁逃脱司法制裁，那史书没有记载的其他请托、货贿还不知有多少呢！由此，王夫之断定：“法愈密，吏权愈重；死刑愈繁，贿赂愈章；涂饰以免罪罟，而天子之权，倒持于掾史。”（王夫之《读通鉴论·二世》）法律越是细密，官吏的权力就越大；死刑规定得越是繁复，贿赂就越是公开；人们可以假借缘由免除法律制裁，那皇帝的权力不就掌握在小小的办事小吏的手中了吗！

法律是立法者意志的体现，但是法律又具有公共性。法律一旦制定并实施，就会脱离立法者，成为社会的共有之物。法律的创立多半是出于立法者想实现自己的利益的愿望，可是法律实施却不可能由立法者自己来完成，必须假手于司法机构和人员。一方面法能生利，另一方面司法人员也会有牟利的个人愿望，两者结合，如果没有严密的监督制度，法律成为司法人员谋取私利的工具就很容易变成可怕的现实。这就是隐藏在法治内部的一个深刻的矛盾。

这是一个非常重要的问题，在历史上随处可以找到具体的事例。《史记·酷吏列传》记载了这样一则故事。杜周当廷尉（司法部部长），行事与他的前任张汤差不多，专听皇帝的。皇帝想要整治谁，他就构陷谁；皇帝想要开释谁，他就收监优待，耐心调查，搜集各种有利"证据"，寻机释放。有人批评他，说你替天子执法，不遵循三尺法，专门看主子眼色办案，法官难道就是这么当的吗？杜周不以为耻，反而回敬道："你知道三尺法从何而来？前面的主子立的叫律，现在的主子立的叫令。谁掌权就听谁的，哪还遵守过去那一套啊！"从战国开始，中国的成文法就有了一种很强的自我膨胀的倾向，结果，法律可以任意用来为现实势力服务，而对传统习惯法的蔑视、敌视、抵制也成了一个新的传统，像杜周这样的司法官员就已经稳稳地切到了成文法的这一脉象。

这就告诉人们，有了法，任务才刚刚开始，单纯依靠法，放松干部的管理和教育，执法工作肯定要出问题。在成文法制度刚刚出现不久，韩非就发现了这个矛盾，目光是异常敏锐的。

（二）"术治"与单纯"术治"的不足

什么是术？

裴骃《史记集解》引《新序》语："申子之书言人主当执术无刑（形），因循以督责臣下，其责深刻，故号曰'术'。"《韩非子·定法》："术者，因任（太田方：任，能也）而授官，循名而责实，操杀生之柄，课群臣之能者也。此人主之所执也。"这个就像科学定义了。此外，唐司马贞《史记索隐》记载："术即刑名之法术也。"

所谓术，就是任用、管理、考核、监督官员的做法。仔细分析起来，术的许多内容具有法律的性质。例如，第一，"因能授官"：根据能力任用官员。关于这点，《韩非子》中最有名的两句话就是"宰相必起于州部，猛将必发于卒伍"，这是新时代人才选用的最高原则，是从身份向契约进步的历史过程中具有里程碑意义的重要标志。第二，"言当""名正"："十言十当，百言百当者，人臣之事"；"其名正则天下治"，"其名倚则天下乱，是以圣人贵名之正也”。行政工作强调名实相符，言行一致，岗位职责与实际绩效必须一致，这可以称为行政管理法。第三，“循名而责实”：根据职务的岗位职责来检验行政业绩，属于官吏考绩法的范畴。在当时的历史条件下，主张术治的人相信，作为行政管理法，“术”有一条原则，那就是在行政工作中，既不能不及，更不能超过。两相比较，干得少、绩效差，当然不行，但那只是能力问题；如果越过权限，干得多了，问题就大了，它可能破坏官僚体制内部的平衡，可能还包含着更为严重的问题。所以循名责实就是言要当，名要正，言行或形名一定要吻合，不多也不少。

除了作为行政管理法，术还指君主必须具备的统治修养，以便有助于暗中控御臣下。具体方法很多，以下几条是主要的：

第一，等距。上级跟下级的关系要尽量保持等距，不能表现出有亲有疏，否则就无法团结下属。身为最高统治者，绝对不能拉帮结派，非但如此，还要严防官僚队伍中有人搞帮派。中国的政治文化有反对拉帮结派的传统，所谓“无偏无党，王道荡荡”。历史上历朝历代统治者，都非常警惕和严格限制朋党，在中央集权体制内，党争是非法的，也是不得人心的。《韩非子》非常认同《申子·大体》中的这段话：“夫一妇擅夫，众妇皆乱，一臣专君，群臣皆蔽。故妒妻不难破家也，乱臣不难破国也。是以明君使其臣，并进辐凑，莫得专君。”真正英明的领导人要让他的下属像车轮的辐条，长度是一样的，与自己的距离是相等的。这个比喻很贴切。辐条长短不一，轮子就不圆了，轮子不圆了，还能正常运转吗？

第二，藏拙。君主要少说话少表现，说多了，表现多了，缺点就暴露出来了，这样就可能给人可乘之机。所以韩非说：“故善为主者，倚于愚，立于不盈，设于不敢，藏于无事，窜端匿疏，示天下无为，是以近者亲之，远者怀之。示天下有余者，人夺之；示天下不足者，人与之。”

第三，混沌。《韩非子·外储说右上·说二》：“申子曰：上明见，人备之；其不明见，人惑之。其知见，人饰之；不知见，人匿之。其无欲见，人司之；其有欲见，人饵之。故曰：吾无从知之，惟无为可以规之。”作为君主，不一定凡事都表现得那么清楚，以免在实际工作中陷入被动。

第四，独断。《韩非子·外储说右上·说二》：“申子曰：独视者谓明，独听者谓聪。能独断者，故可以为天下主。”君主表面上可以混沌，但要有独断的决心和能力，这是韩非和申不害对君主修养的一致要求。

除了上述行政管理法和君主的政治修养方法外，术还有些内容比较敏感。不过，从政治学的角度进行分析，也还是有必要的。

例如，挟智而问。韩非接受申不害的术治主张，建议君主根据需要对臣下进行监察、督责。具体做法是在下属不知情的情况下，事先了解被调查者的所作所为，然后突然袭击，亲临检查，既可解决问题，纠正被检查者的错误，又可在下属内心产生强大的震慑，得到整顿吏治的效果。其实，这一项与监察工作较为接近，可以纳入法制的轨道。

再比如，倒言反事。倒着说，反着做。《韩非子·内储说上·七术》记载：子之相燕，坐而佯言："走出门者何，白马也?"左右皆言不见。有一人走追之，报曰："有。"子之以此知左右是否诚信。本来没有那回事，别人为了迎合他就说有这回事，诚与不诚，立竿见影。还有例子：卫嗣公使人为客过关市，关吏苛难之，因事关吏以金，关吏乃舍之。嗣公为关吏曰："某时有客过而所，与汝金，而汝因遣之。"关吏乃大恐，而以嗣公为明察。

韩非认为："术者，藏之于胸中，以偶众端而潜御群臣者也。故法莫如显，而术不欲见。……用术，则亲爱近习莫之得闻也。"(《韩非子·难三》)"术"是暗中控制群臣的方法，是不能告诉别人的！用术的时候即使是家里的亲人、身边的那些服务人员，都不能让他们知道。《韩非子》讲述了这样一则故事：韩昭侯跟申不害学习术治，从来都是遇有大事，夜里单独睡觉，以免说了梦话把重要的事情泄露出去。

韩非虽然主张采用术的手段整顿吏治，以弥补单纯法治的不足，但他又发现，单纯使用术治，同样无法治理好国家。《韩非子·定法》说："申不害，韩昭侯之佐也。韩者，晋之别国也，晋之故法未息，而韩之新法又生；先君之令未收，而后君之令又下。申不害不擅其法，不一其宪令，则奸多。故利在故法前令，则道之，利在新法后令，则道之，利在故新相反，前后相悖，则申不害虽十使昭侯用术，而奸臣犹有所谲其辞矣。故托万乘之劲韩，七十年而不至于霸王者，虽用术于上，法不勤饰于官之患也。"韩昭侯跟申不害学习术治，全副身心都投入整治臣下的活动中，却忽视了法治建设。韩国的最大问题是旧贵族势力强大，中央集权不能伸张，韩昭侯不解决这个问题，反而把兴趣都放在术治上面，他的政治活动走错了方向。结果，旧的法律无法废止，新的法律不断创生，新旧杂陈，造成法制混乱，政令不一，甚至相互抵触，韩国的霸业无法成就。韩非认为，原因就在于单纯使用术治，而没有法治来统一政令。因此，韩非认为术不能单独使用，一定要做到法、术结合。

（三）"势治"与单纯"势治"的不足

韩非主张法、术互补，同时，还认为要有势。

什么是势？首先是形势，据《孙子兵法·势篇》，所谓势，就是因居于有利地形而具有的某种优势，或者是蓄势待发的一种优势和力量，引申为趋势、力量、权势。

法家所说的势，还有特定的含义，那就是“定分”。战国时有一则寓言故事非常流行，很多人讲述过，《慎子》是这样记载的：一只兔子在街上跑，上百人在后面追，其中肯定有贪心很重的人，但是，人们并不以为他们可耻，因为兔子的归属还没有确定啊。可是在市场上，有很多兔子在卖，人们经过时连看都不看一眼，人们并非不想要兔子，而是因为兔子的归属已定，心里再想，没钱也不能拿（《慎子佚文》，《诸子集成》本《慎子》）。

势之所以具有对他人的优势，根据就在于分，即归属和所有权，有权力、地位、资格的意义，所以韩非认为势与分之间有着“分势不二”的关系，势就是分，就是权力、地位。

君权是一种权力，一种地位，它自然也有势，就是超越所有人的优势。战国时期，慎到创立了势的学说。据《韩非子·难势》引述，慎子认为，飞龙能乘云，腾蛇能游雾，可是一旦云雾消散，龙啊蛇啊就像蚂蚁和蚯蚓一样了，因为它们失去了凭借的条件。有才能的人屈服于无才能的人，是因为他们权轻位卑；无才能的人能使有才能的人屈服，是因为他们权重位尊。尧若是个普通人的话，连三个人都管不了；桀就因为是天子，所以能乱天下。由此可知，势位才是可以凭借的，聪明才智并不足以令人羡慕。弩虽不强，可射出的箭却飞得很远，那是被风吹过去的；人没啥能耐可却能命令他人，那是得到了众人的助力。尧若落魄成奴隶群里的一位，就不会有人听他的了；可是一旦身处君位而统领天下，那就可以令行禁止。由此看来，聪明才智未必足以令大众服从，只要有了势位就足以屈服有才能的人。慎到的理论说的是权力论。有了权力，有了地位，就可以发号施令，令行禁止，有没有聪明才智并不重要。不过，韩非把这种势称作“自然之势”。

接下来，韩非又援引了一位“应慎子者”非难慎到上述观点的话。这位“应慎子者”首先承认云雾对于龙蛇的重要性，承认权势对于统治的重要性。但是，他却从慎到的论述里发现了问题，指出：同样都是云雾，龙蛇可以乘着上天，蚂蚁和蚯蚓却做不到，而只能蜷在泥土里，这是不是说明龙蛇和蚂蚁蚯蚓的材质有所不同啊？同理，同样是权力，尧、舜当天子就天下大治，桀、纣当天子则天下大乱，这是不是也说明尧、舜与桀、纣在德行和才能上有所不同啊？两相比较，德行和才能才是更重要的吧？照这样看，迷信权力，以为有了权力就可以压迫人，没有权力就得屈服人，这是不合理的呀。说到这里，这位“应慎子者”的论证是合乎规则的，有效的，思想是犀利的。

接下来，这位“应慎子者”继续论证。如果承认人的聪明才智不同是有意义的，那么，就必然引出下面的问题，那就是，有才能的人在位就可大治，没有才能的人在位就会大乱。而人的实际状况恰恰是有才能的只是极少数，没有才能的才是大多数，这种情况下单纯依赖势位，讲求势治，那不是用势来祸乱天下者多，用势来治理天下者少了吗？这样看来，所谓势，虽然也可方便治理，但更主要的却是祸乱天下了，这样的势，不就成了养虎狼之心，而成暴乱之事的东西了吗？不就是天下的大患了吗？这个观点从才能的不同，引申出势治更多的是导致祸害天下的恶果，因此提出反对势治的主张，有一定道理。但是，他用尧、舜来代表有才能者，又在含糊的表述中偷偷地把桀、纣与无才能者划归一类，这是偷换概念。问题很清楚，尧、舜固然千年一遇，但尧、舜之外，在位者也不会人人都是桀、纣之君。把君主划分为尧、舜之君与桀、纣之君两类，显然不合适，论证是无效的。

以上正方观点支持势治，反方观点否定势治，韩非能不能做出否定之否定的理论超越呢？能不能用辩证思维完成这次的理论创新呢？

韩非承认尧、舜生而在上位，就是有十个桀、纣也不能乱，那就是势治；反之，桀、纣也生而在上位，就是有十个尧、舜也不能治，那就是势乱。所以说：势治，则不可乱；势乱，则不可治。可这都是自然之势，现在要说的是人设之势，不必考虑贤能与否。因为，尧、舜之治和桀、纣之乱都是千世一出的极为偶然的情况，世上出了尧、舜，人民只管享受天下大治的幸福；世上出了桀、纣，人民只好忍受天下大乱的痛苦。这都是无可奈何的。这样看来，拿尧、舜和桀、纣来说事，是毫无意义的。而有意义的是，对于那些上不及尧、舜，下不至桀、纣的绝大多数中人，抱法处势则治，背法去势则乱。这种势，韩非称作“人设之势”，这样的势治才是应该讨论的。如此看来，背法去势，一心等待出了尧、舜才天下大治，那就是千世乱而一世治（这是批评“应慎子者”反对势治主张的）；而抱法处势，即使桀、纣出现而天下大乱（因为桀、纣出现就无法避免乱），那也只是千世治而一世乱。两相比较，抱法处势即使出现桀、纣（治千而乱一），也比废法去势而盼望尧、舜（治一而乱千）要好不知多少倍呀！韩非是在两个意义上把君主做了分类，一是在一般称谓上把君主分为三类，尧、舜一类，桀、纣一类，中人一类；二是按照有没有实际意义把君主分为尧、舜、桀、纣一类，中人一类。尧、舜、桀、纣都是千世一出的特例，拿他们来证明势治是否必要，没有意义，真正有意义的是看怎样做才能保证绝大多数普通君主的长治久安。把君主划分为尧舜、桀纣和中人三种，这比前面仅仅划分为尧舜和桀纣两类的二分法要合乎实际，也合乎逻辑；而把尧、舜、桀、纣划归没有意义的一类，转而讨论有意义的另一类中人，则是非常有价值的一种理性的思想方法。

总之，韩非赞同正方慎子用势的主张，同时指出慎子和应慎子者所说的势都是自然之势，按照这种自然之势，当然是尧舜在位而天下治，桀纣在位而天下乱。但尧舜和桀纣都是非同寻常之人，绝大多数的君主是上不及尧舜、下不至桀纣的中人，谈政治更应该考虑的是这些中人。于是就合理而巧妙地把这两种极端之人排除出去。身为中人的君主，要想保有君位，实现天下治理，就必须采用“抱法处势”的策略。至此，这场讨论得到了升华，完成了否定之否定的一个循环，跃入正反之后的第三个综合阶段，即螺旋式地回到势治的出发点上。这是古代中国历史上具有辩证意义的一次精彩论证！

（四）法、术、势的互补与结合

在《韩非子》中，法、术、势三者处在循环互补的关系中。治理国家，必须实行法治。要想提高法治的效率，避免法律被人利用，成为挖国家墙脚的异己力量，就必须做好吏治工作，而要做好吏治工作，就少不了术治。术治不能单独使用，如果把注意力都放在整治官员上面，放弃了法治，那么国家就会混乱，吏治也就无法真正做好，即使取得了些许成绩，也会付诸东流。此外，不论是法治还是术治，都离不开势治的保障作用；而势也需要法、术的维护。抱法处势，就是普通君主保证国家治理顺利实现的根本办法。

除了现实需要之外，法、术、势三者为什么能在理论上结合起来呢？它们在理论上之所以能够结合起来，有没有什么内在的根据呢？回答是肯定的。

首先，三者都有法的义涵。古代中国的法被称作“刑名”，术称“形名”（或者叫“正名”），势称“名分”，三者都是名，名就有法的意义。法自不待言；术中制度化的行政管理方法，就是法；势所有的“分势不二”精神，体现了明确的所有权原则，毫无疑问属于法的范畴。

其次，三者都是帝王手中的工具。《韩非子》中有许多材料可以证明：“君无术则弊（蔽）于上，臣无法则乱于下，此不可一无，皆帝王之具也。”（《韩非子·定法》）“势者，胜众之资也。”（《韩非子·八经》）“国者，君之车也；势者，君之马也。”（《韩非子·外储说右上·说一》）冯友兰先生所谓“韩非以为法术势三者，皆帝王之具”（《中国哲学史》卷上）的观点应该是有道理的。

再从理论上说，三者各自都有与其他两者相同的属性。

先看法。法是君主意志的体现，立法是君主的分内之事，是他的权力，也就是他的势；整顿吏治也是君主意志的体现，所以术治在本质上具有法的属性。可见，韩非所说的法，是潜藏着势和术的。

接着看术。术里面的选官、考绩内容，就是法治；其中的独断是君主权力的必然要求，君主的权力要求君主独断，这是君主分内之事，也就是君主的势。可见，韩非所说的术，也是潜藏着法和势的。

再看势。君主的势，就是他的地位和权力，这是法赋予他的，所谓“分势不二”就是证明。势赋予君主因时制宜以立法的权力，也赋予君主因时制宜采用术治手段的权力。可见，韩非所谓的势，也是潜藏着法和术的。

法、术、势三者中的任何一项都潜藏着其他两项的内容，也就是说三者有着相同的构成要素，它们能够结合起来，在理论上没有任何障碍。同时，三者又分别有着各自的侧重，法治理国家，术整顿吏治，势维护君权，面对着以“上下一日百战”为特征的战国法治改革的严峻形势，法、术、势的互补与结合的确不失为一种合乎理性的选择，它能成为此后中国古代法治新传统的核心内容，良有以也！

第二章　中国古代法律的秩序理念、规范体系与典型制度

张　生*

一、古代法律与社会文明

从事文明比较研究的美国学者塞缪尔·亨廷顿把世界当代主要文明划分为以下几种：中华文明（包括中国和中国以外华人群体）、日本文明（中国文明的后代）、印度文明、伊斯兰文明、西方文明、拉美文明、非洲文明。① 在上述七种类型的文明中，依照亨廷顿所采纳的文明划分标准“价值、规则、体制、思维方式”②，最为核心的文明是中华文明、西方文明、伊斯兰文明。中华文明是政统主导的权威秩序，道统、法统、社统③均归于政统之终极权威，国家与社会的治乱系于政统的清明与否；西方基督教文明是法制主导的权威秩序，宗教事务与国家政治相分离，社会生活与国家政治在法制的轨道内运行，从而形成了法治秩序；伊斯兰文明是宗教主导的权威秩序，国家政治与社会生活均建立在宗教秩序之上。近代以来，西方文明处在强盛期，不仅西方以自我为文明标准，甚而其他文明也在丧失自我，成为西方文明的追随者。

德国学者马克斯·韦伯以近代西方文明为中心，把世界文明简单区分为

---

* 张生，中国社会科学院法学研究所研究员，博士生导师，法制史研究室主任。研究领域：法律史和比较法学。代表性学术成果：《中国民法近代化研究》《法院：比较法上和政治学上的分析》《中国近代民法法典化研究》。

① 塞缪尔·亨廷顿：《文明的冲突与世界秩序的重建》，周琪、刘绯、张立平等译，新华出版社，2002年，第29-33页。

② 塞缪尔·亨廷顿：《文明的冲突与世界秩序的重建》，第25页。

③ 牟宗三提出“道统、政统、学统”三统说［详细内容可参见牟宗三：《牟宗三先生全集》，联经出版事业公司（台北），2003年，第9卷《道德的理想主义 历史哲学》，以及第10卷《政道与治道》］。王鸿生在牟宗三“三统说”之上增加一“法统”（王鸿生：《历史的瀑布与峡谷——中华文明的文化结构和现代转型》，中国人民大学出版社，2007年，第74页，有明了的图说）。笔者认为，中国虽没有西方近代以来“国家与社会”的理论，但“社统”在秩序体系中是现实存在的。毛泽东所说“族统”是中国古代“族统”一种最普遍的表现形式。

西方文明和其他文明，他在《新教伦理与资本主义精神》一书中，将新教伦理上升为人类普遍的理性。西方文明形成于多元竞争的历史进程中，新教伦理成为价值认同的基础，自治与相互妥协的体制逐步形成了法治秩序。支撑西方社会的法律体系是理性的法治秩序，其最直接的体现就是法律规范的“体系化”，“体系化意味着：将所有通过分析而得的法律命题加以统一整理，使法律命题之间没有逻辑冲突，而成为一个逻辑清晰自洽的、没有矛盾的、无缝的规则体系，这一体系涵摄了一切可以预想到的事实状况，并将它们全部按照逻辑的规则统一在法律规范之下，以免某一事实没有受到法律的规制和调整”①。

在韦伯及其后继者的研究中，相对于西方文明而言，其他文明都是非理性的。就中华文明而言，中国在体制上属于“家产官僚制”，即“儒家文化取向的官僚政体”②；皇帝作为最高统治者具有卡里斯玛人格，拥有天赋的权力，统摄立法、行政、司法权，极权专断；而法律不具有独立性，各级官员的司法裁判类似于古代伊斯兰国家的卡迪司法。③ 西方学者对中华文明和古代法律的研究不无偏颇，已有很多中国学者深刻地发现了这一问题：中华文明是一个“非理性”的法律秩序，却又是“超稳定系统”，具有“不断重建”的恢复能力④，不仅延续了两千多年，甚至在近现代这种“非理性”的规范模式还具有极强的生命力。从事法律比较研究的学者已清楚地认识到西方对中华文明的偏见：“韦伯对于中国古代法律的误解不仅仅源自他在史料方面的缺陷，也来自于他对西方理性主义独特性的关注。韦伯的西方视角使得他所认为的西方理性主义的法律具有了普遍的历史意义，而忽视了其他文明的法律可能具有的独特理性内涵。”⑤

---

① 马克斯·韦伯：《法律社会学》，康乐、简惠美译，广西师范大学出版社，2011年，第28-29页。

② 艾森斯塔得：《帝国的政治体系》，阎步克译，贵州人民出版社，1992年。

③ 近代以来，西方政治法律领域的一些学者对中国古代政治和法律多持“极权政体与驭民工具”的评价，如魁奈的《中华帝国的专制制度》（谈敏译，商务印书馆，1992年）、梅因的《古代法》（沈景一译，商务印书馆，1959年）、孟德斯鸠的《论法的精神》（张雁深译，商务印书馆，1961年）等，晚近有韦伯的《新教伦理与资本主义精神》（于晓、陈维纲译，三联书店，1987年）、《儒教与道教》（洪天富译，江苏人民出版社，1995年），魏特夫的《东方专制主义——对于极权力量的比较研究》（徐式谷译，中国社会科学出版社，1989年），昂格尔的《现代社会中的法律》（吴玉章、周汉华译，中国政法大学出版社，1994年），列文森的《儒教中国及其现代命运》（郑大华、任菁译，广西师范大学出版社，2009年），艾森斯塔得的《帝国的政治体系》（阎步克译，贵州人民出版社，1992年）等。

④ 金观涛：《在历史的表象背后》，四川人民出版社，1984年。

⑤ 张玲玉：《中国传统法律的理性之维——以韦伯的法律社会学为切入点》，中国人民大学博士学位论文，2012年。

本章从中国古代的“超级国家社会”入手进行分析，认为权威秩序是中国国家社会存在的必然选择，进而分析在权威秩序中法统的结构与功能，阐释中国古代法统的适应性与缺陷，厘清对中国古代法律的错误认识，传承中国古代法统的精髓。

二、中国古代权威秩序中的法统

(一)“超级国家社会”的治理体系

中国古代自有文字记载的殷商时代开始，就是一个“超级国家社会”。商朝初期总人口数在400万至450万之间，至晚期增至780万左右。① 商朝王邑的规模也是当时世界上最大的，“偃师商城商代早期王邑为五万五千人，郑州商城前期王邑为八万人，安阳洹北商代中期王邑为十余万人，商代后期殷墟为十四万六千人”②。据《淮南子·泰族训》所载，“纣之地，左东海，右流沙，前交趾，后幽都”，商朝晚期的疆域已经达到了空前广大的程度。③ 此后，秦汉时期、唐宋元时期、明清时期，中国人口均居世界各国之首（见表2-1）。疆域广阔、人口众多，需要高昂的治理成本和强大的统治力量，特别是在疆域基本确定（耕地资源变化不大）、生产力提高缓慢的条件下，中国经常会面临着统治资源匮乏和统治力量不足的困窘。

表2-1　不同年代中国人口占世界人口比例④

公元年代	世界人口		中国人口估计数（亿）	中国人口所占比例（%）
	最高估计数（亿）	最低估计数（亿）		
1	3.27	1.70	0.60	18.35—35.29
200	2.56	1.90	0.25	9.77—13.16
600	2.06	2.00	0.55	26.70—27.50
700	2.06		0.55	28.02
1100	3.20	3.01	1.25	39.06—41.53

① 宋镇豪：《夏商社会生活史》上册，中国社会科学出版社，2005年，第193-196页。

② 宋镇豪：《夏商社会生活史》上册，第199页。

③ 孟世凯在《商史与商代文明》（上海科学技术文献出版社，2007年）一书第24-34页认为：今山东一带是商东部疆域，南土包含广东和福建，商王朝的西土已经扩展到今四川一带，北部达到吉林、辽宁和内蒙古赤峰一带，商王朝晚期的疆域已经有现在全国版图的三分之二。

④ 葛剑雄：《中国人口史》，第1卷《导论、先秦至南北朝时期》，复旦大学出版社，2002年，第147页。

续表

公元年代	世界人口		中国人口估计数（亿）	中国人口所占比例（%）
	最高估计数（亿）	最低估计数（亿）		
1200	4.00	3.48	1.36	34.00—39.08
1400	3.74	3.50	0.75	20.05—21.43
1600	5.79	5.45	1.90	32.82—34.86
1700	6.79	6.10	1.94	28.57—31.80
1800	11.24	8.14	3.40	30.25—41.77
1850	14.01	10.91	4.34	30.98—39.78
1900	17.62	15.50	4.10	23. 27—26.45

明清两代，国家的疆域逐步确定，而人口还在不断增长。在清朝前 200 年的时间里，其人口从 8 000 万增长了五倍左右：在康熙朝后期突破 1 亿，乾隆二十七年（1762）突破 2 亿，乾隆五十五年（1790）突破 3 亿，道光十四年（1834）突破 4 亿。①

“超级国家社会”有着庞大的躯体，但秩序的长久稳定却是极为困难的，秩序成本是极为高昂的。因而，古代中国与古希腊罗马所追求的政治法律目标不同，“长治久安”（政治法律价值体系中的“秩序”）是中国历代王朝始终不渝的目标。为达成这一目标，在缺少外部增量资源注入的条件下，“国家内部结构的设计”就成了唯一可以发挥政治法律智慧的工作。

商和西周，在国家结构上是两个截然不同的王朝，也是中国古代国家结构确立的时期，王国维先生在《殷周制度论》中说：“中国政治与文化之变革，莫剧于殷、周之际。”商朝更多依赖“资源”和“力量”的优势来维系秩序，而西周没有了宗教的资源，也没有青铜冶炼技术的垄断优势，在失去了“资源”和“力量”优势的情况下，西周以“家—家族—氏族及其扩大的血缘共同体组织”来构建国家秩序，从而初步形成了“社统、政统、道统、法统”

① 田昌五、漆侠总主编：《中国封建社会经济史》，第 4 卷，吕景琳、郭松义主编，齐鲁书社、文津出版社，1996 年，第 357 页。关于明清户口数、田地数、每户平均口数、每户每口平均亩数等数据，参见梁方仲编著：《中国历代户口、田地、田赋统计》，上海人民出版社，1980 年，第 8－11 页。在人口与田亩比例方面，明朝是中国历代王朝中比较特殊的一个王朝，其人口高峰值出现在王朝初期，这和黄册制度（户籍与人口登记）、鱼鳞册制度（土地登记）不无关系，民间和地方官府在一定程度上存在隐瞒户口的问题。清朝实施“摊丁入亩”之后，隐瞒人口的情况大为减少。

共构的秩序体系。秦朝强化了这个共构体系中的政统、法统，却忽略了道统、社统，因而短促而亡。汉朝在武帝时期基本完成了“大一统”的共构秩序，此后每一个统一王朝都是“大一统”共构秩序的重建和革新。“大一统”秩序被儒家阐述为“修齐治平”：“古之欲明明德于天下者，先治其国；欲治其国者，先齐其家；欲齐其家者，先修其身；欲修其身者，先正其心；欲正其心者，先诚其意。”（《礼记·大学》）然而，礼法（律令等强制程度不同的规范）始终是“大一统”秩序中不可或缺的要素。①

社统，为“大一统”秩序中的社会组织系统。家庭、家族、乡里组织是最基本的形态，但各地的具体形态又有差异。此外还有发挥社会组织功能的其他组织形态，如私塾、书院、结社等。社统既是国家政治结构的原形，又是国家乃至整个秩序的基础，为政统、法统分担基层秩序建构的任务。社统稳定，政统、法统虽有内部动荡，但“大一统”的秩序不会倾覆；一旦社统崩溃，政统、法统也会随之逐渐崩解。中国古代社统的理想是家庭富足与天下太平，后来被儒家推崇、长久发挥影响的是社会大同（家庭和谐，国无内乱，外无战争）：“大道之行也，天下为公。选贤与能，讲信修睦。故人不独亲其亲，不独子其子，使老有所终，壮有所用，幼有所长，矜、寡、孤、独、废疾者皆有所养。男有分，女有归。货，恶其弃于地也，不必藏于己；力，恶其不出于身也，不必为己。是故谋闭而不兴，盗窃乱贼而不作，故外户而不闭。是谓大同。”（《礼记·礼运》）社统的基础在于家（小的家庭、大的家族），这也是中国古代政统、道统、法统赖以存在和发展的根基。

政统，为“大一统”秩序中的国家公共权力组织系统。从西周开始，政统借助于家族的形式来组织政治体系；从战国到秦汉，以皇帝制度为核心、“科层式”的政统②得以确立。政统是“大一统”秩序中的主导力量，掌握着整个大系统的利益分配：设职任官，组织国家管理系统；决定经济、文化政策，影响道统、社统；制定执行法律，创建法统，推动法统的运行。面对广

① 牟宗三先生在《道德的理想主义》（载《牟宗三先生全集》，第9卷《道德的理想主义 历史哲学》）中说：“统者贯穿承续义，故曰垂统，亦曰统绪。”本章之社统、政统、道统、法统，其中之“统”有牟宗三先生之文化贯穿承续的“纵向统绪”，但更为广泛，包括组织、机构、制度以及经济物质条件等要素，即也包括“横向系统”。

② 汉以后，中国政统实际上是“家族”与“科层”的复合组织结构：其家族结构体现在，皇帝及贵族的权力继承，君与臣、官与民关系的家长化，以及分封制度的存在；其科层结构体现在，君与臣、官与民关系的纵向隶属性，从中央到郡县的单一体制。

大的疆域和众多的人口，政统经常存在资源匮乏的问题，所以政统的“强权”不是万能的，需要借助社统、道统、法统来分担其国家社会秩序的负担。政统往往通过战争力量得以建立，却多以王道仁政而持久。商朝、秦朝以及后来的隋朝，在历史上都被认为是以刚猛治国而惨遭失败的例子，因而孔子“为政以德”的训导成为大多数王朝的治国原则：“道之以政，齐之以刑，民免而无耻。道之以德，齐之以礼，有耻且格。”（《论语·为政》）因而，中国古代的政统与古希腊罗马的政治传统大相径庭。中国古代政统的理想境界是“王道”，与个人修养、家庭和睦密切相关，是以德服人为上善、以力屈人为下策的治理模式，其治理方式并不完全依赖强制力和法律规范，而注重圣王与官吏的垂范，德礼的教化。

道统，为“大一统”秩序中的价值系统。它不仅包括韩愈在《原道》中所说的“尧、舜、禹、汤、文、武、周公、孔、孟”及其传承的儒家正统价值体系，还包括实质发挥作用却不完全为儒家认可的其他思想、学说的价值形态；不仅包括源于天的“大道”①，还包括指导社会、政治、礼法并融入其中的理念、原则，也包括纯粹理论形态的“学统”。道统在价值上维系“大一统”秩序的一致性，甚至在社统、政统、法统退化、崩溃之后，起到秩序恢复和重建的作用。道统的理想在于社会个体自觉服从团体和国家，典型的儒家表述是君子修身、齐家、治国、平天下，并把人的修养作为根本，如《礼记·礼运》所言：“故圣人之所以治人七情，修十义，讲信修睦，尚辞让，去争夺，舍礼何以治之？饮食男女，人之大欲存焉；死亡贫苦，人之大恶存焉。故欲恶者，心之大端也。人藏其心，不可测度也。美恶皆在其心，不见其色也，欲一以穷之，舍礼何以哉？”中国古人并非不明了“利益”的重要性，并非不注重个体权利的保障；无奈现实总是处在人口众多而资源相对不足的状况，于是宣扬不争、提倡和睦，成为缓解争夺、实现和平秩序的主流思想。

法统，为“大一统”秩序中的规范系统。它的外延比近现代的法律要大，既包括强制程度很高、极为明确的国家制定法，如律令等，还包括强制程度差别很大、明确程度不一的礼，以及强制程度不确定、不成文的社会惯行规则。近代以来，学者往往把中国古代强制力最高的律（类似于近代的刑事法律规范）视为法律主体。中国古代的律与西方法律有着极大的差别，如严复认为，西法与中国之律的差别在于，“彼之法令，所以保民身家者也；我之刑

① 《汉书·董仲舒传》有云：“道之大原出于天，天不变，道亦不变。”

律，所以毁人身家者也”①。实际上，中国古代法统所涉及的内容甚广，亦如严复所言，“西文‘法’字，于中文有理、礼、法、制四者之异译”②。中国古代之法统依赖政统的力量，借助社统的行为模式，体现道统的价值，不同程度地规范政统、社统、道统。中国古代第一个完备法统形制的缔造者是秦（从商鞅变法到秦始皇统一），“治道运行，诸产得宜，皆有法式”是其理想，汉武帝时期经董仲舒之更化，“刑措”“无讼”成为儒家法统之理想，垂续至清末，改法修律乃改弦更张。

社统、政统、道统、法统四者紧密结合，综合为治，共构“大一统”的权威秩序体系，所谓“故礼以道其志，乐以和其声，政以一其行，刑以防其奸。礼乐刑政，其极一也，所以同民心而出治道也”（《礼记·乐记》）。商朝已经初步形成了“社统、政统、道统、法统”共构的秩序形态，自西周以后，这四个子系统各自都经历了极大的变化，但组合模式和整体功能的变化并不大：政统在“大一统”秩序体系中始终居于主导地位，是整个秩序体系的权威，也是维系整个秩序体系的主导力量；特别是秦朝以后，强大的国家和皇权是这个秩序体系的外在特征。实际上，强大的政统是为维系“超级国家社会”而形成的。以下将以法统为中心，在“大一统”权威秩序中，对法统的结构与功能加以具体分析。

（二）法统的结构与功能

中国古代国家社会秩序体系如同一个圆锥体（见图 2-1），由政统、社统、道统、法统共构而成，这个圆锥体的顶点就是皇帝，它是汇聚政统（等级化的官僚权力体系）、社统（以家来组织社会共同体）、道统（由天道转化为政治、社会、法律的价值体系）、法统（法律的创制与运行体系）之最高权威。政统、社统、道统、法统都是组织化的实体，每一个系统都覆盖整个秩序体系，但每个子系统在秩序体系不同的区域的强弱功能各不相同。特就法统而言，在圆锥形的权威秩序体系中，在与政统、社统、道统的相互作用下，法统的结构可以分为三层：上层为“暗弱区”，中层为“强势区”，下层为“衰弱区”。

1. 权威秩序体系的上层：法统的暗弱区

在权威秩序体系的上层，是政统的强势区，法统的暗弱区。在此区域内发挥作用的制度主要有两类，第一类是有关国家组织职权的制定法，如唐朝

① 孟德斯鸠：《孟德斯鸠法意》（上册），严复译，商务印书馆，1981 年，第 335 页。
② 孟德斯鸠：《孟德斯鸠法意》（上册），第 3 页。

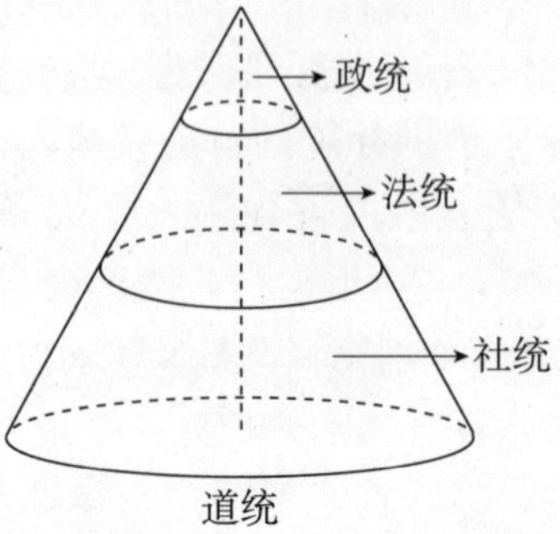

图 2-1　中国古代国家社会秩序体系示意图

的令，清朝的则例等；第二类是兼具家族性质和国家公共规范性的礼制。制定法基本确定了国家组织结构和权力关系，如皇帝制度、储君制度、国家中枢决策制度、谏议制度、国家财政收支制度等。这些制度自秦以降渐趋完备，但拥有最高权力的皇帝及相关机构却可以变通制度，甚至是创制新制度，可以说在很大程度上，权力是绝对的，制度是相对的。例如，皇帝总体上有乾纲独断的权力，同时又受到谏、议制度的制约，但在皇权具体行使的过程中，皇帝在何种情况下可以独断？何种决策、敕令需要朝议？谏议官劝谏皇帝，皇帝是否必须采纳，如不采纳又如何（除了正史的事后评议之外并无现实的强制措施）？这些都没有明确而具有强制力的规范。① 在司法领域，皇帝经何种程序可以诛杀高级官吏和贵族？法司在承办皇帝交办的案件过程中，有多大的自主权和独立性？这些并非事事皆有明确规范可以遵循。国家典章制度的明确程度，往往有赖于当政君主及其核心臣僚，甚至是宦侍、女宠、外戚的政治权力的介入程度和解释立场。各个王朝“以法治国”的情形不同，同一王朝的开国君主、守成君主又多有差别。

就礼制而言，皇帝与家族的关系，皇帝家族成员与政府部门的关系，立储制度，皇帝个人的财政权力、皇室与国库的财政关系等，这些方面虽有规

① 在《孟子·尽心下》中，孟子提出：“民为贵，社稷次之，君为轻。”在《孟子·万章下》中，孟子又提出：与君王同属于一个大家族的贵戚之卿，“君有大过则谏，反复之而不听，则易位”，与君王没有亲族关系的异姓之卿，“君有过则谏，反复之而不听，则去”。这看似激烈的民为国本，贵族内部制约、选择君主的权力，仍然是为了维护权威秩序，但后世帝王在不反对民为国本的前提下，仍以至高无上的权力来排除制约君权的立法，君主的终极权威体现为：至高无上的权力，乃“天与之”，“天子不能以天下与人”（《孟子·万章上》）。作为仁政的倡导者，孟子在君主权威的问题上的表述也不是明确而彻底的；更有甚者，明太祖朱元璋甚至以政治威权降低孟子作为道统师尊的地位，删减《孟子》中非君的内容。

范，但规范并非都是具体、明确的，往往需要礼制或惯例来提供具体行为规则。例如，法律制度对皇位继承的规制不够明确，秦始皇嬴政、汉武帝刘彻、唐太宗李世民、清圣祖玄烨等君主无不在立太子的问题上出过问题，这不是偶然的现象，而是制度性问题。以清朝的皇位继承为例，历经从“不立储君”，到“公开建储”，再到“暗定储君”，最后又回归到“不立储君”的曲折演变。从功能上来讲，皇位继承是国家最高领导人的选任制度，应当以明确无误的成文法来体现，但中国古代国家的最后形态——清王朝，仍以“家法”来规制。① 再如，修建陵寝是皇帝所享有的特权，可是皇帝按何种标准为自己修建陵墓，并没有明确的标准。从汉文帝之霸陵与汉武帝之茂陵，可以看出皇帝在修建陵墓的财政支出方面，基本根据个人俭奢观念来使用国家资源，受到的制度约束比较小。

权威秩序体系的上层，涉及皇帝与国家，皇帝以及皇族与政府各种权力的关系，无论是律令还是礼制，规范特征是：有大的原则，不一定有精确的规则，原则与规则的实际功能依赖于皇帝个人和皇族群体。自秦始皇以来，对国家政统的上层设计，可以说积累了足够的经验教训，但始终保持着执行中的“不完全精确”的规范特征。这是“大一统”权威秩序的效能需要，国家需要强大的政治权力应对各种变化，这也成就了皇帝的一姓之私利。因而在权威秩序体系的上层是政统的强势区，却是法统的暗弱区。

2. 权威秩序体系的中层：法统的强势区

在权威秩序体系的中层，制定法较为完备、精确，特别是“刑事法”和“官吏法”这两个最为发达的法律制度。“刑事法”主要是针对普通官民的违法犯罪，其表现形式包括律典，及单行的敕令、例等。其规制的范围极为广泛，《唐律疏议》十二篇除总则之外，每一篇都是对一类犯罪的规制；《宋刑统》在唐律十二篇的基础上分为 213 门，每一门都是一个细分的刑事制度；至明清时期，在律之外，更有数量众多的条例规则个罪。“官吏法”主要规范官吏的编制机构、品级待遇、行使程序等，倘若违反了官吏规则就会受到刑律的惩处。秦朝的“官吏法”已初具规模，及至明清，“官吏法”已经极为完备，在表现形式上有令、则例、事例，以及综合性的会典等。唐朝的《唐六典》在很大程度上以官吏及其职事为主要内容，明清的《会典》则汇纂了政府机构编制、员额、职权、隶属关系等，还有则例、事例等明确规定官吏的各种行为规范，以及没有制定法时所应参考遵循的先例。

① 杨珍：《清朝皇位继承制度》，学苑出版社，2009 年，第五章《秘密建储制度》。

在功能上，“刑事法”在于保障国家秩序的底线，遏制各种内乱与外患，维护社会的安定；“官吏法”则保障官吏队伍的高效、廉洁，以便有效实施各种法律制度，实现国家的有效治理。“刑事法”和“官吏法”是“大一统”秩序不可或缺的两类主要规范，因而，国家对“刑事法”和“官吏法”的实施全力予以保障，以国家权力来主导实施各种明确的硬性规范（类似于近现代的司法诉讼和行政执行的方式），达到“规范治理”的效果。

3. 权威秩序体系的下层：法统的衰弱区

中国古代国家试图控制社会的每一个阶层、每一个村落、每一个家庭，以达到“大一统”秩序的完全实现①；但是国家的资源是有限的，实现完全控制的目标总是缺少充足的资源支持。因此，国家只能把有限的资源优先配置在“刑事法”“官吏法”等领域，对于乡里、族群、交易等秩序的维护，多采取不同程度的放任自治的治理方式。对于乡里、族群、交易等领域采取放任自治的治理政策，一则因为国家直接、全面管理未必能达到预期效果，一则因为国家难以负担巨大的直接管理成本。在乡里、族群、交易等领域，随着国家投入的减少，国家的控制力也在衰减，很难实现完全有效的直接法律控制。这一领域是法统的衰弱区，却是社统的强势区。

在此领域内，国家的法律治理通常体现为两种形式：一是宣示性立法，一是认可社会既有惯例。国家所采取的“宣示性立法”，即在国家法律体系中虽定有相关规范，明确宣示国家基本价值取向，确定基本行为模式，但这些价值原则和行为规则的实施更多依赖“社统”，而不是政府机构及官吏。在此领域内，大量的行为规则是由社会系统提供，由地方政府认可的社会惯例，而不是由政府直接制定。对于家庭成员之间的纠纷，委诸家长、族长依照惯例去调处、裁断；对于邻里之间的纠纷，委诸乡绅、里长依照乡规民约去处理；在灾荒等特殊情况下，民众为了生存而进行的违法情事，政府甚至不加追究。只有民间行为对国家秩序构成了重大危害、牵涉命案等情况下，国家才会介入。对秩序造成低强度冲击的纠纷，纵然需要官府介入，官吏也会采取父母官式的处理方式，用训诫、教化、调解等方式解决，以恢复正常的乡里、族群、交易等秩序。

（三）中国古代法统在体系功能上的局限

中国古代法统在数千年的历史进程中，不断发展完善，具有极强的适应

---

① 秦朝就曾施行“治道运行，诸产得宜，皆有法式”的细密化、刑罚化治理，但再强大的国家也无法应付层出不穷的问题，难以负担不断增长的治理成本，而终归失败。

性，维护了多民族国家的统一，这是不可否认的历史事实。但中国古代法统在结构与功能上也有局限。①

1. 法统承受的结构性压力

在任何一个文明秩序体系中，政治、经济、社会、法律等诸要素的组合结构都会存在一定的张力。这些结构性要素之间的张力，是社会秩序发展的动力，但如果张力超过法统的控制力，就会导致秩序体系的崩坏。中国古代的法统，承受着政统、社统、道统所传导的多重压力，其化解这些压力的方式较为有限。

作为政统、社统、道统、法统汇集点的皇帝，具有秩序系统的压力分配和调节的能力。君权神授的皇帝统驭政统，可以把政统的压力转化为法统的压力，诸如为官僚贵族设定特权，以特旨直接审判或赦免罪犯，其所造成的不公正的压力，都会损害法统。皇帝如何处理君臣关系、皇室内部关系，既为社统确立了表率，也会间接产生对法统的影响。如孔子所言："能以礼让为国乎，何有？不能以礼让为国，如礼何?"（《论语·里仁》）皇帝能以礼让治国，则天下景从，自然收到不越规矩、秩序井然的效果；如果皇帝妄为，则法令难守，法统必然败坏。道统虽然源于上天，却仍然受到政统的直接影响。汉武帝采纳董仲舒建议，"罢黜百家，独尊儒术"，置五经博士，设太学，以利禄诱导天下读书人；唐太宗曾命国子祭酒孔颖达与硕学通儒撰修《五经正义》，唐高宗更颁布诏令，以《五经正义》作为科举考试之蓝本（《旧唐书·高宗本纪》）；元代以朱熹《四书集注》取士；明代改以八股取士。皇帝对道统所施加的影响，对科举考试方式的设定，对法统的价值理念产生了重大的引导作用。

皇帝以天下的名义来设计秩序体系，分配公共资源，然而皇帝为公与私的结合体，既为天下最高公共权力机构，为天下公共利益的最高代表，同时又是皇族的大宗，为一家一姓的私人团体的家长。中国古代皇帝的公与私的双重构造，往往体现出自私自利的弊端，中国古代圣明的君主不少，偏私的帝王更多，其害如黄宗羲在《明夷待访录·原君》中所言："以为天下利害之权皆出于我，我以天下之利尽归于己，以天下之害尽归于人，亦无不可；使天下之人不敢自私，不敢自利，以我之大私为天下大公。始而惭焉，久而安焉，视天下为莫大之产业，传之子孙，受享无穷。"亦如孔子言："放于利而

① 中国古代法统的局限性，存在于建构"超级国家社会"秩序的历史情境中，不能脱离中国的历史情境来简单将其批判为"专制工具""官僚法"。

行，多怨。”（《论语·里仁》）而皇帝之自私自利不能免于天下人的不满，对皇帝的不满均以法律限制，由此可知法统压力之大，不仅在于防范反叛的犯罪，还在于防人之言、防人不满之心思。

2. 法统功能的局限性

中国古代法统随附政统的周期性，其功能受到政统的制约，对政统的制约却较为有限。一般在每一个王朝建立之初，政治集团能够总结前一王朝衰败、覆灭的教训，重新制定法典，严格依照法令来治理社会，注重减轻刑罚、降低徭役和赋税，建立有效的法律秩序。法统确立以及充分发挥其功能的盛世，大多出现在一个王朝建立的前期到中期。随着王朝承平日久，盛世会积累诸多问题，造成法统功能失调。一般而言，盛世会出现几种现象：人口增长，官吏数量增加，特权阶层人数随之增加，国家的财政负担加重，平民税负加重，加之土地兼并造成社会财富集中，富有的阶层可以把税负转嫁给平民，平民的负担更加繁重。洪亮吉在《洪北江诗文集·意言·治平篇》中曾描述了盛世的危机：“治平至百余年，可谓久矣，然言其户口，则视三十年以前增五倍焉，视六十年以前增十倍焉，视百年、百数十年以前不啻增二十倍焉。……（耕地）然亦不过增一倍而止矣，或增三倍五倍而止矣，而户口则增至十倍二十倍，是田与屋之数常处其不足，而户与口之数常处其有余也。又况有兼并之家，一人据百人之屋，一户占百户之田，何怪乎遭风雨霜露，饥寒颠踣而死者之比比乎！”在遇到自然灾害、瘟疫的情况下，平民破产而转化成无地的流民，为生存而产生的“犯罪率”则会不断上升，社会治安趋于恶化。如谭峭在《化书·食化第五·兴亡》中所言：“苟其饥也，无所不食；苟其迫也，无所不为：斯所以为兴亡之机。”王朝建立初期宽缓的刑事法律难以适应现实需要，因而刑律之外的特别法令倾向于加重量刑。当流民的力量超过国家的压制力量的时候，王朝就会倾覆，旧法统随之覆灭。中国古代社会经济基本以种植农业为基础，因而土地与人口的比率关系、土地的集中程度，成为决定刑律实施的重要因素。官吏与贵族的数量，意味着享有法律特权群体的规模，也是影响法律实施效果的重要力量。法统在政统的周期性更迭中只能发挥有限的作用，却没有形成政统的规范化变革模式。

三、唐律五百条：规范技术、法律体系与治平理念的融贯统一

（一）“唐律五百条”与科条简要的传承

汉朝立国之初，曾将繁苛的秦法大幅度的删减。但是迫于建构稳定秩序的需要，汉律逐渐增长到60篇，律文之外还有科条、决事比、章句等，“凡

断罪所当由用者，合二万六千二百七十二条，七百七十三万二千二百余言，言数益繁，览者益难”（《晋书·刑法志》）。汉朝以后至隋朝的三四百年间，立法者在制定律典时，始终将“科条简明”作为修律的技术目标。北齐律确立了律典十二篇的体例，此后隋《开皇律》采纳“十二篇”体例作为统一王朝法典的框架，并将律典的条文数精简到五百条。隋《大业律》虽然篇目有所改动，但是沿袭了律文“五百条”的样态。唐朝最初编纂的《武德律》仿效隋《开皇律》，采取“十二篇”“五百条”的旧制，仅增加五十三条新颁格，其余皆沿袭故旧。唐太宗继位之后重修唐律，于贞观十一年（637）完成新律——《贞观律》。《贞观律》虽保持了“十二篇”的体例，但在内容上改动极大，“比隋代旧律，减大辟者九十二条，减流入徒者七十一条。其当徒之法，唯夺一官，除名之人，仍同士伍。凡削烦去蠹，变重为轻者，不可胜纪”（《旧唐书·刑法志》）。《贞观律》在内容上进行了大改，却没有改变“五百条”的样态（见表2-2）。

表2-2　汉朝至唐朝律典篇目、条文数量简表①

律名	篇目数	条文数
汉律	60	不详
魏律	18	不详
晋律	20	620或630②
北齐律	12	949
隋《开皇律》	12	500
隋《大业律》	18	500
唐《武德律》	12	500
唐《贞观律》	12	500

《贞观律》奠定了唐律的制度基础，此后虽有唐高宗永徽年间的注疏，唐律转变成律文与疏议并行的《唐律疏议》，可是“唐律五百条”仍是律典的核心，在显庆年间、开元年间等历次修订中保持了条文整体的稳定。

---

① 表中律典篇目和条文数来源于《晋书·刑法志》《隋书·刑法志》《旧唐书·刑法志》《新唐书·刑法志》。

② 据《晋书·刑法志》所载，晋律“合二十篇，六百二十条，二万七千六百五十七言”；而据《通典·刑法一》所载，晋律“合二十篇，六百三十条，二万七千六百五十七言”；《文献通考》《通志》均采晋律“六百三十条”之说。

《唐律疏议》是中华法系影响深远的鸿篇巨制，上承汉魏南北朝立法经验，下启宋元明清律典修订，以其“一准乎礼”“得古今之平”① 著称于世。良法为善治之前提。唐朝贞观年间至开元年间②，被后世史家称颂为治平盛世，即建立在唐律的制度基础之上。《唐律疏议》的核心是贞观十一年（637）修订完成的“唐律五百条”，其科条简要，理念清晰，并通过刑罚制裁将律、令、格、式等各种法律形式整合为一个统一的法律体系，将“治平理念”③ 融贯于整个法律体系之中。以往学者对《唐律疏议》的条文注释、律学成就与内容、各项具体制度多有研究④，这里将对唐律的规范技术进行分析，阐释“唐律五百条”是整个唐朝法律体系的核心，“治平理念”是“唐律五百条”着意揭示的核心价值，也是整个唐朝法律体系的核心价值。

（二）唐律中的参照省略技术

唐律是一部“诸法合体，以刑为主”的律典，《唐六典·陆·刑部郎中员外郎》云：“凡律以正刑定罪”，其中大部分条文归属于“刑事法律规范”⑤。就律典而言，刑事法律规范又可分为总则规范和分则规范，唐律之《名例律》为统摄全篇的总则规范，其余十一篇几乎尽属于分则规范，此观点已成为学界通说。就定罪量刑的分则规范而言，又可以将其分为“罪状”（规定犯罪构成要件）和“法定刑”（规定具体的刑事制裁）。“罪状”（含罪名）与“法定刑”，构成了一个完整刑事法律规范。用“罪状”与“法定刑”去分析唐律分则规范，就会发现唐律中许多规定“罪状”和“法定刑”的条文，只“以（准）某”罪论，或者略书刑罚之等级，不具体规定犯罪构成和五刑之种类及量刑之轻重，要解读个中详义必须参照其他条款的内容，这种简省性技术可以称为“参照省略技术”。“参照省略技术”不单纯是一种语法上的表达方式，它更是立法者的精心设计，关涉到整部唐律的结构，并带有深层次的价值表

---

① 《四库全书总目·史部·政书类二》，中华书局，1965 年影印本，第 712 页。

② 627 年至 741 年，一百余年的时间，其间主要为唐太宗李世民、唐高宗李治、武则天、唐玄宗李隆基在位。唐朝的治平盛世后来为安史之乱所打破，由强转衰。

③ 《四库全书总目》中所谓“得古今之平”，实为“治平”，有学者进一步解释，就是现代社会的“公平”“公正”的意义，参见苏亦工：《唐律“一准乎礼”辨正》，《政法论坛》2006 年第 3 期。本章侧重于在实体正义的意义上解读唐律的“治平理念”，因而将“治平”在实质正义的层面约同于现代的“公正”。

④ 据王立民教授统计（尚未计入硕、博士学位论文和部分论文集收录的论文），近三十年（2014 年以前）研究唐律的著作有 19 部、论文有 476 篇，参见王立民：《中国唐律研究三十年》，《法学研究》2014 年第 5 期。

⑤ 中国古代并无近代部门法之区分，姑且以“刑事法律规范”加以假定。

达功能。以下对唐律第58条《唐律·卫禁·阑入庙社及山陵兆域门》加以分析，具体阐释唐律中的参照省略技术。

唐律第58条规定："诸阑入太庙门及山陵兆域门者，徒二年；越垣者，徒三年。太社，各减一等。守卫不觉，减二等；主帅又减一等。故纵者，各与同罪。"[①] 本条唐律只有4个句子，除去句读仅有48个汉字，却包含了24组具有严密逻辑关系的"罪状"与"法定刑"，即24个刑事法律规范[②]。以下用"罪状"与"法定刑"的逻辑框架对这24个规范加以还原分析。第一个句子包含四个刑法规范：(1) 罪状：阑入太庙门，法定刑：处以二年徒刑；(2) 罪状：阑入山陵兆域门，法定刑：处以二年徒刑；(3) 罪状：越太庙垣，法定刑：处以三年徒刑；(4) 罪状：越山陵兆域垣，法定刑：处以三年徒刑。[③] 这四个规范中的前两个规范的"罪状"与"法定刑"是较为详备的表述，仅省略了主语（犯罪主体）。第二个句子"太社，各减一等"，包括两个省略的刑法规范（即第5个、第6个规范），其"罪状"和"法定刑"采用了参照省略，"各减一等"分别参照"阑入太庙（或山陵兆域）门"和"越太庙（或山陵兆域）垣"。完整的表述应该是：(5) 罪状：阑入太社门，法定刑：比照徒二年减一等（又依照《名例律》中有关"五刑"的规定，可知徒二年减一等为徒一年半）；(6) 罪状：越太社垣，法定刑：比照徒三年减一等，即为徒二年半。由上可知，第二个句子中包含的"罪状"：阑入门和越垣、"法定刑"："各减一等"须参照前一句的内容才能确知为："阑入太社门者，徒一年半"和"越太社垣者，徒二年半"。依据 (1) (2) 两个详备规范及总则规范，能够推知本条内其余规范法定刑的详备形态。

第三个句子"守卫不觉，减二等；主帅又减一等"中包含了12个"罪状"与"法定刑"（即第7个至第18个规范）的省略形态，其详备形态依次是：(7) (8) 罪状：守卫不觉阑入太庙及山陵兆域门，法定刑：减 (1) "徒二年"二等，即为徒一年；(9) (10) 罪状：主帅不觉阑入太庙及山陵兆域门，法定刑：减 (1) "徒二年"二等，又减一等，即为杖一百；(11) (12) 罪状：守卫不觉越太庙及山陵兆域垣，法定刑：减 (2) "徒三年"二等，即为徒二年；(13) (14) 罪状：主帅不觉越太庙及山陵兆域垣，法定刑：减 (2) "徒

① 《唐律疏议·卫禁律》，中华书局，1983年。本文以下引唐律条文，仅注明条数。

② 以下用 (1) 至 (24) 来标记不同的刑法规范。

③ 按照疏议的解释，太庙与山陵兆域为不同的场所，太庙为皇帝的祖庙，山陵兆域为皇帝先祖陵寝，只是因为危害程度相同，刑罚制裁相同，才并列加以规定，但是属于不同犯罪（罪名不同，刑罚相同）。

三年”二等，又减一等，即为徒一年半；（15）罪状：守卫不觉阑入太社门，法定刑：减（5）“徒一年半”二等，即为杖一百；（16）罪状：主帅不觉阑入太社门，法定刑：减（5）“徒一年半”二等，又减一等，即为杖九十；（17）罪状：守卫不觉越太社垣，法定刑：减（6）“徒二年半”二等，即为徒一年半；（18）罪状：主帅不觉越太社垣，法定刑：减（6）“徒二年半”二等，又减一等，即为徒一年。

第四个句子“故纵者，各与同罪”中又包含了6个（即第19个至第24个）省略形态的刑法规范，其详备形态应是：（19）（20）罪状：故纵阑入太庙及山陵兆域门，法定刑：与（1）（2）同罚，即为徒二年；（21）（22）罪状：故纵越太庙及山陵兆域垣，法定刑：与（3）（4）同罚，即为徒三年；（23）罪状：故纵阑入太社门，法定刑：与（5）同罚，即为徒一年半；（24）罪状：故纵越太社垣，法定刑：与（6）同罚，即为徒二年半。

唐律第58条以（1）（2）两个详备形态的“罪状”与“法定刑”为基础，衍生出22个省略形态的刑事法律规范；后面22个省略形态的“罪状”与“法定刑”和前面两个详备形态的“罪状”与“法定刑”都存在着参照关系。以上唐律第58条仅是参照省略技术的一例，唐律中此类省略技术运用得极为普遍。参照式省略，一般将“侵害主体”“社会危害性”作为参照基础，以“法定刑”的轻重作为合并同类项的标准，此种省略技术的运用不仅可以简省文字和条文，还可以建立起“罪与罚”数量上可比较的公平体系：重罪重罚，轻罪轻罚，罚当其罪。

（三）唐律中的补充条款、援引条款及体系化规范

1. 补充条款

唐律的制定者，在尽量做到“断罪皆有正条”的同时，也预见到“人类的理性是有限的”，唐律不是包罗无遗的金科玉律，因而在明确的条文之外，还设计了两种“补充条款”：类比条款、弹性条款。

《唐律·名例》之“断罪无正条”，是典型的“类比条款”。唐律第50条：“诸断罪而无正条，其应出罪者，则举重以明轻；其应入罪者，则举轻以明重。”

[疏] 议解释说：举重以明轻，如按《贼盗律》“夜无故入人家，主人登时杀者，勿论”。假有折伤，灼然不坐。举轻以明重，如按《贼盗律》“谋杀期亲尊长，皆斩”。无已杀、已伤之文，尚得死罪，不得用荫。

该条是原则性的规定，在犯罪行为没有相应的律文加以规定时，可以类比“正条”（并非“相关条款”）轻重相举以断罪。其疏议所举事例更进一步

说明“轻重相举”并非一般的类比定罪，而是将犯罪行为涵摄于“正条”的逻辑范围之内。“轻重相举”作为一个原则性规定，省略了具体的“罪状”与“法定刑”，它可以使“正条”发挥逻辑的涵摄功能，使现有的条文发挥更多的规范功能。

《唐律·杂律》之“不应得为条”，是典型的“弹性条款”。唐律第450条规定：“诸不应得为而为之者，笞四十；事理重者，杖八十。”

［疏］议曰：杂犯轻罪，触类弘多，金科玉条，包罗难尽。其有在律在令无有正条，若不轻重相明，无文可以比附。临时处断，量情为罪，庶补遗阙，故立此条。情轻者，笞四十；事理重者，杖八十。

该条的“罪状”为“不应得为而为之”，何为“不应得为”？律条及疏议中都没有更为具体的说明。“不应得为”为一种概括性规定，在适用该规范时，它具有很大的解释弹性，可以根据具体社会情景、具体的行为主客观要件来把握。此种“弹性条款”，如同近代以来《德国民法典》《瑞士民法典》中的“善良风俗”“诚实信用”“权力不得滥用”等条款一样，抽象掉（有意省略）具体的构成要件，仅规定行为性质之标准，便于裁判者“临时处断，量情为罪，庶补遗阙”。“不应得为”条的量刑幅度从笞四十到杖八十，跨越了五个刑罚等级，无疑严重违背了近代以来的罪刑法定。可是如果回到唐朝，在一个只有几个人的县政府，如果县长没有任何强制力、没有任何自由裁量权，一个县将难以维持基本秩序；并且，该条将处罚明确区分为两个级别，危害轻微的处以笞四十，事理重者，不过杖八十。笞、杖刑属于五刑较轻的两个等级，属于教化惩戒之罚，与近代“行政处罚”“轻罪罚”近似，因而唐代的立法者授予基层官员的处罚权是适当的，其对百姓的权威性作用是通过程序可控的。

2. 援引条款

所谓援引条款，就是指某一律文只明确规定了“罪状”与“法定刑”中的一项，未明确的内容需要援引其他法律渊源或其他条文，本条与援引条文结合起来才可以发挥正常的定罪量刑功能。唐律中的援引条款主要有两种类型：律外援引和律内援引。

《唐律·杂律》之“违令条”属于律外援引条款。唐律第450条规定：“诸违令者，笞五十；别式，减一等。”

［疏］议解释说：令有禁制，谓《仪制令》“行路，贱避贵，去避来”之类，《礼部式》“五品以上服紫，六品以下服朱”之类，笞四十，物仍没官。

“违令条”只规定了“法定刑”，却没有规定“罪状”，该条据以定罪量刑的“罪状”，需要援引唐令、式等其他法律渊源。唐之令、式数量庞大，规定了多种应然性行为，对违反规定者有矫正性规定，却多没有严厉惩治，严厉惩治仅在律典中加以规定。因此，“违令条”实际是衔接令、式与律的条文，使令、式之处罚统一于律典，也使得国家整个法律体系的强制制裁符合统一的公正标准。

律内援引在唐律内更为多见，此类条款中的“法定刑”部分仅指明“以（准）某罪论”，此外没有具体规定。定罪量刑时，须按照“以”“准”等指示语之后的罪名，转借该罪名之下的法定刑。如唐律第284条规定：“诸故烧人舍屋及积聚之物而盗者，计所烧减价，并赃以强盗论。”本条对罪状叙述得较为详细，而法定刑却是虚语，仅指明“并赃以强盗论”，未具体叙明可直接适用的刑罚。依本条科罚时，还须转借关于强盗罪（第281条）的规定，于是强盗罪的法定刑被隐含地适用于第284条。

按照“以……论”“准……论”“依……法”等指示语的不同，又可以把唐律中的律内援引分为以下几类：

（1）“以……论”：唐律236条中有“以乏军兴论”，289条中有“以斗杀伤论”，208条中有“以受所监临财物论”，212条中有“以盗论”，286条中有“以强盗论”，419条中有“以出入人罪论”，472条中有“以枉法论”，等等。

（2）“准……论”：唐律中最多见的是“准盗论”，在192条、203条、217条、409条、418条、419条、420条、421条、425条、435条、437条、463条等三十多个条文中都使用这种句式。此外还有“准枉法论”“准受监临财物论”，等等。

（3）“从……法”：唐律263条中有“从过失杀人法”，257条中有“从劫囚法”，270条中有“从常盗之法”，327条中有“从凡斗法”，等等。

（4）“依……法”：唐律253条中有“依故杀法”，273条中有“依凡盗法”，289条中有“依窃盗法”，等等。

（5）“同……法”：唐律199条中有“同私驮载法”，275条中有“同私有法”，294条中有“同斗殴杀法”，318条中有“同凡斗法”，等等。

另外需要指出的是，唐律中常常把参照省略技术与律内援引条款复合使用，诸如“减盗二等”（210条），“加斗伤二等”（311条），“准盗论减一等”（375条），“减故失三等”（478、486条），“戏杀伤减斗杀伤一等”（338条），等等。此种条文中既有“加（减）数等”，又有“以（准）……论”，是参照式省略和律内援引条款的叠加使用。

3. 体系化规范

中国自春秋末年公布成文法以来，古代立法者无不强调法律必须文字平白易晓，能为普通百姓所熟知。唐律何以在条文中大量运用“参照省略技术”、不明确的“补充条款”和“援引条款”，冒着语焉不详的风险？其实，唐律中的“参照省略技术”“补充条款”“援引条款”，并不影响对律文的理解与适用，其奥妙就在于唐律结构上的精巧设计。唐律在总则规范中设置了三个逻辑前提，这三个逻辑前提是解读和还原省略条文所必不可少的。这三个逻辑前提分别是：

其一，叙明五刑之差等，以及五刑加减运用的原则。《名例律》以五刑开篇，笞刑五等，杖刑五等，徒刑五等，三流二死依次由轻入重。在《名例律》篇末，对于五刑之加、减又有明文：“诸称‘加’者，就重次；称‘减’者，就轻次。惟二死、三流，各同为一减。”有此前提，“减某刑数等”“加某刑数等”之类的法定刑省略形式，都可轻易推算出具体刑罚等级。

其二，设置了明晰的等级身份制度。唐律分则规范以凡人或常人（庶民之成年男子）为抽象的犯罪主体，有官爵者、老幼、残疾、妇女、奴婢、贱民等为特殊的犯罪主体，除别有规定外，皆须参照《名例律》中的身份制度拟断，宗法之亲等亦是重要的裁断准据，不同于凡人相犯。综此种种，《名例律》中虽无独立的身份制度，却散见各条，至为详备。

其三，《名例律》对“以……论”“准……论”等援引指示语有特别诠释[①]，为解读“以枉法论”“以盗论”“以故杀伤论”“准盗论”“准枉法论”“准受监临财物论”等等罪状省略和法定刑省略提供了依据。《名例律》有云：“称‘以枉法论’及‘准盗论’之类，皆与真犯同”；涉及官吏除名、免官、赔赃等附加刑的，“其除、免、赔赃悉依正犯”。由此可知，凡“以某罪论者”，在科刑时，完全可以援引“某罪”之下的法定刑，主刑、附加刑皆是如此。《名例律》又云：“称‘以枉法论’‘准盗论’之类，罪止流三千里，但准同罪。”言明“准某罪论”者援引“真犯某罪”的法定刑时，是有保留的。只有在最高法定刑为流三千里以下时，方可完全援引“真犯某罪”的主刑；“并不在除、免、赔赃、监加罪”之例，附加刑不可援引。后世律学家对“以”

---

① 本章只就唐律中的“以”“准”两字做了分析，到了宋代，傅霖在《刑统赋解》中对《宋刑统》（律文与唐律基本相同）“以、准、各、皆、及、其、即、若”八个字都有详解。清代律学家为了强调上述八个字，将其称作“律母”，王明德在《读律佩觿》中说：“必于八字义，先为会通融贯，而后可与言读法。”参见王明德：《读律佩觿》，法律出版社，2001 年，第 2 页。由此可见援引指示词在整个律典中的重要作用。

“准”等法定刑指示词进行了更为深入系统的研究，清人王明德在《读律佩觿》中云：以者，非真犯也，非真犯而情与真犯同，一如真犯之罪罪之，故曰：“以”。又云：准者，与真犯有间，用此准彼也，所犯情与事不同而迹实相涉，算为前项所犯，为合其罪而不概如其实，故曰：“准”。清代另一位律学家吴坛认为：“以”“准”等词在法典中有收属连贯之效，是五刑的权衡。可见，“以”“准”等词不只是一种局部性技术，而且关涉到整部法典在结构上的统属。

唐律的分则规范在条款设置上呈现出“详略结合”的特征，内容详备的条款为法定刑省略的条款提供了参照和援引的前提。再以前文分析过的唐律第 58 条（《唐律 · 卫禁 · 阑入庙社及山陵兆域门》）为例，在一条之内有 24 个规范，其中只有前两个规范的法定刑是详备的，其余 22 个规范罪状和法定刑的省略就是建立在前两个详备规范的基础上。又如，唐律中关于“坐赃致罪”的正条只有第 389 条一条；而援引此条以“坐赃论”的条款达近四十个。[①] 实际上，详备的条款虽少，却起到了化繁为简、由简驭繁的作用。

唐律总则规范中所规定的五刑加减、身份等级、援引指示词的运用规则，都为唐律分则规范省略设定了结构上的大前提；分则规范中的详备规范又为省略规范提供了结构上的小前提。据此小前提，唐律分则规范的罪状和法定刑得以省略，同时又达到了律文简约、律意明确的效果。

（四）唐律五百条的价值意义

唐律之条文数——五百，是立法者所设计的“律典价值符号”，并非立法者在编纂法典时，写到最后一个条文恰好是五百条。唐律是一个紧密联系的整体，是整个唐朝法律体系的核心，其分则条文之间、分则条文与总则条文之间、律条与令式之间都有着紧密联系。唐朝的法律体系条文众多，形式多样，那么这个体系的核心价值理念是什么？唐律的条文数量——五百，就揭示了唐律的核心价值，也揭示了唐朝法律体系的核心价值——“治平”。

五，为会意字，从二，从乂，“二”代表天地，“乂”表示互相交错。《周易 · 系辞上》中有言：“天数五，地数五。”东汉许慎在《说文解字》中对“五”的解释是：本义交午，纵横交错。中国古人将世界的本体解释为由五种元素——金、木、水、火、土组成的，将空间用五方——东、西、南、北、

① 唐律 136、197、205、209、213、214、215、216、218、222、240、241、242、244、356、380、397、408、419、420、423、424、425、427、430、431、441、443、447、448 等条中皆有转借第 389 条法定刑的情况。

中来标识，音乐分为宫、商、角、徵、羽五音，在“家国天下”秩序中居于至高无上地位的皇帝号称“九五之尊”。在阴阳学说中，奇数为阳，偶数为阴；德礼为阳，刑罚为阴。一、三、五、七、九这些奇数代表阳，而五这个数字在阳数序列里居其中，处在不偏不倚的位置，符合儒家“不偏不倚”的中庸治平思想，也就是我们现代所谓的“公平”之意。百，为偶数，在阴阳学说中属于阴。五百是阴数，符合刑法之阴的属性。五百之数，是以阳主阴之数，虽为阴数但以阳为主。刑法之制定“一准乎礼”，刑法之实施要“明德慎罚”，如唐律开篇所谓“德礼为政教之本，刑罚为政教之用，犹昏晓阳秋相须而成者也”（《唐律疏议·名例》）。从唐律的“参照省略”“补充条款”“援引条款”等规范技术运用来看，唐朝的立法者实际上已经具有了选择设计律典条文数量的能力，例如前文所分析的第 58 条，一个条文仅用 48 个字，就表达了 24 个刑事法律规范。立法者期望把唐律制定成多少条，就可以制定成多少条。基于如此纯熟的立法技术，唐朝立法者虽对隋律修订了上百处，但始终保持律典为五百条①。五百条是律典的核心价值，也是整个唐朝律令体系的核心价值——公正，即实现仁德之善治。唐律五百条为“治平理念”的数字符号，若以现代语言加以表达，就是以公平正义为法律的核心价值，刑罚并非目的，刑罚及其规范设置都以实现公平正义为旨归。唐律五百条，不仅规范技术精良，其立意更为深刻高远，可谓形神具妙。

① 据《旧唐书·刑法志》所载：“玄龄等遂与法司定律五百条”。我们现在看到的唐律为 502 条，有学者解释为宋朝传抄者将故唐律第 98 条、第 327 条分别多抄出一条所致。参见钱大群：《唐律疏义新注》，南京师范大学出版社，2007 年，第 1 页，注 2。

第三章 “皇权”与“不死”

——汉赋早期两大文本主题与“梁园文学”之兴起

孙少华*

汉代文学史上的一个重要现象，就是汉赋的兴起。虽然目前我们对汉赋的研究已经非常深入，但仍然有很多疑问无法完美地得到解决。严格来说，与汉初“辞赋”不同，真正称得上“汉代”之赋者，应该是汉武帝召见司马相如以后的赋作。此前陆贾、贾谊之赋，以及曾游吴、梁的枚乘、邹阳、严忌等人之赋，带有鲜明的“楚赋”（或者说先秦楚辞）特征。司马相如入梁以后，汉赋性质开始发生变化。尤其是在汉武帝注意到他的《子虚赋》之后，才开启了具有汉代性质的辞赋之门。司马相如的《子虚赋》，又产生于梁孝王时期，从某种意义上说，汉赋的兴起与发展，梁孝王文人集团起到了关键作用。也就是说，要研究汉赋的兴起与渊源，最绕不开的就是梁孝王文人集团的“东苑”（又称“梁园”）。汉初文学的翘楚，亦多在梁。所以，鲁迅先生曾敏锐地指出，汉初文学的实际情况是，“天下文学之盛，当时盖未有如梁者也”，其文学代表人物有严忌、羊胜、公孙诡、韩安国、司马相如等，“皆词赋高手”①。这种概括，给予了梁孝王文人集团以很高的文学评价。

为研究方便，我们将梁孝王及其群臣以东苑为中心形成的这个“文学群体”，姑且称为“东苑文学”或“梁园文学”。由于后者较为知名，且容易为人所理解，故统一称为“梁园文学”，以便将该集团作为一个独立的文学组织与活动形式提出来，供学界讨论。

目前所见各种文学史，或对“藩国文学”偶有涉及，但对“梁园文学”的地位与重要性认识不足。刘跃进先生《秦汉文学地理与文人分布》单列《中原文学一瞥——梁孝王集团的文学想象》一章，从历史上记载的梁孝王集

---

* 孙少华，文学博士。中国社会科学院文学研究所研究员、博士生导师，中华文学史料学学会古代文学史料研究分会会长。研究领域：先秦两汉魏晋南北朝文学文献学。代表性学术成果：《从文献到文本——先唐经典文本的抄撰与流变》《〈孔丛子〉研究》《〈孔丛子〉与秦汉子书学术传统》《桓谭年谱》。

① 鲁迅：《汉文学史纲要》，载《鲁迅全集》第9册，人民文学出版社，2005年，第410页。

团的文人及其作品、《西京杂记》记载的梁孝王文人集团的文学活动、谢惠连《雪赋》记载的梁孝王与邹阳等菟园赏雪入手，对这个文学集团的作品、活动进行了深入分析①，无疑是对“梁园文学”研究的一个推进。在此基础上，我们有必要对汉赋的起源与发展具有原动力作用的“梁园文学”给予必要的重视，并对此时期推动汉赋产生的各种动力，对汉赋的写作主题、目的与作用，做较为深入的辨析。而这些话题，皆与“皇权”与“神仙不死”具有密切关系。

一、皇权介入辞赋与梁园文学的“神仙不死”思想

辞赋真正走上汉代的文化前台，从此受到帝王的高度重视，进入文人阶层并为他们所接受，其功臣无非刘勰所言陆贾、贾谊、枚乘、司马相如、王褒、扬雄、枚皋、东方朔八人。② 但依据刘勰之言，陆贾、贾谊不过是始作俑者，王褒、扬雄继承前代赋风，枚皋、东方朔则又趋下风。真正推动汉赋成为一代之文的关键，则是刘勰所言“枚马同其风”的枚乘与司马相如。此二人恰恰皆为梁孝王的座上宾。可以说，汉大赋的兴起，第一功臣无疑是司马相如，而司马相如学赋的梁孝王东苑，无疑值得引起我们的关注。

作为“以赀为郎”，好不容易由蜀地进入京城的司马相如，为何轻易辞官从长安走向藩国——梁孝王的属地？史书记载说是因为汉景帝“不好辞赋”，可能使我们更多留意到司马相如对“辞赋”的重视。如果从梁孝王“好辞赋”的角度看，司马相如游梁，首先选择的是“辞赋”，其次是“人”（梁孝王）。但对于司马相如而言，到底哪种力量使他认为学习“辞赋”较“以赀为郎”更为重要？即使梁孝王“好辞赋”，如果没有一定的政治因素，很难促使司马相如转投梁孝王。因为，司马相如本来“以赀为郎”，他的“客游梁”，第一，不可能是为了经济上的原因，因为从他投奔梁孝王，直至梁孝王卒，他在经济上一直处于窘困局面③；第二，司马相如生活的时代，前有辞赋名家陆贾、贾谊长期生活在长安，当时长安好辞赋者当不在少数，即使汉景帝“不好辞赋”，也阻止不了其他人“好辞赋”。司马相如选择离开京城的背后，或者另有玄机。

汉景帝曾有传位于梁孝王的想法④，而这一提议也得到了他们的母亲窦太

① 刘跃进：《秦汉文学地理与文人分布》，中国社会科学出版社，2016年，第203－221页。
② 刘勰著，范文澜注：《文心雕龙注》上册，人民文学出版社，1958年，第134页。
③ 《史记·司马相如列传》称“会梁孝王卒，相如归，而家贫，无以自业”，即可证明。
④ 《史记》卷58《梁孝王世家》，中华书局，2014年，第2532页。

后的支持。虽然此事最终未能成功①，并且仅见于《梁孝王世家》，不见于《孝景本纪》，甚至史书明确记载“以事秘，世莫知”，但在当时梁孝王周围文人中，或是公开的秘密。《资治通鉴》记汉景帝与梁孝王对话事，在汉景帝三年丁亥年（前 154）；记司马相如“从游”，则在上一年（前 155）“筑东苑”之后。然次年（前 154）冬十月，“梁王来朝”②，是知《资治通鉴》定司马相如入梁的时间有误，且与《史记》所言有出入。③ 由此笔者判断：司马相如辞郎游梁的时间，当在本年（前 154）汉景帝语梁孝王传位事后。进一步推测，司马相如辞郎游梁，表面上是为了学习辞赋，其实也有投机梁孝王的意图。汉景帝、窦太后对梁孝王的信任与宠爱，是促使司马相如游梁的表面原因；而梁孝王未来对“皇权”掌握的可能性，则是促使他游梁的政治原因。从这个意义上说，司马相如游梁时的赋作，某种程度上可以说是“皇权”介入的结果。

作为学习辞赋的最佳去处，梁孝王东苑无疑是司马相如的首选。东苑，后世又称梁园、菟园、竹园；此园建于“东”，是按照阴阳五行的说法，东方为木，象征万物生长。④ 这里聚集了严忌、枚乘、羊胜、公孙诡、邹阳等文人，这也是吸引司马相如的主要原因。如果将集中在梁孝王东苑的文人与文化，看作一个比较特殊的群体，我们不妨将其称作“东苑文人群”或“东苑文化圈”。而其通过汉赋反映出来的总体文学特征，可统一称为“梁园文学”，其主要代表人物就是上述所言严忌、枚乘、羊胜、公孙诡、邹阳，还包括后来的司马相如、韩安国等；其活动区域，主要集中在以梁园为中心的梁地；其作品形式，以赋为主，兼有部分散文作品。“梁园文学”最显豁的特征，是受到了齐文化的深刻影响。目前保留下来的此时期的“文学”形式主要为赋体作品，故本章所言“梁园文学”，主要指的是他们的赋作。有人根据出土文献研究认为，梁园以睢阳城内宫殿为起点，东至今永城芒砀山（即今梁孝王陵所在地）。⑤ 无论这种说法是否可靠，有一点是肯定的，即按照今天的距离，当初东苑的东界，距离今齐地的西界，不足二百公里；距离泰山，不足四百

① 《史记》卷 58《梁孝王世家》，第 2535 页。

② 《资治通鉴》卷 15《汉纪七》、卷 16《汉纪八》，上海古籍出版社，1987 年，上册，第 104、105 页。

③ 《史记·梁孝王世家》记筑东苑事后，称“招延四方豪杰，自山以东游说之士莫不毕至。齐人羊胜、公孙诡、邹阳之属”，未提及司马相如。《史记》记筑东苑事在梁孝王第一次入朝之前，可知司马相如游梁，当在梁孝王入朝后。

④ 《史记》卷 58《梁孝王世家》，第 2534 页。

⑤ 刘海燕：《西汉梁孝王东苑初探》，《商丘师范学院学报》2005 年第 3 期。

公里。梁国的封地，“北界泰山，西至高阳，四十余城，皆多大县”①，可以说明梁国封地的北界，已抵达泰山附近。这是一个什么概念？这证明：梁孝王的封地，已经抵近战国齐地（甚至包括部分旧齐地）。这也是为什么东苑有“齐人羊胜、公孙诡、邹阳之属”的原因。另外，睢阳城距鲁、楚皆近。而贾谊在梁怀王时代由楚入梁为太傅，或者也是楚文化进入梁国的关键。

这里有三个关键点值得我们注意：第一，“齐文化”对梁孝王的影响，尤其是作为封禅首善之区的泰山及其封禅文化对梁孝王的影响；第二，梁孝王身边的赋家，主要来自齐与楚，如枚乘、严忌、邹阳等，皆由吴奔梁，其中邹阳为齐人，枚乘、严忌为东楚人（江淮地区）②；第三，梁孝王封地，处于齐文化、鲁文化、楚文化三种文化的交汇区。也就是说，梁孝王统治的藩国，是各种文化群体的汇集地，其中楚文化、齐文化、鲁文化是主流。③ 当然，有一点我们需要认识到，梁孝王作为好黄老之学的窦太后少子，必然自幼学习黄老，故黄老学说应该在梁孝王藩国大行其道。从“齐人羊胜、公孙诡、邹阳之属”游梁，并成为梁孝王座上宾分析，齐文化对梁地影响甚深。当时，齐文化与其他文化尤其鲁文化存在一定的博弈，即使各地儒生之间，也是如此。④ 可见，入秦汉以后，齐文化与鲁文化甚至与其他地区文化的矛盾与斗争，是秦始皇、汉武帝时期的一个有趣的文化问题。

但齐文化的影响，应该对梁起到了最直接、最深刻的刺激作用。⑤ 对由京城进入梁地的司马相如而言，梁毗邻齐的事实，也证明齐文化对司马相如影响深刻。司马相如《子虚赋》中齐、楚之辩，以齐为胜，或者反映了这一问题。其中的原因即在于齐文化中两大特殊元素：海上三神山（蓬莱、方丈、瀛洲）、泰山，二者皆与神仙不死有关。前者主要与“神仙”有关，《史记》《汉书》记载海上有神仙及其所居之仙山，秦始皇、汉武帝多次派人赴海上求仙；后者主要与“不死”有关，泰山在汉代的信仰中也属神山，传说山上有

① 《史记》卷58《梁孝王世家》，第2533页。

② 冈村繁：《周汉文学史考》，载《冈村繁全集》第1卷，上海古籍出版社，2002年，第115页。

③ 冈村繁认为早于司马相如的贾谊的辞赋学习，受到了长安齐、楚之人，尤其是北楚系统廷臣作家的影响（《周汉文学史考》，第126页）。这证明，在汉初辞赋产生的过程中，齐文化、楚文化对辞赋创作起到了主要作用。

④ 故《史记·封禅书》称“徐偃又曰‘太常诸生行礼不如鲁善’”（第1678页），从后来汉武帝“于是上绌偃、霸，而尽罢诸儒不用”看，徐偃当为鲁儒生。而秦始皇曾“征从齐鲁之儒生博士七十人”，可知齐、鲁儒生之间也有矛盾。

⑤ 一般认为辞赋的策源地在楚，但入汉以后，吴、梁成为辞赋中心，齐文化的影响逐渐扩大。

不死神药（如诗文、纬书中所说的“玉浆”）①，且泰山“主召人魂”②，在当时属于“灵冥世界的一部分”，有可能掌管着人的魂魄③，是人死后魂归之所。④ 因此，与泰山有关的封禅，更是与神仙不死有着千丝万缕的联系。⑤

需要说明的是，我们在此使用的是“不死”与“皇权”对应，未使用“长生”，就在于“不死”观念的产生，主要与方士改造过的黄老思想有关，如《韩非子·外储说左上》有“客有教燕王为不死之道者”⑥ 之说，说明“不死之道”与王权、皇权有密切联系。秦始皇、汉武帝后来的封禅，即合“不死”之意。后来，“不死”成为一种观念，影响了两汉人的世界观。另外，“不死”之药，在6世纪、7世纪南印度佛教中的不空罥索密法中有所反映。⑦ 中国先秦即有的这种“不死药”法，与之有何思想联系，值得深究。

由此我们可以做出一个大胆的判断：梁孝王时期产生的赋作尤其是齐人赋作中，主要的文章主旨，应该是“神仙不死”。梁孝王本人“好辞赋”，也应该与此类观念有关；司马相如游梁学习赋作，主要也是为了此类观念。他在梁园撰写的《子虚赋》草稿⑧，就应该有大量神仙不死的描写。只不过由于后来的人（如司马迁）的删削，我们已经无从掌握此类描写的数量而已。在此基础上，汉赋的兴起，已经是蓄势待发的问题。司马相如，也在冥冥之中等待比梁孝王还要喜爱辞赋的汉武帝的召见。

二、“皇权”与“不死”的结晶——“梁园文学”

梁孝王死后，“梁园文学”的中坚力量陆续被汉武帝全盘接收，成为汉武帝的御用文人。梁孝王一度是汉景帝、窦太后欣赏的继任者，可以说是与汉武帝争夺皇位的有力竞争者。汉武帝即位之后，不但没有打击梁孝王使用的

---

① 姜生：《汉帝国的遗产：汉鬼考》，科学出版社，2016年，第320页。

② 《孝经援神契》，载赵在瀚辑，钟肇鹏、萧文郁点校：《七纬》，中华书局，2012年，第693页。

③ 龚韵蘅：《两汉灵冥世界观探究》，文津出版社（台北），2006年，第4553页。

④ 孙机：《仙凡幽明之间》，载《仰观集》，文物出版社，2012年，第200页。

⑤ 秦始皇封禅泰山的主要目的，实际上并非宣布王权正统，而是因为神仙不死，所以《史记·封禅书》中齐人丁公言：“封禅者，合不死之名也。”（第1677页）后来汉武帝的封禅泰山，一方面，有前秦始皇封禅的影响，另一方面，梁孝王引人的齐文化对汉武帝的影响，同样值得注意。另外，从秦始皇、汉武帝先封禅泰山、再赴海上求仙的思路看，秦汉方士有可能设计了一套神仙不死的逻辑：即人王若实现长生不死，必须经过封禅阶段的“不死”（或者向灵魂归宿的泰山祈求“不死”），才能走向下一步的海上“见仙”而长生。

⑥ 周勋初：《韩非子校注》，凤凰出版社，2006年，第306页。

⑦ 周广荣：《不空罥索密法探源》，《世界宗教研究》2016年第2期。

⑧ 刘跃进：《秦汉文史论丛》，凤凰出版社，2008年，第72页。

文人，而且全盘接收并非常欣赏他们的作品，其背后的原因，除了汉武帝好辞赋的主观因素，还有当时的主流思想以及“梁园文学”中的“神仙不死”观念。毕竟，汉武帝生活在黄老之学与神仙不死观念盛行的时代。汉武帝的童年基本上被笼罩在这种思想之下；而其即位之后，好黄老之学的窦太后仍然掌控着大汉帝国的信仰。这一点对年幼登基的汉武帝不能不有所影响。

汉赋兴起的同时，汉武帝时期政治生活中的另一件大事，就是封禅的实施。汉武帝封禅的本质，与秦始皇“封禅不死”观念完全一致。这导致了大量“神仙”传说的出现，方士成为当时受人尊敬的职业。但同时，儒生是当时较方士更为庞大的文人群体，并且自先秦以来一直是社会管理的主要参与者。因此，儒生与方士之间在政治生活中的矛盾和斗争，是秦始皇至汉武帝中期的主要问题之一。

秦始皇与汉武帝的封禅，因封禅礼仪的需要，征召大批儒生、方士随行。据《史记》之《秦始皇本纪》《孝武本纪》《封禅书》《汉书·郊祀志》的记载，似乎儒生是被排除在封禅之外的。其实，根据相关文献分析，当时儒生、方士之争，主要在封禅的具体仪式或封禅器物的识别能力上。在具体的封禅礼仪上，秦皇汉武采纳的是方士的说法①；而在封禅过程中颂文之类的文本创作上，他们实际上依靠的还是儒生。② 在此，秦汉统治者实际上是从“政治实际效用”的角度，将方士视作“技术化”人才，而将儒生视作拘泥于《诗》《书》不能融通治世之“腐儒”，故儒生有被政治边缘化的倾向。③ 这样带来的直接后果，就是“儒生的方士化”。董仲舒等人偏离“醇儒”路线，将阴阳五行纳入经学阐释的做法，无疑是这种社会政治思想的反映。

从某种程度上说，“皇权”与“不死”的介入，成为汉初辞赋文本产生的一大推手，同时也成为早期汉赋文本书写的两大主题。也就是说，汉武帝之前及其初期的辞赋，并非因为其歌功颂德才为汉武帝所欣赏，而是因为多数写神仙题材，才引起了汉武帝的注意。而汉武帝见到司马相如《子虚赋》之前，“梁园文学”中的辞赋作品，已经出现了“神仙不死”题材。

“梁园文学”受到了齐文化的深刻影响，而齐文化的一个重要特征，就是强调“神仙不死”。有人考证，与“神仙”有关的“齐地八神”，即夷人的生命之神，其兴废与神仙思想紧密相关，因此“仙”的思想在夷人那里可能很

---

① 《史记》卷28《封禅书》，第1644、1678页。

② 《史记》卷6《秦始皇本纪》，第311页；卷28《封禅书》，第1644、1678页。

③ 《史记》卷28《封禅书》，第1644、1677、1678页。

早就出现了。[1] 就此而言，深受齐文化影响的“梁园文学”辞赋，绕不开“神仙不死”话题。另外，梁孝王如同窦太后一样，尊奉黄老，而黄老也是信仰“神仙不死”思想的。

西汉早期，梁孝王统治的梁地，弥漫着浓郁的“神仙不死”气息。在今河南永城发掘的梁孝王刘武长子梁共王刘买的墓穴中，发现了中国早期的彩色壁画，上有与神仙不死有关的“四神”、仙鹤、白豹画像。墓壁顶部，有龙、朱雀、白虎、神兽神像，后世题名为《四神云气图》。其中的神兽，有学者以为是玄武。龙居中央，前与神兽，后与朱雀、白虎形成遨游天际的图景。龙足、龙尾与朱雀颈部皆有荷花图案，且朱雀口衔龙角，龙须勾连神兽之尾，具有较为明显的仙界生活景象。龙尾部的白虎，攀缘木上，口衔灵芝，蕴含着“长生不死”主题。值得注意的是神兽形象，鸟首，背有鳍，有翼，似传说中的应龙；而其身又似龙，非常像《山海经》中所说的鸟首龙身神。无论如何，此神兽疑与黄帝时期杀蚩尤的黄龙有关。这样的话，此四神图就与黄帝传说中的“神仙不死”有关系。

另外，亦属梁王墓群之一的僖山汉墓的画像中，也有神兽、瑞兽图案，如苍龙、三首人面兽、熊虎斗图、鸟首翼兽等形象[2]，说明此类神兽，皆神仙生活中的不死之神。而梁共王墓侧壁上的仙鹤、白豹图像，则与西王母神仙思想有关系。图中鹤与白豹立于神木之上，遥遥相对；鹤后下方为灵芝图案，表明长生主题。值得注意的是白豹形象，白豹兽身，似鸟首，与僖山汉墓壁画中的图像相同。在《山海经》等文献中，西王母的形象是人与豹的混合，且“母”即“貘”之音假，貘即白豹。[3] 如果此推断可靠，则梁共王墓壁画中的白豹形象，就与西王母有关。综合此处所论，梁共王墓壁画中就存在着与黄帝、西王母有关的思想。这种思想，反映的是梁孝王时期的主流观念。就此而言，梁孝王时期的辞赋作品，必然对此类思想有所体现。

例如，严忌《哀时命》，具有非常明显的神仙描写，并且有与西王母有关的文献。如：“愿至昆仑之悬圃兮，采钟山之玉英。揽瑶木之橝枝兮，望阆风之板桐。弱水汩其为难兮，路中断而不通。”[4] 昆仑乃西王母所居仙山，钟山、阆风、板桐皆神话中的神山，弱水为流经昆仑山的神话中的水名。再如：“凿山楹而为室兮，下被衣于水渚。雾露濛濛其晨降兮，云依斐而承宇。虹霓纷

① 张华松：《八主析论》，《管子学刊》1995 年第 2 期。

② 李俊山：《永城僖山汉画像石墓》，《中原文物》1995 年第 1 期。

③ 《尔雅・释兽》：“貘，白豹。”

④ 赵逵夫、韩高年主编：《历代赋评注（汉代卷）》，巴蜀书社，2010 年，第 31 页。

其朝霞兮，夕淫淫而淋雨。怊茫茫而无归兮，怅远望此旷野。下垂钓于溪谷兮，上要求于仙者。与赤松而结友兮，比王侨而为耦。使枭杨先导兮，白虎为之前后。浮云雾而入冥兮，骑白鹿而容与。”[①]“凿山楹而为室”有隐居修仙之意；仙者、赤松、王侨，皆神仙人物；枭杨即狒狒，为山神名；白虎、白鹿皆是与神仙有关的意象。这些文字，在《哀时命》中所占比例未必很大，但足以说明，“梁园文学”中的赋，对神仙题材多有表现。

枚乘《七发》，成篇时间不明，或以为在吴王刘濞谋反之前[②]，或以为在梁孝王卒、枚乘归淮阴后[③]。这两种说法，不是太早，就是太晚。笔者以为，此赋主要讲“养生之道”，当作于七国之乱被平、枚乘游梁安定之后为宜。因此，本章将《七发》归入“梁园文学”之内。

《七发》如何讲“养生”？以往，我们总以为《七发》的主要目的是讽谏吴王，或者以为是劝谏帝王不要穷奢极欲。事实上，从全赋内容看，全部是讲“养生”“延寿”之道，符合道家学说。如全文从音乐之乐、美味之乐、驾乘之乐、美景之乐、校猎之乐、观潮之乐六个方面发问，以楚太子皆不能起病为喻，借太子之口说明此皆非养生之道。下一步，吴客本来要给楚太子说的“要言妙道”，实际上以道家“养生”甚至黄老“不死”为主。[④] 这一点，我们可以结合赋文，提供两点证据：

其一，枚乘《七发》中的“要言妙道”，作者未做详细介绍，然据其中“将为太子奏方术之士有资略者，若庄周、魏牟、杨朱、墨翟、便蜎、詹何之伦，使之论天下之精微，理万物之是非。孔老览观，孟子持筹而算之，万不失一”以及“涣乎若一听圣人辩士之言”[⑤] 分析，这第七个内容，实际上就是包括孔子、老子、孟子在内的“奏方术之士有资略者”之言。其中所举九人中，杨朱（宣扬“为我”思想）、庄周、魏牟（庄周弟子）、便蜎（传老子之学）、詹何（继承杨朱道家之学）、老子六人皆属道家学说，是知吴客之言以道家学说为重。

其二，赋中前后两次提及“要言妙道”，“要言”即赋中的六个发问内容；“妙道”本应在“太子岂欲闻之乎”之后，今却不见。这部分内容，笔者怀疑

---

① 赵逵夫、韩高年主编：《历代赋评注（汉代卷）》，第 36 页。

② 《历代赋评注（汉代卷）》即持此论（见第 1 页）。

③ 刘跃进：《秦汉文学编年史》，商务印书馆，2006 年，第 124 页。

④ 朱勇：《养怡之福，可得永年：从古代辞赋考察中华文化的养生思想》，《济南大学学报（社会科学版）》2017 年第 2 期。

⑤ 赵逵夫、韩高年主编：《历代赋评注（汉代卷）》，第 20、21 页。

或者亡佚，或者被删去了。否则，上文六个发问，皆未打动太子，如何在“太子岂欲闻之乎”之后，并无具体内容的情况下，太子即“据几而起”，“霍然病已”？无论从道理上，还是从全赋内容的比重上，这都说不过去。再进一步分析，这个亡佚或被删去的部分，应该从道家（老子等六人）、儒家（孔子、孟子）、墨家中选择一种学说进行阐发。根据此处代表人物的比例与汉初学说的实际情况，此后吴客之言，必然以道家甚至黄老学说为主。道家讲养生、神仙，这说明《七发》中有神仙题材描写。

北大简《反淫》与枚乘《七发》具有文本联系，并且具有比《七发》更明确的神仙不死描写，如“西游昆仑，东观扶桑”，“寿极无穷”等。[①]《反淫》中的两个主角，魂与魄子，显然属于神仙不死思想。从这个意义上说，《反淫》显然保留着汉初赋作中被后来者删去的神仙不死描写。笔者怀疑：《反淫》文本中的“魂魄对话”，如果换成以“人物对话”的方式出现，就是枚乘的《七发》文本。

上述现象使笔者怀疑，司马相如“客游梁”的原因，就是“皇权”与“不死”合作的结果：一方面，在司马相如赴梁之先，梁孝王已有储君之象，此即“皇权”在其中起到了部分作用；另一方面，梁孝王集团辞赋作品中的“神仙不死”题材，也是吸引司马相如的一个重要原因，此即“神仙不死”所起的作用。进一步言之，司马相如赴梁学习辞赋，是由“皇权”与“不死”合力促使成行的。而他在梁学赋的文本，亦多“神仙不死”题材，这会进一步增大其中“神仙不死”题材的比重。

枚乘之后，司马相如迅速开启了自然风物描写的模式。此后，汉赋对方位特别强调，并对山、石、水、林着重描写，与《山海经》保持着某些相似联系。例如，《山海经》写山，皆从山的位置、有何草木或奇石、水的流向入手，可知神仙所居之地，多山、林、石、水，并且其方位是特别强调的一面。其中记载的西王母、昆仑山、幽都山等，又见于《淮南子》及汉代纬书[②]，皆与神仙不死思想有关。

今所见《子虚上林赋》，一方面是司马相如后来改写的，另一方面经过了司马迁的删削[③]，故已经看不到他如何写“帝王之仙”。但有一点我们可以判定：其中大量对方位变化、奇山异石、奇珍异草的描写，仍然保留着某些神

---

① 傅刚、邵永海：《北大藏汉简〈反淫〉简说》，《文物》2011 年第 6 期。

② 萧登福：《谶纬与道教》，文津出版社（台北），2000 年，第 353 - 358 页。

③ 孙少华：《〈天子游猎赋〉的文本书写、知识来源与思想传播》，《四川师范大学学报》2018 年第 2 期。

仙思想的痕迹。进一步看，其中的山、石、草、木描写，或者有符合“神仙不死”的成分。

因此，司马相如的《子虚上林赋》，本质上也是写神仙不死。《史记》记载：“天子既美子虚之事，相如见上好仙道，因曰：‘上林之事未足美也，尚有靡者。臣尝为《大人赋》，未就，请具而奏之。’”① 由此处司马相如将“子虚”“上林”与“好仙道”联系起来看，此赋本来是写“仙道”的，并且这个“仙道”，与《大人赋》中的神仙一样，皆属于“帝王之仙”，非“列传之仙”。② 虽然颜师古、王念孙等人对“儒”“传”的说法不一，但有一点不容置疑，司马相如早期的《子虚上林赋》，与后期的《大人赋》一样，皆写帝王之神仙：非“山泽间形容甚臞”之仙，而是帝王园林中的神仙，并且是与“甚臞”相反的“丰腴”之貌。目前所见《子虚上林赋》，被分作两篇，上篇为《子虚赋》，为楚使子虚、齐乌有先生各自夸耀本国之事。子虚之辞描绘云梦大泽，提及其中有山，能够掩蔽日月，上接青云，下连江河。这显然非人间之山。随后子虚描绘其土，“赤黄青白，五色离陆”；其石，“赤白相间，玉光闪烁”；其果木，“青黄杂糅，光彩鲜艳”；其禽兽，“斑斑可观，无色不有”。其中的“丹青赭垩、雌黄白坿”以及各种香草，皆可入药；他如“神龟蛟鼍”“鹓雏孔鸾”“白虎玄豹”，虽有来历，然疑所写皆属神仙之物。至于写“郑女曼姬”，极力描绘她们的服饰、装束以及动作，赞叹她们“缥乎忽忽，若神仙之仿佛”。③ 如果我们忽略此处为实写，子虚所夸饰的内容与形式，是否受到了神仙思想的影响？《史记正义》引《战国策》云：“郑之美女，粉白黛黑，而立于衢，不知者谓之神仙。”④ 后世的注释，如果将此处看作实写，是否有将史实以就虚造之嫌？

另外，子虚之辞较多，乌有先生之辞不足子虚三分之一。目前多数学者认为，乌有先生之辞本如子虚之辞一样，多夸饰，然被后人删削。其所删削部分，应与子虚之辞形式上大致一样。虽然如此，从乌有先生寥寥数语中，我们仍然可以发现神仙思想的痕迹，如其中所言琅邪、成山、之罘，皆秦始皇封禅泰山时的齐地八神。

笔者怀疑，乌有先生被删削的辞，或者能在《封禅书》中找到痕迹。如

---

① 《史记》卷117《司马相如列传》，第3702、3703页。

② 班固著，王先谦补注：《汉书补注》卷57下《司马相如传》，上海古籍出版社，2012年，第8册，第4178页。

③ 《史记》卷117《司马相如列传》，第3642-3651页。

④ 《史记》卷117《司马相如列传》，第3653页。

乌有先生之辞为："且齐东陼巨海，南有琅邪，观乎成山，射乎之罘，浮勃澥，游孟诸，邪与肃慎为邻，右以汤谷为界。"①《史记·封禅书》记齐八神之辞为："五曰阳主，祠之罘。六曰月主，祠之莱山。皆在齐北，并勃海。七曰日主，祠成山。成山斗入海，最居齐东北隅，以迎日出云。八曰四时主，祠琅邪。琅邪在齐东方，盖岁之所始。"② 如将二者之辞稍加修改，合并一处，似乎并无扞格不通（括号内为《封禅书》文字）："南有琅邪，（在齐东方，岁之所始。）观乎成山，（山斗入海，居齐东北，迎日出云。）射乎之罘，（祠之莱山，皆在齐北，）（并）浮勃澥。"当然，即使增加这些词语，乌有之辞在规模上仍然无法和子虚之辞相比。但如果乌有所言涉及齐地八神，其规模会更加增大。笔者怀疑，乌有被删之辞，很可能与"八神"的兴废有关。③ 另外，司马迁在《史记·司马相如列传》中说他的赋是"虚辞滥说"，近似于诸子虚妄之说，其中当有神仙不死思想；司马迁又说司马相如赋"其要归引之节俭"，却符合养生学说。我们推断司马相如赋多神仙思想，当合乎史实。可见，司马相如《子虚上林赋》本来是写神仙，其主旨并非为某个帝王歌功颂德，《史记》说相如见汉武帝读《子虚》《上林》，知其好神仙，又专门续写《大人赋》，就是这个原因。④ 司马相如的《子虚赋》，是"梁园文学"的后期作品，其代表性不言而喻。

综上，"梁园文学"的多数辞赋作品，大概皆与神仙不死题材有关，这在此前迎合了梁孝王的喜好，后来又恰好符合了汉武帝的喜好。这是汉武帝在封禅前后大量接纳这些文人的主要原因。梁孝王的好辞赋，属于皇权对辞赋文本书写的第一次介入，这是促使司马相如游梁的主要原因，同时使得"梁园文学"通过"不死"题材实现了对辞赋文本书写的第一次改造。汉武帝对辞赋的喜好，客观上造成了皇权对辞赋文本书写的第二次介入，并将梁地的辞赋引入宫廷，实现了对辞赋文本书写的第二次改造。汉赋文本的产生，是"皇权"与"不死"信仰合力的结果。而从皇权的角度处理"不死"信仰，就是皇帝的封禅。这在客观上实现了此前带有齐文化、楚文化色彩的"辞赋"向"汉赋"的转化。冈村繁就认为，当时属于楚系的长安宫廷辞赋与属于本

① 《史记》卷 117《司马相如列传》，第 3655 页。

② 《史记》卷 28《封禅书》，第 1645 页。

③ 八神在汉成帝时期被废，故可知此处所删，若非司马迁所为，当刘向时代整理汉赋时所为。

④ 如果单纯因为歌功颂德，即使有狗监杨得意的举荐，汉武帝也不至于从众多"歌功颂德"者中注意到司马相如。

地系的江淮辞赋形成对立，至汉武帝发生了融合。① 至于其融合的“契合点”，笔者以为就在于各系辞赋均被皇权统一在“神仙不死”这一思想下，成为汉武帝封禅泰山、追求长生的思想工具。而“汉赋”产生的标志性事件，应该是司马相如觐见汉武帝，并撰写《上林赋》。如果说司马相如的《子虚赋》，只能称作具有“梁园文学”特征的藩国辞赋作品，其《上林赋》则是在藩国文学基础上对“大汉”的颂扬，属于具有宫廷辞赋性质的“汉赋”作品。

三、披着“皇权”圣衣的“黄老”：“梁园文学”之“不死”观念与黄老之关系

结合枚乘、司马相如赋中多神山、灵草，以及当时的主流文化看，“梁园文学”中的神仙不死观念，应该符合黄老学说。汉景帝时期乃至此前，汉王朝的主流信仰就是黄老，尤其是窦太后的“好黄老”，使得皇宫弥漫着浓厚的黄老学说气息，这就给“黄老”深深印上了“皇权”印记。先秦黄老之学的流行区域，主要在战争比较激烈的韩、赵、魏三地，其次是齐、楚；入汉以后，兴盛于齐，其他地区也有流传。梁孝王时，传入梁地的齐文化，最主要的应该是黄老。就此而言，梁孝王推崇齐文化与黄老，或者与窦太后的好黄老有关。② 黄老本来与神仙不死无关，至多蕴含着各种养生思想。③ 后来由于方士攀附黄老，“黄老学”与“方仙道”出现融合④，融合的时间应在汉景帝之前。

秦始皇封禅泰山，其神仙不死观念，即属于黄老之学的体系。其证据有二：

其一，秦始皇称帝之后，信奉帝系始于黄帝之说，故“或曰”论“五德终始”，自“黄帝得土德，黄龙地螾见”开始⑤，此其信奉黄老之学的证据。后来汉武帝继承秦始皇的封禅思想，其中一条就是采纳齐人公孙卿之言，模仿黄帝封禅以致怪物与神通的方术。⑥ 公孙卿、丁公等方士之言，即齐地的黄老之学。另外，秦始皇东巡海上，首先祭祀的就是“齐地八神”⑦；汉武帝东巡

---

① 冈村繁：《周汉文学史考》，载《冈村繁全集》第1卷，第133页。

② 《史记》卷49《外戚世家》，第1975页。

③ 陈丽桂：《秦汉时期的黄老思想》，文津出版社（台北），1997年，第13页。

④ 汪涌豪、俞灏敏：《中国游仙文化》，法律出版社，1997年，第24页。

⑤ 《史记》卷28《封禅书》，第1643页。

⑥ 《史记》卷28《封禅书》，第1678页。

⑦ 《史记》卷28《封禅书》，第1644、1645页；《汉书》卷25《郊祀志下》，中华书局，1962年，第1258页。

海上，继承了这个思路。① 后来汉宣帝又有祭祀八神之事。这个“齐地八神”的作用，主要是“延年”②，并且八神皆蕴含着“永恒”“不死”的意象。③ 这正是黄老学说的核心思想。

其二，秦始皇采用的“五德终始”，属于齐文化，其本意在于黄老之学、神仙不死，非针对王命而言。如《封禅书》记载：“自齐威、宣之时，邹子之徒论著终始五德之运，及秦帝而齐人奏之，故始皇采用之。”④ 接着是宋毋忌等人“形解销化，依于鬼神之事”的“方仙道”、邹衍的阴阳学，并称“燕齐海上之方士传其术不能通”，由此分析，“五德终始”“方仙道”“邹衍阴阳主运”说这三种方术，本来皆与神仙不死有关，否则，当时齐人如何知道周必亡、秦必兴？为何不言“齐为火德”？进一步而言之，与“阴阳”相关的“五行”说，秦汉时期也与神仙不死有关。

由此可知，秦始皇、汉武帝之间的五德终始、阴阳五行的初衷或者说某个方面，非唯针对王命、王统而言，实有黄老“神仙不死”学说在其中。这种帝王所好，也给秦与汉初的黄老抹上了“皇权”色彩。枚乘《七发》中的“要言妙道”，应属黄老之学。事实上，《七发》中的六个发问，皆属人间之“学”的内容。单纯的人间“要言”，未必真的能够打动楚太子。在当时的历史环境中，只有神仙不死，才能打动楚太子。毕竟，秦皇汉武都看重的神仙不死学说，在楚太子那里必然奏效。因此，赋中两次提及而未做解释的“要言妙道”，实际上即是与“神仙不死”有关的黄老之学。吴客举九人，其中六人为道家，皆属老子之学，然对老子的尊奉，是黄老道家共同的信仰。⑤ 吴客将要阐述的“要言妙道”之中，除了老子道家学说，不排除包括黄帝学说的可能。根据秦末汉初的实际情况，《七发》亡佚或被删的文字，很有可能就是关于黄老学说的表述。这个推断，我们还可以借助北大简《反淫》进行分析。

比较枚乘《七发》、司马相如《子虚赋》与北大简《反淫》，我们可以对黄老之学在汉赋中的发展轨迹做一个简单梳理：枚乘《七发》单纯讲养生，未尝出现司马相如《子虚赋》中较为明显的“神仙不死”文字，说明枚乘身处的吴地，或者说枚乘本人信仰的黄老，仍然是先秦汉初以治国、养生为主的学说。司马相如《子虚赋》，已经开始出现与“齐地八神”有关的文字，而

① 《史记》卷28《封禅书》，第1678页。

② 《汉书》卷25《郊祀志下》，第1247页。

③ 张华松：《八主析论》，《管子学刊》1995年第2期。

④ 《史记》卷28《封禅书》，第1646页。

⑤ 姜生：《汉帝国的遗产：汉鬼考》，第140页。

这正是齐文化被秦始皇采纳入封禅祭祀中的元素。这说明入梁之后的司马相如，或者说梁地流行的黄老，属于被齐文化、齐地民间信仰、齐地方士改造过的思想学说，并且“神仙不死”思想已经被融入黄老之学。《反淫》中的魂魄对话，证明此文有“魂魄不死”观念，而黄老道相信魂魄不死、阴阳不死。① 这说明，《反淫》中的黄老思想，已经是融合了“不死”“阴阳”等思想学说，具有齐地文化的特色。比较《子虚赋》与《反淫》对黄老的表现，《反淫》更为直接，数量也更多，不仅《子虚赋》无法与之相比，《七发》更是望尘莫及。也就是说，《反淫》中的“黄老”属于方士攀附黄老之学后进一步发展的结果。由此推断，《反淫》的写作时间，不会早于司马相如的《子虚赋》。

目前所见赋作，找不到如《反淫》那样赤裸裸对黄老道的神仙不死的描写，最根本的原因就是，后来大多数作品亡佚，现存作品中的黄老道“神仙不死”描写被删除。其原因当然很复杂，大致说来，我们可从以下几个方面展开分析：

首先，汉武帝“独尊儒术”政策的影响，导致“不语怪力乱神”的儒家，在重新整理或收编此类赋作时，对涉及黄老道的描写进行了删除。

其次，汉武帝封禅之后，对“神仙不死”产生怀疑，不再喜好此类“神仙不死”描写，导致赋体思想发生转向：由描写神仙生活转向部分地对现实生活的直接表达。

再次，神仙不死说仍然存在，但除了黄老的“神仙不死”说外，西王母的“神仙不死”说又进入汉人主流信仰系统。② 黄老道的神仙，大概属于“帝王之仙”，故取得上层社会的认同。西王母所居之处在昆仑之虚，这种“穴处”特点，符合《史记·司马相如列传》中所说的“列仙之传”，在当时主要属于民间信仰系统。目前出土的最早的西王母画像，见于西汉昭、宣时期的卜千秋墓壁画③，说明汉昭帝之前上层士人已经开始重视西王母的“不死”信仰。④ 这也为我们推断汉武帝后期从主要信仰黄老“不死”转而信仰西王母

① 姜生：《汉帝国的遗产：汉鬼考》，第218页。

② 在汉代，西王母的昆仑山如泰山一样，被认为有“不死之药”（孙机：《仙凡幽明之间》，载《仰观集》，第197页）。

③ 姜生：《汉帝国的遗产：汉鬼考》，第120页。

④ “帝王之仙”出自司马相如，先秦没有此类说法，如《史记》之《赵世家》《穆天子传》记载周穆王西巡见西王母，即可证明。大概入汉以后，随着社会的发展，“仙”逐渐被分阶层。汉哀帝时期“行诏筹”事件中各阶层对西王母的信仰，说明西王母在汉末已经被各阶层接受。

“不死”，提供了证据。[①] 民间信仰崇拜对象上移，进入官方主流信仰系统，成为与其他“不死”信仰分庭抗礼的一种信仰，说明当时的神仙信仰是多元的、多层次的。西王母超越黄老道，其所居之昆仑山也逐渐超越泰山、三神山成为神仙圣地，对后来道教的神仙系统产生了重要影响。[②]

而赋文中关于黄老的描写文字，则被同时代整理典籍者大量删除，相应保留了关于西王母的表述。这种皇权与信仰对文本书写、文本改造的干预，值得关注。结合此论，笔者提出一个假设：《七发》最后一段被删或亡佚的文字，可以结合《反淫》进行推导。

另外，汉初赋作中的神仙，皆属黄老。汉代的主流思想，就是“神仙不死”。例如，封禅强调的是“不死”，牛郎、织女神话，不仅歌颂爱情，而且将人间生活与仙界生活联系起来。汉墓中的龙虎，皆与“不死”的“飞升”有关。因为龙是仙界神兽，黄帝乘龙得以飞升；虎是地上群兽之王，或者有与龙交通的象征。五德终始、阴阳、五行，实质是讲国家、社会与人的“不死”。

可以说，梁孝王的东苑，以及当时赋家的作品，主要与黄老学说的“神仙不死”有关。这就说明：起码在汉景帝、武帝的大多数时间内，与封禅、园林有关的赋作，大多体现着被改造过的黄老学说的“不死”观念。

汉武帝的神仙幻想破灭之后，黄老之学必然走向末路，其“皇权”色彩被大大削弱。“独尊儒术”的推行，是黄老之学在汉代衰微的重要推手。汉成帝建始二年废齐地八神，代表着黄老学说在西汉的终结。但是，我们应该考虑到，皇权虽然抛弃了黄老学说，而“不死”身上的“皇权”圣衣依然存在。信仰思想的变化，必然促使汉赋写作风格发生变化。至刘向、扬雄、桓谭时代，已经基本上将神仙作为书写的对象，而非歌颂的对象。[③] 他们对汉赋功能、作用与写作的认识由此发生变化。

四、“梁园文学”的确立及其文学史意义

以往我们一提到枚乘的《七发》、司马相如的《子虚上林赋》这样的作

① 司马相如时期，西王母信仰尚未成为官方主流，例如，司马相如献汉武帝的《大人赋》，尚称西王母为“穴处”之仙，且说其“虽济万世不足喜”。

② 蒲慕州引他人观点认为，仙人所居之地最初在东方海上，后来转到昆仑山，与西王母一起成为人们求仙的对象（蒲慕州：《追寻一己之福：中国古代的信仰世界》，上海古籍出版社，2007 年，第 169 页）。笔者判断，这不过是官方主流系统对信仰对象的改变，民间仍然部分保留着长期以来的信仰习俗。西方的西王母与昆仑山，并未完全代替东方的三神山或黄老神仙，只不过人们重视的程度有差异而已。

③ 桓谭《仙赋》即为此类作品。

品，总是很自然地将它们的作用，归结为委婉劝谏、歌功颂德。就其内容、形式而言，这样总结也似乎有其道理。但结合上文的分析，如果将所有的汉大赋的作用，都笼统称为“歌功颂德”或“委婉劝谏”，又有简单化之嫌。

任何文本的产生，都出自特定的“作者”之手，然而“作者”又受到特定的政治、信仰或其他社会因素的制约。因此，“作者”的写作目的，很大程度上决定了作品的“性质”和“作用”。就枚乘《七发》而言，作者本意是为了劝谏，但最终归于养生，是对黄老之学的体现。如果抛弃历史文本的解说，我们可以忽略该赋讽谏吴王的说法，而将该赋的作用归为强调养生、宣传黄老学说。

司马相如的《子虚上林赋》更是如此。如果过分关注其中的夸耀成分，我们可以将其归结为“歌功颂德”。但如果按照司马相如本人的说法，《子虚上林赋》与《大人赋》一样，属于“好神仙”之作，则以往的旧说是否值得怀疑呢？

至此，我们可以对司马相如之前的辞赋做一个文学史的总结。我们不得不承认，在司马相如入梁前后，梁孝王的梁园已经形成了一个“文学圈”，上文我们将其称作“梁园文学”，是由以下几个条件所决定的：

首先，这个“梁园文学”群体有一定的代表人物与代表作品；有其写作共性，即写神仙不死题材；还有后世的文学影响。这些代表人物，包括上文所说的枚乘、严忌、邹阳、司马相如以及后来的韩安国等。其代表作品，《汉书·艺文志》、鲁迅《汉文学史纲要》、刘跃进《秦汉文学地理与文人分布》皆有详细著录，兹综合介绍如下：

枚乘，《汉书·艺文志》载枚乘赋九篇，现存《梁王菟园赋》《柳赋》，见于《西京杂记》；《临灞池远诀赋》《笙赋》仅存其目，见于《文选》李善注；《七发》，见于《文选》；另有两篇上吴王书。

严（庄）忌，《汉书·艺文志》有《庄夫子赋》二十四篇；今存《哀时命》一篇，见于《楚辞》。

邹阳，有《上书吴王》一篇、《狱中上书自明》一篇。《几赋》，见于《西京杂记》。

羊胜，有《屏风赋》，见于《西京杂记》。

公孙诡，有《文鹿赋》，见于《西京杂记》。

公孙乘，有《月赋》，见于《西京杂记》。

路乔如，有《鹤赋》，见于《西京杂记》。

另外，还有丁宽《易》说三万言，韩安国《韩子》。

在“梁园文学”作品中，对后世影响比较大的还是辞赋作品，《西京杂记》记梁孝王集诸游士，各使为赋，谢惠连《雪赋》记司马相如、枚乘、邹阳为赋事，即说明“梁园文学”对后世辞赋创作或文人具有一定影响，其影响甚至一直延续到唐代。尤其是，江淹、谢惠连与“梁园文学”有关的赋，说明在“梁园文学”影响下，已经产生了拟作、仿作。这是一个文学团体成熟的标志。

其次，他们遵循大体一致的信仰，掌握了辞赋的写作方法，并用辞赋表现他们的信仰。从这个方面，我们得以管窥汉初文人的精神世界。

再次，梁园文学作品，题材广泛，反映了汉初文学发展的新趋势。梁园赋家的本意，或者是为了迎合国家信仰的需要，但也有大量表现其生活、交游、宴饮的作品，某种程度上反映了汉初文人的物质生活状态与品位。他们可能已经开始随意以身边的事物为对象，进行辞赋创作的训练，如《柳赋》《几赋》《屏风赋》《文鹿赋》《鹤赋》《月赋》等。这些作品的真伪或有争议，但起码在后人看来，“梁园文学”理应会注意到这些题材。

最后，“梁园文学”有特定的主流文化——齐文化的影响，又有楚文化的底蕴，故基本形成了刘勰所言“兴楚而盛汉”的文学理念。上文说过，梁地处于齐、鲁、楚三种文化交汇处，在各种地区文化的博弈中，作为楚人建立的大汉政权，上层统治者及其御用文人，当然自有他们的考虑。在这种情况下，“楚文化”必然会上升至特殊地位，成为其他各地文化的统领者。梁孝王本为楚人，故他对楚文化也有很深的感情。同时，梁孝王一度有入京为帝的幻想，“大汉帝国”的美梦，必然激发他以及周围的人，有积极服务于大汉王朝的意识。“七国之乱”中，梁国成为抵抗叛军的中流砥柱，就是这种意识的反映。就此而言，梁孝王时期的赋作，已经存在刘勰所言的“兴楚而盛汉”①。

以上所述，也可看作“梁园文学”确立的条件与基础。针对“梁园文学”，我们可以形成以下几点结论：

第一，“梁园文学”不仅存在，而且为汉武帝初期汉赋的兴盛储备了人才，是汉赋兴盛的主要推手。其写神仙不死的共性、齐文化特征、对汉武帝封禅的影响、与黄老之学的关系，都证明“梁园文学”的确如鲁迅先生所言，是“天下文学之盛”的翘楚。就这一点而言，汉代文学史的开端，是绕不开“梁园文学”的。

第二，“梁园文学”与汉武帝初期的辞赋，并非专门歌功颂德，也不能用

① 刘勰著，范文澜注：《文心雕龙注》上册，第135页。

“歌功颂德”笼统作为所有汉大赋作品的文学特征。司马相如《子虚上林赋》写神仙题材的事实，就说明了这个问题。

第三，“梁园文学”的兴起、发展及其对后来的影响，有辞赋文学本身发展的内部作用，同时离不开政治、文化需要产生的外部推动作用。尤其是，辞赋的神仙不死题材及其与黄老之学的关系，迎合了汉武帝好神仙的心理需求，从“信仰”角度推动了辞赋的生产。汉武帝后来的封禅，除了儒家人物的参与，还在吸纳司马相如《封禅书》的同时，大量招致文人参与其中，这可以说直接从“皇权”角度为辞赋发展打开了便利之门。

第四，“梁园文学”的存在，告诉我们一个文学事实，普通文人是将地方文化融入作品，并实现民间文化与上层贵族文化交流、融合的中介。就汉赋的产生而言，藩国与地方文化是汉赋酝酿、产生与革新的重要土壤，后来皇权的介入，实现了汉赋的合法化与标准化。可以说，某种文学形态的产生，不是一蹴而就的事情。有时候，地方或民间才是新文学种子培育与生长的适宜土壤。在文学史上，新的文体的产生，其策源地往往在民间，但合法化或标准化，则需要官方与民间的合力作用才能实现。归根结底来说，地方文化、普通文人甚至民间文化是文学新变的主流，皇权不过是将其插入花瓶，送上主流文学案头的那双手而已。

第五，汉赋的产生，主要推手是“皇权”与“不死”，而汉赋产生之后，很快又成为“皇权”与“不死”的御用者。这充分证明一个事实：政治与宗教，在文学新体的酝酿与产生过程中具有非常重要的内部推动作用。反之，某种文学新体产生之后，会很快服务于政治与宗教，并迅速蓬勃发展起来，成为具有代表性的一代之文学。[①] 这种现象，在历代文学新变中都有不同程度的表现，而民间底层与宫廷上层之间的文化交流与互动，则是造成这种现象的外部力量。由此看来，一种新文学（表现在体式或思想上的“新”）的产生，有一个从“边缘”到“中心”的移动过程；而脱离了需要它的特定时代，这种“新文学”又会缓慢地出现从“中心”到“边缘”的滑动，最终被另一种新文学取代，直至消亡。[②] 文学史的发展，正如人类生命的进程一样，不断有一个后浪推前浪的变化。这种文学现象，我们姑且称其为文学的“边缘—

① 从儒术、汉赋对政治、信仰的“文之”作用看，经学、文学一上来就成了政治与信仰的附庸与“点缀”。

② 当它不能为任何时代所认可的时候，该文学体式将会退出历史舞台，使命完成，其生命亦将终止。

中心”论。① 这一点，其实可以概括为中国古代学术的总特征，无论是经学、谶纬、史学、子学研究，都存在大致类似的发展变化轨迹。

“梁园文学”给我们研究汉赋起源一个启示，即“辞赋”的策源地在楚，但真正的“汉赋”的发源地在梁。汉赋的直接起源，是否与梁地所受的齐文化影响有关？如果说，《诗经》、楚辞是汉赋的渊源，其近因是否应当从“梁园文学”身上寻找答案？枚乘《七发》、司马相如《子虚赋》，无论是吴客使楚，还是楚使使齐，其实都是出使问对之辞，而它们又都有楚国的影子，因此，出使问对、楚文化、齐文化、神仙这四大元素，是否是汉赋产生的直接动因？这些问题，还需要我们结合文本进行更加深入的思考。

① 文学的“边缘—中心”论，属于文学的积极发展趋势；另一个发展趋向，即“中心—边缘”论，属于消极发展趋势，故对其命名将在文学上升趋势的主轴线上做文章，而不宜将其消极或消亡趋势作为命名的标准。

第四章　碑刻与中华文明

李雪梅*

今天课程的主题是“碑刻与中华文明”。在正式讲课之前，想让同学们先思考三个问题。第一个问题是，大家曾在哪个博物馆看到过与古代法制相关的文物和展品？当然也想顺便知道大家去博物馆的目的是什么，有没有特别感兴趣的博物馆，去博物馆后的收获有哪些。第二个问题是，大家猜一下，古代法律碑刻有多少种？第三个问题是，古代碑拓的价值。我手里这件不太起眼的拓片是从汉代石刻上拓下来的，一共 7 行，总计 35 个字。这个与我们研究的法律碑刻有关吗？像这样一张拓片值多少钱？

当然，最后一个问题实际上是有“陷阱”的。碑拓有初拓和后拓、原石拓本和仿刻拓本之分，其价值相差甚远。第二个问题比较专业，可能一下子很难回答。可以明确的是，法律碑刻的数量不会太少，太少了没有进行专门研究的意义，所以让大家猜测。至于为何询问同学们是否去过博物馆及如何欣赏博物馆，是因为博物馆是形象了解古代文明尤其是古代法制文明的窗口。

课程内容包括四部分：一、全球文明视野中的中国碑刻；二、中国法制“镂之金石”传统；三、中国金石学传统的借鉴；四、法律碑刻研究举例。

一、全球文明视野中的中国碑刻

（一）博物馆特展中的石刻和中华文明

2017 年中国国家博物馆举办过一个展览，名字叫“大英博物馆 100 件文物中的世界史”，展览时间从 3 月 2 日到 5 月 31 日。这个展览的独特性在于以物述史，向公众传达：历史“蕴含”在文物中，并呈现出全球性的宏观视野。对于展览和藏品，每个人观赏的视角不一样。观众会从欣赏学习的角度，而

---

* 李雪梅，中国政法大学法律古籍整理研究所所长、教授、博士生导师。研究领域：石刻法律文献。代表性学术成果：《碑刻法律史料考》《法制“镂之金石”传统与明清碑禁体系》《中国古代石刻法律文献叙录》。

策展人的角度更值得关注。此次策展并非着眼于展现不同文明之间的差异，或者文明自身的独特性，而是力图展现文明的共性以及文明之间相互交融、彼此影响的事实。在地球上，人类文明的发展不是在孤立、隔绝中进行的，文明在相互影响中才会结出灿烂的果实。

从大英博物馆馆藏 800 多万件藏品中精选出 100 件（组）展品，来展现世界文明的影响和共同进步，不是一件容易的事。出现在序厅中的展品——佘盆梅海特内棺，应该最能说明展览的意图。展品来自古埃及，其功能是盛装木乃伊。制作棺的木料来自黎巴嫩，黄金来自努比亚，青金石来自阿富汗，沥青来自两河流域。原材料来自不同地方，传达的信息是：古埃及文明交融特征鲜明。在四大古文明中，古埃及、两河流域的文明起源最早。在早期文明时代，世界范围内的交流合作已经成为普遍现象。

在这 100 件展品中，有没有我们课程关注的石刻文物呢？在展板上，我们可以看到很多石雕作品。实际上在世界文明或整个人类发展史中，石刻雕像、石刻铭文是一种普遍性的存在，它们在人类文明发展中承担着重要作用。展品包括冰河时代的野牛岩画（1.2—1.6 万年前）、几千年前的女性雕像、早期的文字板、公元前 7 世纪的“大洪水”记录板。除了刻画在石头、泥板上的文字，还有石刻印章、刻有文图的石碑及石雕像。在看到其他文明很早利用石头刻写文字图像时，我们应该想一想，中国的石刻文明是从什么时候开始的？大家都知道南北朝时期佛教造像很发达，但源头起自何时？中国先秦时期有没有类似古埃及、古希腊罗马的石碑、石刻雕像呢？

100 件展品中有一件公元前 100 年左右的迪蒂摩斯墓碑，制作于托勒密时期或罗马征服埃及后不久。墓碑上有神祇图像，图像下面是埃及祭司使用的圣书体象形文字、希腊文和埃及世俗文字，反映了埃及社会构成的多层次性。

此时对应于中国的汉朝。汉代的石刻同样很发达，墓葬中广泛使用画像石、画像砖，文字碑刻在东汉达到一个高峰。但东西方的石刻传统区别明显，古希腊罗马的立体雕塑尤其是人物雕像十分发达。罗马帝国的第一位皇帝奥古斯都认为应该向臣民显示君主的权威，于是命人将他的官方雕像传遍四面八方。直到今天，这类官方雕像还保留有 250 多座。而中国秦汉时期显示权力的方式是铭刻皇帝诏书，石雕人物并不常见。

除了古埃及、古希腊罗马，100 件展品中还有古印度文明、南美文明的石刻艺术品。在世界文明史中，石刻文物的分量是很厚重的，但其中并没有展示中国的石刻。那么在北京展出的“100 件文物中的世界史”中，中国文明是通过什么文物来展现的呢？

首先是玉器——良渚文化的玉琮（见图 4 - 1）。这是中华五千年文明起始的标志，也可以说中华文明是从玉文明开始的。接着是西周初期的青铜器——沫司徒疑簋（也称“康侯簋”，见图 4 - 2），传 1931 年出土于河南浚县辛村卫国墓地，后流散到英国，1977 年入藏大英博物馆。簋内底铸有铭文 4 行，24 字，涉及武王灭商后的政治形势，内容非常重要。接下来是春秋晚期的礼乐器——镈，纹饰精美。汉代则以六博俑为代表，唐代以三彩文官俑为代表，是古代中国“事死如生”丧葬文化的代表。元代的宫廷玉器——龙耳玉杯，重要国际贸易商品——青花瓷，展示了中华文明的包容性。青花瓷是中国的代表性器物，但中国传统并不崇尚青色，宋代五大名窑中没有青花瓷，它是元代受外来文化影响的产物。展览对中国青花大盘是这样介绍的：

> 青花瓷是世界历史上最成功的奢侈品之一，它也是一种充满了矛盾的物品。通常人们认为青花瓷是典型的中国产品，而它在中国元代首先是作为出口品销往中东。此外，这类瓷器上使用的钴蓝料是从中东（可能是伊朗）进口的，钴蓝料在中国被称为“回回青”，意思是“穆斯林蓝”。

在有限的展品中，我们可以清晰看出策展人的想法，即从普通、流行的器物中看各个文明之间的相互影响。博物馆展出的藏品，无论是看似普通的石刻，还是复杂精致的黄金珍宝，都有其自身的价值。如果我们了解展品的前世今生，知晓它在人类文明发展链条中的衔接作用，就会感觉很亲切、很惊奇；倘若不了解它，读不懂它，只以猎奇的眼光，看起来难免乏味。所以文物没有高低贵贱之别。如果我们寻找法制文物的话，就需要这种视角，即善于从普通的器物中看到制度文明的发展，懂得如何欣赏“制度之美”。

图 4 - 1　良渚文化玉琮

图 4 - 2　沫司徒疑簋

现在博物馆的特展、专题展非常多，汇集诸多博物馆的精品，值得我们去仔细探寻，发现与法制有关的文物。2017 年在北京首都博物馆举办的“大元三都展”，有一组元代骑马俑（见图 4-3）非常生动。它们收藏于西安博物院。很多人去西安看博物馆会选择陕西历史博物馆，排队的人很多，但其实西安博物院也非常精彩，还不用排队。这组骑马俑身背公文匣，是元代急递驿制度的真实写照。急递铺多用于传递紧急军务。北宋熙宁年间（1068—1077）曾设立金字牌急递铺，传递速度为一天 500 里。元帝国版图广袤，为便于管辖和信息传递，非常重视驿站建设，所置邮传，星罗棋布，脉络相通，朝令夕至，声闻毕举。在《元典章》《通制条格》中，不乏相关奖惩制度的规定。而不了解相关知识背景的人，很难意识到这些文物的独特价值。

图 4-3　元代骑马俑

“大元三都展”中有一些奇特的石刻，上面都刻有“十”字。这是当时的景教徒即早期基督教徒的墓碑。他们到中国传教，后来安葬于中国，墓碑上既刻画有“十”字纹以标示墓主的文化归属，同时也增加了莲花纹等东方文化因素，是 13—16 世纪中西方文化交流的印证。有的墓碑上还刻有类似末日审判的图像，但图中的椅凳却带有中式风格。扬州出土的一个拉丁文墓碑，采用哥特体拉丁文书写，是意大利商人之女凯瑟琳的墓碑。碑石上镌刻了和墓主同名的基督教女圣徒的生平事迹。墓碑上刻画的砍头等图像，由于文化的隔膜，我们很难理解，但从中国式样的家具、装饰唐草纹的边框，可以证明墓碑是出自中国工匠之手。

2018 年在首都博物馆举办的“天路文华——西藏历史文化展”中，一件重要文物——《步辇图》现身于展馆。这是唐代画家阎立本的作品（有人推测是宋朝摹本），现藏于故宫博物院。该图描绘了吐蕃王松赞干布迎娶文成公主入藏史实的一个片段：禄东赞朝见唐太宗的场景。画卷右侧是在宫女簇拥下坐在步辇中的唐太宗，左侧三人前为典礼官，中为禄东赞，后为通译者。借此我们可以了解唐朝的婚姻嫁娶礼仪。继文成公主和松赞干布联姻之后，还有710年金城公主与吐蕃第四代赞普赤德祖赞的联姻。西藏拉萨大昭寺前的“唐蕃会盟碑”也称“甥舅会盟碑”，碑文重申了历史上“和同为一家”的甥舅亲谊。从706年到822年，吐蕃和唐朝之间有8次会盟，823年所立“唐蕃会盟碑”，记载的是第八次会盟的盟文。

“唐蕃会盟碑”的形式与中原地区常见的碑刻差异较大。在“天路文华——西藏历史文化展”中，还有很重要的圣旨原件。我们在全国各地经常能看到元代圣旨碑，但元代的圣旨原件并不多见。借此，我们可以比较研究圣旨碑的格式，碑石上的圣旨和纸绢上的圣旨格式是否一致？比如碑石上的圣旨，汉文从右至左书写，八思巴文从左至右书写，在纸质公文上也是如此。纸绢上的圣旨都钤有印章，但圣旨碑上早期有印章，后来用小字印文代替，这和当时法律的规定有关。

（二）传统金石学之复兴

传统金石学复兴的一个重要标志是“黑老虎”的回归。现在艺术品拍卖已经进入了亿元时代，瓷器、字画价格很高，但还有一个冷门，就是碑拓，即传说中的“黑老虎”。其实在民国时期，拓片的价格和善本书是持平的，比书画的价格要高。但后来关注的人少了，现在开始复兴，拍卖价格的提升就是一个很好的证明。

图4-4就是著名的《莱子侯刻石》拓片（见图4-4），原石现收藏在山东邹城博物馆。它的内容很简单，总共7行，35个字，但装裱后上面写满了题跋。图中左侧是初拓本，右侧有名家题跋，题跋的内容主要是对一些字词的考释。比如碑石第四行的“支”“为”“封”等，都有不同的解释。郭沫若等人的题跋，就是对这些字意、词意的考证。2016年拍卖时拓片的起拍价是200万，估价是300万，最后成交价是2 070万，创造了有史以来拓片拍卖的新高。为什么这么一张轻柔之纸，竟能拍出那么高的价钱？而同年拍卖的西周《毛公鼎》全形拓，也是名家题跋、名家收藏，同样流传有序，而且是清代著名金石学家陈介祺监拓，人们都觉得《毛公鼎》拓片的价格一定会比《莱子侯刻石》拓本更高，但最后前者大概是1 600万成交。我们可以探究一下原因，同时也要重新审视《莱子侯刻石》的意义。《莱子侯刻石》的再发现，应该说郭沫若的贡献最大。我们不妨了解一下学者对这方刻石的评价。

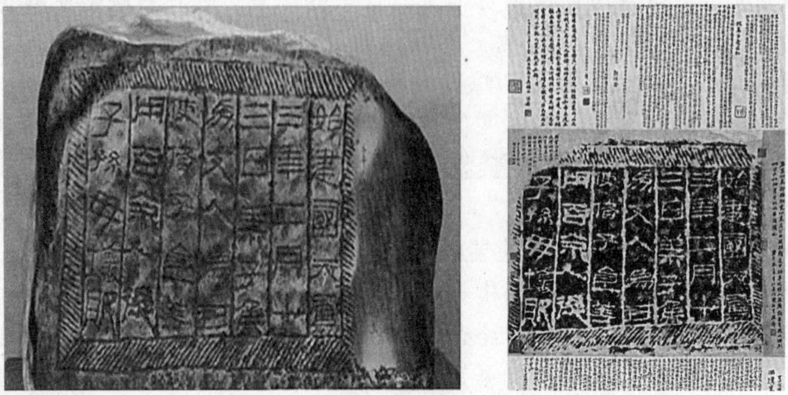

图 4-4 《莱子侯刻石》拓片

清代方朔评论《莱子侯刻石》的着眼点在于其书法意义，他在《枕经堂金石书画题跋》中认为，此石刻“以篆为隶，结构简劲，意味古雅，足与孔庙之《五凤二年刻石》继美”。清代冯云鹏在《金石索》中认为：“此石虽非后人伪刻，亦系当时野制，无深长意趣。”郭沫若对它的评价非常高，认为它是从篆到隶过渡的里程碑，世所罕见，金石研究必从解读此石开篇。可以说，《莱子侯刻石》虽出身平凡，与朝廷刻石如秦始皇、秦二世刻石迥然不同，充满了民间野趣，但它对我们理解中国早期石刻的形制尤其是法律碑刻的起源，具有重要意义。

我们再看外国学者对近百年中国金石研究的总结。美国芝加哥大学夏含夷教授在《西方学者对中国出土文献研究一百年》的阶段性报告中，就百余年来西方学者对甲骨文、青铜器铭文、简牍和碑志总计 1 300 件研究标本的研究做了分析。从 1906 年到 2013 年的 100 多年中，西方学者更关注哪一类文献呢？经过统计后他得出的结论是：简牍研究成果所占比例最高，总计 510 件，占总数的 39.2%，且以近 13 年的研究成果最为丰富。其次是甲骨文研究成果，总计 373 件，占总数的 28.7%。金文（青铜器铭文）研究成果有 259 件，占总数的 20%。碑志研究成果最少，计 69 件，占总数的 5.5%。就这一数据看，中国传统的金石学，明显衰落了。

这个数据反映出近百年西方学者对中国新出土文献的敏感和关注，但却忽视了对传世石刻文献的研究，比如山东汉代武梁祠画像砖，西方学者的研究数量其实相当可观，但在夏含夷的数据中没有体现出来。对传统金石尤其是其中石刻的研究，不能仅关注新出土、新发现的文物。

中国有丰富的文物文献遗存。新出土、新发现的甲骨、简牍、敦煌吐鲁番文书、明清档案等都是具有代表性的本土性史料。但这些史料都各有一定的局限，如甲骨刻辞是殷商的时尚，内容以占卜为主；简牍流行于战国秦汉，普及面广，但耐久性弱；敦煌吐鲁番文书地域偏于西北，传世档案以明清为重。唯有青铜和碑石铭刻，可弥补上述史料的时段和地域局限，绵延3000年，分布广泛，且突破了社会阶层的局限，适用于官方和民间。

中国学者对金石文献的研究，近百年来没有中断，成果非常厚重。19世纪出土的散氏盘、毛公鼎，20世纪70年代陕西出土的青铜器窖藏，相关研究成果对先秦的法制研究促进非常大。金文法律文献整理研究从20世纪40年代开始，一直持续到现在。近百年的石刻文献研究也同样成绩卓著，叶昌炽、罗振玉、马衡等均奉献了有影响力的著述。日本学者的调查研究也非常扎实，像仁井田陞20世纪40年代对北京地区会馆碑刻进行的调查研究，建立了很好的范式，对我们近几年开展的法律碑刻调查有直接的影响。

整体来看，虽然在西方学者眼里石刻文献的研究显得衰弱，但对于中国学者而言，近百年应该是金石并进，并没有像西方学者所说的金胜石衰。但如果从法律研究的角度来看，石刻研究明显落后于金文研究。现在所面临的一个困境是，学科体系的分散导致传统金石学被人为割裂。传统金石学研究是一种整体思维，注重金石铭刻的传承和互补，而在当代研究中，金文与石刻成为不同学科的关注对象。古文字、考古及上古史研究学者更关注金文，中古史研究学者侧重于墓志和造像题记，近古史和社会史学者偏向于利用明清碑刻，石刻文献本身的整体性研究因而受到忽视。

我们还可以从国家社科基金立项中看到碑志研究的复兴。2004年、2005年国家社科基金中有关碑志研究的立项只有一两项，而现在基本上每年20项左右，这意味着关注、研究碑刻的人多了，研究成果会陆续推出。我们统计了碑志立项的学科分布情况，分别是：中国史占37%，宗教学占20%，中国文学占15.7%，语言学占9%，民族问题研究占8.3%，图书馆·情报·文献学占5%，考古学占2.5%，法学占1.6%，体育学占0.8%。数据显示，法学研究者对碑志史料的关注度和敏感度微弱、迟滞。这是急需改变的现状。

二、中国法制“镂之金石”传统

大家知道西方的《汉谟拉比法典》，刻立时间是公元前1795年，相当于中国的二里头文化时期。我们不直接说夏，是因为对夏王朝是否存在尚有争论，我们没有发现夏代的系统文字。但同时期的《汉谟拉比法典》，已经有非常完备的文字，法律文明高度发达。公元前15世纪的《赫梯法典》，相当于中国的商朝。那么，中国的法律石刻是什么时候产生的？形成了什么传统？虽然西方的《汉谟拉比法典》出现得很早，但没有形成持续的传统。而中国的石刻是在青铜器铭刻基础上发展而来，形成了独具特色的法制“镂之金石”传统。

中国的金石铭刻始于商周。西周青铜器铭文渐多，《毛公鼎》铭刻 498 个字，内容相当于《尚书》中的一篇。目前所见传世和出土青铜器，与法律相关的内容不在少数。

法制“镂之金石”传统以秦汉为界。秦汉之前以青铜铭刻为主，经历了西周时的“器以藏礼”、春秋时的“器以布法”、战国时的“物勒工名”、秦汉时的“刻诏行法”等时段。秦汉以后以刻石为主，历经秦汉“铭功纪法”和“碑以明礼”、唐宋金元“碑以载政”、明清“碑以示禁”等重要发展阶段。即使到当代，这个传统也依然有迹可循。陈列于北京人民大会堂全国人大常委会会议厅的“人民万岁鼎”铸造于 1954 年，具有很多象征意义：鼎高 1954 毫米，象征 1954 年召开第一届全国人民代表大会；重 1.3 吨，象征当时全国 13 亿人民；鼎颈部饰有传统玉玺形边框，内铸“人民万岁”字样，象征人民当家做主；鼎内壁铭刻 1954 年颁布的《中华人民共和国宪法》第一条和第二条部分内容，很容易让人联想到春秋时期铸刑书、刑鼎等重大事件。另，中国农业博物馆还藏有 2006 年河北农民铸造的“告别田赋鼎”，该鼎是为铭记自 2006 年 1 月 1 日起在全国范围内取消农业税而铸造。

这些例子告诉我们，法制“镂之金石”的传统并未消失。我们过去讲中华法系主要是基于纸质文献的流传。比如二十四史中的《刑法志》、汉《九章律》、《唐律疏议》等，但现在可以在金石铭刻上看到另一个传统。这个传统过去长期被人忽视，现在我们要建立自己的本土法律话语体系，金石文献就是重要的根基。目前需要我们做的是，激活这笔厚重的文化遗产，从中梳理、发现、总结中国本土的法律话语体系。

金石文献与其他文献相比，更能显示其特性。中国本土性的史料除金石铭刻外，还有甲骨、简牍、敦煌吐鲁番文书、档案等，但后者都有一些局限性。甲骨流行于殷商，主要用于占卜，社会利用的广泛性不高。简牍流行的时间比较长，社会普及度广，但不易长久保存。敦煌吐鲁番文书很重要，但是偏重于西北地区，时段以唐宋为主。明清档案，包括徽州文书、清水江文书，都是以明清为主。而金石文献却克服了上述史料的局限，可以说是最经典的中国本土性史料。具体而言，它突破了时空的局限，从 3000 年前流传到现在，也突破了地域的局限，在全国各地均有遗存；其材质坚硬，便于长久保存；还有从宋代开始的金石学研究的积累，至今已逾千年。加之金石文献尤其是碑石文献，传世文献和出土文献、官方铭刻和民间铭刻兼具，与法律相关的内容实体和程序规定同备，其研究价值显而易见。

中国法制“镂之金石”传统延续时间长，特色鲜明。将禁令、规范、公文、契约和讼案等“镂之金石”，即铭刻于青铜器或石碑上，公布彰显，以备查考，以垂久远，是中国古代法制文明的一个重要传统。用坚实恒久的材料铭刻法律事项，所追求的是被刻载之事的严肃、公开、权威、永恒、警示，而这也正是一个稳定的社会秩序和法律秩序的根本。

这一传统形成的关键期是战国秦汉，这一阶段是金石并重期，同时也是“铭金”向“刻石”转折的重要时段。此时期流行的兵器、度量衡器铭刻，使金石铭刻呈现世俗化、法律化的特色。总括中国法制“镂之金石”的传统，其核心是什么呢？一是“礼制”，一是“公政”。“器以藏礼”“铭功颂德”“碑以明礼”“碑以载政”“碑以示禁”等均是基于这两个核心而展开。礼的内涵丰富，既是祭祀祖先神灵的仪式，也是等级秩序，更是王道教化。“器以藏礼”盛行于西周，但礼的影响却极深远，并赋予传统中华法系“礼法合一”的鲜明特色。“碑以载政”有国家政事、地方政事和基层社会的村社家族政事等不同的层级表现。国家政事以统一法令、度量衡及外交会盟为主。地方政事多刻于公文碑、禁令碑和讼案碑中。村社家族政事表现为生老病死和财产处分，故汉代有《大吉买山地记刻石》，明清更有功德碑、捐产施舍碑等碑石群体。据此，我们可以得出初步结论：第一，中国法制“镂之金石”传统的核心是彰显“礼制”和布行“公政”；第二，“刻石纪法”是一种独立的法律纪事体系或法律铭传形式，与之伴生的是，法律碑刻也逐渐成为一种独立的石刻类别；第三，古代“刻石纪法”存在官方与民间两种法制表达和实践系统；第四，“刻石纪法”展现了规约生成的原生路径和次生路径；第五，碑禁体系展示了非正式法的罚则体系及“以罚代管”的社会基础；第六，“刻石纪法”体现了非正式法与正式法的互补性互补的特征是官主民辅。

下面我们再重点介绍一些碑刻的基础知识。首先了解“碑”之原义。我们现在看到的碑都刻有文字，但早期它们是实用工具，主要有三个作用：一是在祠庙前拴牲口；一是辨识日影；一是用于下棺。东汉刘熙《释名・释典艺》载：“碑，被也。此本葬时所设也。施辘轳，以绳被其上，以引棺也。臣子追述君父之功美，以书其上。后人因焉，故建于道陌之头显见之处，名其文，就谓之碑也。”从实用的碑变为刻文字的碑，汉代是关键的转折期。唐代陆龟蒙在《野庙碑》中曰：“碑者，悲也。古者悬而窆，用木。后人书之以表其功德，因留之不忍去，碑之名由是而得。自秦汉以降，生而有功德政事者，亦碑之，而又易之以石，失其称矣。”

作为基础知识，我们要知道石刻法律文献与法律碑刻的区别。石刻文献指以石为载体、用雕刻方式形成的文献。载体的形制除基础类别——长方形的碑刻（狭义的石刻）外，还有摩崖、买地券、墓志、经幢、造像题记等（广义的石刻）。石刻法律文献以载于碑刻者为大宗，可简称为法律碑刻；但在摩崖、墓志、经幢、造像碑等铭刻中，也不乏与法律有关的内容。故石刻法律文献的含义较法律碑刻为广，而法律碑刻却是石刻法律文献的主体；法律碑刻的一些标志性特征如公开性、真实性和制度属性等，在墓志、买地券等铭刻中难以体现。

法律碑刻有三个属性，即文献属性、文物属性和制度属性。文献属性指法律碑刻的内容能传递法律信息并具有客观性、真实性；文物属性指法律碑刻具有公开性和社会性等特征，多指其刻立的场所和地点具有景观性、标志性；制度属性指法律碑刻的刻立往往要经过公议或审批等特定的程序，并具有明显的约束力和法律效力。

法律碑刻的数量，目前所知大概有 1.4 万种。而在 2009 年，我们掌握的数目是 3 300 种。数量的多寡，会直接影响对法律碑刻的分类。以前我们对法律碑刻的分类主要从效力角度出发，圣旨的效力最高，其次是官方禁碑、民间禁碑、公约碑，在这种分类体系中，看不到公文碑的影子。后来我们采用宏观的视角，尤其是梳理、总结了法制“镂之金石”传统演变规律后，总结出唐宋金元“碑以载政”的特色，指出此一时期是公文碑最流行的时段。基于综合的视角，兼顾传统、效力和功能，我们把法律碑刻分为六大类，即公文碑、契证碑、规章碑、讼案碑、示禁碑和法律记事碑，形成了六大史料群。而在古今所见碑石分类中，几乎都没有关注到公文碑的存在。长期以来公文碑“被忽视”的原因，一是分类标准杂乱，公文碑淹没于众多“应用类”碑石中，或散处于记事、杂类中而失去独立性；二是与传统的割裂，如果翻看传统金石志，就会发现唐宋金元公文碑几乎无处不在，但现在对传统金石公文碑缺乏系统整理研究；三是未看到公文碑在古代社会中的实际功用，同时也未注意到包括公文碑在内的法律碑刻的制度性功能。我们目前所做的工作，就是尽快完成初步的搜集整理工作。

三、中国金石学传统的借鉴

中国金石学传统主要表现为四个方面。一是碑史互证即二重证据法。一般认为是王国维率先提出了二重证据法，他主要根据甲骨文、金文来复原商代的世系，并创造了很好的研究范式。但传统金石学家对石刻的考证研究，也多是按照这种方式，只是没有形成一套理论的表述。二是跋尾研究范式，从宋代开始流行。前面列举的《莱子侯刻石》上郭沫若等人的题跋，是这一范式的延续。三是重视义例研究，这个专业性比较强。四是访碑拓碑的传统。古代金石学家或亲力亲为去访碑，或组织人手去访碑、拓碑，目的是搜集第一手资料。

我们要研究法律碑刻，坐在书斋里会很受局限。我们在访碑藏拓方面，积累了很多经验。我是从 1999 年开始研究法律碑刻的，从那个时候就注重访碑。那时访碑就是拿相机把碑拍下来，再进行整理，大概持续了十多年。2014 年买到了仁井田陞编的《北京工商业协会资料集》后，我觉得自己十多年的资料收集工作都白做了。仁井田陞是一个法律史学家，他的代表作《唐宋法律文书研究》《中国身份法史》《唐令拾遗》等，都是大家耳熟能详的名作。他调查碑刻的范式很专业，首先绘有平面图，标明会馆的位置；其次有会馆建筑布局图，画出建筑的名称、碑的方位和序号；他还拍各种照片，虽然书名是会馆碑刻，但照片不局限于碑刻，也包括牌匾、档案，还有人物采访，是一个综合立体的研究。我觉得仅凭自己的力量无法完成这些工作，因此从 2014 年开始带学生一起去访碑。学生可以测量碑石、绘图、记录，最后综合起来，一个地方的碑石分布情况能得到比较完整的体现。

2014 年我们进行了三次集体访碑。第一次是 6 月份去河北正定和河北省博物馆进行调查。第二次是秋天的嵩洛访碑之旅。我们选定的目标是根据清代金石学家黄易（黄小松）的《嵩洛访碑日记》和嵩洛访碑图，重走他的部分路线。前期准备工作交给一个本科生负责。从第一天的登封城隍庙、嵩阳书院、登封历史博物馆，到最后一天的新安铁门镇千唐志斋、张钫故居、洛阳古墓博物馆，我们一共考察了 20 个点，收获非常大。第三次是年底到涿州永济桥、涿州博物馆的考察。之后每年都会有师生集体外出考察，其中 2015 年考察的天数最多，计师生同行 39 天，我自己出行 89 天，这还不包括路上的交通时间。之所以会花这么多时间，是因为 2015 年我们开始认真习拓。

之前我们去访碑主要是拍照、绘图，回去整理照片就会发现，拓片比照片的效果更好，尺寸和原碑一样，是仅次于碑石的一手资料。我们主要练习两种传拓方式，一种是传统的墨拓，技术要求比较高，现在属于非物质文化遗产；一种是蜡拓，比较便捷，容易掌握。我们的法律碑刻拓片收藏，也由此起步。

2015年春天，师生们在永定河文化博物馆练习拓碑。这是我们第一次摸索，不太成功，学生的拓作墨迹深浅不均。为了提升大家的传拓水平，5月份专门请西安碑林的技师来校指导。在不断摸索的过程中，学生们的传拓水平不断提升，现在已接近专业水平。传拓技术也开始走进法大本科生的课堂。

有了碑拓一手资料，我们的研究也更全面，“碑石课堂”应运而生。“碑石课堂”集访碑、拓碑、研读、课题研究、展览等于一体。我们最为强调的一点就是要根据碑石、碑拓去研究，了解碑石的整体面貌，分析当时为什么要刻碑。有些碑石上的公文、讼案，并不是文献形成时刻在碑石上的，而是过了十年、二十年甚至百年才刻的，其原因，只有从碑石上寻找。

因为有了拓片收藏，我们也开始举办展览。2017年春天的“碑石逸韵——古代法律碑刻拓片展”展品不多，就30件，但这是全国第一次法律碑刻拓片专题展。2018年12月的“昭昭千载——中国古代公文碑拓片展”非常有创意。我们做了一个6米高的巨幅吊幔，从四层楼垂下来，非常壮观！我们还用照片在地面做了一条公文碑之路，以“上天入地”的形式全方位展示公文碑的形制特征。与博物馆中的展览不一样，我们的是可触摸的开放式展览，全天对外开放，很多外校的师生慕名而来。我们也组织了一次四校联合观展习拓活动，北京大学、中国人民大学、北京联合大学和中国政法大学的40余名师生参加了活动。大家学习传拓技艺的热情非常高。因为想学习这项非物质文化遗产需要场地、碑石，有的地方收费很高，而我们全部免费。我们全力投入学术公益的目的，是希望更多的人能关注法律碑刻。

访碑不一定要到很远的地方去，北京就有适合的地方。给大家推荐几个地方。第一个是北京石刻艺术博物馆（五塔寺），这是我们的重要教学实践基地。交通方便，坐4号线地铁到国家图书馆下车即可步行到达。馆内碑石林立，展览脉络清晰。第二个是北京东岳庙，2号线地铁朝阳门站下车，交通也较方便，但法律碑刻的数量和种类，远不如北京石刻艺术博物馆齐全。第三个是门头沟区的潭柘寺和戒台寺，第四个是房山云居寺，都不乏重要法律碑刻，但距离稍远。第五个是昌平公园中的石刻文物园，还有昌平博物馆，都能找到法律碑刻。

四、法律碑刻研究举例

因为时间关系，这部分内容很难全面展开，仅提一两个要点。

我们在碑刻研究中强调碑石的制度属性，并提出了“碑本”的概念。如果纯粹做“文本”研究，不用去访碑，看纸质文献就可以了。但是金石志、碑文集录中错误较多，依据错误的文本进行研究，得出的结论，可信度自然要打折扣。而我们对碑刻的研究，既重视其文献价值，也强调碑的文物属性，更关注它的制度功能，由此来揭示刻碑的原因和所期望达到的目的。

对于一些石刻的记录，《全唐文补遗》里记载的是文献形成的时间，如唐武德八年（625）《封李凤为豳王诏书》，贞观十二年（638）《封虢王李凤为虢国刺史诏书》，均刻于上元二年（761），即在文献生成120多年后才刻的。为什么过了这么久才把文献刻在石头上？想解决什么问题？想要表达什么诉求？如果仔细研读，会发现古代中国人的维权意识和权益诉求，在碑石上表现得很充分。像少林寺有块著名的唐开元十六年（728）碑，历代多有记载，如清代王昶编纂的《金石萃编》，将碑石上的内容分散记录在卷41、卷74、卷77中。仅看文献载录，会以为是三块碑，而其实是一块碑上刻了不同时间的公文。所以有时仅根据文献记录不能了解碑的原貌，也不能揭示刻碑的目的，一定要全面了解碑文的结构布局，才能读懂它。

除了对碑石文本的详细解读以外，还要对碑刻的形制、地点、背后的制度等方面做出细致的解读。像开元十六年少林寺碑，上面到底刻有多少个公文，历来说法不一。传统金石学家说有三种，现在有人说有七八种。到底有多少种，涉及专业知识，需要精细化的谨慎研究。而泛泛读碑，是没有办法揭示它的法律内涵的。

还有学术界的一些争论，像古代中国到底有没有行政法，行政和司法的关系如何等等，有些问题可能会在碑石上找到答案。但这需要时间，需要我们静下心来细心研究。对公文碑是这样，对讼案碑、规章碑等也是如此。仔细研究后，我们可以看到法律传承的另一种模式。不同于典籍文献，法律碑刻的实用性很强，我们的目的就是在碑石上做法律考古，看懂、听懂石言碑语。我们的研究就像侦探破案，要破解一块碑石为什么要刻立，想声张什么，想保护谁的权益。

第五章　丝绸之路上的粟特与外来文明

赵　贞*

2019年8月19日，习近平总书记在敦煌研究院座谈时发表讲话，指出敦煌文化是各种文明长期交流融汇的结晶。“敦煌作为中国通向西域的重要门户，古代中国文明同来自古印度、古希腊、古波斯等不同国家和地区的思想、宗教、艺术、文化在这里汇聚交融。中华文明以海纳百川、开放包容的广阔胸襟，不断吸收借鉴域外优秀文明成果，造就了独具特色的敦煌文化和丝路精神。”① 这是新时期总书记对于敦煌文化和丝路精神的高度凝练与精准概括。而要深入理解总书记讲话的内涵，还需从历史上的丝绸之路谈起。本章《丝绸之路上的粟特与外来文明》即从历史的角度审视丝绸之路的内涵、粟特的活动及其转输的外来文明。

一、“丝绸之路”的内涵

通常而言，张骞出使西域即意味着丝绸之路的开通，司马迁《史记·大宛列传》的表述是“张骞凿空”，《史记集解》注曰“骞开通西域道”，是说张骞开通了前往西域的道路。但是，与司马迁提出的“凿空”不同，“丝绸之路”的提出从一开始就是国际性的，因为从源流的梳理来看，最早是西方人首先提出来并赋予了它科学的内涵。

1866年，英国地理学家亨利·玉尔（Henry Yule）在《中国和通往中国之路》中披露了古希腊地理学家托勒密的《地理志》，文中提到了马利奴斯所记“赛里斯之路”。1877年，德国地理学家李希霍芬（Ferdinand von Richthofen）在《中国——根据自己的亲身旅行和在此基础上进行研究的结果》第1卷第2编第10章中，首次把汉代中国和中亚南部、西部以及印度之

---

* 赵贞，北京师范大学历史学院教授、博士生导师。研究领域：隋唐史、敦煌学。代表性学术成果：《从敦煌吐鲁番文书谈唐代的“身死”》《唐宋天文星占与帝王政治》《敦煌文献与唐代社会文化研究》《归义军史事考论》。

① 习近平：《在敦煌研究院座谈时的讲话》，《求是》2020年第3期。

间以丝绸贸易为主的交通路线，称作“丝绸之路”。他用德语首创“丝绸之路”术语（Seidenstrasse），即是合并了德语词汇 Seiden（丝绸）和 Strasse（道路）后而形成的一个新词，中文译成“丝绸之路”。此后，各种语言中陆续出现该词组的对应翻译形式，其中英译形式（The Silk Road，The Silk Route）出现最早，法译形式紧随其后。①

李希霍芬虽然首次提出了“丝绸之路”的术语，但其内涵还有很大的局限，比如时间上局限于汉代，空间上多关注亚洲。1910 年，德国历史学家赫尔曼（A. Herrmann）在《中国和叙利亚之间的古代丝绸之路》中，进一步把丝路延伸到地中海西岸和中亚西亚，确定了丝绸之路的基本内涵，即它是中国古代经由中亚通往南亚、西亚以及欧洲、北非的路上贸易交往通道，因为大量的中国丝绸及丝织品经由此路西传，故称作丝绸之路，简称丝路。

但是，真正使丝绸之路有了立体感，并普遍为学术界所接受的是西域探险家瑞典人斯文·赫定（Sven Hedin）。从学术传承来说，斯文·赫定恰是李希霍芬的学生，他将老师的事业进一步发扬光大。1938 年斯文·赫定出版了中亚探险的杰作——《丝绸之路》。书中写道：

> 罗马贵族用丝绸打扮他们的妻子和女儿，却根本不知道如此受欢迎的织物源自何方。他们只知这种 sericum（绸缎）和 serica（丝织物）是住在亚洲最东边的称为“赛里斯人”（制丝绸的人）的民族生产和出口的。对他们来说，知道这么一点就足够了。拉丁语中的 Silk（丝绸），显然源自汉语的 ssu、sse、sser。在朝鲜语中为 sir。因此，丝绸成了连结不同民族的纽带，并出现了一条条无穷无尽的商路。②

斯文·赫定认为位于亚洲东部的中国是丝绸的产地，silk 的发音来源于汉语的 ssu、sse、sser。这种看法实际上并不是孤立的。比如 13 世纪的旅行家意大利人马可·波罗（Marco Polo）认为“蜀”字的发音 su 就来自“丝”si。“蜀”在甲骨文里为桑虫的象形字，《尔雅》释文“桑中蚕”，《诗经》毛传“桑虫”，即桑蚕。有学者指出，Seres 与 Su 有一定的相关性，阿尔泰语的 Seres 来源于梵语的 Cina，而梵语的 Cina 来源于丝绸的原产地成都。③ 这说明古代的巴蜀之地是丝织业中心之一，张骞出使西域时在大夏国看到了从印度传过来的“蜀布”（蜀地的丝绸），由此他推断从四川西南行有一条直通印度的

① 王冀青：《李希霍芬首创德语词组“丝绸之路”的早期法译形式》，《敦煌学辑刊》2018 年第 4 期。
② 斯文·赫定：《丝绸之路》，江红、李佩娟译，新疆人民出版社，1996 年，第 215 页。
③ 段渝：《中国西南早期对外交通——先秦两汉的南方丝绸之路》，《历史研究》2009 年第 1 期。

交通道路。

1908年，英国人斯坦因（Marc Aurel Stein）在玉门关遗址（T14）、楼兰等地曾发现一些丝织品，其中一件丝绸条带上写有汉字“任城国亢父缣一匹，幅广二尺二寸，长四丈，重廿五两，直钱六百一十八”①。任城是东汉章帝元和元年（84）所封的诸侯国，位于今山东济宁。这条材料表明汉代的齐鲁大地也出产丝绸。古语云“强弩之末势不能穿鲁缟也”，进一步说明鲁地的丝绸薄如蝉翼，论其等级无疑属于上乘之作。《后汉书·光武十王传》载：“顺帝时，羌虏数反，（任城王）崇辄上钱帛佐边费。”② 表面看是任城王将管内山东地区出产的丝绸（缣）捐献朝廷，充作西北边境戍卒的军费。但从其尺寸、重量和价格来看，汉代的丝绸似乎在物品的交易中已充当了货币等价物的职能。在玉门关遗址中，斯坦因还发现一件汉代带有印度婆罗谜字母书写的梵文的丝绸，大意是“[这条] 丝绢长四十虎口”③。可知来自南亚的印度商人也来敦煌向西方转输丝绸货物。为了方便出售丝织品，这些外籍商人仿照汉代的习惯，将丝绢的长度和价钱明确写在外面，明码标价，吸引需求者前来交易或购买。

汉代的丝绸实物在国内外的考古工作中多有发现。国内如新疆的楼兰古城、尼雅的精绝故地，国外如蒙古的诺因乌拉墓葬、叙利亚沙漠中的古城帕尔米拉遗址等，都发现了汉代的丝绸或丝织品。这些发现丝绸实物的古城、墓葬和遗址，大体都位于古代东西交通的丝绸之路上，表明汉代的中西交通和友好往来中，丝绸作为大宗物品确实扮演了沟通中国与西方交流的媒介角色。

实际上，丝绸不仅是大宗货物的代名词，丝绸或丝织品还有货币等价物的职能，起着流通的作用，以致很多大宗交易是用成匹的丝绸或丝织品来完成的。唐人张籍《凉州词》写道：“边城暮雨雁飞低，芦笋初生渐欲齐。无数铃声遥过碛，应驮白练到安西。”这些响着铃铛横穿大漠沙碛的驼队，正驮载着白色的熟绢（白练）到安西交易。白居易《卖炭翁》诗曰：“一车炭，千余斤，宫使驱将惜不得。半匹红绡一丈绫，系向牛头充炭直。”另一首《琵琶行》云：“五陵年少争缠头，一曲红绡不知数。”这里“绫”指薄软的、有光泽带花纹的丝织品。“绡”则是生丝织成的薄绢。这些品色、质地各异的丝织

① 罗振玉、王国维编著：《流沙坠简》，中华书局，1993年，第186页。

② 《后汉书》卷42《光武十王传》，中华书局，1965年，第1443页。

③ 荣新江：《华戎交汇：敦煌民族与中西交通》，甘肃教育出版社，2008年，第34页。

品都有等价物的职能。

绢帛丝织品的购买力，可从阿斯塔那 509 号墓所出《唐开元二十一年（733）石染典买马契》中获得清晰的认识。根据本件文书记载，西州的一位粟特百姓石染典，在市场上以 18 匹大练的价格从另一位粟特人康思礼手中买来一匹赤身黑鬃黑尾的 6 岁騙马，而三位保人罗世那、安达汉和石早寒都是兴贩牟利的粟特胡人。① 显而易见，粟特人在丝路经济中十分活跃，他们或者直接参与市场交易，或者以保人的身份促成买卖双方互通有无。仔细考量西州市场上马匹交易的方式，我们很容易将安史乱后唐朝与回纥的绢马贸易联系起来。元稹《阴山道》诗云："年年买马阴山道，马死阴山帛空耗。"② 白居易《阴山道》写道："五十匹缣易一匹，缣去马来无了日。……谁知黠虏启贪心，明年马多来一倍。缣渐好，马渐多。阴山虏，奈尔何。"③ 尽管两首《阴山道》从不同的角度暴露了唐代绢马贸易存在的问题，但不难看出，李唐与回纥的大宗马匹交易，都是用绢帛来支付马价的。

唐代"奴婢贱人，律比畜产"，奴婢身份卑贱，社会地位低下，奴婢的买卖也同样离不开丝织品的绢帛。吐鲁番出土的《唐开元十九年（731）唐荣买婢市券》《唐开元二十年（732）薛十五娘买婢市券》④ 和敦研 298、299 号《唐天宝年间敦煌郡行客王修智卖胡奴市券公验》三件文书显示，开元盛世时期，西州市场上一名十二三岁婢女的价格是大练 40 匹，而天宝时代敦煌（沙州）市场上一名十三岁的胡奴——多宝的价格是大生绢 21 匹。当时大生绢和大练的价值等同，折算成铜钱是 465—470 文。这说明在盛唐时期西北的边塞和绿洲城市中，女性婢女的价格远高于男性的奴。这是一个值得注意的现象。

丝绸或丝织品作为货币等价物具有相当的购买力，并起到流通的作用，这与中原王朝的经济政策特别是货币政策密切相关。开元二十年（732），玄宗诏敕："绫罗绢布杂货等交易，皆合通用。如闻市肆必须见钱，深非道理。自今后，与钱货兼用，违者准法罪之。"⑤ 贞元二十年（804），德宗"命市井交易，绫罗绢布杂货与钱兼用"⑥。元和六年（811）二月，宪宗制令"公私交

① 《吐鲁番出土文书》第 9 册，文物出版社，1990 年，第 48 - 49 页。
② 《元稹集》卷 24《乐府·阴山道》，中华书局，1982 年，第 290 页。
③ 《白居易集》卷 4《讽谕四·阴山道》，中华书局，1979 年，第 81 页。
④ 《吐鲁番出土文书》第 9 册，第 26 - 29 页。
⑤ 《唐会要》卷 88《杂录》，中华书局，1955 年，第 1618 页。
⑥ 《新唐书》卷 54《食货志四》，中华书局，1975 年，第 1388 页。

易，十贯钱已上，即须兼用匹段”①。按照律令诏敕的规定，唐王朝确立了“钱帛兼行”“钱货兼行”的货币政策，因而使得丝绸或丝织品在社会经济生活中扮演了沟通有无的作用，尤其是长途或大宗的交易，唐王朝鼓励用绢帛丝织品来支付酬价。

应当指出，“丝绸之路”的提出，还包含了早期西方世界对中国乃至东方国家的认识。对于古希腊和罗马而言，“丝绸”被赋予了特别的历史文化内涵，成为汉代西方认识中国乃至东方世界的代名词。公元前1世纪，丝绸已经被运抵古罗马，罗马人称为“赛里斯”（seres）、“赛里斯纱”或“赛里斯绢”；希腊人则把生产丝绸的国家称作“赛里斯”或丝国。比如，对于丝绸的出产，公元1世纪的罗马学者白里内（普林尼）在《博物志》（普林尼《自然史》）中说，赛里斯人“林中产丝，驰名宇内。丝生于树叶上，取出，湿之以水，理之成丝。后织成锦绣文绮，贩运至罗马。富豪贵族之妇女，裁成衣服，光辉夺目”②。在罗马眼中，编织丝绸的细丝生长在东方“赛里斯国”（中国）林中的树叶上，只要小心采摘，仔细梳理，即可织成光彩夺目的锦绣罗绮。公元2世纪，希腊历史学者包撒尼雅斯指出，赛里斯人用来编织绸缎的细丝，并非来自植物，而是来自一种称为蚕的昆虫，并说这种昆虫类似于结网的蜘蛛：

> 唯赛里斯人用织绸缎之丝，则非来自植物，另有他法以制之也。其法如下：其国有虫，希腊人称之为塞儿（ser），赛里斯人不称之为塞儿，而别有他名以名之也。虫之大，约两倍于甲虫。他种性质，皆与树下结网蜘蛛相似。蜘蛛八足，该虫亦有八足。赛里斯人冬夏两季，各建专舍，以畜养之。虫所吐之物，类于细丝，缠绕其足。先用稷养之四年，至第五年，则用青芦饲之，盖为此虫最好之食物也。虫之寿仅有五年。虫食青芦过量，血多身裂，乃死。其内即丝也。③

这段有关蚕和缫丝来源较为科学合理的认识，似乎在当时的西方世界并没有得到广泛认同。经过两个世纪的漫长岁月之后，西方还摸不清丝绸的真实底细，人们习惯上仍然重蹈白里内的覆辙。公元4世纪，希腊学者马赛里奴斯在《史记》中写道：“（赛里斯国）林中有毛，其人勤加灌溉，梳理出之，

① 《唐会要》卷89《泉货》，第1630页。

② 张星烺：《中西交通史料汇编》第一册，中华书局，1977年，第20页。

③ 张星烺：《中西交通史料汇编》第一册，第36页。

成精细丝线。半似羊毛纤维，半似粘质之丝。将此纤维纺织成丝，可以制衣。”① 法国学者布尔努瓦在《丝绸之路》中进一步解释说：“赛里斯人的故乡生长着大片茂密的森林，他们反复地向这些树上的产品喷水，采取一切措施使树皮变得柔软起来，他们由此得到一些茸毛和混合液体，然后再从中梳理出了很纤细和很柔软的丝线，织成一种网状物，这就是赛里斯丝绸。”② 尽管此时，由于丝绸被大宗输往中亚、欧洲，西方世界对丝绸并不陌生，但是他们对丝绸还是知之甚少，仍然坚持认为丝绸是赛里斯人仔细梳理树皮或树叶而制成。因此可以说，直至公元 4 世纪，丝绸的神秘面纱仍然没有被西方揭开，尽管中西经济文化交流和丝路贸易较前有了进一步的发展，但是西方世界对于东方“赛里斯国”（中国）的真正了解和认识其实还相当有限。

古代的中西交流中，丝绸作为中国输出的第一大宗物品深受西方的追逐与推崇。尤其是罗马帝国，贵族们通常用丝绸打扮他们的妻子和女儿，却根本不知道如此受欢迎的织物源自何方。他们只知这种 sericum（绸缎）和 serica（丝织物）是住在亚洲最东边的称为“赛里斯人”（制丝绸的人）的民族生产和出口的。③ 法国学者布尔努瓦说：“数年之后，罗马人便开始以使用丝绸为时髦，以至于在公元 14 年，即在奥古斯都（Auguste，屋大维）临死之前数月的时候，古罗马元老院只好诏令禁止男性臣民穿戴丝绸服装，说丝绸‘毁坏’了他们的名誉；不仅如此，而且对妇女们使用丝绸也作了一定的限制。这说明，在卡尔莱战后还不到 50 年的时间内，丝绸这种新颖的和异国的产品就大量地渗透到人民的风俗习惯中了。”④ 汉代的丝绸远销罗马，实际上已变成一种昂贵的商品在罗马上层社会流行。表面看来，丝绸或丝织品将汉代中国与罗马帝国连接起来，但不可否认的是，居于其间的中亚、西亚诸国在丝绸的中转贸易中赚取了大量财富。因此，按照斯文·赫定的说法，“丝绸成了连结不同民族的纽带，并出现了一条条无穷无尽的商路”⑤。毕竟，在西方人的眼中，“丝绸”或“赛里斯”不仅是一种风靡世界的华丽服装原料，还由于丝绸源自中国（赛里斯国），故而包含着西方世界对古代中国的些许想象和模糊认识。“丝绸”在中西交流中散发出的物质文化魅力，显然是不能用其他词语来代替的。

---

① 张星烺：《中西交通史料汇编》第一册，第 48 页。

② 吕斯·布尔努瓦：《丝绸之路》，耿昇译，新疆人民出版社，1982 年，第 79 页。

③ 斯文·赫定：《丝绸之路》，第 215 页。

④ 吕斯·布尔努瓦：《丝绸之路》，第 3 页。

⑤ 斯文·赫定：《丝绸之路》，第 215 页。

二、粟特在丝路上的活动

粟特，即索格底亚那（Sogdiana），属伊朗人种的中亚古族。① 在《后汉书》《晋书》中称“粟弋”，《魏略》中称“属繇”，《宋书》《魏书》《周书》《北史》《新唐书》等史籍中称“粟特”。中国史书中称为“昭武九姓”、九姓胡、杂种胡（康、安、曹、石、米、何、火寻、戊地、史、罗、穆），西文则称之为“粟特”，系中古时期对中亚锡尔河以南至阿姆河一带活跃的九个小国的泛称，主体在今乌兹别克斯坦，部分在塔吉克斯坦和吉尔吉斯斯坦。

九姓胡中，康国是丝绸之路西段上的重要城邦国家，位于今乌兹别克斯坦撒马尔罕一带，是昭武九姓的中心，向来有中亚文明的十字路口之称，地理位置十分重要。唐人韦节《西番记》云：“康国人并善贾，男年五岁则令学书，少解则遣学贾，以得利多为善。”② 蔡鸿生先生说：“唐代九姓胡诸城邦，扼东西交通大道的要冲。这里是中国、印度、波斯和拜占庭四大文明汇聚之处，占有重要的国际地位。”③

粟特人特别善于经商，他们利用地处欧亚陆上交通枢纽的有利条件，积极从事商贸活动，西到波斯、拜占庭，东到中国，南达印度，东北至蒙古草原，到处都留下了他们活动的足迹。作为沟通东西的商业民族，他们将中国的丝绸贩卖到波斯、拜占庭，又将波斯、拜占庭的宝货转运到中国。粟特人为了更加便利地贩运丝绸，曾借助突厥人的势力，试图说服波斯，进行自由贸易，遭到拒绝，转而寻求与拜占庭之间建立友好关系，并最终促成此事。俄罗斯学者李特文斯基说：“索格底亚那人作为从拜占庭到中国的商人特别闻名，他们不仅以商队的形式往来奔波，而且建立了一些完整的城市，发挥着文化中介的作用。”④ 从中亚木鹿（Merv，在今土库曼斯坦巴伊拉姆阿里城附近）到河西走廊上的张掖，粟特人沿路建立了众多据点，在中亚和中国腹地间建立起了广泛的商业网络，在欧亚大陆交通网络中扮演了“主宰”者的角色⑤，对于丝绸之路上物品的传播发挥了特殊的作用。

粟特人进入中国的历史，现在最早可追溯到公元 4 世纪。1907 年斯坦因

---

① 许序雅：《粟特、粟特人与九姓胡考辨》，《西域研究》2007 年第 2 期。

② 《通典》卷 193《边防典・西戎・康居》，中华书局，1988 年，第 5256 页。

③ 蔡鸿生：《唐代九姓胡与突厥文化》，中华书局，1998 年，第 69 页。

④ B. A. 李特文斯基主编：《中亚文明史》第 3 卷，马小鹤译，中国对外翻译出版公司，2003 年，第 6 页。

⑤ 张绪山：《中国与拜占庭帝国关系研究》，中华书局，2012 年，第 249 - 264 页。

在敦煌以西的长城烽燧（T. XLL. a）发现了一组粟特文古信札。这封信是由一位驻扎在金城的粟特代理商所写，收信人是撒马尔罕的合作伙伴。信中提及了粟特人在中国内地听闻的一些事情，比如皇帝从洛阳逃走，宫殿被焚，城市被毁，中国人是否有能力把匈奴赶出长安等。信中提到，粟特人已经沿着撒马尔罕—敦煌—姑臧—金城—洛阳/邺城一线设有办事处，且向内地派人员进行贸易活动。信中提及的货物有金、银、樟脑、胡椒粉、麝香、小麦等。这表明在公元4世纪，从中亚地区的康国到中国内地就已建立起了广泛的商业网络。此后至十六国、北朝、隋唐时期，粟特人自西向东从据史德（新疆巴楚东）、龟兹、焉耆、高昌、伊州、于阗、且末、石城镇（鄯善），到敦煌、酒泉、张掖、凉州、原州、长安、洛阳，乃至灵州、云州、并州、幽州、营州等，都留下了足迹。①

（一）经商

粟特渐次入华的过程，伴随着兴贩牟利的经商活动，吐鲁番所出高昌国和唐代文书中提供了大量生动翔实的材料。阿斯塔那31号墓所出《高昌曹莫门阤等名籍》就是一份粟特商胡的名录。这份名单虽然残存7行，但明确有曹、何、康、穆、安等姓的记录，其中曹国人最多，唐长孺据此定名为《高昌昭武九姓胡人曹莫门阤等名籍》。② 阿斯塔那514号墓《高昌内藏奏得称价钱帐》是麹氏高昌王室通过政府机构“内藏”直接向商胡征收商税“称价钱”的账目。征收商品交易税，买卖双方都要交付，这就是“称价钱”，高昌王国在人们购买必须称重的物品时，按照一定的比例收取称价钱。在每次的交易过程中，税官记录交易货物的种类、重量、税钱数目、交易日期以及买卖者的名字，商人往往用萨珊王朝铸造的银币纳税。此件文书所记买卖双方多为昭武九姓胡人（曹、何、康、翟、安），交易的商品有金、银、香料、药物、石蜜、鍮石、卤沙、丝绸等③，从中不难看出粟特商贸交易活动的活跃。

粟特人善于经商，这与他们童蒙教育中对金钱的崇重有很大关系。《旧唐书·康国传》载：“生子必以石蜜纳口中，明胶置掌内，欲其成长口常甘言，掌持钱如胶之黏物。俗习胡书。善商贾，争分铢之利。男子年二十，即远之旁国，来适中夏，利之所在，无所不到。”④ 这种教育和民俗造就了粟特人巧

① 荣新江：《中古中国与外来文明》，三联书店，2001年，第37-110页。

② 《吐鲁番出土文书》第3册，文物出版社，1981年，第119-120页；《吐鲁番出土文书》［壹］，文物出版社，1992年，第359页。

③ 《吐鲁番出土文书》第3册，第318-325页。

④ 《旧唐书》卷198《康国传》，中华书局，1975年，第5310页。

言善变和锱铢必较的特点。经过长时段的熏陶和浸染，这些特点便会化作一种经商的技能。应当指出的是，在丝路贸易的追逐中，粟特人也是跋山涉水，历尽艰险，表现出一定的果敢和胆识。莫高窟第 45 窟“胡商遇盗图”中，粟特胡人的货物被强盗挑落马下，一位老成持重的商胡正在向强盗作揖，请求放行。尽管丝路旅途充满了种种变数和畏途，但粟特人受利之所使，还是骆驿不绝地往来于丝路孔道上。颇为典型的是，开元二十年（732）西州百姓石染典一行 4 人，携带 10 头驴，申请过所（通行证），欲前往瓜州—沙州（甘肃敦煌）—伊州（新疆哈密）一线兴贩牟利，“今至此市易事了，欲往伊州市易”[①]，在沙州市易结束后，又准备前往伊州做生意，可以说环环相扣，绝不满足于一时一地的商业利益。相反，他们在丝路上对财富的追逐永无止境，乐此不疲。这种品性造就了粟特人善于经商的特点，不仅丝路沿线和边境重镇，唐都长安也汇聚了很多粟特出身的富商大贾。

敦煌写本 P. 3813《唐文明判集》写道：“长安县人史婆陁家兴贩，资财巨富，身有勋官骁骑尉。其园池屋宇、衣服器玩、家僮侍妾比侯王。有亲弟颉利，久已别居。家贫壁立，兄亦不分给。有邻人康莫鼻，借衣不得，告言违法式事。”[②] 判文中史婆陁出自史国，但已入长安县户籍，早年他兴贩逐利，资财富比侯王，但他的弟弟家徒四壁，一贫如洗，史婆陁也不给予关照。由于资财巨富，故不经意间便有僭越礼制的“违法式事”，因而为粟特邻人所纠告。更有甚者，“九姓胡常冒回纥之名，杂居京师，殖货纵暴，与回纥共为公私之患”[③]。这些杂居长安的粟特商胡，常与回纥相勾结，凭借自家丰裕殷实的资产，在长安城肆虐横行，违法乱纪，已成为影响长安城秩序稳定的毒瘤。

总体来看，粟特的经商并不限于一地一隅，而是面向世界的大格局。比如东罗马（拜占庭）的金币、波斯银币都经过粟特人传到了中国。不仅如此，粟特还仿制东罗马金币。大量仿制的索里得金币（imitation Solidus）多出土于昭武九姓的墓葬中，这表明来自中亚的粟特人可能是仿制拜占庭金币的主力。在粟特人的心目中，钱币不仅是方便贸易的通货，而且是珍宝，是财富和地位的象征。从九姓胡对拜占庭金币仿制品的使用，不难看出粟特社会对拜占庭文明的推崇，这和拜占庭文明在欧亚大陆文明格局中的地位是相符的。

（二）译语人

粟特还以译语人的身份在丝路上活动。比如安禄山、史思明“通六蕃

---

① 《吐鲁番出土文书》第 9 册，第 41－42 页。

② 刘俊文：《敦煌吐鲁番唐代法制文书考释》，中华书局，1989 年，第 444 页。

③ 《资治通鉴》卷 226，德宗建中元年（780）八月条，中华书局，1956 年，第 7287 页。

语”，精通六种胡语，可以说是语言天才，因而曾在营州（今辽宁朝阳）充当过互市牙郎。李益《六州胡儿歌》：“六州胡儿六蕃语，十岁骑羊逐沙鼠。”或许正是这种情况的反映。据《史耽诃墓志》记载，出身史国的史耽诃曾经做过“直中书省译语”。中书省是三省之一，掌管中枢决策，长官中书令即为宰相，位高权重，史耽诃在中书省担任翻译官，可见其译语（翻译）水平之高。吐鲁番文书《垂拱元年（685）康义罗施请过所案卷》中，出身康国的康义罗施在申请过所的过程中，就需要译语人翟那你潘的帮助和协调。《唐译语人何德力代书突骑施首领多亥达干收领马价抄》则记载了译语人何德力（何国人）促成了唐与突骑施之间的马匹交易。①《唐西州高昌县译语人康某辩辞为领军资练事》中康国人康某是服务于高昌县的译语人，针对军资用品“练”发放的问题给予解释和说明。②《全唐文》卷701李德裕《论译语人状》称：“右缘石佛庆等皆是回鹘种类，必与本国有情，纥扢斯专使到京后，恐语有不便于回鹘者，不为翻译，兼潜将言语辄报在京回鹘。望赐刘沔、忠顺诏，各择解译蕃语人不是与回鹘亲族者，令乘递赴京。冀得互相参验，免有欺蔽。未审可否?”③ 当时唐武宗和宰相李德裕着力解决北部边疆的回鹘问题，但担心朝廷的译语官石国人石佛庆与回鹘沟通和暗中往来，故诏令河东节度使刘沔、振武军李忠顺挑选与回鹘没有“亲族”关系且通晓蕃语的译语人，“令乘递赴京”。此状中透露出中央涉外事务中译语人员的严重不足，故而宰相李德裕紧急征调地方的译语人员，让他们快马加鞭，火速来到京城，委以重任。

（三）萨宝/萨保

自北周以来，随着粟特自西向东渐次入华，中央王朝设置了专门管理粟特民众的官员——萨宝或萨保。据《通典》卷39《视流内》记载，雍州萨保，视从七品；诸州胡二百户以上萨保，视正九品。④ 仔细分辨，萨宝系列的职官（或机构）还有萨宝府祆正、萨宝府祓祝、萨宝府率、萨宝府史等。其中“祆正”，杜佑注曰：“祆者，西域国天神，佛经所谓摩醯首罗也。武德四年，置祆祠及官，常有群胡奉事，取火咒诅。”⑤ 粟特人信仰火祆教，祆正即主管祆教事务的长官。

“萨宝”既为中央设置管理粟特部众的官员，故而也成为粟特身份的代名

① 《吐鲁番出土文书》第8册，文物出版社，1987年，第87页。

② 《吐鲁番出土文书》第6册，文物出版社，1985年，第72页。

③ 李德裕：《论译语人状》，载《全唐文》卷701，中华书局，1983年，第7198页。

④ 《通典》卷39《视流内》，第1081－1082页。

⑤ 《通典》卷40《视流内》，第1103页。

词。这在墓志中多有反映。如北周史君，“史国人也，本居西土”，后迁居长安，“授凉州萨宝”(《北周史君墓志》)。又如隋史射勿，“其先出自西国，曾祖妙尼，祖波波匿，并仕本国，俱为萨宝”(《隋史射勿墓志》)。他的曾祖和祖父都担任过萨宝。唐史诃耽，曾在中书省当翻译，“曾祖尼，魏摩诃大萨宝、张掖县令；祖思，周京左师萨宝、酒泉县令”(《唐史诃耽墓志》)。其曾祖、祖父同样担任过萨宝一职。此外，出自安国的安伽曾任北周同州萨宝，出自鱼国的虞弘“检校萨宝府”，还有著籍并州太原的翟娑，因为担任摩诃大萨宝，故可推知也为粟特人。萨宝（府）的含义，学界通常认为它是中央王朝设置管理九姓胡的官员或机构，一般由其首领担任；萨宝既是管理粟特民众的官员，又是商队首领，同时还是宗教领袖（祆正）。

三、粟特转输的外来文明

粟特人在历史上夙以善于经商著称，长期操纵丝绸之路上的转贩贸易，在东西方文化交流方面起了重要作用。比如昭武九姓胡将祆教、摩尼教、中亚音乐、舞蹈、历法以及植物、动物等传入中原，又将中国的丝绸、造纸技术传到西方。差不多同时，史籍中出现了胡乐、胡食、胡服、胡舞等词。向达《唐代长安与西域文明》指出：“李唐起自西陲，历事周隋，不唯政制多袭前代之旧，一切文物亦复不间华夷，兼收并蓄。第七世纪以降之长安，几乎为一国际的都会。各种人民，各种宗教，无不可于长安得之。……异族入居长安者多，于是长安胡化盛极一时。此种胡化大率为西域风之好尚：服饰、饮食、宫室、乐舞、绘画，竞事纷泊，其极社会各方面，隐约皆有所化，好之者盖不仅帝王及一二贵戚达官已也。”[①] 京师长安的胡化“盛极一时”，与粟特人转输的外来文明不无关系。

比如胡服，泛指西域地区的少数民族服饰和印度、波斯等外国服饰。比较常见的胡服形式是翻领窄袖袍、条纹小口裤、软锦靴和锦绣浑脱帽，有的还佩有蹀躞带。《新唐书·五行志》载：“天宝初，贵族及士民好为胡服胡帽。”[②] 说明胡服深受贵族阶层和主流社会的普遍欢迎。

又如宗教，粟特带来的外来宗教有祆教和摩尼教。P.4518 白描画中，绘有达埃纳女神和娜娜女神，这是祆教的两位女神。相较而言，娜娜女神深受粟特人的礼敬和尊崇，部分粟特人的名字即与娜娜女神有关。北京大学荣新

① 向达：《唐代长安与西域文明》，河北教育出版社，2001年，第42页。

② 《新唐书》卷34《五行志一》，中华书局，1975年，第879页。

江曾撰文指出，安禄山是粟特人心目中的“斗战神”，安禄山本身也是一位祆教神主，因此在他的帐下才能团结很多蕃兵蕃将。① 唐姚汝能《安禄山事迹》载：“每商至，则禄山胡服坐重床，烧香列珍宝，令百胡侍左右，群胡罗拜于下，邀福于天。禄山盛陈牲牢，诸巫击鼓歌舞，至暮而散。”② 这条史料应是祆教徒众礼拜安禄山（斗战神）真实场景的反映。“禄山”象征着“光明”，因而是粟特民众命名中最为常见的词。

科技方面的外来文明，可以《符天历》和七曜历为例。《符天历》是曹国人曹士苏修撰的历法，它的历元、气首（雨水为节气之首）及日母都与中原传统的历法不同。五代后晋马重绩的《调元历》继承了《符天历》的制历法则。由于它不用上元积年，得不到官方的认可，只行用于民间，故被贬称为“小历”。但这部“小历”却在辽国行用了48年。以后《符天历》传入日本，随即为日本官方所采用，与宣明历参照编制历书。③

七曜历的流行及历日中的“蜜”日标注，可能亦与粟特有关。法国学者沙畹《摩尼教流行中国考》指出：“吾人在敦煌发见者，有九世纪十世纪之历书数册，占星学著作数种，皆属七曜历，日曜日下皆有朱印密字，其余六曜日，常注有康居译名，可见当时康居之历数，在唐以前不闻，唐以后影响甚大也。是以宋史历志七曜，径用康居译名。”④ 敦煌具注历日中，有数十件历日中都有朱笔“蜜”日标注。P.3403《宋雍熙三年丙戌岁（986）具注历日》中，每七天皆有朱笔标注“蜜”字。蜜者，一曰密，蜜日即日曜日，顾名思义太阳值日，也就是现在常说的星期日。七曜即日月火水木金土，这个顺序恰好与星期日至星期六相对应。英国科技史专家李约瑟推测，现今的星期制度的流行，与康居粟特的推波助澜有很大关系。尽管七曜纪日的方式在中国没有流传下来，但东传至日本、韩国后并行不辍，一直沿用至今。

再看胡乐。伴随着丝路孔道的畅通和丝路贸易的兴盛，来自波斯、中亚的外来乐舞文化也络绎不绝地进入中国。最具典型性的是，唐代的十部乐（燕乐、清商乐、西凉乐、天竺乐、高丽乐、龟兹乐、安国乐、疏勒乐、康国乐、高昌乐）中，外来的音乐占据了主流。十部乐中，燕乐是燕享之乐，它继承了乐府音乐的成就，是汉族传统音乐与外来音乐相融而成的宫廷新音乐；清商乐是魏晋南朝以来的传统音乐，可谓“华夏正声”；而其余八部乐均为异

---

① 荣新江：《中古中国与外来文明》，第222-237页。

② 姚汝能：《安禄山事迹》卷上，中华书局，2006年，第83页。

③ 陈久金：《符天历研究》，《自然科学史研究》1986年第1期。

④ 冯承钧译：《西域南海史地考证译丛八编》，中华书局，1958年，第56页。

域外国及少数民族音乐。即使西凉乐，虽产生于凉州地区，但因其源头是龟兹乐，故实质上仍是一种胡乐。《旧唐书·音乐志》载："自周、隋已来，管弦杂曲将数百曲，多用西凉乐，鼓舞多用龟兹乐，其曲度皆时俗所知也。"① 由此可见西凉乐和龟兹乐对唐代音乐的较大影响。甚至唐玄宗倾心打造的《霓裳羽衣曲》，其实也有西凉乐和天竺舞曲《婆罗门曲》的元素。元稹《法曲》写道："自从胡骑起烟尘，毛毳腥膻满咸洛。女为胡妇学胡妆，伎进胡音务胡乐。火凤声沉多咽绝，春莺啭罢长萧索。胡音胡骑与胡妆，五十年来竞纷泊。"② 元稹诗句中，"火凤"指疏勒乐，由裴神符创作而成。"春莺啭"是龟兹乐，创作者为白明达。王建《凉州词》诗云："城头山鸡鸣角角，洛阳家家学胡乐。"胡乐的百般流行和备受推崇，由此可见一斑。

尤其值得注意的是，唐代官民推崇的乐工中，有许多来自中亚河中地区的粟特人。当时的乐工如康昆仑、曹保、曹善才、曹刚、米嘉荣、米和、安万善等，多以善弹琵琶而享有盛名。康国的杰出乐师以康昆仑为代表，人称"琵琶第一手"。他曾研习摩尼教《一品经调》，并将此融入琵琶演奏中，从而产生独特的韵味。据《乐府杂录》记载，德宗贞元中，康昆仑在长安城天门街，代表东市演奏"新翻羽调《录要》"，与代表西市的庄严寺僧段善本"广较胜负"。③ 因折服于善本精湛之技艺，虔心拜师学艺，最终获得了琵琶第一高手的美誉。

曹国乐工在唐朝久负盛名者，有曹保、曹善才和曹刚，"皆袭所艺"。曹善才是教坊内一流乐师，他培养了许多琵琶高手。白居易《琵琶行》中的琵琶女就曾就教于穆、曹二善才，故有"曲罢曾教善才服"的描述。曹善才的儿子曹刚，其琵琶弹奏能感通万物，赋予大自然以灵性和生命力。相传某日夜晚，曹刚携带琵琶在池塘边上"弹蕤宾调"，登时忽闻荷花丛中有跳跃之声，原来是池中的鱼儿兴奋至极，纷纷跳出水面前来呼应。④ 刘禹锡《曹刚》诗："大弦嘈囋小弦清，喷雪含风意思生。一听曹刚弹薄媚，人生不合出京城。"⑤ 白居易《听曹刚琵琶兼示重莲》："拨拨弦弦意不同，胡啼番语两玲珑。谁能截得曹刚手，插向重莲衣袖中！"⑥ 这些诗句对曹刚拨弦式的琵琶演奏做

① 《旧唐书》卷29《音乐志二》，中华书局，1975年，第1068页。
② 《元稹集》卷24《乐府》，中华书局，1982年，第282页。
③ 段安节：《乐府杂录》，吴企明点校，中华书局，2012年，第130－131页。
④ 段安节：《乐府杂录》，第131页。
⑤ 《全唐诗》卷365，中华书局，1960年，第4127页。
⑥ 谢思炜：《白居易诗集校注》，中华书局，2006年，第2058页。

了极尽能事的描述和渲染，从中不难感知曹氏技艺的精妙确实令人叹为观止。

米国的乐人以米嘉荣、米和父子最具代表性。米嘉荣善唱歌曲，尤以“国乐”见长，先后被宪宗、穆宗、敬宗三朝提携为乐官供奉，故而刘禹锡有“三朝供奉米嘉荣，能变新声作旧声”① 的诗句。他在另一首诗《与歌者米嘉荣》中说：“唱得凉州意外声，旧人唯数米嘉荣”②，说明米氏对凉州乐舞有很高的造诣，以至于能唱出令人陶醉的凉州曲。米嘉荣的儿子米和，是一名出色的乐舞表演者，在懿宗时期凭借着高超的琵琶演奏技艺名闻一时。《乐府杂录》记载米和此人，乃是知名歌者米嘉荣的儿子，演奏琵琶“申旋尤妙”③。

最后来看胡舞。唐代胡舞流行，分软舞和健舞。软舞节奏舒缓，优美柔婉，舞名有《绿腰》《凉州》《春莺啭》等。白居易《琵琶行》谓：“轻拢慢捻抹复挑，初为《霓裳》后《六幺》”，大致亦可视为软舞的描述。相较而言，由粟特诸国传入中国的那些节奏明快、矫捷雄健、动作力度较大的健舞，如《柘枝》《剑器》《胡旋》《胡腾》等，也深受唐代官民社会的欢迎，这在唐诗、敦煌遗书、敦煌壁画和出土唐代墓葬壁画中都有生动翔实的反映。

唐代流行的健舞中，以胡旋舞和胡腾舞影响较大。胡旋舞出自康国，大致在开天之际传入中国，深受玄宗喜爱和赞赏。白居易《胡旋女》云：“中有太真外禄山，二人最道能胡旋”，可知杨贵妃和安禄山的胡旋技艺至为精妙。《旧唐书·安禄山传》载：“晚年益肥壮，腹垂过膝，重三百三十斤，每行以肩膊左右抬挽其身，方能移步。至玄宗前，作胡旋舞疾如风焉。”④ 颇具讥讽的是，体态肥壮的安禄山行步极为不便，但在玄宗面前跳起胡旋舞来却“疾如风焉”，可见其舞技之高。胡旋舞的动作要领是“旋”，要求舞者在圆形的毯上急速连续的旋转。元稹《胡旋女》写道：“天宝欲末胡欲乱，胡人献女能胡旋。旋得明王不觉迷，妖胡奄到长生殿。胡旋之义世莫知，胡旋之容我能传。”⑤ 将安史之乱的爆发与胡旋女的迷惑君王联系起来。白居易在《胡旋女》诗中指出，来自康国的胡旋女“心应弦，手应鼓”，舞步轻盈，左旋右转不知疲倦，其旋转如风，速度之快，即使奔跑的车轮也稍显迟缓，如此精湛的技艺令天子目瞪口呆，叹为观止。胡旋女由此也引导了乐舞的潮流，乃至天宝末年，“臣妾人人学圜转”，最终迷惑君王，招来安史叛乱，马嵬驿之祸。尽

① 《太平广记》卷204《米嘉荣》，中华书局，1961年，第1551页。

② 《全唐诗》卷365，第4117页。

③ 段安节：《乐府杂录》，第132页。

④ 《旧唐书》卷200上《安禄山传》，第5368页。

⑤ 《元稹集》卷24《乐府》，第286页。

管朝廷此后屡次降诏禁止，“五十年来制不禁”，但仍然没有成效。[①]

与胡旋舞相提并称的是胡腾舞，这是从西域石国（今乌兹别克斯坦塔什干）传入中原的一种男子独舞，深受上层社会喜爱。舞者头戴尖顶帽，身穿窄袖“胡衫”，腰束带，足蹬锦靴。舞蹈以跳跃和急促多变的蹲、踏、跳、腾舞步为主。李瑞《胡腾儿》诗云：“扬眉动目踏花毡，红汗交流珠帽偏。醉却东倾又西倒，双靴柔弱满灯前。环行急蹴皆应节，反手叉腰如却月。”[②] 最为典型的是刘言史《王中丞宅夜观舞胡腾》：“石国胡儿人见少，蹲舞尊前急如鸟。织成蕃帽虚顶尖，细氎胡衫双袖小。手中抛下蒲萄盏，西顾忽思乡路远。跳身转毂宝带鸣，弄脚缤纷锦靴软。四座无言皆瞪目，横笛琵琶遍头促。乱腾新毯雪朱毛，傍拂轻花下红烛。酒阑舞罢丝管绝，木槿花西见残月。”[③] 这里“王中丞”，《全唐诗》指出为王武俊。王武俊为契丹人，后为恒定节度使李宝臣奏充恒定节度先锋兵马使兼御史中丞，此诗当作于此时，其内容正好可以与唐苏思勖墓中的《乐舞图》联系起来。乐舞图共有 12 人，画面正中一男性胡人翩翩起舞，高鼻，深目，虬髯，头戴尖顶胡帽，着圆领长衫，足蹬锦制软靴，其装扮及舞姿即为胡腾舞。乐队分为两组，左边五人，右边六人，每组由一人指挥。所执九种乐器中，既有西域传入内地的胡乐乐器：箜篌、筚篥、琵琶、拍板，也有汉族传统乐器：排箫、笙、筝、横笛、铜钹。根据种类和组合判断，此乐舞图表现的是盛唐流行的，以胡乐为基础且融合了汉族传统乐舞特点的胡部新声。

作为东西方经济、文化交流的通道，“丝绸之路”的提出包含了古代西方对东方世界特别是中国亦真亦幻的认识。丝绸既是大宗的交易商品，又发挥着沟通有无的货币等价物职能。在丝路通道上，来自中亚昭武九姓的粟特人无疑是最活跃的民族，他们的活动直接或间接地推动了中西间的物质和文化交流。来自波斯、中亚、印度等地的西域文明源源不断地进入中国，胡化、胡风的因素也给汉唐文明注入了新鲜的血液。但是，交流总是双向的，互惠互利的，入华粟特人在兴贩牟利的过程中也进行着华化。他们从聚落移民到著籍编户的转变，或者在丝路沿线购置宅第、娶妻生子、任官入仕等，体现出对中原王朝的慕化归义，他们的信仰也在潜移默化中发生改变，乃至表现出对佛教的虔诚与归投，这正是丝路文化交融汇聚、异彩纷呈的反映。

---

① 白居易《胡旋女》题曰：“戒近习也”。诗中也说：“胡旋女，莫空舞，数唱此歌悟明主。”

② 《全唐诗》卷 284，第 3238 页。

③ 《全唐诗》卷 468，第 5324 页。

英国学者彼得·弗兰科潘（Peter Frankopan）在《丝绸之路：一部全新的世界史》① 中指出，两千年来，丝绸之路始终主宰着人类文明的进程。不同种族的学者、僧侣、商人，往来在这条道路上，创造并传递着财富、智慧、宗教、艺术、战争、疾病和灾难。丝绸之路的历史就是一部浓缩的世界史，丝绸之路是人类文明最耀眼的舞台，它不仅塑造了人类的过去，更将主宰世界的未来。

习近平总书记指出："文明因多样而交流，因交流而互鉴，因互鉴而发展。"② 加强文明对话，倡导"和平合作、开放包容、互学互鉴、互利共赢"的丝路精神，是在新的历史条件下加强同世界各国的合作交流、促进各国文明对话和文化交流的重要举措。今天，我们要铸就中华文化新辉煌，就要以更加博大的胸怀，广泛地开展同各国的文化交流，积极主动地学习借鉴世界一切优秀文明成果。

---

① 彼得·弗兰科潘：《丝绸之路：一部全新的世界史》，邵旭东、孙芳译，浙江大学出版社，2016 年。

② 习近平：《在敦煌研究院座谈时的讲话》，《求是》2020 年第 3 期。

第六章　衣饰文明与中国社会变迁

赵晓华*

大家好！今天我要和大家一起学习的主题是“衣饰文明与中国社会变迁”。“衣饰”这个词对我们每个人来说都再熟悉不过，它和我们的生活是须臾不可分离的。衣服以人体为基础进行造型，所以被称为人类的第二张皮肤。作为一种精神与文化现象，衣饰蕴含和体现着历史和时代的特质。也就是说，社会政治的变化与社会经济的发展程度对同一时期人们的着装心理与方式有着直接的影响，往往能够形成一个时代的着装特征。服装也是身体政治文化的重要组成部分。中外人士都把我们国家称为“衣冠王国”“礼仪之邦”，说明服饰是礼俗文明的一个重要表现特征。另外，传统中国政治有一个特点，人们称之为衣冠之治。《史记·儒林列传》有一句话说：“冠虽敝，必加于首；履虽新，必关于足。何者，上下之分也。”如果冠履倒置，那么就意味着上下位置颠倒，尊卑不分。法国的符号学家罗兰·巴特曾经指出：“服装总包含有叙事性因素，就像每一个功能至少都有其自身的符号一样，牛仔服适于工作时穿，但它也述说着工作。一件雨衣防雨用，但它也意指了雨。功能和符号之间（在现实中）的这种交换运动或许在许多文化事物中都存在着。”① 透过衣饰的发展历史，观察其自身所承载的历史文化特点，已经成为当今学术界探讨的一个非常重要的问题。今天我们主要从三个方面探讨一下衣冠文明与中国社会变迁之间的联系。

一、传统社会中衣服的功能

在传统中国社会中，衣服主要有四种功能：

其一，护体御寒、保护生命。衣服的产生，刚开始时主要是出于抵御严

---

* 赵晓华，中国政法大学人文学院副院长，历史研究所教授、博士生导师。研究领域：灾荒史、法律社会史。代表性学术成果：《救灾法律与清代社会》《晚清讼狱制度的社会考察》《中国资本主义萌芽的学术研究与论争》。

① 罗兰·巴特：《流行体系：符号学与服饰符码》，上海人民出版社，2000年，第295页。

寒、应对猛兽或战争的需要，人类用树皮、藤条、兽皮等抵御寒冷，为了避免伤害，人们还学会“孚甲自御”，即向有鳞甲的动物学习，使用骨针缝制胸甲，利用葛藤编成背心式的甲胄和藤帽，由此产生了最早的服装。《广雅·释器》说：“衣者，隐也”，东汉许慎《说文》称：“衣，所以蔽体者也。上曰衣，下曰裳”，《风俗通义》称：“衣，所以蔽形也”，这些可以说都非常正确地揭示了衣服的起源。

其二，美化生活。不同的服装塑造、润色和装饰着人类的生活，也反映着人们不尽相同的审美意识、文化气质和艺术气质。穿什么服装的含义，有时候远远超出了服装本身，而被视为一种地位、形象和身份的标志。人们常说：“人靠衣装，马靠鞍装”，“三分长相，七分打扮”，讲的就是这个道理。

其三，民族差异的区分和标志。服饰是人类文化的显性表征。在民族识别和民族研究中，服饰也占据着不可或缺的地位。服饰随着民族文化的延续发展而不断发展，是民族政治、经济、思想、文化的反映。在中国历史上，有过多次民族大融合，衣冠服饰的变化也成为其中的重要内容。比如战国时赵武灵王胡服骑射，当时汉人穿上衣下裳，坐着木制的马车去打仗，和短衣窄袖、骑着战马的胡人相比，自然显得臃肿笨重。赵武灵王因此决心废除下裳，穿裤子靴子。《资治通鉴》卷三说：“赵武灵王北略中山之地，至房子，遂至代，北至无穷，西至河，登黄华之上。与肥义谋胡服骑射以教百姓，曰：‘愚者所笑，贤者察焉。虽驱世以笑我，胡地、中山，吾必有之！’遂胡服。”再比如，5世纪末的北魏孝文帝改革。494年，孝文帝正式迁都洛阳，他命鲜卑人汉化，“革衣服之制”，改穿汉人服装，禁说胡语，“断诸北语，一从正音”，即学说汉话。三十岁以上的人或许一时难改，三十岁以下的朝廷现职官员不许再讲鲜卑话，如有故意不改的，就要降职或撤职。由于孝文帝主动积极的汉化，鲜卑文化的精华成了汉文化的一部分，洛阳再次成为北方以至整个亚洲的文化中心，汉化无疑促进了民族的交流和融合，鲜卑族最终汇入中华民族大家庭，有利于我国民族的团结。不过，古往今来，对孝文帝的评价分歧很大，有的人说他是盖世英雄，也有的人贬斥他为千古罪人。争论最大的就是在汉化是否有必要的问题上。有的人认为他学习汉化，在当时就是花拳绣腿，看着好看，实际上没有什么用处，不加扬弃的全盘汉化导致了鲜卑民族精神的丧失。明末清初的学者王夫之指出孝文帝是典型的虚伪之徒，“拓跋宏之伪也，儒者之耻也。夫宏之伪欺人而遂以自欺久矣”（王夫之《读通鉴论》卷九）。在孝文帝死后三十多年，曾因改革而强盛的北魏王朝却迅速地分崩离析。另一位清代史学家赵翼强调北魏汉化与亡国之间有密切的因果关系：

“国势之衰，实始于此。一传而宣武，再传而孝明，而鼎祚移矣。”（赵翼《廿二史札记》卷十四）总体来说，北魏孝文帝改革的历史经验与教训，都是值得后人去认真分析总结的。

其四，伦理政治的物化形态。班固在《白虎通义》中称：“圣人所以制衣服何？以为絺絃蔽形，表德劝善，别尊卑也。”这句话可以说非常完整地概括了衣服所具备的三种功能，也就是遮蔽身体，弘扬良好的德行，区别尊卑贵贱。《易·系辞下》也说：“黄帝、尧、舜垂衣裳而天下治，盖取诸乾坤。”可能有些人会觉得，“垂衣裳而天下治”，按照字面意思的理解，不过是垂下双手，无所事事，天下即可治理，这也太容易了。实际上，“垂衣裳”是“天下治”的前提，而“盖取诸乾坤”这句话表明，华夏服饰不仅具备遮羞御寒的实用性，还体现了先民的世界观，以及在此基础上衍生出的政治哲学。这句话真实的意思应该是，黄帝、尧、舜这样的圣人能够做到合乎宇宙世界的秩序，并在人世复制这种秩序，由此实现天人合一，就可以无为而治了。也就是说，圣人们之所以能够垂衣裳而天下治，是因为“取诸乾坤”，即合乎宇宙世界的秩序。

另外，根据中国古代哲学的规范，所谓乾上坤下，中国古代早期服饰因此也具有上衣下裳的基本特征。衣指上衣，裳指下裳，下裳是一种长裙。上衣下裳依然与古人对天地的崇拜有关系。如古人的礼服称为玄衣纁裳，就是说在最尊贵的服饰色彩中，以“玄”“纁”两色之搭配最为崇高，衣用“玄色”，所谓先染白、再染黑谓之玄色，这是模拟拂晓时天空的色彩；裳选纁色，郑玄注《周易》称“黄而兼赤为纁”，所以“纁色”大概是浅绛色，是赤绛色而微黄。玄衣纁裳源自天玄地黄之“玄衣黄裳”，彰显了中国古代服饰规制的功能。

再如在传统社会影响很深远的深衣，上衣用布四幅，象征一年有四季；下裳用布十二幅，象征一年有十二个月。汉时自天子至百姓都按照“四季五色”的办法穿衣，也就是：春季用青色，夏季用朱色，季夏用黄色，秋季用白色，冬季用黑色，当时深衣因此被称为“五（时）色衣”。此外，“中华”一词的由来也和服饰紧密联系在一起：“中国有礼仪之大，故称夏；有服章之美，谓之华。”（《左传·定公十年》）可见，服饰制度及礼乐制度的确立对华夏文明时代的到来具有标志性意义。衣服具备伦理政治的物化形态这种特征，实际上也就是我们说的衣冠之治。

二、衣冠之治

简单说来，衣冠之治是衣冠服饰的伦理政治化、道德化，衣冠之治的意义不仅仅在于表现人们穿戴什么，怎样穿戴，更重要的是赋予穿着打扮以等级性和伦理道德的内涵。衣服成为德化的标志，这是中华衣冠的一大特色。接下来我们从色彩的等级政治化、色彩的伦理政治化、衣冠的等级与伦理体现三个方面来分别考察衣冠之治的具体内容。

（一）色彩的等级政治化

首先我们来解释一下什么叫作五方、五行与五色。颜色对服饰来说是至关重要的。古人常常以五行学说来解释宇宙和历史的运动，即将大地分成东、南、西、北、中五方，五方分别对应青、赤、白、黑、黄五色，这五方、五色又分别象征木、火、金、水、土五德。在古人看来，王朝的更替就是五行相生相克的结果。与五行相应的五色因此也成为各个朝代所崇尚的色彩。中国历代均有其时尚色，比如夏代尚青，商代尚白，周代尚赤，秦代尚黑，等等。秦时“衣服旄旌节旗皆上黑”，黑色为当时最尊贵的颜色或说为皇家专用的颜色，有重大的祭奠活动皇帝要穿黑色的服装。每一个新王朝都要改正朔，易服色，以证明统治的合法性，表示顺应天德，一代胜过一代。

五色与五行相对，这已赋予了五色神秘化的含义。在此基础上，古人还把颜色分成正色与闲色，也叫正色与间色。《礼记·玉藻》说：“衣正色，裳闲色。”唐朝孔颖达解释说：“玄是天色，故为正；纁是地色，赤黄之杂，故为闲色。”也就是说，闲色是正色相调和而成的颜色。相比而言，正色比较稳定，闲色则随着时代的变化而变化。比如说紫色，本来属于间色，但是春秋时期，因为齐桓公好紫色，所以全国皆紫色，紫色于是上升为正色。孔子曾非常感慨地说：“恶紫之夺朱也。”（《论语·阳货》）在等级社会中，正闲之分往往意味着贵贱之等。根据秦朝的制度，三品以上官员穿绿色袍。隋炀帝大业元年，即605年，用紫色作为五品以上官员与五品以下官员至庶民的区分标志。唐朝时，品色服制正式确立。《新唐书·车服志》载，亲王及三品以上官员袍服用紫色，五品以上用朱色，六品、七品用绿色，八品、九品用青色。另外，“黄袍”往往被看作古代帝王服色的象征。唐高祖时曾“禁士庶不得以赤黄为衣服”。唐高宗时又重申“一切不许着黄”。王楙《野客丛书·禁用黄》称：“唐高祖武德初，用隋制，天子常服黄袍，遂禁士庶不得服，而服黄有禁，自此始。”① 960年，赵匡胤发动陈桥驿兵变，手下将士以黄袍加其身，拥立为帝，此后黄袍正式成为皇权的象征，连黄色亦为皇帝专用。

古人用的帻与帽的颜色，也是确定身份的重要标志之一。比如秦朝将百

---

① 王楙：《野客丛书》，上海古籍出版社，1991年，第109页。

姓称为“黔首”，《史记·秦始皇本纪》记载，秦始皇二十六年（前221）下令“更名民曰‘黔首’”，就是因为秦时平民以黑巾裹头而得名。再如苍头，是以青巾裹头而得名。苍头在战国时指主人战旗下的军队，多由乡党的青年组成。汉代以后，因为战事减少，逐渐沦为奴隶，魏晋以后，纯指私家奴仆。另外还有绿头巾，元、明时规定娼家男子戴绿头巾，后称其妻有外遇者为“戴绿头巾”。此外，乌纱帽是大家很熟悉的，明太祖朱元璋规定，凡文武百官上朝和办公时，一律要戴乌纱帽，穿圆领衫，束腰带。此外，取得功名而未授官职的状元、进士，也可戴乌纱帽。从此，“乌纱帽”遂成为官员的一种特有标志。与乌纱帽相对应，白纱帽则是帝王的专属。《隋书·礼仪志》称：“宋齐之间，天子宴私，著高白帽，士庶以乌（高帽）。”

（二）色彩的伦理政治化

颜色既有贵贱之等，还有忠奸之别。所以古代还把颜色分成正色和奸色。前面说过，青、赤、黄、白、黑五色本身与五行相对应，受古人推崇，五色即被视为正色，这反映了古人对天地的崇拜。那么，有对五色的崇拜，就有对非五色的排斥。由五色产生的调和色，礼就认为其色不正，是奸色。明朝著名学者杨慎《谭苑醍醐·奸色》提及：“红，南方之奸色；紫，北方之奸色。五方皆有奸色。盖正色之外，杂互而成者曰奸色……奸色即间色。”有趣的是，用色彩来区分人物的忠奸善恶，最典型的表现是京剧脸谱上的色彩造型。比如，关公大红脸，就是一身正气；曹操阴险狡诈，所以就是大白脸；张飞鲁莽豪爽，着黑色；蓝脸的窦尔墩盗御马，蓝色就象征刚烈勇猛，代表绿林好汉；金色脸则象征威武庄严，表现神仙一类角色，如《大闹天宫》里的如来佛、二郎神等等。所以，不管怎样的剧情，只要人物一亮相，观众就能很容易地判断其好坏忠奸、性格特点。脸谱本是艺术的杰作，但是脸谱化又使千变万化的人物，统一在有数的几块色调之中，最终导致简单化，这是色彩伦理化不可避免的现象。色彩的伦理政治化在我国电影史上也有长期影响。“文化大革命”时，提倡文艺作品要在所有人物中突出正面人物，在正面人物中突出英雄人物，在英雄人物中突出中心人物，根据这“三突出”的原则，主人公必须形象高大、胸怀宽广，是全心全意为人民服务的没有缺点的形象，总之是一个完人。这应该说就是色彩伦理政治化的缺憾了。

（三）衣冠的等级与伦理体现

1. 等级衣冠

我们先来看衣冠的等级体现。《清史稿·舆服志》称：“服制者，立国之经。嗣后凡出师、田猎，许服便服，其余悉令遵照国初定制，仍服朝衣。并欲使后世子孙勿轻变弃祖制”，由此足见服制在等级社会中重要的政治含义。这里和大家介绍两种人物的服饰，即皇帝衣冠和官员服饰。

法国国王路易十四有句名言，叫“朕即国家”。用我们先人的话说，就是“普天之下，莫非王土；率土之滨，莫非王臣”。在衣冠之治之下，服饰当然成为个人身份的标志，也是人们社会身份与等级的象征。除了前面讲到的唐朝以后明黄色成为皇家专有之色外，夏商时期，已经有专门为天子制作的冕服。天子的礼服，据《周礼·春官·司服》载：“王之吉服，祀昊天上帝，则服大裘而冕，祀五帝亦如之；享先王则衮冕；享先公飨射则鷩冕；祀四望山川则毳冕；祭社稷五祀则希冕；祭群小祀则玄冕。”也就是说，天子根据祭祀规模的大小，分别穿戴大裘冕、衮冕、鷩冕、毳冕、希冕、玄冕等六种不同的礼服。冕冠的形式，根据《礼记·玉藻》：“天子玉藻，十有二旒，前后邃延，龙卷以祭。”可见，天子的冕冠有玉藻十二旒，悬挂在前后延板上，衣服以卷龙纹作为装饰。明朝皇帝的冠服包括衮冕、衮服、通天冠、皮弁服、武弁服、常服、燕弁服等。其中，逢正旦、冬至、圣节即皇帝生日、祭社稷和先农、册拜等大典要穿衮冕和衮服，郊庙、省牲、皇太子冠婚、醮戒时戴通天冠，朔望视朝、降诏、降香、进表、四夷朝贡、外官朝觐、策士、传胪、祭太岁山川时着皮弁服，亲征遣将时穿武弁服，常服有四团龙袍、翼善冠等，燕弁服为皇帝平时在宫中居住所穿。清朝自崇德年间已经厘定上下冠服诸制，乾隆时强化了相关制度，并一再强调服制是“根本至计，未可轻革旧俗。祖宗成宪具在，所宜永守勿愆也”（《清史稿·舆服志》）。清代皇帝所用冠包括朝冠、吉服冠、常服冠、行冠、雨冠，服装包括端罩、衮服、朝服、龙袍、常服褂、行褂、常服袍、行裳、雨衣、雨赏等。

此外，在周朝以前，国君的衮服上已经绣有“十二章”纹样（见图6-1），此后一直为历代帝王所传承。《隋书·礼仪志》称，皇帝“衣则日、月、星辰、山、龙、华虫、火、宗彝，画以为绘。裳则藻、粉米、黼、黻以为绣，凡十二章”。由此看来，“十二章”纹样中，日、月、星辰，象征光明之意；山，表示坚稳之意；龙，是图腾；华虫即雉，表示皇帝很有文采、文德；火，取照临天下之意；宗彝，表示严猛、智慧和孝行；藻是一种水草，象征冰清玉洁；粉米是一种主食，表示皇帝有济养众人之德；黼呈斧形，象征果敢；黻呈亚形，说明天子有去恶向善的能力。

接下来我们来看官员的服饰。我们以明清官服为例。明清官服有个特点，人们称之为“衣冠禽兽”。衣冠禽兽在现代社会当然是个贬义词，不过，用其描述明清官服的特点倒确实恰如其分。明清时期，在官服上专门有补子，上

图 6-1　十二章纹

面文官绣禽，表示有文采，斯文雅致；武官绣兽，表示勇猛彪悍。不同级别的官员绣有不同的禽兽。清代与补服相配套，不同级别的官员还佩戴不同材质的顶戴，也称为“顶子”。具体来看，清代官员的补服，一品为仙鹤，御史因为是言官，补子上绣獬豸，獬豸即独角兽，据说其能辨是非曲直，能识善恶忠奸，一品官员的顶戴为红宝石；二品官员的补子为锦鸡，顶戴为珊瑚；三品为孔雀，顶戴为蓝宝石；四品为雁，顶戴为青金石；五品为白鹇，顶戴为水晶石；六品为鹭鸶，顶戴为砗磲；七品为鸂鶒，顶戴为素金；八品为鹌鹑，顶戴为镂花阴文；九品（含未入流）为练雀，顶戴为镂花阳文。武官一品、二品狮子，三品、四品虎豹，五品熊罴，六品、七品彪，八品犀牛，九品海马。有了这样的官服，即使素不相识，也可以非常容易地根据对方的穿着判断官阶的大小。所以由此来看，明清官服在“昭名分、辨等级”方面所具备的功能非常明显。

清代官服的特点，除了补服、顶戴外，还有花翎。清朝官员的礼帽，在顶珠下有用来安插翎枝的翎管，清代翎枝分蓝翎和花翎两种。蓝翎为鹖羽所做，花翎为孔雀羽所做。花翎又分一眼、二眼、三眼，以三眼最为尊贵。所谓“眼”指的是孔雀翎上的目晕，一个目晕就算作一眼。清初佩戴花翎本来为满族亲贵所独享，康熙收复台湾时，福建水师提督施琅因平台有功，康熙帝赐他靖海侯，世袭罔替，但施琅力辞靖海侯，请求赐他佩戴花翎，康熙下特旨允准。到了晚清时期，因为国库空虚，国家疲于应付战事、灾荒等等，迫不得已大开捐例，这个时候，蓝翎、花翎只要花银子就可以买到了。

清代服饰中还有比较特殊的一种，叫作黄马褂。黄马褂本来是清代领侍卫内大臣、护军统领等的官服，后来也常赏赐给有军功者。穿黄马褂者见官大三级，威武无比。赏赐黄马褂有“赏给黄马褂”和“赏穿黄马褂”之别。“赏给黄马褂”，所赐只有一件，如果穿坏了，就不能再用。“赏穿黄马褂”则意味着穿坏了还可以自己做，当然这种权利只有位高权重、有特殊功勋的官员才能享有，如曾国藩、李鸿章、张之洞等都有“赏穿黄马褂”的待遇。

2. 伦理衣冠

衣冠作为伦理政治的物化形态，我们从五服、深衣、冠饰三个方面做点解释。

五服是基于九族制度的丧服制度。具体来看，五服包括斩衰、齐衰、大功、小功、缌麻。其中，斩衰用最粗的生麻布制成，断处外露不缉边。凡诸侯为天子，臣为君，男子及未嫁女为父母，长房长孙为祖父母，妻妾为夫。服期三年。齐衰，用粗麻布制成，断处缉边。凡夫为妻，男子为庶母、为伯叔父母、为兄弟及在室姊妹，已嫁女为父母，孙男女为祖父母。服期三年至三个月不等。大功，用粗熟麻布制成。凡为堂兄弟、未嫁堂姊妹、已嫁姑及姊妹，以及已嫁女为伯叔父、兄弟等。服期九个月。小功，用稍粗熟麻布制成。凡为伯叔祖父母、常伯叔父母等。服期五个月。缌麻，用较细熟麻布制成。男子为本宗之族曾祖父母、族祖父母、族父母、族兄弟等。服期三个月。五服制度反映了传统中国人际关系的亲疏远近，五服以内为亲，五服以外为疏。西晋时期，首次把“五服”制度纳入法典之中，按照五服所表示的亲属关系远近及尊卑，作为定罪量刑的依据，这就是“准五服以制罪”原则，它不仅适用于亲属间相互侵犯、伤害的情形，也用于确定赡养、继承等民事权利义务关系。五服制度使得儒家的礼仪制度与法律的适用完全结合在一起。另外，五服也是民间缔结婚约时要考量的一个重要因素，一般出五服者方可通婚。

接着我们要谈到深衣。一袭深衣，看起来款式并不复杂，但是其中所蕴藏的规矩权衡则非常明显地体现了传统服饰对身体的规训式特点。深衣将上衣和下裳缝制在一起，因其“衣裳相连，被体深邃”而得名，深衣既是古代诸侯、大夫等的家居便服，也是普通百姓的礼服（见图 6-2）。

《礼记·深衣》称：“古者深衣，盖有制度，以应规、矩、绳、权、衡。短毋见肤，长毋被土……制十有二幅以应十有二月；袂圜以应规；曲袷如矩以应方；负绳及踝以应直；下齐如权衡以应平。故规者，行举手以为容；负绳抱方者，以直其政，方其义也。”（见图 6-3）也就是说，古人对看起来款

图 6-2　张懋墓出土深衣

式并不复杂的深衣的每一个部分都赋予了非常深远的伦理意义。“短毋见肤，长毋被土”，孔颖达作疏称：“短毋见肤者，深衣所取复形体，纵令稍短，不得见其肤肉，若见肤肉，则亵也。”古代礼俗在蔽体遮盖方面特别讲究，深衣可以将身体容易外露的部分遮盖严实。除此之外，深衣象征着天人合一、规行矩步、举止端方、公正耿直的意义。深衣上衣用布四幅，象征一年四季；下裳用布十二幅，象征一年十二月。深衣袖子宽大，袖口收祛，象征天道圆融；领口直角相交，象征地道方正；背后一条直缝贯通上下，象征人道正直；下摆平齐，象征权衡。

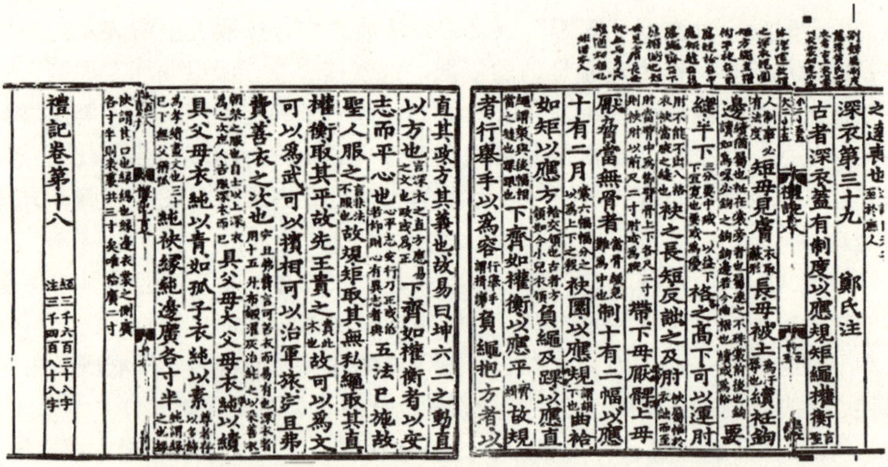
深衣第三十九　鄭氏注
古者深衣蓋有制度以應規矩繩權衡
短毋見膚長毋被土
續衽鉤邊
要縫半下
袼之高下可以運肘
袂之長短反詘之及肘
帶下毋厭髀上毋厭脅當無骨者
制十有二幅以應十有二月
袂圜以應規
曲袷如矩以應方
負繩及踝以應直
下齊如權衡以應平
故規者行舉手以爲容
負繩抱方者以直其政方其義也故易曰坤六二之動直以方也
下齊如權衡者以安志而平心也
五法已施故聖人服之
故規矩取其無私繩取其直權衡取其平故先王貴之
故可以爲文可以爲武可以擯相可以治軍旅
完且弗費善衣之次也
具父母大父母衣純以繢具父母衣純以青如孤子衣純以素
純袂緣純邊廣各寸半
禮記卷第十八
經三千六百三十八字
注三千四百八十八字

图 6-3　《礼记·深衣》（宋淳熙四年抚州公使库刻本）

深衣所体现的规矩权衡既是衣服的款式，又是行为的准则，礼和俗在衣冠服饰中得到了充分的整合。深衣体现了传统中国的伦理一体化，在一个以自给自足的自然经济为基础的广土众民的社会中，所谓“鸡犬之声相闻，民至老死不相往来”，除了诉讼与赋税之外，普通百姓与国家机器之间很少发生联系，衣饰所承载的内容充分反映了无处没有等差，无处没有教化，传统政治正是因此建立了同一的伦理政治氛围。

除了衣服外，古人的冠饰也蕴藏了深刻的政治伦理含义。比如，明朝时候男子佩戴四方平定巾，据说是因为明初士人杨维桢头戴此巾参见太祖朱元璋，朱元璋没有见过这种头巾，便询问此巾之名，杨维祯为取悦他，回答说：“此四方平定巾也。”太祖听罢，龙颜大悦，诏布天下，复制此巾，令士庶服用。当时，头戴四方平定巾，服装可随便穿着，不像其他服饰规定那么严格。另外，明朝男子还喜欢戴六合一统帽，所谓六合，即天地四方皆统一于皇帝，实际上就是瓜皮小帽。有意思的是，到清朝，男子虽然被迫循满族男子例剃发，但是瓜皮帽子却一直被保存下来，成为满族、汉族男子所佩戴的非常普通的一种帽子。明朝男子通常还戴网巾，网巾有另外一个名字叫“一统山河巾”。明人朗瑛所著《七修类稿·国事类》记载，太祖一日微行，至神乐观，看到有个道士在灯下结网巾，太祖问曰：“此何物也?”道士回答说：“网巾，用以裹头，则万发俱齐。”次日，朱元璋即召道士，命为道官，“取巾十三顶颁于天下”，人无贵贱，皇帝庶卒皆可佩戴。网巾一般不单独使用，多用作各种冠帽巾内束发之用。明人将冠巾与现行统治结合起来，引申出“尽收鬃（中）发（华）”的意蕴，赋予冠饰以“一统天下”“一统山河”的文化寓意。

3. 衣冠的道德化命义

衣冠不仅是传统社会等级与伦理的物化形态，还是礼的外化形式，具有深厚的道德化命义。衣冠与仪容、礼节息息相关，所以古人尤其强调在任何礼仪场合，都要做到“正衣冠”“敛衽”而后会面，也就是说，冠要戴正，衣服要整好。《史记·汲郑列传》中载，西汉名臣汲黯好直谏廷诤，汉武帝称他为“社稷之臣”。汉武帝生活比较随意，大将军卫青来拜见，汉武帝有时竟然在厕所接见他。丞相公孙弘进见，武帝也常常不戴冠，但如果是汲黯来见，“上不冠不见也”。有一次，武帝没有戴冠，汲黯前来奏事，武帝望见汲黯，竟然赶紧避回帐中正衣冠，“其见敬礼如此”。东汉时期的开国功臣马援，长兄马况去世，马援留在家中，为哥哥守孝一年。一年中，他没有离开过马况的墓地，对守寡的嫂嫂非常敬重，《后汉书》记载他“敬事寡嫂，不冠不入庐”，就是说，不整肃衣冠，从来不踏进家门。

衣冠不仅反映一个人的修养，也能够体现人们的道德情操。《劝忍百箴》

称："季路结缨于垂死，曾子易箦于将毙"。子路临死前还记得将帽子上的带子系整齐，曾子临终前不忘换掉和自己身份地位不相符的席子，这些都说明，古人对衣冠器用的重视，甚至不惜生命，以身护礼。这方面还有个典型的例子是汉朝的苏武牧羊。苏武天汉元年（前100）奉命以中郎将持节出使匈奴，被扣留后，多次拒绝匈奴的威逼利诱，最后被流放到北海，也就是今天贝加尔湖边上牧羊，匈奴人称，公羊生子时方可释放他回国。苏武十九年不改汉家衣冠，仗汉节牧羊，直至节旄尽落，至始元六年（前81），才获释返回故土。苏武死后，汉宣帝将其列为麒麟阁十一功臣之一，彰显他的这种可贵的民族气节。

清初也发生了不少因头发而导致的流血事件。明朝男子的发型为"大顶挽髻"，《孝经》说："身体发肤，受之父母，不敢毁伤，孝之始也。"所以，汉族无论男女成年之后都不剃发，而是把头发绾成发髻盘在头顶。满族男子的发型为"小顶辫发"，即把前颅头发剃光，后脑头发编成一条长辫垂下。清军入关后，顺治帝从汉族官员孙之獬之请，在全国范围内推行剃发易服令，要求汉人从形式到制度都要服从清制，扬言留头不留发，留发不留头，汉族知识分子因此提出了"头可断，发不可剃也"的口号。嘉定百姓多次起事，遭清军屠城，史称"嘉定三屠"。还有些人宁愿把头发剃光，出家当和尚，也绝对不梳满族男子发辫，固守民族气节。这些都说明，衣冠之治是传统中国社会一个非常鲜明的特点，在几千年的等级社会中，衣冠服饰绝不仅仅是作为简单的生活消费品而存在，而是已经成为等级序列、伦理道德的物化体现。

三、衣冠之治的解体

衣冠之治鲜明地体现了传统中国身体政治的特点。在衣冠之治之下，衣饰带有深刻的礼的烙印，衣饰上映衬出的是特权、等级和道德信念。各个时期森严的服制凝固了人的社会结构，泯灭了人的个性，人们很难根据自己的审美情趣或心理喜好去随意选择适合自己的服饰，人成为服制的囚徒。1840年，鸦片战争爆发，中国被迫开启闭锁的国门，在中西文明不断发生接触、碰撞、融合的过程中，中西服饰文化也开始互相影响和汇聚。中国人迎来了一场从"头"到"脚"的解放。男子剪辫易服，女子放足，几千年的衣冠之治在国民对新兴民族国家的热切希冀中终于解体。这里将从剪辫易服、中山装、旗袍三个方面来回顾一下近代衣冠之治解体的具体过程。

（一）"褪"去专制：剪辫易服

19世纪70年代，在"求富求强"的洋务热潮中，中国派首批幼童赴美留学，这批孩子的平均年龄只有12岁，脑后都拖着长长的辫子，到美国后，美国孩子们常常跟在他们后面喊“中国女孩子”，甚至把辫子侮辱为“猪尾巴”，小孩子适应环境的能力很强，很快这些小留学生剪掉辫子，换上洋装。由于幼童身上体现出越来越明显的中西文化冲突，1881年，清政府竟撤回了即将学有所成的这批留学生。当然，近代剪辫易服风的兴起，还是和政治事件紧密关联的，在探寻民族独立和国家富强的进程中，头发再次成为许多人心中的“头”等大事。1898年，康有为向光绪皇帝上《请断发易服改元折》，从国家民族危亡的层面提出剪辫易服的必要性：“今则万国交通，一切趋于尚同，而吾以一国衣服独异，则情意不亲，邦交不结矣……欧、美百数十年前，人皆辫发也，至近数十年，机器日新，兵事日精，乃尽剪之，今既举国皆兵，断发之俗，万国同风矣。且垂辫既易污衣，而蓄发尤增多垢，衣污则观瞻不美，沐难则卫生非宜，梳刮则费时甚多，若在外国，为外人指笑，儿童牵弄，既缘国弱，尤遭戏侮，斥为豚尾，出入不便，去之无损，留之反劳。”就在光绪皇帝和康有为这对君臣还在为是否去辫争论不已的时候，在海外的孙中山早在两年前即断发易服，表示和清政府彻底决裂。当然，这个时候割去发辫的还只是个别人的行为，在社会上远造不成什么影响。清末新政中，清政府命各省创办新式学堂，留学日本、欧美的学生也日渐增多。1903年，江南的青年学生中，剪辫者已不乏其人，1905年，因为编练新军，新编陆军制服改用西式军服式样，官兵将发辫盘在头上，则无法适应新式军服，一些官兵为了方便戴军帽，就将发辫剪去一束。政界官员也有很多受剪辫风的影响。同样在1905年，载泽、戴鸿慈等五大臣到西方考察宪政，40多个随员中剪辫子的已经占了一半。1910年10月，资政院第一届常委会通过两议员提出的剪辫议案《剪辫易服与世大同》和《剪除辫发改良礼服》，认为“两案之主旨，皆以中国辫装妨碍运动，朝廷整军经武，非剪除辫发，改制冠服，不足以灿新天下之耳目，改除骄奢之习惯”。尽管清政府此时还在竭力地制止：“国家制服，等秩分明，习用已久，从未轻易更张，除军服警服因时制宜，系前经各该衙门奏定遵行外，所有政界学界以及各色人等，均应恪遵定制，不得轻听浮言，致滋误会。”（《大清宣统政纪》卷45）但在王朝大厦将倾之际，这样的谕旨显然苍白无力，剪发易服已然成为不可阻挡的社会风潮。1911年武昌起义后，革命党人还组成宣讲团，到大街小巷宣讲剪辫的重要性。在许多城市的交通要道，革命军人把守，没有剪辫者不得通行。在此前后，香港、上海、广东等地民间自发的剪辫运动已经如火如荼。1911年12月，作为内阁大臣的袁世凯剪辫，天津等地巡警出面劝市民剪辫。1911年12月7日，清廷下旨允许自由剪辫，剪辫到此时已经算是得到了法律的保护。1912 年，中华民国成立，临时大总统孙中山颁布《大总统令内务部晓示人民一律剪辫文》，号召全国同胞“涤旧染之污，作新国之民”，规定“凡未去辫者，于令到之日，限二十日一律剪除净尽。有不遵者，以违法论”。此后，剪辫运动更加普及。谈到当时剪辫运动的轰轰烈烈，许金城在《民国野史》中记述道：“无数的汉人都兴高采烈地剪去这条奴隶标志的辫子。也有迷信的，事先选择吉日，拜祭祖先，然后庄重地剪除，把辫子烧了。更有联合多人同日剪辫，并燃放爆竹，举行公宴庆祝。”1914 年 6 月 23 日，北京政府内务院又颁布《劝诫剪发规程六条》，规定凡政府官员、职员不剪发者停止其职务；凡车马夫役不剪发者，禁止营业；凡商民未剪发者由警厅劝令剪除；凡政府官员的家属、仆役未剪发者，其官员要负劝诫之责。剪辫已经成为是否支持共和、是否新潮的重要标志。当时流传着这样的顺口溜：“不剪发不算革命，并且也不算时髦，走不进大衙门去说话，走不进学堂去读书。”此后，辫子甚至已经成为落后保守、不合时宜的象征，说“你是个辫子”，这已经成为骂人的话了。

当然，历史有的时候有些惊人的相似。民国政府发布的“剪发令”，同清初顺治帝发布的“剃发令”一样受到了一些保守人士的抵制。老北京曾有词传唱：“袁世凯瞎胡闹，一街和尚没有庙”，还有民谣称：“小宣统，退了位，家家都有和尚睡。”为了督促剪辫，革命党人派出巡查队上街，在交通要道把守，手执大剪刀，看见留有辫子的人，上去就剪，被剪辫者多半面色仓皇，或号泣而去。

另外，仍然有少数团体或个人依然保持发辫，其中最有名的就是人称辫帅张勋的辫子军。民国成立后，张勋和他的定武军仍然顽固地保留着发辫，表示继续效忠清廷，在其军队影响较深的鲁南、苏北，剪辫也推行得异常缓慢。1917 年，张勋弄了 12 天的复辟丑剧，北京城内一时假辫子乱飞，价格非常昂贵。另外一位是被称为“文化怪杰”的辜鸿铭，他脑后的辫子被称为清朝最后一根辫子。五四运动以后，辜鸿铭穿着长袍马褂，梳着花白小辫走入北京大学的讲堂，学生们一片哄堂大笑，辜鸿铭平静地说：“我头上的辫子是有形的，你们心中的辫子却是无形的。”闻听此言，狂傲的北大学生一片静默。在西方文明对中华文明发起强势冲击的近代，辜鸿铭留辫子，穿旧服，不遗余力地为纳妾和缠足进行辩解，用近乎偏执的方式捍卫中国文化的传统，在东西方社会都产生了很大的影响。民国时候，来中国的外国人曾流传一句话：到北京可以不看三大殿，不可不看辜鸿铭。

辛亥革命二十五年后，鲁迅在《因太炎先生而想起的二三事》中说：“我的爱护中华民国，焦唇敝舌，恐其衰微，大半正为了使我们得有剪辫的自由，假使当初为了保存古迹，留辫不剪，我大约是决不会这样爱它的。”辫子落地，象征清朝覆亡，成了民国进步的标志。

（二）“穿”上共和：中山装的创制

辫子剪掉后，清朝的官服也随之被弃，穿什么成为困扰民初社会的一个问题。有些人认为，既然清朝已经被推翻，那么就应该复兴汉服，民国初期，钱玄同就曾经穿着深衣去上班。但在大城市中，更普遍的是衣饰的崇洋之风的兴起。有人编顺口溜讽刺这种崇洋媚外的风气，1912年4月22日《申报》刊载《西装叹》说：“中华国民禀特质，不务精神尚形式。大汉虚传统一名，满目五光兼十色。更有西装新少年，短衣窄袖娇自怜。足踏黄革履，鼻架金丝边。自诩开通世莫敌，爱皮西地（ABCD）口头禅。醉心争购舶来品，金钱浪掷轻利权。”盲目追逐洋货，导致最严重的后果是国货的滞销。因为年轻人都去穿西装，传统的丝绸、棉布等堆积如山，少人问津。在改易服式浪潮的冲击下，“中华国货维持会”等以提倡国货为宗旨的社会实业团体诞生。在“中华国货维持会”的努力下，1912年10月，参议院通过《服制法》，规定礼服礼帽“料用本国纺织品”。有些人觉得既然穿西装冲击了国货，不如暂缓易服，社会上因此兴起了“剪辫不易服会”或“剪辫缓易服会”等团体和组织。比如当时香港即有孙中山的同学关心焉组织的“剪辫不易服会”，该会主张人们剪去脑后的辫子，但仍穿着中国服装。1910年11月4日，“剪辫不易服大会”在香港华商会所礼堂举行，当时特别礼聘爱尔兰大乐队120人奏乐行礼，到会观礼的绅商名流达600余人，可说极一时之盛。

作为南京临时政府大总统的孙中山，也非常深刻地认识到改易服装的政治象征意义，在《复中华国货维持会函》中，他提出中国人应当制定自己的礼服：“礼服又实与国体攸关，未便轻率从事。且即以现时西式服装言之，鄙意以为尚有未尽合者……此等衣式，其要点在适于卫生，便于动作，宜于经济，壮于观瞻，同时又须丝业、衣业各界力求改良，庶衣料仍不出国内产品，实有厚望焉。”① 在这段话中，孙中山提出了卫生、实用、经济、美观四个着装原则，这四个原则的提出，可以说结束了中国服装几千年来作为等级制度和政治伦理载体的时代，使中国人的着装开始与现代文明接轨。在衣冠之治终于解体的时代背景下，孙中山认为，旧式的服装拖沓而陈旧，穿西装价格

① 孙中山：《复中华国货维持会函》（1912年2月4日），载《孙中山全集》第2卷，中华书局，1981年，第61－62页。

昂贵而烦琐，因为好的西装必须配有好的衬衫、马甲和领带，所以，他创制了中西合璧、符合民国时代气质的中山装。中山装蕴含了孙中山丰富的政治理想：衣服外的四个口袋代表“国之四维”，也就是礼、义、廉、耻，前襟的五粒纽扣代表五权宪法学说，即行政权、立法权、司法权、考试权、监察权，左右袖口的三粒纽扣则分别表示民族、民权、民生的三民主义，背部不缝缝，表示国家和平统一之大义。中山装的流行，结束了中国几千年来袍服制一统天下的局面，也代表着服装平等化观念的出现，是中国服装发展史上一场震撼性的革命。此后，国民政府下令中山装为文官制服，中山装很快成为一种官民合一的流行服装，除公务员制服外，中山装还成为许多地方教师、学生的制服，甚至成为婚礼的礼服。20世纪三四十年代，不少集团婚礼或集体婚礼上，新郎都穿深蓝色中山装。从美学的角度来看，中山装既有着西装贴身干练的风格，又融入了中国对称凝重的格调，用冯玉祥的话说，中山装“中西兼长，至美至宜”①。另外，中山装渗透着国人对孙中山的崇拜情结以及三民主义的寓意，成为当时具有强烈国家色彩的政治性服装。国民政府成立之后，中山装作为爱国、进步、文明的象征，更是继承孙中山遗志的象征，满足了近代中国人意欲表达的政治情感，引起了强烈的思想共鸣，这是中山装能够流行的真正社会思想基础。② 因此，在政府的规训和倡导下，中山装成为人们认同的时尚服装在广大城镇流行开来，不仅成为民国时期最为流行的服装，而且成为公认的国服。

（三）花样年华：旗袍春秋

许地山曾说：“社会生活与经济政治都与衣服底改变有密切关系。男子底服装大体说来不如女子底变得那么快。中国底女装在近二十年来变得更快，这是指示近年女子底生活底变动。她们从幽闭底绣房跳出来演电影，做手艺，做买卖，当教员，乃至做官吏，当舞女，在服装上自然不能不改变。关于衣服迁变底研究，是社会学家、历史家、美术家、家政学家，应当努力底。”③在谈到衣冠之治的解体及民国衣饰的特点时，自然不能不提到民国的女装，根据许地山上面这段话，民国女装的变化与国家政治、社会生活紧密关联，而旗袍无疑是民国女装中最具有代表性的一种。我们知道旗袍本来是满族女性的服装，满族女子的旗装，袍身宽大平直，看起来厚重而硬朗，不怎么显

① 冯玉祥：《我的生活》，黑龙江人民出版社，1981年，第560页。

② 陈蕴茜：《身体政治：国家权力与民国中山装的流行》，《学术月刊》2007年第9期。

③ 许地山：《近三百年来底中国女装（上）》，《大公报》1935年5月11日，第11版。

露形体，当然也不能够体现女性的美。民国成立之后，旗袍忽然成为城市女性热衷的潮流，其原因刚开始并非因旗袍样式多么好看，而是与当时的女权运动颇有关系。在当时，女着男装成为女权主义者的一种标志。张爱玲在《更衣记》中一语道破："五族共和之后，全国妇女突然一致采用旗袍，倒不是为了效忠于清朝，提倡复辟运动，而是因为女子蓄意要模仿男子。"旗袍在民国初年被称为长袍、长衫，因为它也是和男子一样的袍式，女权主义者觉得穿上旗袍，就可以去女性化的裙子。初兴的旗袍是严冷方正的，具有清教徒的风格。虽然女性穿旗袍始于追求男女平等，但是女性天性爱美，加上当时中西方文化的汇聚和融合，因此随着时代的发展，民国时期的旗袍经历了一系列的改良和发展。20 世纪 20 年代，出现了没有袖子的旗袍马甲，马甲长及足背，加在短袄上，此后长马甲同短袄合并，形成了民国旗袍的最初款式。之后流行过一段时间高领旗袍，到 20 世纪 30 年代，旗袍逐渐脱离了效仿男装的初衷，进入了发展的黄金时期。有趣的是，旗袍在一段时间内突然向高开衩、超紧身发展。时髦女子走起路来，凹凸分明，再配上高跟鞋，极富诱惑力和挑逗性。当时的东南五省联军总司令孙传芳以"有伤风化"为由，下令禁止妇女穿旗袍和美术界画人体模特，但是他的姨太太却背着他穿着旗袍去寺庙进香，气得孙传芳跳脚说："唯女子与小人为难养也。"这样的旗袍传到西方，据说也引起了西方清教徒的不满，觉得一向保守婉约的中国女性制作出如此色情暴露的服装，真是不可思议。不过，经历了广泛的社会争议后，旗袍也逐渐向长短松紧适宜的方向追寻美感，兼收并蓄中西服饰特色，逐渐成了以海派旗袍为楷模，各年龄段、各阶层都能接受的主流服饰，成为中国女性的标准服装，得到了国际社会的好评。20 世纪 20 年代，美国著名服装设计师肖佛尔就对中国旗袍艺术表示欣赏和赞扬，他评价说："中国服装风格是简练、活泼的，它的式样更多地突出了自然形体美的效果，优雅而且腼腆，这比华丽、辉煌的服装更具魅力，柔软的丝绸服装没有欧洲古典服装那样的繁琐折裥，却设计为曲线的轮廓，这种主要的造型手法，使得妇女们在行动中能展示出她们苗条的形体。折枝花卉的刺绣图案在服装上是灵活而又不呆板的，看起来富有生气，使人感到愉快。"①

现在我们提到旗袍，都把它看作最能反映民国时代气质的一道亮丽的风景。其实我们还应该看到，近代旗袍的发展是置身于女性解放运动之下的，

① 陈高华、徐吉军：《中国服饰通史》，宁波出版社，2002 年，第 558 页。

旗袍式样的变化显示了女性对身体的自我解放，展示了民国服饰对人本身的关怀，其特点已经从“衣穿人”向“人穿衣”方向发展。改良后的旗袍体现了女性的曲线美，清代女子的服饰以繁杂宽大、精美繁缛为鲜明特点，张爱玲曾说：“穿在外面的是‘大袄’。在非正式的场合，宽了衣，便露出‘中袄’。‘中袄’里面有紧窄合身的‘小袄’，上床也不脱去，……三件袄子之上又加着‘云肩背心’。”① 清代满汉女子保持各自不同的服饰，满族妇女穿袍服，汉族女子穿裙子，但无一例外地都喜镶精致花边，以表示富贵奢华，在领口、衣袖、衣裾、衣襟皆镶滚花边，至咸丰和同治年间，女性所钟爱的这种镶滚艺术达到了极致，服饰之上的镶滚一道一道叠加，以至得到了“十八镶”的名誉。宽大的衣装配合缠足，不仅束缚了女性身体和行动的自由，也禁锢了女性心灵的自由。民国时期，随着越来越多的女性接受新式教育，参与社会各种职业，人们的审美观已经西化，许多人不追求宽博稳重，更注重身材和韵致；不看重繁复的装饰，更加在意行走便利，方便做事。旗袍简洁大方，美观实用，一改以前女子穿衣繁缛、厚重的感觉，反映了在西方平等、自由、人本思潮的影响下，人本主义观念在女性服饰上的体现。1929 年南京政府在制定新服饰制度时，把正在流行的旗袍定为女子礼服。

20 世纪 50 年代以后，旗袍依然延续辉煌的发展，这个时期的风格与当时“美观大方”的穿衣标准相符合，向更加实用的方向发展。60—70 年代，旗袍遭遇冷落。到 80 年代之后，随着改革开放，服装个性化时代到来，旗袍重新出现在人们的视野里，只是因为种种原因，旗袍未能再像民国时代那样流行和普及，而是较多地成为宾馆、饭店等服务场所礼仪小姐、服务员的工作服，面料及做工参差不齐，人们称之为“制服旗袍”。随着国力增强，国学热的兴起，近些年来，不少人呼吁中国应该制定符合中国特色的“国服”，汉服、中山装、旗袍都在人们的讨论范围内。与此同时，一些知识分子、青少年群体还发起了汉服复兴运动，即以汉服回归为出发点，复兴华夏文化。对于“国服”和汉服复兴运动，支持或反对的观点到现在依然众说纷纭，但是我想应该肯定的是，传统服饰的复兴绝不是要重新恢复古代的服制，而是在特定的场合拥有一个具有历史积淀的文明符号，传承中华文明中光辉灿烂的一面。作家白先勇说：“20 世纪的中国人，心灵上总难免有一种文化的飘零感。这不是我个人的，是整个民族心灵上的，20 世纪我们被西方文化压倒，到现在还没有喘过气来，我们一个多世纪在文化上的摇摆不定，实际上是因为民族心

① 张爱玲：《流言》，皇冠文化出版有限公司，1994 年，第 73 页。

理的焦虑不安，恨不得三级跳到前面去。”① 在21世纪的今天，关于国服问题的讨论和汉服复兴运动，也可以看作在西方文化面前，如何更好地弘扬中华民族优秀传统文化的有益尝试。

参考书目

沈从文：《中国古代服饰研究》，上海书店，2005年。

赵连赏：《服饰史话》，社会科学文献出版社，2011年。

薛君度、刘志琴：《近代中国社会生活与观念变迁》，中国社会科学出版社，2001年。

黄金麟：《历史、身体、国家：近代中国的身体形成（1895—1937）》，新星出版社，2006年。

① 柴爱新：《21世纪是决定中华文化兴亡的转折点——专访白先勇》，《瞭望东方周刊》2010年第14期。

文化信仰篇

第七章　重拾中国文化

——中国古代的天文与人文

冯　时*

今天有幸和大家交流，主题为中国古代的天文与人文。我们为什么要谈这样一个主题？原因就在于天文学是中国传统文化的源，我们要想学习中国文化，学好中国文化，就必须从这里入手，必须正本清源。

一、文字与中国文化

我们知道，今天我们国家正在努力复兴中国文化，但事实上，复兴中国文化的任务非常艰巨，目标离我们也还很遥远，我们现在要做的首先是把已经丢失的文化捡回来，所以我想和大家说，当务之急就是重拾中国文化。中国政法大学为大家开设了中国文化通识课程，坚持了很多年，很不容易，也很有意义。老师们的苦心就是想让每一位中国人都能更多地了解自己的文化。

也许大家会觉得奇怪。我们都是中国人，为什么还要特别强调重拾自己的文化呢？难道我们对自己的文化不够了解吗？是的，我们虽然身为中国人，但我们对自己的文化确实不甚了解，因为长期以来，我们只是在用汉字学习西方文化而已，更可怕的是，我们使用的汉字也已是简化过的文字，这意味着我们甚至连自己的文字也没有真正懂得。今天除了饮食，我们可能根本不知道中国文化还有什么，我们甚至连自己的服装都没有，更不必说对博大精深的中国传统文化的了解了。如果我们对己身文明没有清晰的概念，那又怎么会去认同自己的文明呢！假如我们不认同自己的文明而去认同别人的文明，我们又怎么能产生文化的自信和民族的自信呢！我的这些话不是耸人听闻，所以重拾中国文化事实上是一个非常重要的问题。

可能有些同学并不服气，大家觉得自己是中国人，怎么可能不懂得自己

---

* 冯时，中国社会科学院学部委员，考古研究所一级研究员，中国社会科学院大学教授、博士生导师。研究领域：古文字学和天文考古学，旁治商周考古学、天文年代学、先秦史、古代思想史、民族古文字学、历史文献学及科技史。代表性学术成果：《中国天文考古学》、《文明以止——上古的天文、思想与制度》、《金文文献集成》（主编）。

的文字呢！那好，我给大家出一个题目，看看同学们是否真的了解自己的文化。我们每个人都有居民身份证，今天的身份证正面写的是“居民”，这个概念与“公民”显然是不同的，中国公民是指拥有中华人民共和国的国籍，并根据国家法律享有权利并承担义务的人，而中国居民则只是指那些在中国居住的人，所以居民身份证不能写成居民身份证，这是一个错误。除此之外，我告诉大家上面还有错字，同学们能不能把它找出来？不仅找出来，能不能把它为什么错的理由讲给大家听？能做到这一步，我才能相信大家是了解自己的文化的。

我听到有的同学说“份”字写错了，非常好。但更多的同学可能感到很惊讶。那么正确的“身份”二字应该怎么写呢？“身分”的“分”是不能加单人旁写成“份”的。我举个例子，“知识分子”怎么写？某人的“成分”怎么写？这里的“分”都不能加单人旁，“分子”和“成分”都是指人的身份，只能写成“分”，那么为什么“身份”就一定要写成“份”呢！显然毫无道理。准确地说，在我们国家的身份证制度制定之前，古今人表达自己的身份从来都写成“身分”，而不会写成“身份”。所以这里的“份”明显是个错字。

“份”字既然不能指人的身份，那么大家知道这个字的本义吗？同学们或许认为，“份”的本义应该是指一个完整物品的一部分，这其实也是民间的俗用。“部分”的“分”我们也不会写成“份”，因为只有将完整的东西加以分割，才会形成零散的部分，所以“部分”的“分”可以从分割的“分”的意义中自然地引申出来。其实“份”的本义与上面所说的身份、部分都没有关系，而是“文质彬彬”的“彬”的本字。

东汉的许慎作《说文解字》，其中有对“份”字本义的详细解释。他说：“份，文质备也。从人，分声。《论语》曰：‘文质份份。’彬，古文份，从彡林。林者，从焚省声。”根据许慎的解释我们知道，今天我们常说的“文质彬彬”，原来就曾写作“文质份份”。

大家对“文质彬彬”的成语应该都不陌生，但是如何准确地理解，可能每个人各有不同。在《论语·雍也》中孔子说：“质胜文则野，文胜质则史。文质彬彬，然后君子。”对于“文质彬彬”的解释，古代的经学家说得很透彻。何晏《集解》引包氏曰：“彬彬，文质相半之貌。”郑玄《注》：“彬彬，杂半貌也。”儒家的最高道德准则是中庸，做事不偏不倚，恰到好处，所以在孔子看来，没有经过德行教化的“质”胜过了德行教化的“文”，则人就显得野蛮，反之则过犹不及，人便呆板而无趣，只有达到了文、质各占一半的境界，才可能成为君子，这就是文质彬彬。所以“文质彬彬”如果用俗语表达，就是“文质半半”。既然文和质各占一半，于是古人就创造了“份”字，从“人”以明人之修养，从“分”以喻分文、质各半。后来人们又创造了“彬”，以“彡”表现文德。而文、质的相对在哲学的层面则可以表述为文、武的相对，于是古人又别造了“斌”字，也在说明文、质各半。很明显，“份”字本指文质兼备，与我们今天所说的身份毫无关系。

能理解到这一步，我们才可以自信地说我们了解了中国文化，否则我们就离重拾自己的文化还差得远呢。文字是承载文化的载体，如果我们连自己的文字都不认识，不会讲，我们又凭什么说了解自己的文化呢。文化的断废是非常迅速的，所以对待传统文化不能懈怠，不能苟且，必须抱持着严肃认真、恭恭敬敬的态度。身份证用错了字，可以收回来，改正后重新发放，这是对待传统文化的正确做法。而我们采取的却是最不该采取的回护错误的权衡之术——改字典。人们在汉语词典中添加了新的词条“身份”，注明其意同于“身分”，及至今天，出版部门又通过行政权力强行规范错误的“身份”作为唯一的写法，而“身分”反成了错误。这种以非为是的做法使文化就在这一字一词间断掉了，以致今天的人们完全丧失了对己身文明的记忆，离事实的真相越来越远。并不是民族的灭亡才会导致文明的失落，国人失去了对己身文明的记忆与传承，文明的失落就已经开始了。短短四十年的时间并不算长，但却足以使人们迷失了“身份”的真相，从而使十四亿国人的身份不明。一叶知秋，文字不能正读，人们对于博大精深的中国文化又能了解多少呢！

我刚才说过，长期以来，我们一直都只是在用汉字学习西方文化，这必然造成我们的价值判断、是非标准都是西方式的。我举个实例和大家讨论。奥运会的精神大家都耳熟能详——更快、更高、更强。同学们一定觉得这个精神很好，甚至没有人对此有过思考或反思，或者说国人面对西方文化，天然就抱持着一种接受的态度，觉得这些文化是优秀的，我们从根本上就失去了对西方文明的反思和批判的能力。但这个精神真的没有问题吗？我觉得不是这样。

中国传统文化所说的体育，是为了使人强身健体，而绝不是只为夺得金牌。而今天的奥运会则是以争夺金牌为目的，这是锦标，而不是体育。参与者心系金牌而苦练，哪个不罹患一身伤病。以牺牲个人的健康为代价而换取锦标，这与体育的精神背道而驰。更有甚者，为了能比别人更快、更高，不惜借助药物，或动用各种舆论压力和司法打击，手段不堪，乌烟瘴气，这哪里体现了体育的道德和体育的精神！我们天天反对使用兴奋剂，殊不知这样的锦标制度正是在根本上鼓励兴奋剂的使用。甚至某些利益集团为了自己的私利，把兴奋剂赋予了不可告人的政治目的。某些药物对于治疗运动员的疾病具有作用，但是为了政治的需要，同一意识形态阵营的运动员可以服用，而不同意识形态阵营的运动员即使有病也不能服用。这种种不齿的操作还是体育吗？当然不是！

同学们都了解拳击运动的规则，一方被击倒以后，还要数点，十点之内站不起来才算对方胜利。中国的武林高手也常会相互切磋，原则却是点到为止，不会伤害对方，目的是大家共同提高。这些理念反映了中西方文化对于体育的不同理解。

同学们一定会问：锦标不好，那中国文化有没有更好的思想呢？当然有。大家其实都很熟悉，《论语・泰伯》引曾子的话说："士不可以不弘毅，任重而道远。仁以为己任，不亦重乎！死而后已，不亦远乎！"士不可以不弘毅，这是多大的气魄啊！这种精神难道不比更快、更高、更强更优秀吗！可惜我们自己都忘了。人如果没有毅力，他能成就什么事业呢？显然一事无成。所以培养健全的人格，拥有坚强的毅力是非常重要的。每一位成功者都必然经历过无数次的失败，如果没有毅力，当第一次失败时就放弃了，那就将永远不可能成功。即使可以坚持，但如果你的毅力不足以支撑你坚持到最后，也只能功败垂成。今天我们的家长培养孩子，不惜花费重金学习各种技能，但却忽视培养孩子的毅力，不抓根本，舍本逐末，是缺乏远见的。

曾子的话同学们都会背诵，但没有入心，入心才是最重要的，否则即使知道也如同不知，是没有意义的。说到这儿，我们可以问问自己：我们对自己的文化到底了解多少呢？我们天天所学的知识，哪些才是自己的文化呢？

大家都是中国政法大学的学生，我想问问同学们，"政"和"法"这两个字是什么意思？这是贵校的校名，大家没有理由不知道吧。

"法"字同学们可能都比较了解。这个字本来写作"灋"。《说文解字・水部》曰："灋，刑也。平之如水，从水。廌所以触不直者去之，从去。法，今文省。"同学们都知道，廌是独角兽獬豸，传说在上古时代，皋陶身边有一只獬豸，谁有罪不直，獬豸就会用独角触他，所以廌可以帮助皋陶断案，于是当古人创造"灋"字的时候，就用廌来表意，今天贵校也正是用廌作为学校的标识。"灋"字从"去"，意在去不直而留直，从"水"则主公平。

那么"政"呢？"政"和"法"有什么关系吗？《说文解字・攴部》曰："政，正也。从攴，正声。""正"字从"止"来表达字义，"止"是人足的象形文，古人通过人足传达"正"字的意思，就是行走的方向端正，也就是人们常说的行得正，走得端。先民很早就已懂得，人走什么路其实反映的是人心的正邪，而心正心邪则与道德的高下有关，道德高尚则人心端正，走路必走正路大路；道德败坏则人心邪恶，走路必走歪门邪道。《论语·雍也》记载了一件事，孔子的学生子游作武城宰，孔子问他得到什么人才没有，子游说："有澹台灭明者，行不由径，非公事，未尝至于偃之室也。"澹台灭明也就是澹台子羽，后来成了孔子的学生，此人"行不由径"，走路从来都走大路，不抄小道，所以子游认为其心地正直，反映的就是这种思想。德行的修养当然要靠每个人的自觉，但如果有人应该修德而不修，那就要借助外力的刑罚使之归于正，这就是"政"。"政"字从"攴"，甲骨文的"攴"字像人手持刑具而挞罚之，所以"政"的本义就是刑罚，其与"法"是相同的，但与"德"却完全不同。

明白"政"的含义非常重要，特别是澄清中国文化中"政"与"德"的关系，这对于今天我们国家的法制建设将很有启发。古人以为，政者，正也。正是指人内心的正直，也就是道德修养，人若不正，则需借助刑罚而使之正，这就是政。因此在古人看来，刑罚的作用首先就在于辅德防闲，其目的是对失德行为的约束，促人修德，而并不仅仅是作为对失行者的惩罚，这是古今人对政的理解的最大不同。

西周时代的刑德观念非常值得今人借鉴。我们在西周金文中读到大量有关贵族之间诉讼的材料，发现其中有一个重要特点，那就是争讼的原因没有一件属于刑事犯罪，而都是所谓的道德问题。道德的核心是诚信，这个问题我们后面还要详谈，所以失信就是失德，也就是说，在周人看来，我们所说的说话不算数其实是一种非常严重的丧失道德的表现，所以必然引发诉讼，而两造中的失信失德者最终将领刑而受到惩罚。大家知道当时对于失信者的惩罚有多重吗？金文中记载的是"鞭千罚千"，不仅罚金，还要领受一千鞭子的鞭刑。这还不是最严重的，最重的是流放，流刑不赦就如同死刑。可见周人对诚信、对道德看得有多重。孔子说"周监于二代，郁郁乎文哉"，如何才能形成郁郁乎文哉的社会呢？只靠人们自觉地修养道德是不够的，当然提倡人们自觉修德是首要的，但在人们不能自觉的时候，刑罚就是最好的约束工具。诚信作为道德的核心，是维系各种社会关系正常化的根本保证。如果人立誓而不守誓，爽变食言，那就会首先受到刑罚的制裁，古人制定刑罚的意义也正在于此。

今天我们的法律在辅德方面的作用几乎是没有的，这是一个严重的缺陷。我们对社会中屡见不鲜的失德行为束手无策，诸如霸座男之流。我听到的法学从业者的解释是：这是道德问题，因为没有给社会造成危害，所以说服教育就好了。岂有此理！什么是社会危害？只有杀人抢劫才是社会危害吗？惑乱人心难道不是更大的社会危害吗！人心失德，群起而效仿，这种社会危害难道还小吗！非常遗憾，我们的法律界人士缺乏见识，认识不到这一点，其中的一个重要原因就是不懂中国文化，没有能力从历史的经验中汲取营养。古人以刑罚作为道德的底线，这个标准很高，杀人者死，伤人者刑，这个道理谁都知道，根本无须多说。而今天我们把以刑辅德的作用取消了，刑罚的门槛只降低为对失行者的惩罚措施，那就势必使得失德者丧失了约束，失德失信也就成了一种没有成本的事情，如此又何患其少乎！很明显，中国古代文明中的法治思想是非常优秀的，在这种刑德观念的基础上才能造就一个大治的社会。

今天我们的法制建设都在向西方学习，中国文化有什么，很多人根本不知道。殊不知中西方两种文明是完全不同的，照搬西方的制度运用于中国，无异于圆凿方枘，必然格格不入，当然也就不可能产生好的效果。中国文化强调刑德，以德为先，刑以辅德，这种刑德双轨的治国思想是中国独有的，非常优秀。孔子说过："道之以政，齐之以刑，民免而无耻。道之以德，齐之以礼，有耻且格。"（《论语·为政》）这个见识非常深刻，所以只有刑罚是不行的，端正人心才是要务，这方面的实例太多了。

中国的传统文化是一个重视道德的文化，它的历史从今天的考古学证据看，至少已经延续了七千年。文德的核心内涵是诚信，所以修德也就是修信，重信也就是重德。孔子说过："人而无信，不知其可也。大车无輗，小车无軏，其何以行之哉。"（《论语·为政》）在古人看来，人如果没有信用，就是无用之人，在社会中是没有容身之地的，孔子以大车无輗、小车无軏相比附，车若无輗无軏便不能行驶，车不能行驶当然就是废车，只能扔掉，而人若无信便如同废车，自为废人，纵使你有过人的才干，在古人看来都是无用之人，只能扔掉而加以抛弃，所以道德在古人看来，用我们今天的话说是具有一票否决的意义的。显然，西周先民对于无信无德之人施以流刑，正是基于这样的思考。

北宋的史学家司马光写过一篇《才德论》，他把人分为四等，德才兼备为圣人，德胜于才为君子，才胜于德为小人，德才皆无为愚人。圣人不可得，君子也难求，我们更多的时候面对的是在小人和愚人中做出选择，今天的人们一定都青睐小人，但司马光却以为宁用愚人，不用小人。大家可以找来司马光的文章看看，了解一下古人对于才与德的认识。通过这些事实我们可以知道，古人把德看得有多重，而今天我们却唯重才能，而对人的德行多采取一种不闻不问的态度，选人、用人只关心学历，关心毕业于哪所学校，关心是否海归。成功的标准当然也只有一个，那就是收入多少。这些认识都极大地背离了中国的传统文化，有百害而无一利。

我刚才和同学们谈的这些只是中国传统文化中很小的几个点而已，大家觉得这些内容离我们很遥远呢，还是就在我们身边？是很熟悉呢，还是很陌生？从大家的表情看，我相信同学们一定有一种久违了的感觉，我们可能很久都没有接触过这样的文化了，所以我说我们的文化断了。这意味着重拾自己的文化已经成为我们现在必须要做的工作。

二、正读文明

今天我们谈中国古代的天文与人文，目的是要从根本上认识中国的传统文明。那么什么是“文明”？长期以来，我们一直接受的都是来自西方的文明概念，也就是人们常说的所谓文明三要素，即金属器、文字和城市的出现，以此作为文明社会的具体标志，然而作为己身文明的中华文明究竟是什么，我们却并不清楚。其实“文明”一词在中国的传统文献中早就出现了，后人只是借用了它翻译西文 civilization 而已，然而这两个汉字应该如何理解，却被国人忽略了。事实上中国人所讲的文明首先就是人的文明，其所强调的是自身个体的文明，而不是什么技术的进步，今天人类掌握的科学技术虽然得到了长足的发展，但人类利用这些技术杀人越货，侵略掠夺，这能说明我们比没有掌握这些技术的人们文明吗？显然不能！今天我们的社会还存在着各种各样不文明的现象，如果每一个个体都是野蛮的，我们能说我们建立的社会文明吗？显然也不能！所以人类的文明首先就需要成就其自身的文明，这与技术的高下并没有直接的关系，这是中国文化对于文明的理解，这当然是一种非常优秀的文明观。

中国的传统文明是建立在一种独特的天人关系的基础之上的，如果我们追溯中国的原始文明，就必然要探讨古人的天文观和天人关系，显然，谈论中华文明与中国文化，这是绕不过去的话题。接下来我们就来谈谈这个问题。

天文是中国传统文化之源，今天我们可以通过考古与文献材料对这个问题做比较详细的阐释。《周易·乾卦·文言传》中有这样一句话：“见龙在田，天下文明。”这里我们看到了“文明”两个字。唐人孔颖达给《文言传》做《正义》，解释“天下文明”的意思是“天下有文章而光明”，而“文章”所表达的意义就是文德的彰显，“章”通作“彰”，所以“文明”这一观念的核心实际即在于“文”。那么“文”是什么？这个问题我们可以通过甲骨文、金文的“文”字加以分析。

中国古代文字的“文”实际写成一个人正面站立的形象，并且为了突出强调人心，所以把心清楚地画了出来。当然，“文”字的这种独特造型并不在于说明人长着一颗心，而是要表达心斋的思想，这体现了古人始终思考的何以为人的根本问题，也就是人如何才能与禽兽相区别。先贤认为，人区别于禽兽的标准不在于技术工具，而在于内心的修养，人只有修养了内心，修养了道德，才可以称为人。所以我们在古代典籍中看到这样的思想，古人说：“鹦鹉能言，不离飞鸟。猩猩能言，不离禽兽。今人而无礼，虽能言，不亦禽兽之心乎！”（《礼记·曲礼上》）鹦鹉可以说话，但它是飞鸟。猩猩也有喜怒哀乐的感情变化，但它是禽兽。如果一个人没有道德，不懂礼仪，那么他与禽兽又有什么不同呢？当然生就的仍然是一颗禽兽之心。这就是中国古人对何以为人的想法。所以中国先贤很早就在思考人与禽兽相区别的问题，他们认识到，人只有修养了道德，才能脱离动物的状态而成为人。因此，对于何以为人的认识，不同角度的思考所得出的结论一定是不同的。人类学家把可以直立、手脚分工、脑容量发达、可以制造工具的猿称为人，但在中国古代的思想家和哲学家看来，这些都不足以成为衡量为人的标准，他们认为，人只有修养了道德，才有资格成为人。实际在今天，这个观念仍然被我们传承着，我们如何看待那些不文明的现象呢？当然首先否定他是人，比如人们常说的“衣冠禽兽”，把他们从人的群体中剔除出去。今天我们同样把道德视为做人最起码的条件，而古人认为的心斋就是修养道德。

那么什么叫“文章”呢？古人追求的道德修养要臻于纯厚。一个人如果只修养了一点道德，在外表上是体现不出来的。但是如果某人德行高尚，大德至纯，必然自有威仪，不怒自威，这就是“文章”，也就是德容。所以，一个人德行修养的多少，从外表是可以看出来的。不修德行的人，相貌一定是野蛮的。修养了道德之后，德容就会由内而外彰显出来，即所谓相由心生。古人用“文章”来描述这个过程，意思就是内心的文德彰显于外。这当然也就是中国人所讲的文明。了解了这个文化特点之后，我们也就明白了中国传统文明的特点，它所强调的不是技术，而是道德，不是形而下的器用，而是形而上的道德和知识体系，这个思想非常优秀。人只有修养了道德，才能与禽兽相区别。同样的道理，人类社会只有形成了礼仪制度和典章制度，形成了道德体系和思想体系，才能和动物世界相区别。这就是中国传统的文明观。

上述这些对文明的思考，在《易传》与《尚书》中早就有了系统的表述。

接下来的问题就是修养道德到底修养什么？换句话说，道德的核心内涵究竟是什么？这个问题当然非得追究清楚不可。今天我们也说要以德治国，但“德”的内涵是什么却很少有人讲明白。我们在西周时代的铜器铭文中看到，至少当时的人们就已经给德下了两个明确的定义。第一个重要内涵是信，也就是诚信，这是德的最重要的核心。第二个重要内涵是孝，这实际是诚信思想的延伸。那么古人为什么会产生出诚信的思想呢？其思想的来源就是天文。

人类社会最早形成的知识体系，也就是所谓的古典科学一共有三种，第一就是天文学，第二是数学，第三是力学。这三种学术之所以形成最早，是因为它们都直接服务于人类自身生产与生活的需要，其中最重要的关切就是原始农业生产的活动。原始农业的创造，其目的当然是为人们提供有保障的食物来源。在原始农业出现之前，人类的生产方式只有采集和狩猎，但这两项活动对于四季变化分明的地区而言，对时间的要求却非常强烈。时至冬季不仅无果实可采，猎获动物也将十分有限，这使食物的来源很成问题。为了解决这个困难，使人能够为自己提供有保障的食物来源，他们就必须创造一种新的生产方式，于是原始农业便应运而生了。很明显，农业的发明，其目的是为人们解决特定时间内的食物保障问题，这意味着它一定首先发生在四季变化分明的纬度地区，但在这样的地区，寒暑变化，旱涝分明，所以一年中适合播种的时间非常有限，有时甚至只有短短的几天，错过了这个时间就会造成一年的绝收，从而直接威胁到氏族的生存。这个适合播种的时间就是农时。历代统治者告诫人们不误农时，原因就在这里。显然，农业生产方式的创造不是不需要知识基础的，这个知识基础就是古人对于时间的掌握，这也是农业生产得以创造的前提。我们不可能想象一个对时间茫然无知的民族可以创造出发达的农业文明，这是根本不可能的。

农业生产的前提是人们对于时间的掌握，那么在数千年前甚至更早的没有历法的时代，古人依靠怎样的方法了解时间呢？办法当然只有一个，那就是仰观天象，于是天文学就发展起来了。事实上对于解决时间问题，粗略地观测星象是没有意义的，这意味着天文观测必须精确化，从而不得不引入计算，于是数学又发展了起来。中国古人对于“天”“数”不分，讲的就是这个道理。同时，为了适应新的生产方式，人们要从洞穴中走出而定居，从而需要建筑可以容身的房屋，这使他们不得不研究足以稳定的力学结构，于是力学又发展了起来。因此很明显，三大古典科学的出现与发展，实际都服务于人类最根本的生产方式，这就是农业。而天文学的作用就在于为农业生产提供准确的时间服务。

那么怎样才能通过观测星象确定时间呢？方法当然很多。《周易·乾卦·文言传》“见龙在田，天下文明”中的“见龙在田”体现的就是其中的一种方法。“见龙在田”是乾卦的九二爻辞，乾卦写龙，描述的是天上龙星运行的各种位置变化。龙的原型在天上，也就是龙星。中国古人将天赤道附近的星辰划分为二十八宿，其中东宫由角、亢、氐、房、心、尾六个星宿所组成的巨大星象，古人就称之为龙。龙星回天运行，当太阳西落之后，人们在东方的地平线上看到龙星的角宿升起，古人就把这个天象叫作“见龙在田”，民间则称其为“龙抬头”，今天还流行有“二月二，龙抬头”的民谚。这个民谚告诉我们，天象和时间是相互对应的，而且这种对应关系相当稳定，持久不变。今年的二月二龙抬头，十年八年后还是这样，一百年乃至五百年后依然如此，天象和时间形成了固定的对应关系。除此之外，中国古人还发明了立表测影确定时间的方法，古人将一根杆子垂直地立于水平的地面上，然后通过观测表影的长短变化确定时间。他们发现，一年当中的一天，其正午时刻的表影最短，这就是夏至，经过 365 天，人们又会重新测得这一点，于是时间又回到了夏至，这样人们就认识了回归年。这个周期十年如此，百年循环，千年不变，于是人们通过对时间的测量产生了时间为信的思想，人们发现他们和时间从没有约定，但其却如期而至，所以逐渐萌生出“至信如时”的所谓天不言而信的诚信观念，并进而以信作为道德的核心内涵来修养人的内心，形成了独具特色的中国文化，这就是文明。很明显，中国文化的文明观重在形而上的道德体系和礼仪制度的建设，而这些体系和制度的形成背景即是天文。这一事实表明，天文是中国传统文化之源。

文明的内涵是道德体系和知识体系，其作用则在于化育成人，使人区别于禽兽，成就为人。人在没有修养道德的时候是野蛮的，修养了道德，人就可以摆脱野蛮而终成为人。古人以为，人者，仁也。中国古人借音以达义，所表明的乃是有仁德者方可为人的思想，这当然是以文化育的结果。这种思考其实涉及了另一个重要观念——文化。

今天我们普遍接受的文化观念也是形而下的。一谈文化，不是饮食文化、服饰文化，就是酒文化、茶文化，不一而足。古人所讲的文化仍是形而上的，是文德教化。《周易·贲卦·彖传》说：“刚柔交错，天文也。文明以止，人文也。观乎天文，以察时变。观乎人文，以化成天下。”这里所讲的“刚柔交错”就是阴阳交错，也就是天上星宿的回天运行。星宿行天，有时东升，有时西落，有时横亘于南中天，有时又伏没于地平以下而不见，这种天象的变化，其位置移换也就体现着所谓的阴阳变化，古人将其概括表述为“刚柔交错”，这就是天文。

天文的意思就是天象，也即天上的图像，这里的“文”就是图像、图案的意思。“文”本为文德，人修养文德而彰显德容，所以德容就可以看作对人原本所具有的自然相貌或野蛮容貌的装饰，这使“文”有了图像、纹饰的意义。而二十八宿作为天上的图像，不同星官组合形成了不同的形象，于是人们称其为“天文”。天文星象的位置每时每刻都在变化，所以古人观测天文的目的即在了解其变化。而文明的特点却与变化的天象不同，其重在对知识与思想的不变的传承，于是古人将其与变化的天文彼此对应，提出“文明以止，人文也”的思想，强调了人文的特点在于不变。原始文明的基本内涵是道德体系、知识体系、典章制度与礼仪制度，古人一旦形成相关的知识体系，追求的一定是对其不变的传承，因为只有不变的传承，才能最终形成传统，这就是人文。所以对于文明的传承，古人是怕它变，而追求其不变，这就是“文明以止”的意思。“止”是不变，古人将人文之不变与“刚柔交错”所体现的大文之变对照论述，意思非常清楚。接下来所强调的天文与人文的变与不变同样深刻。天文的作用在于通过天象的变化来了解时间，所以古人说“观乎天文，以察时变”。而人文的作用则在于教化人民，使禽兽化育而成人，所以古人说“观乎人文，以化成天下”。

“化成天下”就是用道德、知识去教化人民，使之变禽兽而成人，这当然体现的就是人文的意义。甲骨文和金文的“化”写得很有意思，像一人正立，一人倒置。《说文解字》对“化”的解释是“教行也”，意思就是推行教化。中国古人习惯于借用人的正倒表现是非问题，如“逆”的本字即一人倒置之形，以喻无德之禽兽，所以不学正道者称“逆子”，乱臣贼子称“逆臣”或“逆贼”。相反，通过对文德的推行而教化逆者，终使头逆倒置之人得以正之，这就是“化”，也就是“文化”。所以文化同文明一样，都是教化成人，远离禽兽的工作。

通过这些分析我们知道，中国传统文明观的根本所重就是德行。德行乃是自我修养和自我约束，而不是外力干预。外力的干预是“政”和“刑”，而不是“德”。人们需要自己去省心正心，这才是德。中国古人建立起了一整套刑德的思想，首先提倡的当然是人们的自我约束，然而如果有人不能自觉修德，那么就由刑罚惩处。所以中国古人的刑德观强调的是以刑辅德。中国先秦时代的刑罚制度，用刑的约束标准很高，其作用乃是在于对失德者的惩罚，而不只是作为对失行者的补救。古人认为，失德即要用刑，而德的体现就是诚信，所以失德就是失信。如果刑罚的作用在于防闲，在于首先对失信者的惩罚，天下没有了失德之人，那么谁还会杀人越货呢！这个社会岂不非常理想了吗！所以古代刑罚的门槛很高，这既体现了中国传统的文明观，当然也可见古人的智慧。

三、河南濮阳西水坡原始宗教遗存研究

中国的文明究竟有多古老？讨论这个问题，我们必须借助一个考古材料。这个重要的古代遗存发现于河南省濮阳市的西水坡，通过碳十四的年代测定，我们知道这个遗址的年代距今约 6500 年，也就是公元前 4500 年，这个时间当然已经远远超过了我们习惯上接受的五千年的文明史。遗址包括从北到南的四组遗存，四组遗存沿子午线等间距分布，其间隔约 25 米，规模宏大。

遗址四组遗存的布局其实已经告诉了我们一个基本事实，那就是当时的人们已经学会了规划空间，确定方位，并有了南北子午线的知识，因为如果不懂得辨方正位，没有相应的测量空间的方法，遗址就不可能有这样的布局。

在遗址最北端的 45 号墓葬之内，墓主人的东西两侧分别用蚌壳摆放了龙和虎，其中蚌龙居东，蚌虎在西。看到龙虎，人们自然会想到中国传统文化中的四象，也就是青龙、白虎、朱雀和玄武。四象的原型在天上，也即二十八宿所分东、西、南、北四宫中观象授时的主星所呈现的形象，由于它们的地位重要，于是古人将四组星官的地位提升，特别强调了其观象授时的意义，从而最终形成了四象星官体系。然而，墓葬中的龙、虎能否认定为星象，这一工作仅就龙、虎本身是难以完成的，因为在中国文化的发展过程中，四象的内涵逐渐得到了丰富，四象不仅具有了空间的象征意义，而且也普遍作为吉祥的标志。显然，辨明龙、虎的含义只能跳出龙、虎来思考。

事实上，墓葬中除龙、虎之外，墓主人的脚下还有一个特别的图像。这个图像由蚌壳和两根人的胫骨组成，形象酷似北斗，其中居西的蚌塑图像表示斗魁，斗魁东侧配置的两根人的胫骨表示斗柄，构图十分完整。当然仅从图像相似这一点上认证其为北斗星非常不够，如果我们对其为北斗星的判断不误，那么北斗与龙、虎星象所构成的位置关系就应成为我们首先关心的问题，这当然对于确定这个图像的性质很有帮助。

我们在天上所看到的绝大部分星官都属于恒星，所谓恒星，就是说它们在天上的位置是相对不动的，这意味着星官之间的位置关系也是相对不变的，这使我们有机会通过观察北斗与龙、虎的关系，建立这三个星官之间的联系。北斗七星与龙、虎二星官真实的位置关系表现为，顺着北斗七星中斗柄的延长线可以找到苍龙的角宿，而沿着斗魁的延长线寻找，又可以找到作为白虎

的觜宿和参宿，这种关系是固定不变的。古人很早就发现了北斗和龙、虎星象的这种位置关系，司马迁在《史记·天官书》中曾把这种关系描述为“杓携龙角”和“魁枕参首”，意思是北斗的斗柄拴于龙角，而斗魁却枕在虎的头上，说得十分传神。了解了这个关系之后，我们再来分析西水坡墓葬中这三个图像就很有意思了。其中象征斗柄的两根胫骨指向龙角，而蚌壳摆塑的斗魁枕于虎头，其所呈现的位置关系与北斗和龙、虎星象的关系完全一样。

这些证据是否可以使我们放心地相信这个图像就是北斗星了呢？仍然不能。因为还有一个现象必须解释，那就是为什么这个北斗图像一部分用蚌壳摆塑，而另一部分要配置两根人的胫骨？对于这个问题，我们要从中国古代观象授时的传统来理解。

在中国古代的观象活动中，古人关注的天区主要有两个，一个是北斗所在的北极区域，另一个则是二十八宿分布的赤道带。与二十八宿的观测不同的是，北斗所在的北极天区终年可见，所以北斗成了古人观象授时的重要星官。由于北斗七星呈现着围绕北极的旋转变化，于是人们便可以通过对北斗斗柄方向的改变了解时间。每天随着夜间时间的早晚变化，北斗斗柄的指向有所不同，犹如悬挂于北天极的巨型钟表；而于一年中的不同季节观测北斗，北斗斗柄的指向也会呈现出很大的差异，春分斗杓东指，夏至斗杓南指，秋分斗杓西指，冬至斗杓北指。古人正是通过对北斗杓柄指向的变化，了解时间的变化和季节的更替。然而北斗只有在夜晚才能看到，如果人们想要了解白天的时间，或者建立更为精密的计时制度，人们就必须创造出一种新的观测方法，这就是立表测影。

碍于太阳过于明亮，难以直视，所以古人学会了立表而辨其影。然而立表测影的工作有一个认识和发展的过程，准确地说，人们最早认识的影子只能是自己的身影。古人日出而作，日入而息，他们发现自己的身影会不断地改变方向，显然，身影方向的改变也就意味着时间的改变，因此，最早的测影工具只能是人体自身。所以在人们发明立表测影的方法之前，必然经历了以人体测影的阶段。司马迁在《史记·夏本纪》中曾记述大禹治水“身为度”，即以自己的身体作为度量，其中不仅包括像布指知寸、步算一类作为，应该也涉及了以身体测影的工作。商代甲骨文表示日中而昃的“昃”字即像太阳之下一个斜置的人影，本义即表示已过日中的日昃时段。日中时分太阳正南，阳光投射的人影一定正直，但当日过正中而西斜，日光所投射的人影也一定是斜的，所以古人用斜置的人影表示相应的时间。这些事实告诉我们，古人确实经历了一个依靠观测人影了解时间的阶段。然而随着天文学的发展，天文观测需要精确化，这种精确化其实就是争毫厘之间的变化，这决定了人们不可能永远停留在利用人体测影的水平，这将无法满足天文观测的精度要求。于是古人为模仿人体测影创造了测影仪器，这就是表。表的创造是为模仿人体测影而产生的，并最终取代了人体测影，所以表的高度规定为八尺，这正好等于人的身长。而支撑人体直立完成测影工作最关键的部位就是腿骨，所以人们理所当然地将腿骨的名称移用而作为了表的名称——髀。“髀”字在中国的传统文献中有两个意思，一是人的腿骨，另一个就是测影的表。明白了这个知识背景，我们就可以做出判断，西水坡墓葬中作为斗柄的胫骨其实就是测影髀表的象征，而这个独特的北斗造型所显示的意义正在于人们将夜晚观测北斗决定时间与白天立表测影决定时间这两种计时方法的结合。很明显，这个图像是北斗是毋庸置疑的。

北斗既已证明，那么与北斗共存的龙、虎，其性质为星象也就不言而喻了。事实上，墓葬中的北斗与龙、虎共同组成了一幅迄今所见人类历史上年代最早的天文图，距今约6500年。这难道不是文明吗？当然是文明！

说到这里，我们对墓葬星象图的论证仍然感到未能尽意。如果我们可以找到一幅与此类似的星象图加以比较，那就再理想不过了。我们果然发现了这样的史料。湖北随州发现的战国初年曾侯乙墓提供了难得的证据，该墓所出的二十八宿衣箱盖面即绘有星象图。星象图中央篆书一个特大的斗字，表示北斗，北斗的周围篆书了二十八宿的名称，所以这是一幅确凿无疑的天文星象图。而在北斗和二十八宿名称的左右两侧，分别描绘了龙、虎。星象图中这种以北斗与龙、虎星象作为主要内容的设计与西水坡星象图简直如出一辙。不仅如此，两幅星象图在细节上别无二致。曾侯乙星象图在虎腹之下绘有大火星的形象，而同样的星象也出现在西水坡星象图虎腹的下方，只是后者由于散乱失去了其本来的形象而已。显而易见，这些线索将两幅星象图联系了起来，证明它们其实是内涵完全相同的两幅星象图作品。说到这里，西水坡墓葬中的蚌塑遗存作为最早的天文星象图的事实便没有任何可怀疑的地方了。

将西水坡与曾侯乙两幅内涵相同的天文星象图进行比较是极有意义的。西水坡星象图的年代是公元前4500年，曾侯乙星象图的年代是公元前5世纪，两者相差了整整四千年，内容却没有丝毫的改变。古人主张“文明以止”，追求的乃是不变的传承，这一思想于此可以得到充分的印证。

从人类知识体系形成的角度讲，上古时代处于原始知识的发现与积累阶段，古人获得一点知识恐怕需要几代、十几代甚至几十代人的努力，所以不可能轻言改变，而只能有序传承。因此，早期文明的发展是相对稳定的。文明的发展是加速度的，今天文明的快速变化是建立在古代文明长期稳定不变的基础之上的。今天我们享受的现代文明成果，充其量也只有两百多年的时间，而两百年前和两千年前的差别其实不大。通过这些分析我们可以知道，中国的文明史是相当悠久的，西水坡天文图虽然古老，但它显然并不是最古老的遗存，西水坡的天文遗存说明，在那个时代已经形成了完备的天文学体系，但它一定只是对前人成就的再现而已，就像曾侯乙星象图是其前人成果的再现一样。这意味着在西水坡遗址之前，文明一定还存在着一个漫长的形成和发展时期，中国文明的起源年代还要在这个基础上大大向前追溯。

西水坡墓葬除了墓主人之外，还葬有三具殉人。三具殉人并不集中摆放于墓葬北侧比较空旷的地方，而是分别置于墓葬的东侧、西侧和北侧，而且北侧的殉人并不沿墓壁摆放，而特意摆放出一个角度。我们计算这个角度发现，这个殉人的头的方向正好指向了濮阳当地所能看到的冬至这一天的日出位置，而且分毫不差。这个事实使我们联想到中国早期文明中的分至四神传统。分至就是春分、秋分、夏至和冬至，这是构成时间体系的最重要的四个时间标记点，由于其相对固定，古人便想象着应该是神灵管理的结果，于是产生了分至四神的思想。这个传统在今天所能看到的《尚书·尧典》《山海经》以及甲骨文中都反映得非常清楚，战国时代的楚帛书对此则描绘得更为具体。当时的人们认为，分至四神实际就是伏羲与女娲所生的四个孩子，所以分至四神又被称为分至四子。巧合的是，对墓中殉人的年龄鉴定表明，三位殉人最大的 16 岁，最小的 12 岁，都是孩子，而且他们的头上都留有砍砸的痕迹，说明全为非正常死亡。分至四神的居住位置也很有特点，古人认为，春分神居住在东方极远的叫作旸谷的地方，秋分神居住在西方极远的叫作昧谷的地方，冬至神居住在北方极远的叫作幽都的地方，而夏至神则居住在南方极远的叫作南交的地方，四神分居四方。而墓葬中的三位殉人分居三方，在四神体系中应该象征的是春分神、秋分神和冬至神。如果是这样，那么墓葬中还缺少一位居住在南方的夏至神。当我们沿着子午线向南寻找之后，就会发现在整个西水坡遗址的最南端，也就是第四组遗存，正是一个埋葬了另一个孩子的墓葬，尤其引人注意的是，这个墓葬的主人恰好缺少了胫骨，而且通过对墓葬长度的判断，墓主人的胫骨在入葬之前就已被取走了。这个事实使我们很容易想到，墓主人被取走的胫骨应该被摆放在遗址北端的墓葬中作为了北斗的杓柄。显然，位居遗址南端的这座墓葬不仅与其他遗存构成了完整的整体，而且其墓主人的文化象征应该就是北端墓葬中所缺少的夏至神。

夏至神缺少胫骨的事实对于印证其身份很有帮助，换句话说，古人为什么独取夏至神的胫骨作为北斗的杓柄，而不取其他三神？这与上古观象授时的制度息息相关。我们知道，作为北斗杓柄的两根胫骨，其象征意义是立表测影的表，那么古人会在什么时候完成测影工作对于解释这种做法就非常重要了。根据《尚书·尧典》的记载，最初的测影工作，于一年中只在夏至进行。因为夏至正午的表影最短，观测和计算都相对容易。很明显，西水坡先民截取夏至神的胫骨作为斗杓以象征测影的表，这一做法正是当时测影制度的反映。由此可见，遗存中的各种安排都有其象征意义。

古人以遗址南端墓葬的主人象征夏至神，那么为什么要将夏至神单独置于遗址的最南端，而不将其与其他三神放在一起，置于北端主墓的南侧？这种设计当然是服务于遗址性质的整体安排。

西水坡遗址的四组遗存实际组成了一处完整的原始宗教遗存，这个宏大场景展现了位于北端的主墓，其墓主人死后灵魂升天的完整仪程。主墓的墓主人当然就是当时社会的最高权力拥有者，只有这种拥有最高权力的人，死后才享有升天的资格。显然，这个事实与天文学具有密切的关系。古人以为，“知地者智，知天者圣”（《周髀算经》）。天文学产生的目的是为农业生产提供准确的时间服务，极少数圣人通过自己的辛勤观测发现了天象规律，并将时间颁告给氏族成员，使农作丰收有年，于是观象授时的人也就通过对天文知识的掌握拥有了统治的权力，确立了其在氏族中的地位，这就是中国古代王权的基础。因此对于以农业为主的社会而言，天文历法知识具有首要的意义，谁能把时间颁授给人民，谁就有资格成为人民的领袖。事实上从文化史的意义上说，上古天文是作为王权的基础存在的。《论语·尧曰》开篇讲尧、舜、禹禅让时说过一句话：“天之历数在尔躬，允执其中。”意思是天文历算的工作要由为王者亲自掌握，不能假于他人之手，这是确定王权的基础，其更进一步的发展就是君权神授的思想。可以清楚地看出，这些思想的形成实际都源于天文。

建立了这样的知识背景之后就不难发现，西水坡主墓的墓主人实际就是当时社会的权力拥有者，墓葬随葬的天文图其实显示了其生前的权力特征，说明其以观象授时为业，所以死后也就享有了升天的特权。考古学家习惯于根据墓葬的随葬品判断墓主人的身份，而在这个墓中，我们看到了天文图，这当然说明观测天文、考察天象就是墓主人生前的重要工作，因此，古人将天文图随葬于墓中，这一做法其实就是墓主人生前权力特征的再现。墓主人死后，灵魂升天，而古人习惯于以南方象征天的位置，因此升天的路径一定呈现为自北而南的方向。在主墓以南 25 米的地方，古人设计了第二组遗存，表现墓主人灵魂升天的过程，其中用蚌壳摆放了龙、虎、鹿和鸟四灵，也就是最原始的四象。我们对四象演变历史的研究表明，玄武作为四象体系中的一员，这一事实晚至战国才形成，而在战国之前，北方之象实际是鹿或麒麟，这个事实在西水坡遗址中已经存在了。第二组遗存摆放四象的目的，当然在于以四灵驾驭墓主人的灵魂升天。第二组遗存以南 25 米处则是第三组遗存，这里用蚌壳摆放了龙和虎，以及天上的银河，其中龙的身上还用蚌壳摆塑了一个人像，象征人御龙在天空遨游。显然，第三组遗存展现的是墓主人灵魂升上天界的景象。所以很明显，从北端的主墓到象征天上世界的第三组遗存共同构成了墓主人灵魂升天的完整过程，因此为了不阻断墓主人升天的道路，夏至神的位置就只能被安排在这个完整升天场景的南端，而不可能置于中间。重要的是，对这种安排的记载，《尚书·尧典》也有清晰的反映，或者换一个角度讲，正是由于对西水坡原始宗教遗存的揭示，才使我们最终读懂了《尧典》，这使考古学研究与文献学阐释得到了极其完美的互证。

通过对西水坡原始宗教遗存的研究，我们可以清晰地了解到 6000 多年前的中国原始文明究竟达到了怎样的水平。当时的人们已经学会了立表测影，有能力规划空间和时间，知道了二分二至，建立了完整的原始历法体系，他们同时观测北斗星和二十八宿，建立了完整的天官体系。不仅如此，人们对天地的形状也有了自己的认识，形成了最朴素的盖天说宇宙观。当时已经形成了原始宗教，有了分至四神的观念，有了灵魂升天的思想，有了以祖配天的祖先崇拜和至上神崇拜。当时的社会已经以王权为中心，有了相适应的社会组织。所有这一切都发生在距今 6500 年前，这一事实无疑会给我们的习惯认识造成巨大的冲击。在那么早的时代，中国的原始文明就已建立起如此完备的知识体系、思想体系和制度体系，这完全颠覆了我们的认识，然而考古学材料所呈现的事实是不容怀疑的。

四、重新认识中华文明

西水坡遗存带给我们的这些对中国上古文明的具体认识固然重要，但更为重要的则是，它不仅为我们重建了重新认识己身文明的知识基础和认识背景，而且引发了我们对中西方文明的反思。

第一，通过对中国上古文明的探索和梳理，我们对博大精深的中华文明应该有全新的认识。考古学材料所提供的证据是相当充分的，中华文明形成时间之早，已远远超出人们习惯所说的五千年历史。以往我们在战国和秦汉的基础上审视中国的原始文明，认为商代先民的某些作为都是不可想象的事情，过低地估计了古人的智慧。而西水坡原始宗教遗存的揭示彻底改变了这种局面。殷商距我们三千年，西水坡遗存距殷商三千年，商人看西水坡遗存，就犹如我们看商代。这意味着我们看待自己的文明必须在距今六千年的基础上向前追溯。

天文考古学研究已经清楚地显示出一个基本事实，这就是中国文化基本框架的建立在先秦时代早就完成了，后人只不过是在前人的基础上修修补补而已。这从另一个角度证明了中国传统文明的古老。

第二，通过对西水坡原始宗教遗存的分析，我们可以感受到古人对自然世界的极大关注，对天地人之间相互关系的观察分析，这个认识传统形成了中华文明的优秀特点。

中国文化的认识论，概括而言就是“格物致知”。什么是格物致知？简单地说就是人的知识和思想来源于他们对客观世界的观察分析，而不是人们头脑中空想出来的，这种认识论是唯物的，不是唯心的。所以从根本上讲，中国文化是追求真理的文化，而不是唯心追求自我的文化。这不仅构成了中国文化的显著特点，也形成了中西方文明最本质的差异。

回顾早期人类的科学史，中西方文明在认识论上的巨大不同表现得相当清楚。比如对于太阳黑子的认识，中国先民本着格物致知的认识方式，很早就裸眼观测到了黑子，并对其进行了客观的描述和记录，甚至东汉时代的王充，就已近乎正确地解释了太阳黑子的成因。但是在西方，伽利略之前的很长一段时间，欧洲人虽然也看到了太阳黑子，但他们不信，原因就在于古希腊亚里士多德天体完美的唯心主义理论束缚了他们的头脑——太阳是完美的，完美的太阳怎么可能有黑子呢！于是他们做出的解释是，那只不过是行星从太阳表面掠过而已。直到 1609 年伽利略用望远镜看到了太阳黑子，人们仍然不信，他们诅咒伽利略，宗教法庭裁判其有罪，要求伽利略放弃自己的学说，这就是四百年前的欧洲人对待真理的态度。很明显，认识客观世界的方式与技术的关系不大，人们是通过裸眼了解真理，还是必须借助仪器才能看清真相，本质上并没有高下之分，区别则在于究竟是尊重客观还是尊重自我的态度。中西方文明在认识论上的巨大差异从根本上导致了两种不同文明的形成，这两种文明不仅在认识世界的方式上大相径庭，由此形成的价值标准等一切方面也都大相径庭。这是我们认识中西方文明不可忽视的判断标准。

第三，中华文明以追求真理为目的，这一特点不仅造就了优秀的中国文化，而且为人类未来如何发展提供了参照。人类的发展贵在可持续，而中国文化的核心价值就是天人合一，天人合一追求的当然是人与自然的和谐相处，而不是冲突。中国传统政治观主张“顺时施政”，“上律天时，下袭水土”。从生命起源的角度讲，人类已生存了三百万年，地球的历史也已有46亿年，而我们今天享受的现代工业文明，却只有二百多年的时间。但可怕的是，这短短二百多年的时间却把地球46亿年的积累消耗殆尽，这种文明能被认为是一种优秀的文明吗！如果按照这样的趋势发展下去，人类还会有再发展三百万年的信心吗！所以今天的工业文明是需要反思的，科学技术如何发展也是需要反思的。历史是一门大学问，回顾历史不是为了使今人陶醉在先贤创造的灿烂成就之中，而是为了人类今后的发展，这才是我们重温中华文明的真正价值。

第八章 中国人的信仰体系

——突破传统视角 理解信仰传统

程乐松*

一、“活的”传统与时代

在考察中国人的信仰时，我们需要避免在了解事实并观察生活之前就陷入价值判断的错误之中。这种错误在当下的知识运行和日常生活中并不鲜见，很多人都习惯在了解事物之前就进行价值判断，这使得我们在很多时候都活在一种概念漂浮状态。例如，我们顺应媒体的热潮参与基因编辑和人工智能的讨论，但却极少有人能够清楚地知道什么是基因编辑，何谓人工智能。换言之，绝大多数参与讨论的人实际上根本不具备相应的知识储备和话语能力。从宗教的研究领域来看，情况还要特殊一些，即大部分人不仅在事实知识与文献能力上不具备参与讨论的能力，更不愿意参与严肃且客观的讨论。有趣的是，这种漠视的态度并不代表他们就真的脱离了传统信仰及其文化土壤与观念传统，事实上，没有人可以完全脱离自己的文化传统。

很有意思的是，我们中的很多人自认为自己跟文化传统是完全隔离的，或者说我们至少认为我们跟文化传统里的糟粕是完全隔离的。众所周知，现下流行的对待文化传统的态度是“取其精华，去其糟粕”。然而，我们不禁要问，什么是精华？什么是糟粕？进而言之，谁有资格判断什么是精华，什么是糟粕？为什么有资格？我想，大家都会同意，这种资格的最低标准应该是透彻地了解中国传统，然而，面对浩如烟海且层累繁复的中国文化体系及其承载的数千年的日常生活，我们真的有能力透彻了解吗？整部《四库全书》可能仅仅是中国传统文化的文献的一小部分，对于任何一个学者或者个人而言，即使把存世文献和出土文献都浏览一遍都是不可能完成的任务。然而，

---

* 程乐松，北京大学哲学系教授、博士生导师。研究领域：中古道教、道家思想、汉语哲学、两汉思想史、经典诠释学。代表性学术成果：《身体、不死与神秘主义：道教信仰的观念史视角》《中古道教类书与道教思想》《即神即心》。

我们这些并不了解中国传统文化和生活世界的人，却安然于自己的武断和傲慢，甚至颇为自得，以为自己已经超越了这些传统。更为奇怪的是，那些会拉丁文、希腊文、英文、德文、法文的人对于中国文化的本质的发言权，居然高过了那些懂得甲骨与篆籀之文的人！究其原因，就是他们代表着现代性，代表着一种价值判断上的优先性。然而，启蒙运动以来的西方思想家们反复教导人类的思想方法和生活信条恰恰是，在事实判断形成以前不要做价值判断。我们从西方传统中学来的居然是首先做价值判断，以至于对自己身处其中的文化传统的基本事实缺乏兴趣。

之所以要这样提示大家，是希望同学们至少保持一种公允和求真的心态去看待中国人的信仰及信仰世界。真正的精英教育和公民教育，应该是一种博雅教育，它促使人们了解自己的文化，了解世界的文化，了解传统，学会反思，能够知道如何面对自己和他人。然而，我们的问题是，我们很大程度上活在某种价值判断先行的构建之中，这个“传统”是被这种价值判断否定了的“糟粕”。这一现象的后果是，我们中的很多人缺乏对传统最起码的尊重。我认为这种尊重要包括两个方面，第一个是对未知的尊敬，第二个是对他者的好奇。尊敬来自对自身文化和祖先生活世界的情感态度，而好奇则来自对他者和未知世界的向往。因而大家应该突破传统视角去理解信仰，去看一看信仰传统是什么样的。

同时，我也希望大家能在中国文化的语境中理解宗教，而不是在西方人的语境里理解中国传统。我们太重视西方人对中国文化说了什么，当代的我们对于自己文化的理解，在很大程度上是被西方人塑造出来的。这一点是需要认真反思的。我们活在对自己的传统文化的异质感中——觉得我们自己的传统文化是跟我们不同的东西，是很过时的。事实上中国的东西不是过时，而是我们认为它过时。当下的中国人对中国大部分的认知都来自 1840 年以后中国知识分子和西方学者一起创造出来的所谓“传统”。这种“传统”需要一个断裂式的、颠覆式的变化，但至今为止，我们在多大程度上完成了这种颠覆式的变化，非常值得探讨。

我们之所以觉得我们现在跟传统社会有很大的不同，很大程度上是因为我们认为我们在技术上领先很多，此外，在社会制度上也跟传统不一样。然而，传统观念和传统思考方式其实一直都非常鲜活地存在于我们的日常生活中。

关于传统的解释有两种，一种是具有历史意识的解释，认为传统属于历史，历史意识实际上是一种时间意识，是一种线性意识；另外一种是基于线性的时间观发展出来的进化性的表达，是一种历史进化论。黑格尔认为历史总是在不断的发展和进化，整个人类历史具有高度的合目的性。我们在某种程度上接受了黑格尔的这种结论，并且把它内化到我们自己对历史的认识中去，这样的一种认识方式，很大程度上是一种线性的合目的性。

然而，历史并不是这样简单的，传统更多的时候是活着的。在我看来，任何一个传统或者说任何一个被我们称为传统的东西，在某一个时间点上，都是一种活着的生命体验，它绝不是一种刻板僵化的东西。对于活在传统中的人来说，他们的个体感受和精神世界的丰富程度绝对不会亚于当今的我们。我们之所以把它称为传统，是因为我们把这种无限的丰富性刻意地简单化和片面化了。

与此同时，任何传统在当下的生活中并不是完全消散和退隐了的，而是“活着的”传统，它在很多人的生活世界中都是活着的。我们今天要讨论的恰恰是与历史和进化意义上的传统相对的“活的”和“活着的”传统。如果我们把历史和进化当作传统的唯一面相，那么传统只是为了证明我们现在比任何一个历史时期更加进步的一种自我满足的论证。这样的论证，很大程度上是为了说明我们今天的日常胜于过往，所以他们是传统，我们是现代。

然而，所有的传统都是那些曾经鲜活的生命和丰富的精神世界共同经历和创造出来的。我们之所以今天仍然能够活在某一个文化传统之中，是因为这些传统中的某些内容仍然是活着的，它的内核仍然鲜活。因而，传统的历史感和历史的异质感，很大程度上使得我们总是活在某种断裂性里，我们总觉得我们跟传统不一样，这种不一样，盖过了我们去追寻内在一致性的冲动。我们认为进化的历史是让传统不断消失，而不是延续。

从这个意义上说，我们首先要明白什么是“传统”。

在关于道教的讨论中，施舟人（Kristofer M. Schipper）先生关于道教的讨论显然是具有穿透力和洞察力的，他强调道教是活着的。多数情况下，我们认为某种传统是死掉的，是因为我们没有观察，甚至是没有意识到我们仍然活在一个传统中。正如在座的各位根本不太可能意识到，自己在内心中还有一些部分跟道教信仰是相关的。以中国人喜欢的算命为例，我们对于过往和未来的生命过程采用算命的方式，只是为那些不能接受、不能理解的经历提供一个合理的解释，为还没有面对的、不确定的未来，提供一种可能的希望和可能的预期而已。一个人过早死亡，说他命不好，好像这样讲就是迷信。我们不觉得一个人死亡了，或者他非正常死亡，是需要被解释的。我们今天被解释的方式是我们把人彻底地物化了以后进行的解释，我们把所有的身体指标都进行一种标准化的处理以后，发现某些身体指标已经脱离了正常的标准化，所以死亡自然就会发生，死亡已经被描述成一个生理化学过程的停止，而不再是一个生命的终结。在这个意义上说，我们接受的解释实际上是一种非常物化的解释。面对死亡，抽离对于生命无常的叹息，对于亲人逝去的悲伤，传统的解释方式往往会更为有效。所有的科学都是有待被证伪的假设，换而言之，我们每一天都活在未来的谬误和过去的真理中间，我们永远不要认为活在一个最坏的时代，也不要认为活在一个最好的时代。

我们可以用董作宾先生和李济先生对殷墟考古的理解来解释什么是知识视角变化。在殷墟甲骨被大量带到古玩市场交易以后，董作宾先生认为殷墟已经没有什么可以继续进行考古发掘的。后来傅斯年先生派了李济先生重新到殷墟考察，李济先生认为殷墟整个地层的地质、层累和土方构成建筑形态、城市规划以及社区分野、不同的生活功能区的区划，都可以重建商代的文明形态。也就是说两位学者对于同一个东西的理解完全不一样：董作宾认为如果没有甲骨，不用继续进行考古挖掘，但是李济先生看到的是整个文明形态，并未放弃任何一个细节。1923 年，大量的清宫档案被当作垃圾要处理，史语所想要购买，但史语所的顾问认为这些档案没有意义，原因在于这批资料里面没有珍贵的宋版书，但史语所的一些年轻学者认为这是了解清宫日常生活和日常行政方式管理模式的一种非常珍贵的资料。这几千袋的材料都被史语所整理出来，我们今天对中国帝制晚期的宫廷操作模式有深入的了解，就有赖于这些学者对这批史料的眼光。从某种程度上说，一些不同视角决定了历史的图景，今天我们看到的历史是被某种历史意识决定的，历史的视角决定着历史图景。

在没有现代历史学之前，中国传统的历史主要是帝王心术，是帝王将相的兴衰史，这是一种历史意识、历史框架。我们尝试做学术研究的时候，必然把这种历史感强化出来，并且形成一种所谓的“历史性的偏见”——我们总是要把无限丰富的历史过程，用一个非常有效的线索串联起来，这个时候就必然需要修剪掉一些历史细节，而这些细节可能最终能够决定某一些历史事件的走向。然而，我们知道，历史本身是充满着各种偶然性的，如果没有这种偶然性，我们的历史解释和学术解释就会走向一种所谓的必然性，所以我们现在看文献、社会和生活的视角，可能会造成两种困境：第一，我们可能认为所有的东西都是无限丰富和连续的，但是这种连续性又必须面对时代的断裂，那么这种连续性如何保持？第二，我们所有的观念系统都在不断地发生变化，但并没有任何事物是真正连续一贯地存在于我们的历史视野中的。

二、道教信仰的文化形象

道教信仰和民间信仰在中国文化中的刻板印象开始于儒家所说的怪、力、乱、神，以及其与我们所说的封建迷信之间的无缝对接。我们对道教有一种偏见，这样的一个观念本身实际上就是一种对文化的偏见。全球最有影响力的文化和这些文化所承载的民族国家，没有哪个国家和国家的文化，对自己所处的本土文化传统的信仰，像中国人这样抱着如此漠然甚至敌视的态度。如韩国和日本的民间信仰都极受本土人民的尊重，进而成功地塑造了他们的文化传统，让他们成为一个有自身文化传统，并且能够形成体系性表达的民族国家。我们中国人对于自己所处的文化传统和文化传统的信仰内容，居然抱持如此敌视的态度，而且以鄙视这种传统为荣，这是非常值得反思的。

我们对于道教和民间信仰的基本印象是一种缺乏美感的非理性，还有一种说法认为其是与我无关的腐朽老古董，但是所有人都活在一种道教的认知中。绝大多数人甚至不愿意干或者说不会去干什么，也不会去选择干什么，那是因为我们的生活还没有进入绝境，我们才会在做决定的时候认为这是一个选择，而且是一个非常有效的选择。

在大众关于道教的认知之中，全真道和张天师是很重要的代表性教派和人物。不客气地说，全真道的知名度完全有赖于金庸先生的小说。与此同时，喜欢读中国传统文献的人们，认为《道德经》和《庄子》是道教的最基本的文化思想根源，然而事实并非如此。

在我们普通人看来，道教类似炼丹、画符、风水、算命……是一个无限复杂却毫无用处的存在。然而，道教却是中国文化中最具魅力的晦暗处，它蕴含着十分丰富而全面的知识结构和完整的观念体系，并且深深地植根于文化土壤和生活世界的日常之中。想学好道教，或者想做好道教的研究，首先要了解西方宗教学理论，其次要了解中国历史，再次要了解整个道教，同时也要去观察道教的历史，了解中国医学、自然科学、天文学、方术，把这些融会贯通。从某种程度上说，全世界最优秀的道教学者其实都是入门级的学者，这就是道教作为一种中国本土文化的真正的难度。如果想了解道教，就必须了解整个中国文化；而如果想了解整个中国文化，又必须了解道教，这是一种循环。这种刻板的印象很大程度上就来自一种我们惯常的对于传统的认识，传统认识很大程度上来自所谓的现代化过程，在现代化过程中，我们不断产生所谓的传统性的建构。

在谈论中国传统信仰时，与道教有密切关系的另一个常用术语是民间信仰。民间信仰是一种被普遍运用，但是从来无法定义其为何物的“诡异”概念。在关于中国信仰和社会生活的整体研究中，民间信仰是可以随便用的。这个术语无法进行一种内涵式的定义，只能进行一种划界式的说明，即不是肯定性的，而是一种否定性的定义方式。文化传统中的民间信仰就是从西王母到无生老母、从五通神到土地爷、从厉鬼到狐仙等等，无所不包，却无法准确定义其内涵。

这种模糊性说明实际上是没有经过反思的，什么是“民”？什么是“民间”？什么是“信仰”？都没有经过反思。一旦反思，我们会发现所有的信仰被归入民间信仰的时候都有一些问题，而这些问题在理论上很难被解释。

中国的文化和它的信仰实践经历了数千年，持续的社会变化和生活世界的变化使得所有的信仰实践都有着一种非常绵长又连续的变化过程。如果我们想把所有的变化过程都纳入同一个理论体系中，会发觉任何理论体系都没有办法去统合它。因为一个理论概念的内涵和外延成反比，其外延足够大的时候，内涵就足够稀薄；反之，内涵足够丰富的时候，外延就足够小。在这种情况下，我们要定义如此绵长且富于变化的东西，只能把内涵变得非常的稀薄，然后才能涵盖这些外延。

与此同时，历史的变迁只是一个方面。中国是一个在地理范围上多元化的文化图景。不同的区域其文化有很大差异，而且这些文化还随着社会的发展、历史的演变以及人口的变迁，不断地进行一种区域性的交换和融合。在这种情况下，我们所看到的任何一个概念，统合历史维度和地理维度上的中国文化都会显得非常的模糊。这就是为什么我们无法积极有效地控制所有的与社会生活互嵌的民间。

然而，为什么我们要创造出一个所谓的民间信仰呢？我们实际上是活在一种以隐喻的方式存在的知识图景中，我们需要对我们观察到的每一个东西进行一种有效的安置，然后形成一个有序的生活世界。这个有序的生活世界依赖的是有序的概念和逻辑，所以我们有时候不得不去偷换一些概念必要的内涵，然后造成一种逻辑的内在连贯性。这并非对于学术工作的颠覆。人文学术和社会科学最大的不同就在于，人文学术不是为了要有效、一劳永逸地解决问题，而是为了不断地重新回到根本的问题中去进行反思，保持一种反思的活跃性，而不是指向某一个固定答案。

回到宗教学的视角中，我们可以看到，比较宗教学是殖民时代以后，西方人发现其他文明所拥有的信仰方式与西方信仰方式有巨大的差异时，为建立一个全新的世界图景，将西方文明与其他文明做比较的成果和产物。如此多的异质文化被发现以后，西方人在一种历史主义的框架下，用黑格尔式的理论把这些文化都纳入自己的知识框架中。比较宗教学的创始人强调“只知其一者一无所知”，异质化的信仰和宗教在一个共同的框架中被重新安置。当发现外部世界如此不同的时候，就需要重新去建立一个世界秩序，进而告诉自己我们在这个秩序中所处的位置。

与此相对，中国人是在一个特殊的时代被迫去发现世界，也依赖这个世界的描述来完成对自我的重新确认，即西方人告诉我们世界长什么样，然后我们在这一图景中找到自己的定位——我们就是拥有灿烂古代文明的近代落后了的民族国家，这个定位跟数百年前的定位是完全不一样的。数百年前，我们面对外来文明的主要定位就是我们是“天朝上国”，一直活在与世界的朝贡关系的想象中。近代以来，我们接受了西方人的表述以后，突然觉得我们实际上是民族国家的一员，而我们属于落后国家这样的一个描述在新民主主义革命以后被强化，“半殖民地半封建”这样的一种表述方式，形成了整个文化的两重极严重又难以挥去的情绪。第一重是面对西方时的强烈的自卑感；第二重是面对自己传统时的强烈的异质感。

很多对中国文化与社会的历史叙述是在西方的框架下展开的。这一点是需要我们警惕的。我们真正理解一个历史现实和历史过程的时候，首先要做的是一种语境还原，即我们在什么样的语境之下形成了这个认识，我们总是在不自觉的语境中进入某种意义表述，那么如何进行一种针对现代性的语境还原呢?

首先我们发现了一个有趣的事情——现代性，或者在现代性的过程中，我们建立起了一个最基本的知识性标准，这个知识性标准对于所有的中国信仰、中国传统文化来说都是一种致命的伤害。因为根据近代以来的西方价值标准和知识评价模式，所有的知识都是可以公开的，可以讨论的，可以重复的。这是一种自然科学式、实验科学式的思考方式，但是这样的思考方式被反复地拿来质疑中国传统文化。冯友兰先生在《中国哲学简史》里面讲：哲学之于中国就像基督宗教之于西方文化那么重要。中国的哲学不是为了累积知识，而是为了提升人的心灵境界，以追求那些超越道德的价值。“人往往需要说很多话，才能够归于潜默”，这两句话对中国哲学或者中国人的哲学式思维进行了有效的描述。

我们中国讲究“知行合一”，是要不断在生活世界中去实践和体会，但是我们生活中的绝大部分知识是不能被公开讨论和传递的。在西方知识框架中的我们，认为所有的东西都可以被公共化，但是我们的个体生活、个体体验、心理过程是不能被完全公众化的。近代的知识标准让我们认为，可公共化的东西才是有价值的，但是在中国传统意义上，并不是所有可公共化的东西都有价值，因为我们不仅面对书本的知识和器具的技术，我们还面对自己的精神世界、面对死亡、面对不可逆转的整个生命过程。现代知识框架认为，只有这种可以被公开的知识才是有价值的，我们拒绝任何私人领域的那些无限丰富的体验和个体感受成为我们生命的指引。

现代性很大程度上来自我们把理性和个体的人释放出来以后所拥有的一种知识性的盲目乐观，我们认为人类终有一天会掌握宇宙中的所有知识，让整个世界呈现在我们面前，我们能够驾驭一切东西，我们能成为神。为什么说“上帝死了”？因为我们自己能够代替上帝的角色，这是一种盲目的乐观主义。

我们可能生活在一种所谓的知识性霸权中，或者说知识的霸权式傲慢中。举例来说，我们现在对任何一种疾病的判断方式基本上都是生理化的，唯一不用生理化判断标准的疾病是精神病。中世纪时人们对精神病的态度保持着某种神秘的色彩，当时人们认为精神病人能直接跟上帝沟通，但是现在人们不认为这类病人能直接跟上帝沟通，而认为精神病人是需要被关押起来的，这就是一种典型的知识性霸权。用化学分析方式来看，人参的有效成分，其实跟萝卜的有效成分差不了太多。这个思考方式，实际上是一种刻板的对象化思考方式。中国古典的思考方式与此形成了鲜明的对比，例如《红楼梦》中的冷香丸的药材和炮制方式体现的思想方式和生活艺术，就是在一个宇宙运行的节奏中，去理解每一个对象、每一个物体的变化性的性质，通过不断变化的性质，截取中间与自身的需求最合适的相应的变化点，把这个东西取出来，然后形成一种综合，通过综合的方式将宇宙秩序或自然力量模仿并配制出来。在这个过程中，我们不是在创造一个物质，而是在综合宇宙秩序和宇宙力量。中医和西医是两个完全不同的理解世界的方法。我们不能认为理解世界的方法有对错高低之别。如果今天的知识能够完全公开化，那么我们就不需要在两个知识体系之间进行任何争论了，因为一个知识会彻底打倒另一个。

此外，我们自以为中国人是在看世界，实际上我们是用世界的眼光在看中国。这是一个旷日持久的“找不同”游戏，我们尝试找到跟别人不同的东西。但由于文化自信的缺乏，我们又不得不去告诉别人，我跟你们是一样的。普世价值这一概念就值得认真反思，正是因为存在不同之处，所以个体才值得被审视和发现，才值得被尊重。我们看似是通过世界建立起一种文化自觉，但这种文化自觉实际上重建了自己的文化认知，而这个文化认知不是建立在主体意识基础上，而是建立在一个奇特的客体基础上。因为西方人是把我们当客体研究的，而我们接受西方人的认识方式，其实也在潜移默化中把自己当作客体去研究。在这种情况下，我们中国人的自我叙述方式实际上是断裂的，但是这种断裂性使得我们觉得我们脱离了传统，所以我们就拒绝去承认这种连续性。比如京剧，京剧的台词是相当雅的，而且发音实际上也相当雅，这种雅并不只因它是一种流行，而是一种对有品位而且自我节制的生活方式的持续建设。

再比如，有多少人真能看懂山水画，有多少人真能从书法中感悟到人生的道理？所以从某种意义上说，在断裂过程中建立起的一种客体性的视角，使得我们中国人在自我叙述里拒绝了任何与传统连续的可能性，正是在这种断裂中，我们开始拒绝中国的传统和中国人的传统信仰。

总而言之，缺乏同情的理解的时候，我们做的任何价值判断，实际上并不是在伤害西方人，也不是在伤害所谓的当代文化，而是在伤害我们身在其中而不自知的文化传统，和我们心中的底层文化心理结构。换而言之，我们不是在鄙视自己的祖宗，因为古人已经都消逝了，我们是在鄙视我们自己。我们每一天都活在这样一种痛苦并且纠结的自我理解中。有趣的是，在建立起如此庞杂且多元的现代知识系统以后，我们独独遗忘和疏远的却是我们中国人自己的传统和传统知识。

三、中国语境中的信仰形态

如果按照西方的宗教定义，从概念的角度来说，宗教信仰具有排他性，有自身的经典系统，有独立的宇宙观和教化体系，有独立的教会组织，有一定规模的教徒，这些教徒有一种固定的生活方式。这些实际上是西方人关于宗教的基本想法。事实上，西方人到了中国以后，他们发现完全无法理解中国人的信仰及其与生活世界的紧密关联，于是，很多早期的传教士都认为中国人没有信仰。

西方人认为中国人的信仰非常的功利和模糊：我们用自己的日常需求来决定拜什么，我们对于神灵的选择，不是来自一种所谓的坚定的信仰，而是来自神灵的口碑，灵是根据灵验判断的，灵验是被验证过了的崇拜过程。而被验证过的崇拜过程，靠的是代与代之间的口碑积累。打一个不恰当的比方，中国人拜神的逻辑是信用卡式的，先办一次，如果灵了，就不断来还愿。相当于先付首期，然后慢慢地再还。从这一角度而言，西方人会认为，中国人的信仰又功利，又模糊，而且缺乏最起码的虔诚度，中国人显然是没有信仰的。

我们为什么要强调中国人是有信仰的，因为中国人的信仰不是神，而是人和神背后共同的宇宙规则。我们为什么相信神保佑一批人？是因为我们相信神是保佑好人的，不相信神保佑坏人。当我们拜神的时候，如果灵验了，其实证明的是拜神者是善良的人，只有善良的人才符合我们所谓的天道有常的运行规律。

神是什么？神是在配方上跟我们稍有差异的存在，他们也必须完成宇宙规则所赋予的使命。什么叫配方上稍有差异？简单地说，我们都是禀天地之气而生的，只是神的配方跟我们不一样，我们有阴气，有阳气，他们是全身阳气，所以就飞起来了，然后他们必须靠完成自己的职司才能得到提升。这样的说法肯定是过于简单的，但却可以给出一个直观的感受。

我们可以发现一个有趣的现象，即神灵实际上也是被管辖的，也是有职司的。神灵对职司履行的好坏，甚至可以直接决定神灵的命运。所以我们不是在用谄媚和完全依赖的方式对神灵展开崇拜，而是跟他们进行协商。我们认为，神灵就是有这个职责，如果履行不好这个职责，那么就是神灵自身的问题，神灵和我们共同遵守一个宇宙规则，这个宇宙规则是没有人格化特征的，它是我们真正信仰的对象，而不是神。

在我们中国人的信仰中，首先我们信仰的是一种没有人格化的、超越的宇宙秩序。另外，我们认为这种宇宙秩序可以实现我们内在的超越性。我们只要能够体认并且完全与这种宇宙规则融合在一起，那么我们就完成了一种内在的超越。这种情况就造成我们相信我们每一个人实际上都带有一种内在超越的潜力，并且我们可以用宇宙论的方式把它解释清楚。只要了解了中国传统宇宙论的认识方式，中国人任何的信仰都是完全可以被解释的。

我们在理解传统信仰时经常会出现以己度人的错误。比如，道教研究中经常有一些人表述炼内丹不炼外丹的原因在于炼外丹的成本太高，此外，服用内丹之后继续服用外丹会导致身亡。这种说法是值得商榷的，因为外丹的最早经典就说得很清楚，吃外丹是会死的，而且越迅速越有助于成仙。死是飞升之前的必然，因为要告诉世间的人他已经死了，这样的话，世间的任何牵挂都没有了，就可以安心成仙。我们特别喜欢用现代人的逻辑去思考古代，但古人的宇宙论跟我们的宇宙论是不一样的。

中国人的宗教究竟如何？中国人的宗教从来就是一种教化，而不是西方语境中的“宗教”。中国人的信仰是一种化成人文的传统，即如何让一个人从自然的人变成文化的人的过程。这里所说的文化，就是礼义廉耻、等级差异、亲亲爱民等，就是教化。

教化有不同的层面：有经典的层面，有信仰的层面。我们今天能看到的都是文献，所以我们认为绝大多数中国人都是依赖文献来完成教育的。事实上，我们什么时候开始有了大量的文献，即普通人都拥有的阅读权利？在活字印刷和雕版印刷出现以后，我们才可以看到文学以文本的形式呈现出来，在此之前，只有极少数人可以看文字。没有那么多文献，所以靠口耳相传。这样一来，信仰、传说等实际上是教化的基本方法。宗教在中国传统语境中是将自然的人变成一个理解中国文化，并且自觉地按照中国文化的规范生活的文化的人的整个过程所累积下来的思想资源和行动指南的总和。在历史中不断地传承下来，形成一个传统，这个就是“以教成宗”，“宗”是指正宗的连续的传统，一个连续的传统谱系，而“教”是让自然的人变成文化的人，所以让自然人变成文化人的所有东西，以一种连续的方式传承下来，就是中国文化意义上的宗教。

以此言之，宗教看似跟超自然的东西没关系，事实上其在某个层面上有十分密切的关系，例如，我们跟一个中国的目不识丁的农民去说宗教的时候用的方法，跟向一个大学生去说用的方法绝对不是一样的。假如让一位大学生去尝试了解佛教，我们可以从文本阅读开始，一起建立一个读书小组去读《金刚经》等文献，但是向一个普通的老百姓讲解宗教，最主要的是切合其内心愿望来讲解：想要心想事成有两个方法，即信仰宗教，让菩萨保佑；到庙里去捐功德，给自己积累功德，积功德就有好报。我们要用中国人独特的理解方式把这个东西重新翻译一遍，才能够被接受。

我们去传递同一个文化或者文化框架的时候，要采取不同的策略。而在这个框架中，一个非常重要的层面，实际上就是以信仰为载体，用这样口耳相传的方式去解决问题。所以中国人的宗教实际上是整个文化教养的一部分，而且主要面向两种人。一种是普通人，所谓的庶民，他们没有什么文化，不具备文献阅读的能力，他们主要依赖仪式和口耳相传的传说，以及最基本的可以朗朗上口的一些东西，即最普通的教化；另外一种是具有高度文化能力和文化修养的人，他们内心的自觉和内心的修养，实际上是不能够直接用所谓的经典来解决的，所以中国人的诗歌、文学等各种各样的艺术形态，其实最终都有一个超越性的指向。我们中国人的很多艺术评论方法，最后都是否定性的，比如说中国的山水画为什么如此高远雅致？是因为画中显现出的意蕴，叫得意忘象。找到体验感，这一体验感不是依赖文字，而是依赖文字与心灵的相遇，指向一种超越性的境界，这就是面向精英知识分子的宗教。

一种完善的社会等级并不是我们所说的信仰的等级，必须用不断的社会行动来贯穿社会等级背后的理念，而这个理念恰恰又是我们共同信仰的东西。有的人为什么天生就有钱，有的人为什么天生就命苦，我们常常以为这是所谓的业报的方式。任何一个个体的行为，它的道德性的后果会体现在他的上至七世祖下至七世孙总共十五代人的命运上：某一个人只要做了好事，他在天上的祖先也会得到好处，未来还没有出生的子孙也会得到好处。而这一伦理计算的体系，实际上是在向我们表达同一个宇宙里面，并不是所有的宇宙理念，或者说我们所有的关于世界的理解，都只能通过文本来实现。比如我们是什么时候形成一种性别意识、饭桌上尊敬长辈的理念的？传递一种关于秩序规则和秩序规则背后的理念，需要不断地用行为规训，使我们潜移默化地接受。

此外，正如我们看到的那样，包括道教在内的中国信仰传统的教义和具体实践方法是不可公开的。我们相信人有内在超越性，每个人将自己的内在超越的潜力实现出来的程度是不一样的，所以不一样的程度之间不能够互相沟通和交流。人有生而知之的，有学而知之的，还有困而学之的，所以从某种程度上说，我们中国人对超越性的认识，或者说对超越性的理解，很大一部分是非公开的。只要把它公开了，就缺失了对内在超越性的承认，这在道教里体现得特别明显。

就宗教性和神学的叙事方式而言，道教的各个派别说的都不是同一个故事，这也造成了道教教义体系的高度不稳定性。我们想让一个教义系统变得稳定，唯一的方法是要断绝启示的连续性。启示断绝，具体而言，就是其他人以后不会再遇到神仙了，我自身是最后遇到神仙的。以伊斯兰教为例，穆罕默德是最后一个遇到先知的，因而是不能持续出现先知的。如果不是这样，那么每个人的说法不一样，我们到底该信谁的？道教就是这样一个存在，它相信任何人都会遇到神仙。由于个体性和体验性的根本性特征，它的教义和神学体系很不稳定，而体验和启示的高度私人性又在很大程度上限制了教义的公开化。这样一来，道教作为结构和意义上都复杂而多端的信仰就呈现出来了。

在学术研究中理解道教的时候，我们理解的是：是什么、怎么样、为什么；在生活中理解道教的时候，我们理解的是：是什么、干什么、怎么做。是什么，学术上讲道教是什么，我们划了一个界限，说道教外面都不是道教；

怎么样，就是这个里面的东西是什么样子的；为什么，就是对里面的东西的样子进行解释。与此形成鲜明对比的是，生活中的道教首先指向具体的生活需求。

从某种程度上说，学术和生活完全是两个层面，而有趣的是，我们大部分时候是相信学术的，而不相信生活本身是最丰富的。我们为什么宁愿相信片面的描述？因为片面的描述容易造成确定性，确定性容易造成秩序感，而我们每天都活在自己设定出来的秩序感中。

四、品读信仰：同情的视角

从道教往外延伸，我们所看到的中国的信仰体系往往描述的是所谓的儒释道三教。儒释道三教的融合和政治地位的确定，主要是由君主决定，我们今天对儒释道三教的描述和三教功能的定位描述来自南宋理宗。南宋理宗强调以儒家治世，以佛家治心，以道家治身。简言之，这三个信仰传统是有不同功能的，但是我们现在的学术性表达，认为儒释道三教指的是三种宗教，实际上，在传统的中国文化体系中，三者共同构成了一个教化体系。

我们往往以为，三教或者儒释道是三个不同的传统。从可被观察的文献层次上来说，的确是三个不同的领域，但在整个生活世界里，它们是完全融合和贯通的。例如，问一个中国的普通老百姓，其到底信儒教、道教还是信佛教，他一般不知道自己到底信仰什么教。正如我们在海平面上看到的冰山一样，水面之上可能有不同的山头，然而水下是完全融合和凝结在一起的。文献和教理的分殊与在生活世界中的融合，实际上是中国文化信仰中非常重要的一种特性。这样的一种特性造成了在生活世界中，中国人对信仰的描述或者对信仰的运用，就像是进超市一样，可以取货架中任何一个地方的物品来用，视其需要而定，这个时候我们所看到的就是一种看似功利和功能性的信仰形态和实践。这种功利和功能性的信仰形态和实践，往往建立在我们对整体的人生关系和天人关系的理解之上。这个秩序是我们中国文化关于信仰的根本秩序，而不是具体的神的功能，这个功能是一个刺激的结构，更上层的结构是我们所信仰的。

那么信仰是如何去适应社会变迁的呢？实际上是依赖生活世界的连续性，这种生活世界的连续性，很大程度上造成了信仰是可以绵延下来的。另外一种，依赖社会记忆的边缘性，用一种非常典型的、通过文化记忆的方式来完成宗教观念的传递。

关于如何处理与超自然世界的关系，在某种程度上说，把一个文化的内容变成一种信仰，有非常多的方式。如阳明先生典型的自我反思的方式，不断通过节制的道德行为和道德修养来完成自我超越；而慧能祖师的方式其实是不断接近一种精神意义上的质变，这个质变不是来自所谓的不断的自我克制和道德修养，而是来自对事物本质的持续和不断的反思；还有一种方式是秘密结社，“不能同年同月同日生，但愿同年同月同日死”这种表达方式实际上是一种非常典型的宇宙规则，存心有天知，用宇宙规则作为一个限制或者共通的道德基准。通过这样的方式完成个体的人向团体的人、没有信仰原则的人到进入信仰生活的人的具体转变，这种转变是不用讲道理的，直接用一种社会行为就完成。所以在某种意义上说，我们看到的教以成宗的几种方式实际上是完全不一样的。

如果我们从社会视角转移到观念视角，中国人的信仰传统中有很多东西是非常容易理解的。我们常常谈中国人的世界观，主要是在西方概念下进行的一种自我澄清，即西方概念中中国人没有信仰，那么我们会进行一种自我澄清，我们为什么是有信仰的？是因为西方对信仰的定义有问题，或者西方所认为的不是我们的信仰对象，而是我们的协商对象。就像我们中国人讲人鬼殊途，这个概念不是西方人说的人和神绝对分离，而是人和神活在同一个世界里，但是不互相干涉。这就是为什么中元节和清明节的时候，晚上不要来回走动，因为传统认为那个时候的公共空间是属于鬼的。

另外，我们和超自然世界打交道的方式是什么？与神灵之间的协商机制依赖的是仪式，道教的仪式很像是请客吃饭。先通过禁坛仪建立仪式空间，通过一系列的仪式活动邀请神灵参与宴饮，随后送神。有人觉得这个非常不合理，或者非常不理性，但只要你认同神的功能和它的性质，你就认同这样做的原因：这是一种协商的必要性，而且在道教里显得更加明显。

在道教中，我们和神是用公文的方式进行交流，用公文的方式上表请求某神灵帮助完成某一心愿，最后烧掉上表，这个就是典型的公文格式和公文传递的方法。人间传递主要是靠马，所以有时人们也会扎一匹纸马，把表绑在纸马上，到广场那边把它烧掉假装送上去。所以说，我们从社会视角观察到的中国人的信仰，一定要从观念视角中再去进行理解。不能认为社会性的视角，或者说实践性的视角就是全部，它的合理性是有根基的。如果我们认为它没有合理性，这本身就是一个错误认识。

为什么我们要去阅读中国传统的文化和中国传统的文献系统，很多时候就是因为它会告诉我们观念视角意义上到底是什么。建议大家多看看中国传统的文学，比如《红楼梦》，这么大的一部小说，它可以被讲的东西非常多，但它的核心结构来自补天的顽石和绛珠仙草，它们之间形成了一个对偶性的人间关系，人间关系和这个超越关系之间存在着对偶性，形成了所有人物的命运，人物的命运造成了整个小说的结果。这显然是一种思考方式。我们在多大程度上理解《红楼梦》，就要在多大程度上理解其思考方式。

总之，我们要尝试去澄清知识性的道教和道教的知识之间的差异，或者说知识性的信仰和信仰的知识之间的差异。信仰的知识，就是从现代的视角看什么是信仰，而知识性的信仰是各种各样的回忆的技术，这种技术不是让我们去掌握它，而是让我们去理解它，理解以后，我们能改变一个最基本的态度，就是价值判断先行的态度。中国古人并非缺乏理性思考能力，他们的每一个选择都并非愚昧和缺乏可分析性。我们通过信仰的视角去看中国传统文化的时候，实际上需要看到的并不是说道教到底怎么样，或者掌握这个技术，而是用一种同情的视角，我们理解古人是为了找到内在的一致性。这种内在的一致性首先需要一种同情式的价值观的理解，如果我们有同情式的理解，那么中国文化的主体性可能就建立起来了。

如果有兴趣大家可以阅读以下书目：

钱穆：《中国近三百年学术史》；

余英时：《士与中国文化》；

王汎森：《思想是生活的一种方式》；

史华慈：《古代中国的思想世界》；

冯友兰：《中国哲学简史》；

武雅士：《中国社会中的宗教与仪式》；

杜赞奇：《从民族国家拯救历史》；

许倬云：《万古江河》。

之所以要给大家推荐这些书目，是因为我想请大家建立三个基本观点，或者建立三个基本的知识视野。第一个是了解中国人是怎样思考问题的，通过史华慈和冯友兰的著作去理解它；第二个是尝试去理解中国人知识图景和观念世界在现代转型过程中到底产生了怎样的变化，钱穆和杜赞奇的研究就是告诉我们最近发生了什么；第三个是希望大家对中国文化中的宗教仪式的文化内容有整体理解，武雅士和许倬云的讨论其实就是给大家讲这样的一个主题。

第九章　佛教与中国文化

俞学明[*]

两汉之际传入中国的佛教，经过数百年的发展，逐渐融入中华文明的主体结构，成为中华文明的有机组成部分，并对中华文明的格局和面貌产生了重大影响。佛教与中国文化的冲融也体现了中华文明崇尚“和而不同”的文化特征和通和包容的文明气象。

我们分三个问题来叙述佛教与中国文化的关系。第一，时空中的佛陀和进入中国的佛教；第二，佛教中国化和中国佛教的特质；第三，佛教化中国和中国文化的发展。

一、时空中的佛陀和进入中国的佛教

佛教诞生于公元前6世纪左右的古印度。当时，印度社会形成了反对婆罗门教的“沙门思潮”，沙门在森林里修行，批判“婆罗门至上、吠陀至上、祭祀至上”三大主张，提倡遁世、行乞、游行、苦行，提出了各种理论和实践方法，是当时的改革派，构成了古印度轴心时代的“百家争鸣”。当时的沙门派别众多，佛教经典中记载有“九十六种外道”或“六十二外见”，和佛教齐名的耆那教经典记录当时有“三百六十三见”，可知当时反婆罗门教思想之活跃，其中最具有影响力的六家，在佛典中常被称为“六师外道”。佛教是“沙门思潮”的一支。

佛教的创始人释迦牟尼（前565—前486，北传通用；前623—前544，南传说法）是历史中的人物，在这个婆娑世界生活了八十年。他又被称作如来、应供、正遍知、明行足、善逝、世间解、无上士、调御丈夫、天人师、佛、世尊等。

---

* 俞学明，中国政法大学哲学系教授、硕士生导师、人文学院院长，兼任宗教与法律研究中心主任。研究领域：中国哲学、宗教学。代表性学术成果：《智顗观心论思想述评》（独著）、《湛然研究》（独著）、《中国古代的哲学与宗教》（合著）。

时空中的佛陀不仅经过自己的努力完成了从太子到沙门、从沙门到觉者、从觉者到导师的转化，构建了佛教的理论和实践体系，而且他一生行迹成为世界佛教徒的楷则，构成了佛教义理和阐释的重要内容。他创立的佛教传布世界各地，迄今依然对人类文明具有深刻的影响。

为了方便说明，我们通过五个身份词来描述释迦牟尼在历史世界中的一生：太子乔达摩、沙门瞿昙、佛陀释迦牟尼、导师、世尊。

（一）太子

公元前6世纪，在古印度迦毗罗卫国（今尼泊尔境内）诞生了一位将在世界历史上产生经久不息影响的伟大人物，他祖姓乔达摩，又译作“瞿昙”，名字叫“悉达多”，父母取名赋予了美好的期许，希望他成为“成就一切的人”。他是释迦族人，因而后人尊称其为释迦牟尼，即释迦族的圣人。他是净饭王和摩耶夫人唯一的儿子。

他出世七天，母亲摩耶夫人就辞世了。他的父亲净饭王和王妃也是他的姨母摩诃波阇波提把他养育成人。父亲和姨母都爱他如珍如宝。太子聪明伶俐，七岁即跟从名师毗奢密多罗等读书学艺，文武双全。十六岁时，他娶了天臂城主之女耶输陀罗为妃，生子罗睺罗。净饭王特意为他修建了暖、凉、雨三时宫殿，为他准备了不间断的歌舞伎乐，让他享受着幽雅的环境、精致的食物，过着优渥丰富、声色犬马的生活。然而，他在现实世界的富贵荣华中看到的却是无常流转，而他期望的却是烦恼永尽的超脱。于是，他放弃了无忧无虑的生活，剃发辞亲，出家修道，开启了他作为沙门寻找解脱的生活。

太子出家的年龄，一说是19岁，又有说是29岁。

（二）沙门

作为沙门的瞿昙虚心勤学，游历诸师。他先是辞却了摩揭陀国频婆娑罗王以半个国土相赠的还俗请求，在摩揭陀国都城王舍城附近跟随数论先驱阿罗逻迦罗摩修学，很快就达到了老师能够达到的“无所有处定”，进而又师从乌陀迦罗摩子（又作“郁陀罗罗摩子”等），几周后，又达到了时人能够达到的最高禅定“非想非非想处”，但仍然没有获得他期待的解脱之道。他又到伽耶城外尼连禅河畔修习苦行，经六年，而至于形销骨立，举步维艰，却依然没有获得自己期待的解脱。这时候，他毅然决然地放弃苦行。他在尼连禅河里清洗了自己身上的尘垢，又喝了牧女苏耶妲供养的乳糜，渡过尼连禅河，到伽耶山附近的菩提伽耶，在一棵毕波树下铺上吉祥草静坐，发誓“不成正等正觉，不起于此座”。中夜时分，万籁俱寂。他依次通过了魔王波旬率领魔子魔兵的攻击干扰，通过了三名魔女特利悉那（爱欲）、罗蒂（乐欲）、罗伽

（贪欲）的诱惑考验，成就了正等正觉，成了“佛陀”，即觉悟者。

（三）佛陀

菩提树下的觉悟事件，是佛教最为重大的历史事件，也是佛教形成的根本事件，在佛教教义的展开中成为不断被阐发的故事母本。佛陀觉悟到的“四谛”——苦、集、灭、道，建立在佛教对世界的基本觉知“一切皆苦”基础上，揭示了佛教理解的世界“苦”相的原因——万法缘起，树立了佛教追求的目标——离苦得乐、涅槃寂静，阐明了解脱修行的道路，如三十七道品。佛陀对于世界和人生的觉知，是佛教教义的核心，也是佛教之为佛教的根本，是人类探索宇宙和人生奥秘的文明成果之一。迄今依然在世界文明中发生重大影响的佛教，由此事件发端。

（四）导师

根据佛传的说法，佛陀觉悟后，本来并不想传教，是由于大梵天的劝请，才决定把他觉悟到的佛教真理告知有缘人。所谓“佛教”之“教”，有两层含义：首先是“教化”，佛陀把自己觉悟到的真理教导给人们，希望人们借由他所亲证的道路，觉悟人生之真相，达到清净之涅槃，佛陀是佛教信仰者和爱好者的“导师”；其次是“宗教”，佛陀教化弟子，形成了佛教教团，教团最核心的成员是四众——比丘、比丘尼、优婆塞、优婆夷，他们遵守佛教戒律，信仰和体贴佛陀的教诲，努力修习实践佛陀的教法，试图如佛陀那样解脱人生之苦，证得涅槃之乐。佛陀、教义、教团、戒律制度，构成了现代学术体系所说的作为完整“宗教”的基本架构，佛陀是佛教的创教者，是整个佛教系统的基点和核心；创教的基础正是他出家修道、终于在菩提树下觉悟这个事件，是他无缘大慈、同体大悲而普度众生的导师身份。

佛陀觉悟后，先在波罗奈城附近的鹿野苑初转法轮，接纳了最初的五位弟子为“比丘”，于是有了最初的佛教教团。此后，波罗奈国巨富梨迦长者的儿子耶舍及其父母、亲朋50人，伽耶山下尼连禅河畔著名的拜火教领袖迦叶三兄弟及信众千人、摩揭陀国频婆娑罗王，诡辩派的首领舍利弗、摩诃目犍连及其徒众200人，摩揭陀国的大富长者子摩诃迦叶，乔萨罗国波斯匿王等陆续皈依，佛教在中印度各地崛起，超越了种姓限制，以平等法吸纳各色各样的人群加入教团，为教团生活制定了戒律。其重要的说法场所有竹园精舍、祇园精舍等，尤以耆阇崛山（灵鹫山）居住时间最长。

在他世寿八十那年，他在拘尸那城外的娑罗树林中为最后收的弟子须跋陀罗说法，安详离世。遗骨舍利八分，为八国建塔供养。

（五）世尊

佛教并没有与历史时空中的释迦牟尼共始终，而是在时间上传布至今，在空间上超越了原创地古印度，成为具有广泛影响力、信众布满各大洲的世界宗教。佛陀不仅是释迦族的圣人，而且也成为后世全世界佛教徒的教主和榜样，对世界文明具有重大的影响力，是人类文明史上一颗耀眼的明珠。佛陀所说的教法，在他入灭后经过结集，形成经、律、论三藏，成为后人学习“佛法”的重要依据。佛、法、僧成为佛教三宝，为后世尊崇供养。

佛教在两汉之际传入了中国，传播的路径有北传和南传两路。北传佛教经由帕米尔高原传入中国，再由中国传入朝鲜、日本、越南等国，其中一支经阿富汗、巴基斯坦、伊朗，过葱岭，进入新疆、甘肃、陕西、河南等地，形成汉语系佛教；另一支经西藏，传入青海、蒙古、西伯利亚等地，形成藏语系佛教。南传则由斯里兰卡，传入缅甸、泰国、柬埔寨、老挝等国，逐渐形成巴利语系佛教。

关于佛教初传中国的时间，文献并无精确的记载。最早的记载主要有三个说法：大月氏王使者伊存口授浮屠经，楚王英学为浮屠斋戒祭祀，东汉明帝感梦遣使求法说。民间渠道传播路径和方式更为复杂，但这些不同的记载多指向了汉哀帝元寿元年（前 2），因而通常认为佛教是两汉之际通过西域传入中国内地的。

佛教在中国经过长时期的发展，逐渐融入中华文明，成为中国人信仰和文化的有机组成部分，儒释道三教成为东汉以后中国思想文化的结构性力量、塑造性力量，同时，佛教也打上了中华文化的烙印，形成了有中国特色的佛教样态，为东亚文明提供了共同底色和思想资源。佛教的传播史，也是文明交流互鉴的最好样板。

二、佛教中国化和中国佛教的特质

作为一种异质文化，佛教自印度传入中国后，始终面临着如何适应中国社会，融入中国本土和在中国实现自我发展的问题，这个问题的解决，我们可以把它称为“佛教中国化”。佛教中国化是一个历史发展的自然过程，在这个过程中，“佛教日益与中国社会的政治、经济和文化相适应、结合，形成独具本地区特色的宗教，表现出有别于印度佛教的特殊精神面貌和中华民族传统精神的特征”①，从而最终为中国人接受，成为中国人信仰体系的有机组成部分。

佛教的融入，是在与中国文化的碰撞、吸收、改造过程中实现的。吸收

① 方立天：《魏晋南北朝佛教》，载《方立天文集》第 1 卷，中国人民大学出版社，2006 年，第 410 页。

改造之重要依据，恰恰是以儒家为代表的中国本土文化。因此，我们才能理解，为何在佛教与中国本土文化碰撞过程中彼此争议和关注的问题，会集中于政治和社会伦理领域，而并未有太多学理上的辨析。

佛教自创立时起，其本旨是远离尘嚣、厌弃尘俗的，佛教徒们的衣食住行处处表现出他们厌弃人生欲求、不染世间事务的风格，小乘以自了为旨趣，以出世为目标，视三界如火宅；大乘强调慈悲普度，一切众生都得解脱。这种注重出世的价值取向，与儒家注重入世的观念是相背离的，与中国文化以人文世俗生活为要务的治道体系是不一致的。

佛教从传入中国以来，与本土文化发生了一些冲突，如南朝宋文帝时期的因果报应之争、宋末齐初的夷夏之辨、齐梁之间的神灭神不灭之争、隋开皇年间的三教论辩大会、隋大业年间令沙门道士致敬王者引发的斗争、唐武德年间的儒道联合反佛、唐贞观年间的佛道先后之争、唐高宗时的佛道多次大辩论、唐高宗武后中宗时的老子化胡说之争、唐中后期多次举行的佛道大辩论、韩愈等的反佛道思想等，最严重的，就是“三武一宗”灭佛事件。但可以发现，与佛道之间的论辩冲突不同，双方对儒家都不约而同地采取了联合的策略。正如黄心川先生所说：“儒、释、道提出‘三教合一’虽则都是立足于本教而融摄其它两者，但归根结底实行的还都是以儒为主，佛、道携手为辅的组合形式。”① 道教为了抑制佛教，强调中夏与西戎之民性不同，佛教与中华传统思想、道德伦理、礼仪习俗之间的差异，强调自己的土生土长身份，提倡维护王道政治、传统礼教；佛教则尽力避免攻击儒家，巧妙周旋，努力说明佛教与儒家殊途同归之性质。因此，论争的主题虽然集中于夷夏之辨、礼俗之辨、形神之辨等问题上，但从根本上说，除了形神之辨外，其他不管是文化的、地域的，都最终归于政治伦理的范围。在很大程度上，这种归趣符合中国社会以“治”为核心的文化传统，反映了儒学关注现实、关注政治、为帝王师的政治立场，以伦理和政治为重心的学术品格，也反映了儒学拥有的不可动摇的意识形态地位。

儒佛之间的差异主要源于佛教的出世性和儒学的入世性之间的品格不同，具体则集中于儒学所强调的与王道政治和传统礼教关联紧密的“忠”和“孝”问题上的分歧。也就是说，夷夏之辨、敬王之辨的文化礼仪问题事实上已经转化为社会政治问题，即佛教对整个国家政治的利害得失问题。儒道与佛教

① 黄心川：《“三教合一”在我国发展的过程、特点及其对周边国家的影响》，《哲学研究》1998年第8期。

之间的论争，直至韩愈排佛，依然没有摆脱这样一条路径。因此，在历史上轰轰烈烈的三教论争，一直徘徊于社会政治层面的利害得失上，在理论上并无特别的建树。不管是批判，还是辩解，抑或政治上的引导，都没有离开这种天下大利的范围。具体则体现为与“忠”相对应的“敬王”问题，和与“孝”相对应的剃发、出家、服饰等礼俗问题。其他诸如形神之辨、报应说等，不过是这些冲突的补充和支持。因此，道教批评佛教，多以其不利国化为重点，这种批评贯穿于佛道纷争的整个过程。

道教批评佛教，最严重的莫过于南齐时期托名张融的道士所作的《三破论》。《三破论》的中心思想是所谓的“三破”，即佛教对中国有三大危害：入国而破国，入家而破家，入身而破身，因此佛教“不施中国，本止西域”。唐代反佛比较著名的，莫过于唐初的傅奕和中唐的韩愈。但即使是傅奕和韩愈，也没有超越社会政治层面的批评。

唐时社会繁荣，佛教发展迅速，是时寺院林立，占有大量田地和社会财富，以致景云二年（711）辛替否（622—742）上书说：“当今疆场危骇，仓廪空虚，揭竿守御之士赏不及，肝脑涂地之卒输不充。而方大起寺舍，广造地宅，伐木空山，不足充栋梁，运土塞路，不足充墙壁。……今天下之寺盖无其数，一寺当陛下一宫，壮丽之甚矣！用度过之矣！是十分天下之财而佛有七八，陛下何有之矣！百姓何食之矣！”（《旧唐书·辛替否传》）这种“造寺不止，枉费财者数百亿；度人不休，免租庸者数十万”“十分天下之财而佛有七八”（《旧唐书·辛替否传》）之局面，对唐代的社会经济造成了深刻影响。唐武德四年（621）九月，太史令傅奕上废佛法奏事十一条，批评佛教“僧尼徒众，糜损国家。寺塔奢侈，虚费金帛”（《旧唐书·傅奕传》），几引起朝廷废佛之举。中唐韩愈则对比中国历史上有无佛教之世的政治状况，强调佛教对于国计民生之危害，坚决主张排斥佛教。韩愈排佛，既是对当时佛教对社会生活的影响的反思，也是对社会政治之殷殷关切的表达，是为了防范人们沉溺其中，破坏风教。

各界对三教同源、三教同归的叙述，也往往归之于社会教化功能。如孙绰《喻道论》：“周孔即佛，佛即周孔，盖外内名之耳。故在皇为皇，在王为王。佛者梵语，晋训觉也。觉之为义，悟物之谓，犹孟轲以圣人为先觉，其旨一也。应世轨物，盖亦随时。周孔救极弊，佛教明其本耳，共为首尾，其致不殊。”[①]《弘明集》无名氏《正诬论》：“佛与周孔，但共明忠孝信顺。”[②]

---

① 《弘明集》卷3《喻道论》，《大正藏》卷52，第17页上。

② 《弘明集》卷1《正诬论》，《大正藏》卷52，第8页中。

宗炳《明佛论》："是以孔、老、如来，虽三训殊路，而习善共辙也。"[①] 雍正上谕中强调："朕惟三教之觉民于海内也，理同出于一原，道并行而不悖，……朕以持三教之论，亦惟得其平而已矣。能得其平，则外略形迹之异，内证性理之同。而知三教，初无异旨，无非欲人同归于善。"[②] 甚至认可"以佛治心，以道治身，以儒治世"的三教扬长补益观。

佛教应对具体的华夏习俗之差异，也往往用有益王化之解释，以寻求自身发展的平台。在此过程中，淡化了佛教的出世品格，并促使佛教在学理上发展了世间法与出世间法不一不异的思想，使"色空相即""立处即真"的圆融思想成为中国佛教的主流。如针对儒、道对佛教出家离俗的指责，梁僧祐撰《弘明集》卷十一载何尚之对宋文帝言："慧远法师尝云：释氏之化，无所不可。适道固自教源，济俗亦为要务。世主若能剪其讹伪，奖其验实，与皇之政并行四海，幽显协力，共敦黎庶，何成康文景独可奇哉！……何者？百家之乡，十人持五戒，则十人淳谨矣。千室之邑，百人修十善，则百人和厚矣。传此风训，以遍寓内，编户千万，则仁人百万矣。……夫能行一善，则去一恶；一恶既去，则息一刑；一刑息于家，则万刑息于国。……即陛下所谓坐致太平者也。"[③] 佛教采用了更为积极的阐释，突出了佛教化世济俗的功能，张扬了佛教对世人的道德感化作用、劝善化俗功能。

随着佛教在中国的逐步深入，中国社会对佛教的态度一直并存着两种倾向：一方面，从夷夏之辨、社会经济、王道政治、伦理纲常等现实的社会功能、文化关系的角度批评佛教，反映了儒佛品质之异质性；另一方面，则强调儒、释、道三教虽殊，其教一致，可以殊途同归，反映了儒佛会通之可能。虽然这两种倾向在不同历史时期的基本表现略有差别，但总体上是并存的。可以说，儒佛之一致同归也即儒佛会通的方向，而儒佛异质则正好促成了功能的互补。

佛教中国化，是佛教被中国文化接受的过程。在这个过程中，印度佛教被改造为中国佛教；佛教的出世品格，在中国形成了"世间经世产业与实相无违"、立处即真的出入世相即不二的中道修行观，及"以出世之心为入世之事"的积极入世品质，并在近现代完成佛教世俗化和现代化的转型，形成人间佛教的发展面向。

① 《弘明集》卷 2《明佛论》，《大正藏》卷 52，第 12 页上。
② 《清代档案史料选编·雍正朝·关于佛学之谕旨·二》，上海书店出版社，2010 年。
③ 《弘明集》卷 11，《大正藏》卷 52，第 69 页下。

除了出入世的融合外，佛教的思想诠释也打上了中国文化的烙印。葛兆光在《中国思想史》中指出："三世纪以后佛教在中国的传播，虽然看上去是'佛教征服中国'，但在上层思想世界中，其意义反而更多在于使老庄思想中的某些精神凸显出来。""人们借助老庄对佛教进行解释，佛教也是在不断翻译和解释之中，加入了这一思想系统，并使之开始彰显它的系统性，在这个意义上，中国也征服了佛教，因为佛教在中国上层思想世界的传播，实际上是取代并接续了向秀、郭象以来老庄玄学的思路，继续着中国古代思想世界那种关于宇宙与人生的玄思。"① 而天台宗、华严宗、禅宗等宗派佛教哲学系统，无不受到中国思想的影响。尤其是禅宗，其思想被认为是佛教中国化的典型。

不仅如此，正如许理和在《佛教征服中国》中指出的，佛教"传入中国不仅意味着某种宗教观念的传播，而且是一种新的社会组织形式——修行团体即僧伽的传入"，因而，"因佛寺在中国的存在所引起的作用力与反作用力、知识分子和官方的态度、僧职人员的社会背景和地位，以及修行团体与中古中国社会逐步整合，这些十分重要的社会现象在早期中国佛教的形成过程中都起到了决定性的作用"。② 也就是说，佛教中国化不仅指佛教的观念样态打上了中国文化的烙印，而且佛教组织与中国的社会结构诸因素形成互动，最终融入中国的社会结构，形成独立的、既保留佛教特质又具有中国特色的宗教存在形式。

僧人出家修道，意味着与中国既有的家庭家族分离，一种新型的社会组织——寺院，成为佛教与中国社会融合的形式。唐以后，中国佛寺建筑改变了古印度以佛塔为中心的格局，变为以佛殿为中心、塔寺并存的多院落布局形式，体现了中国传统建筑的观念和特点。到明清时期，佛教寺院大多依中轴对称地布置山门、钟鼓楼、天王殿、大雄宝殿、配殿、藏经楼等，最终形成了现今常见的中国佛教寺院建筑模式，完成了佛教寺庙建筑的中国化过程。

佛教教团生活方式的调整，是佛教顺应中国文化从而获得安身立命的重要保证。僧团生活中国化，如托钵乞食和过午不食不再成为僧团生活的主流样态，中国僧人也改变了岩居穴处、游化为务的隐修方式。天台智者大师提倡一切世间治生产业，皆与实相不相违背。根据《传法宝记》记载，禅宗四祖道信开始提倡垦荒劳作。后来百丈怀海禅师制定《百丈清规》，把农事耕种

---

① 葛兆光：《中国思想史》第1卷，复旦大学出版社，2004年，第396页。

② 许理和：《佛教征服中国》，李四龙、裴勇等译，江苏人民出版社，2003年，第1页。

与参禅修行合二为一，从而把“农禅并重”真正贯彻到理论实践中，为农事耕作做了符合佛教戒律和伦理原则的基本论证。元代《敕修百丈清规》由朝廷颁布全国，确定了农禅方式，帮助僧团自给自足，形成中国佛教“运水搬柴无非佛事，舂米做饭正好参求”的特有文化，平常心是道，生活处处是禅，这种出世入世不二的思维模式得到贯彻，推进了佛教在中国的发展。

三、佛教化中国和中国文化的发展

佛教在中国流布发展，对中国的社会结构、信仰形式、哲学传统、文学语言、建筑、艺术、社会习俗等都造成了深刻的影响。佛教影响中国文化，是通过两个路径实现的：其一是提出问题，刺激解决；其二是直接影响中国文化的面貌。

（一）社会结构

作为印度传统一部分而传入中国的佛教给中国社会带来了两个新的元素：出家修行的僧侣群体，以及和僧侣生活方式逐渐相适应的寺庙。

早期在中国传播佛教的都是外来的僧侣，据《高僧传·佛图澄传》记载，当时“唯听西域人得立寺都邑，以奉其神，其汉人皆不许出家”[①]。直到嘉平二年（250），印度律学沙门昙诃迦罗到洛阳译经，在白马寺设戒坛，朱士行登坛受戒，成为汉地出家第一人。朱士行也是有记载的西行求法第一人。

佛教教团的出现，显然对国家治理提出了新挑战。之前以家族性为基础的伦理关系已经成熟，要把新的非血缘的人际关系纳入中国乡土社会和天地君亲师的学缘结构中，转化为拟血缘的伦理体系。正如高明士所提出的，中国传统法律的伦理关系可以分为亲属关系和义合关系，两者在律令制度下共同塑造了一种“大家庭结构的秩序”。《唐律疏议·名例条》“称道士女冠”条规定：“诸称道士、女冠者，僧、尼同。若于其师，与伯叔父母同；若于弟子，与兄弟之子同。”[②] 出家人与世俗人的亲缘关系虽然因出家被隔断，但在法律上被纳入拟制的亲缘关系中。[③] 中国传统佛教以剃度和传法为基本手段，构成了剃度家庭（师徒结构）和传法家族（宗派谱系），与俗人的家庭、家族相类似，从而形成传统佛教最基本的身份认同和关系网络。[④]

---

① 慧皎：《高僧传》，汤用彤校注，中华书局，1992年，第352页。

② 《唐律疏议》，岳纯之点校，上海古籍出版社，2013年，第117页。

③ 周东平等：《论佛教对中国传统法律之影响》，中国社会科学出版社，2021年，第27页。

④ 张雪松：《佛教“法缘宗族”研究——中国宗教组织模式探析》，中国人民大学出版社，2015年，第27页。

我们或许可以完成一个假设：儒家提倡的一以贯之的“忠恕之道”、中国宗法制社会的同心波轮推及结构、强调“和而不同”的文化包容导向，在中国社会结构的拓展中，形成了血缘、学缘、法缘推展的通和模式。佛教传入，不仅促使中国社会结构增加了出家人的群体，而且还进一步促使中国社会发展出新型的容纳新群体的机制，从而使得异质文化融入中华文化。

佛教寺庙遍布城乡，形成多功能的社会和民俗活动场所，补充了中国传统的公共空间和社会功能。百姓在寺庙烧香祈福，络绎不绝，寺庙成为民众综合的信仰中心。在很多地方，庙会也是贸易场所，商品交换市场。《东京梦华录》记载大相国寺“每月五次开放，供万民贸易”①。寺庙还曾经被作为荐福设奠乃至民间停灵场所，如北京法源寺，前身为唐代悯忠寺，乃武则天为纪念贞观十九年（645）随唐太宗征高丽不克而亡殁的将士所建，后曾有几层院落专供停灵之用。寺庙也常常被用作教育场所、贫困士子寄身场所，每逢科举之年，又多为赶考举子寄宿旅社。《唐摭言》记载王播少年时孤贫，曾经客居扬州惠昭寺木兰院，随僧用斋。久之僧厌怠，一次王播到时，发现僧人已经用过斋饭，于是题诗壁上。等其发达后重游，却发现所题诗句已有碧纱笼罩，于是继以成绝句，曰：“上堂已了各西东，惭愧阇黎饭后钟。二十年来尘扑面，如今始得碧纱笼。”说的就是寺庙兼为孤贫士子寄寓地的故事。

天下名山往往配之以山寺僧影、暮鼓晨钟，文人雅客参禅问道、话茶吟诗，士僧交游成为风雅逸事，促进了儒佛交流。到灾荒时节，寺庙往往作为救护百姓、收容流民的地方。可以说，佛教为中国社会提供了独特的公共空间，培育了新的审美情趣，增加了别具特色的生活方式。美国学者韩书瑞（Susan Naquin）在研究北京寺庙时，指出寺庙成为城市公共生活的中心，演剧、市场、慈善救济、士大夫讲会、外人投诉、节庆进香、藏书、出版、艺术与休闲等活动都在寺庙中进行，这些公共活动有助于北京构建共享的城市文化，有助于形成各个阶层、各种身份共同认同的“北京市民”身份。

（二）制度体系

因为佛教教团独特的组织生活方式及其在中国的发展，政府也需要逐渐探索出引导佛教与社会和谐发展的路径、有效管理佛教的政策举措。佛教对中国古代法律也造成了深刻的影响，如佛教在忠孝观念、平等观念、赋税增减、组织起义、盗匪信仰、包庇罪犯、僧尼犯罪等方面对传统法律秩序构成了冲击，推动了僧官制度、清规、僧尼犯罪司法管辖权、私入道、禁毁佛像、

① 孟元老：《东京梦华录》，中州古籍出版社，2010年，第58页。

行刑日期、赦宥方式、五逆罪、禁止僧人娶妻习武狎妓饮酒等专门制度的设立。①

讨论中国的政教关系，需要区分两个层面的“教”：其一是“教化”，其二是现代学术体系意义上的“宗教”。中国传统的政教关系本质上是政治与教化的合一。汉代推行独尊儒术，把发扬周礼之义理的儒学之教化，纳入政教体系，成为国家意识形态的表达。佛教在中国的发展，及在其影响下道教的制度化，使得中国社会形成了一个独立于传统政教体系的制度化“宗教”，使得中国社会需要处理“宗教”和“社会”之间的关系，即“宗教关系”。按照2016年全国宗教会议的界定，宗教关系，应该包括国家与宗教、社会与宗教、国内不同宗教、我国宗教与外国宗教、信教群众与不信教群众等的关系。汉代以来，佛教、道教在教化论的意义上定位于辅助王化，规定了中国政教关系的基本走向。② 佛教自身也发展出了“道通唯人，王为法寄”（智颉）、“不依国主，法事难立”（道安）的思想，推动中国社会确认了政主教（宗教）从的政教关系原则。在不违背最基本的法律底线的基础上，引导佛教适应社会治化体系的需要，成为治化体系的重要组成部分。

国家对佛教也形成特殊的规制。隋律开始出现“盗毁佛及天尊像罪”；《唐律疏议》《宋刑统》明确僧尼不受原来家族亲属所犯谋反等罪的缘坐，自己所犯谋反等罪也不再缘坐原家族的亲属等。自魏晋以来一直讨论争辩的“沙门敬王”问题，在明清时期得到了法律上的解决，《大明律·礼律·仪制》“僧道拜父母”条规定：“凡僧尼道士女冠，并令拜父母、祭祀祖先，丧服等第皆与常人同。”③ 在王法和教法上，违背教法的，在法律规制上加重处罚。如《唐律疏议》中对“称道士女冠”条件的疏议指出：“但余条唯称道士、女冠者，即僧、尼并同。诸道士、女冠时犯奸，还俗后事发，亦依犯时加罪，仍同白丁配徒，不得以告牒当之。”④

自魏晋南北朝时期起，中国历代王朝试图通过建立僧官制度实现对僧侣和教团的规制。僧官制度成为中国古代政治体制的重要组成部分。与之相应的，寺院的数量、僧人的身份、寺庙的税收等也成为国家规制佛教发展的重要方面，其核心并不在于规定佛教的信仰内容，而是让佛教纳入国家治理体

① 何柏生：《佛教与中国传统法律文化》，《法商研究（中南政法学院学报）》1999年第4期。

② 张践：《中国古代政教关系史》上卷，中国社会科学出版社，2012年，第15页。

③ 《大明律》，怀效锋点校，辽沈书社，1990年，第93页。

④ 《唐律疏议》，刘俊文点校，中华书局，1983年，第143－144页。岳纯之点校本认为该条疏议出自《宋刑统》。

系中。

（三）哲学

佛教传入中国，带来的不仅是宗教信仰和组织形式，而且也是一个新的哲学体系。佛教哲学与中国传统相结合，通过经典的翻译、诠释，魏晋时期就形成了与玄学的合流，从此成为中国哲学的重要组成部分。隋唐时期佛教宗派的形成，标志着中国本土佛教自我意识的成熟和中国佛教体系的基本完成。以天台宗、华严宗等为代表的宗派佛教，建构了以判教论、实相论、真理论、佛性论、心性论、修行论、境界论、法统论等为问题架构的哲学体系，成为隋唐时期最具有综合创造性的哲学表达。中国佛教哲学倡导实相论、心性论和修行论的统一，坚持众生皆有佛性，提出和解答了性的善恶问题，以成佛为追求目标，重视修行实践，强调向内求觉的修行方式，刺激了唐宋儒学的重振，推动了孟子和“四书”地位的提升。宋明儒学家无不出入佛老，通过批判、回应、吸纳、融合佛教哲学开启宋明理学的问题视域和思想体系。与其说宋明理学吸收了诸如华严宗、禅宗的某个思想，毋宁说隋唐佛学形成的概念框架和问题意识，对宋明理学的产生发挥了激励作用。“宋明理学的创立及其成就，实则归功于对佛学精粹义理的主动吸纳，或者说，佛教对中国哲学的最大贡献就是促进了宋明理学的产生与传衍。”① 不仅如此，佛教还影响了道教的思想和体系建构。任继愈先生指出：“正是由于佛教的输入，才使得中国的宋明理学改变了它的面貌，完整地构造了儒教的思想体系。也正是由于佛教的传播，才使得中国的道教在某些方面吸收了佛教的内容，形成了佛教道教交叉影响的局面。”② 最为典型的是王重阳创立的全真道，其推崇的经典以《道德经》为主，以《孝经》《心经》为辅，包容了儒释道三教的重要典籍，提倡“三教从来一祖风”的三教圆融观，强调识心见性、功行双全、全修其真、济世度人的性命双修的修行观，形成与符箓派并驾齐驱、影响力更甚的道教流派。

（四）信仰习俗

佛教自传入中国以来，就与中国民间信仰、伦理观念相互结合，形成了新的带有佛教特色的民间信仰形式，也使得轮回报应等观念进入民众的信仰领域，成为规范民间社会、助益王化的伦理和心理基础。

---

① 方立天先生对陈寅恪先生论述的概括。参见方立天：《中国佛教哲学要义》上卷，中国人民大学出版社，2002年，第3页。

② 任继愈：《汉唐佛教思想论集》，人民出版社，1981年，第18页。

佛教在中国化过程中，“中国佛教信仰的持续与实践传承，百分之九十以上都是在一般信众中实现，且以民俗化、生活化、仪式化、功利化，甚至娱乐化的形式进行，并与民众日常生活的婚丧嫁娶融为一体”①。佛教与中国民俗之间的影响是相互的，有佛教信仰实践形式受到中国文化观念和习俗的影响，从而加入了中国文化的特征；也有佛教信仰实践的形式和内容融入中国文化和习俗，形成具有佛教特征的民俗形态。可以说，佛教的信仰实践和中国传统的生活习俗相辅相成，构成了中国文化习俗的新样态，也是佛教成为中国文化有机组成部分的路径。

中国社会是农业社会，有悠久的岁时节令习俗的传统，如春秋战国时期就已经形成的二十四节气是人们根据日月运行位置、气候变化和动植物生产等自然规律总结出来的，是民俗生活的重要组成部分，对中国人的农耕文明有着巨大的影响。2020 年，二十四节气被正式列入联合国教科文组织人类非物质文化遗产代表作名录。佛教传入中国后，佛教的一些传统也加入民间习俗中，成为新的民俗。如四月初八的浴佛节，取材于佛陀诞生时的九龙浴佛，后来成为佛教寺院举办的重要时节活动。早在北魏时期，浴佛活动就盛况空前。《洛阳伽蓝记》记载，浴佛前一天，京师洛阳各寺院千余尊佛像集中到景明寺；到浴佛当天，佛像陆续进入宣阳门，皇帝散花致礼，“于时金花映日，宝盖浮云，幡幢若林，香烟似雾；梵乐法音，聒动天地；百戏腾骧，所在骈比。名僧德众，负锡为群；信徒法侣，持花成薮。车骑填咽，繁衍相倾”②。浴佛风俗绵延至今，成为寺院的经典保留项目。与佛陀生平相关的重要节日还有腊八节，源于释迦牟尼成佛前夕接受牧女供养乳糜的故事，喝腊八粥也成为中国民间的重要习俗。北宋《东京梦华录》记载腊八时节，“初八日，街巷中有僧尼三五人，作队念佛，以银铜沙罗或好盆器，坐一金、铜或木佛像，浸以香水，杨枝洒浴，排门教化。诸大寺作浴佛会，并送七宝五味粥与门徒，谓之‘腊八粥’。都人是日各家亦以果子杂料煮粥而食也”③。很多寺庙在腊八日会煮大锅腊八粥施给信众，或赠腊八米包以祈福。

在饮食上，虽然原始佛教有食物禁忌，但并不直接规定素食。南朝梁武帝根据佛教义理，吸收了传统出于生态环保需求而强调的特殊季节“斧斤不入山林”、禁屠钓等规定，力排众议，作《断肉敕》要求僧人素食：“不曾见

① 唐忠毛、乐晶：《试论佛教中国化的民俗化向度》，《西南民族大学学报（人文社科版）》2019 年第 11 期。

② 杨衒之：《洛阳伽蓝记》卷 3 “景明寺”条，尚荣译注，中华书局，2012 年，第 196 页。

③ 孟元老：《东京梦华录》，第 195 页。

禽兽有一自死者，若非杀生，岂有死肉？买肉自杀，其罪一等。众僧食肉，罪剧白衣。”① 成为汉地佛教僧人素食风尚的缘起。

中国传统的敬天法祖活动，也增加了很多佛教的元素。祖先崇拜是中国“慎终追远”教化信仰的重要内容，也是教育和促使下一代社会化的重要手段。家祭礼在中国传统礼仪中具有重要地位。关于祭祀祖先的意义，明清之际利玛窦入华，曾经有很确切的解释：“信奉儒教的人，上至皇帝下至最低层，最普遍举行的是我们所描述过的每年祭祀亡灵的仪式。……的确，很多人都断言这种礼仪的最初创立与其说是为了死者，倒不如说是为了生者的好处。他们这样做是希望孩子们以及没有读过书的成年人，看到受过教育的名流对死去的父母都如此尊敬，就能学会也尊敬和供养自己在世的父母。”② 佛教传入中国后，与孝文化的结合是佛教中国化的重要内容。除了理念上的融合外，在习俗上，如七月十五中元节开展盂兰盆会，是源于佛教目连救母的故事，或可溯源于夏季结束时献供兼带祭供祖先亡灵的腊佛仪式，乃至更早的印度古老的婆罗门祖灵祭。目连（目犍连）在释迦牟尼十大弟子中为神通第一，一次以神通力看到母亲在地狱中如处倒悬，痛苦不堪，欲以神通解救而不得，后释迦牟尼为其解说受苦之前世因缘，并教以解救之法，即在僧夏安居之最后一天僧自恣日，供养十方僧众，以此功德解救其母。救母故事符合了中国传统文化中的重孝传统。南朝梁武帝开始设盂兰盆斋，并设水陆法会超度亡灵，成为中国祭祀文化的重要组成部分，绵延至今。目连救母的故事也成为唐以后目连变文、目连戏等艺术形式的文学原型。人死后做七七的习俗，则和佛教的“中有”观念有关。净土念佛法门盛行后，用助念活动帮助临终一念一心不乱，往生极乐世界，成为佛教对现代临终关怀的贡献。

中国素有“神道设教”的传统，孔子所主张的“祭如在”，主要是培养人们的虔敬之心。但在佛教与中国传统信仰模式互相激励的过程中，因果报应与善业结合，逐渐形成了灵验叙事，构建了“诚则灵”的求-应信仰模式，使中国治道体系中的实用理性推展到民间生活中的实用思维，形成了由“诚则灵”到“灵则诚”的信仰路径的融合，推助了权变在中国社会中的特殊价值。与这个进路一致，名山信仰、菩萨信仰尤其是观音菩萨信仰风靡中国。观音菩萨和大势至菩萨是西方极乐世界教主阿弥陀佛的胁侍，协助阿弥陀佛接引

① 俞正燮：《癸巳存稿》卷13《佛教断肉述义》，辽宁教育出版社，2003年，第394页。

② 利玛窦、金尼阁：《利玛窦中国札记》，何高济、王遵仲、李申译，中华书局，2010年，第103页。

众生往生西方极乐世界。《法华经·观世音菩萨普门品》说，受难众生只要一心诵念观音菩萨名号，就能远避刀兵水火等各种灾难；观音有种种化身，以便于普济众生。观音信仰在南北朝时期就已经十分流行。到明清时，出现了“家家观世音，户户弥陀佛”的信仰景观。观音菩萨也以更具有中国式慈悲样态的女性形象出现，在历代信众和画家的推助下，形成了民族化、世俗化、民俗化的观音娘娘形象，并结合其诞辰、成道日、出家日的说法，逐渐形成了丰富的供养形式。五代以后，浙江普陀山被传为观音道场，香火鼎盛。

（五）语言文学

随着佛经的翻译和流传，佛教用语、典故、意象等突破了汉语遣词造句的限制，大大丰富了中国的文学语言。唐以后的文学作品中源于佛教的成语，几乎占了史上外来成语的百分之九十以上。随着佛教在民间社会的普及，因翻译和诠释佛教思想所形成的新词以及成语，如方便、唯心、解脱、实际、世界、智慧、境界、烦恼、觉悟、平等、当下、一刀两断、心心相印等，成为民众的日常用语，纳入了现代中国人耳熟能详、日用不知的语言宝库。

佛教为文人墨客提供了诗文的主题、内容和意境，也丰富了中国的诗教传统。《毛诗序》认为诗能“经夫妇，成孝顺，厚人伦，美教化，移风俗”，因而古典诗歌更多地被纳入治化体系中。南北朝时期产生的山水诗，即大量的结合了山水与佛教义理，使得重审美愉悦成为诗歌艺术的本位，充实和丰富了诗教的内涵和表达，也使得人的性情得到更好的释放，用以入诗的题材和内容也大大扩展。唐代诗歌鼎盛，著名诗人如白居易、王维、杜甫、孟浩然、柳宗元等，出入寺观，谈禅论道，把诗和禅融为一体，用诗歌表达禅理，用禅趣生动诗作，开辟了诗歌的新领域，形成唐诗的一大特色。正如元好问所说：“诗为禅客添花锦，禅是诗家切玉刀。”（《赠嵩山隽侍者学诗》）王维被誉为“诗佛”，其禅诗“人闲桂花落，夜静春山空。月出惊山鸟，时鸣春涧中”（《鸟鸣涧》），“远看山有色，近听水无声。春去花还在，人来鸟不惊”（《画》），“空山不见人，但闻人语响。返景入深林，复照青苔上”（《鹿柴》）等，空有不二，动静一如，意境深远，成为禅诗之典范。宋代苏东坡的诗“溪声便是广长舌，山色岂非清净身”（《赠东林总长老》），“横看成岭侧成峰，远近高低各不同。不识庐山真面目，只缘身在此山中”（《题西林壁》），“若言琴上有琴声，放在匣中何不鸣？若言声在指头上，何不于君指上听？”（《琴诗》），脍炙人口，享誉古今。

僧人以诗表达禅修境地，成为中华诗歌宝库中的一道亮丽风景，丰富了诗学、茶道理论。唐代诗僧皎然与文人颜真卿、陆羽等交游，组织大型茶会、诗会活动，吟诗作赋，以茶会友，乐游山水，把诗性和审美融入日常生活中，其诗“孤月空天见心地，寥寥一水镜中山”(《送维谅上人归洞庭》)、“夜夜池上观，禅身坐月边。虚无色可取，浩浩意难传。苦向空心了，长如影正圆”(《水月》)，不仅展示了水月意象，而且开拓了禅境之表达。皎然开拓的“以禅入诗”和“以诗悟禅”，为中国古典诗歌的意境理论做出了贡献。北宗禅神秀和南宗禅慧能的分野点，即通过两首诗偈体现出修行境界和路径的差异。神秀“身是菩提树，心如明镜台。时时勤拂拭，莫使惹尘埃”指明了拂尘看净的修行路径，慧能“菩提本无树，明镜亦非台，佛性常清净，何处惹尘埃”指示了不立文字、明心见性的顿悟路径。柴陵郁禅师摔跤悟道，体会出“我有明珠一颗，久被尘劳关锁，今朝尘尽光生，照破山河万朵”。

佛典的大量翻译和广泛传播，佛经文学为佛法的传弘打开了方便之门。魏晋南北朝时期逐渐趋向成熟的志怪小说，开启了之后“释氏辅教之书”的繁荣，如干宝《搜神记》、刘义庆《幽明录》、王琰《冥祥记》、吴均《续齐谐记》、颜之推《冤魂志》，唐传奇如李公佐《南柯太守传》、沈既济《枕中记》、蒋防《霍小玉传》、牛僧孺《玄怪录》、李复言《续玄怪录》、张读《宣室志》，话本如《大唐三藏取经诗话》等。

中国历史上影响最大的几部小说如《水浒传》《三国演义》《红楼梦》《金瓶梅》等都包含了因果轮回、一切皆空、诸法无常、有求即苦等佛教的义理。业报轮回、因果报应的观念深入中国文学的字里行间，成为许多小说的构思母版，并发挥了化民导俗、助益王化的作用，成为中国社会治道体系的重要组成部分。

(六) 艺术

佛教在中国流布的过程中，立寺起塔，造像刻碑，创诗词歌赋，兴书画歌咏，成为佛教形象的重要符号、佛教宣化的重要手段、佛教交游的重要中介。在客观上，佛教也是东西方文化交流的桥梁，影响了中国的艺术形式，丰富了中国艺术的宝库。

佛教艺术有两类综合性的载体：石窟和寺院。二者都把建筑、绘画、壁画、造像等熔为一炉，形成综合的艺术表现形式。

石窟本来是印度修行的场所，佛教传入中国后，把石窟建筑方式带入，并形成了超越时空、融会中外、打通自然和人文的艺术精粹。中国的石窟开凿约始于公元 3 世纪，北魏时鼎盛。著名的山西云冈石窟、洛阳龙门石窟、敦煌莫高窟等主要凿窟活动多集中在这一时期。敦煌莫高窟现有洞窟 735 个、壁画 4.5 万平方米、泥质彩塑 2 415 尊，是世界上现存规模最大、内容最丰富的佛教艺术宝库。莫高窟的彩塑，以泥和夹纻制作造像，再加色彩，这种古老的彩塑工艺影响了后世佛教造像艺术。云冈石窟前后开凿 60 多年，目前存有主要洞窟 45 个，附属洞窟 209 个，雕刻面积达 18 000 余平方米，佛龛 1 100 多个，石雕造像 59 000 余尊，为中国规模最大的古代石窟群之一。现藏于美国大都会艺术博物馆的云冈石窟第 25 窟交脚菩萨石雕像，端庄典雅，神情自若，慈眉善目，舒展大气，是难得一见的北魏造像珍品。中国最大的一尊摩崖石刻造像乐山大佛，为弥勒佛坐像，开凿于唐代，通高 71 米。

从文献记载看，石窟开凿的目的多为祈祷，上至国泰民安，下达孝亲追远，贯彻了人们日常的期待和希望。由于发心开凿石窟的人身份、背景、目的不同，石窟的题材也非常丰富，记载了佛教发生、发展的过程，佛教的思想、历史和信仰内容。石窟造型主要取材于佛像、佛本生故事、佛本行和大乘经变，以及供养人像等，同时也记录了现实中人的生活，具有很高的历史文化价值。石窟艺术见证着文化的交流和佛教艺术的辉煌。古印度及中亚佛教造像风格融入了中华民族的艺术创作，形成了新的具有很强震撼力的艺术风格。

寺院是佛教艺术综合呈现的博物馆，将佛殿建筑、佛塔建筑、佛像雕塑、佛画艺术、梵呗艺术以及各种富有特色的精致装饰汇于一体，博采众长，跨越时空。唐代佛教壁画盛极一时。画圣吴道子集诸画家之大成，曾在长安、洛阳寺观作佛道壁画三百余间，其用状如兰叶的笔法表现衣褶，有飘举之势，人称“吴带当风”。他的画风深刻影响了后来的人物画。中国寺庙在群山、松柏、流水、殿落、亭廊、塑像、彩绘、文字、梵音、人物的相互呼应之间，含蓄蕴藉，意象万千，又安然自在，动静一如，把天地人之和谐、虔敬、安详、沉静融为一体。

从信仰者的角度，佛教艺术又成为信仰者表达信仰情感乃至修行的重要方式。大乘经典如《法华经》《华严经》中都把受持、读诵、抄写经典视作佛教修行的重要法门，有驱邪、消业、增信、得福、往生净土的功德，在书法昌盛的唐代，结合译经的需求，僧侣信众抄写经典蔚为风尚，既促进了书法艺术的发展，也推进了佛教的兴盛和繁衍。

佛教梵呗传入中土，融合了中国传统的美学因素，追求清净、空灵的意境，把空性转换为一种人文审美的存在，形成佛教美学和“音教”传统。空也成为中国音乐、绘画、诗歌等贯通性的审美基础，把精神上的自由自在和万事万物的自然而然结合在一起，透过青原行思禅师所说“三十年前未参禅时，见山是山，见水是水。及至后来，亲见知识，有个入处，见山不是山，见水不是水。而今得个休歇处，依前见山只是山，见水只是水”的禅门三阶，意在形外，明心见性，形成“青山不碍白云飞”“空山无人，水流花开”“云在青天水在瓶”这种即念离念、即事而真、立处即真的审美体验。

文明因多样而交流，因交流而互鉴，因互鉴而发展，这是文明发展的规律。佛教进入中国，在印度文明、中华文明之间乃至东西方文明之间搭起了桥梁，形成多米诺效应和蝴蝶效应，为世界文明的新面貌做出了重要贡献，也为未来文明的交流互鉴树立了可资参照的榜样。

第十章　中国传统婚姻与家庭述论

黄　东*

对于传统婚姻与家庭，相关研究论著众多①，这里多采择诸家之论综合成篇，以为讲述之需。依据课程的要求，我们的讲授是以专题划分、述论结合。讲述分两个大项：婚姻篇、家庭篇，其下又分为五个专题：第一，多样的围城：婚姻形态的变与常；第二，牵手与放手：婚姻的选择与解除；第三，孝顺的底色：家国同构下的孝与忠；第四，名节的残梦：贞顺与再嫁；第五，垂训的价值：佳弟子的教与养。

这里所讲的中国传统，从时间段上讲，通常认为是从上古到公元 1840 年；从社会形态来讲，是相对于现代社会而言的传统社会；传统婚姻讲的是以华夏文明为本位，以儒家文明为核心，为传统伦理所笼罩下的婚姻与家庭。

---

* 黄东，历史学博士、法学博士后，中国政治大学马克思主义学院副院长，中国政府改革和发展研究中心研究员，国家信息中心“中经视频”特聘教授，中国中共党史人物研究会理事。研究领域：历史记忆、叙事与认同，近代婚姻家庭文化，思辨文化。代表性学术成果：《“讲好中国制度故事”的叙事意义、立场与逻辑》《塑造顺民——华北日伪的“国家认同”建构》《中国婚姻家庭研究——从现代性、革命与法的面向探索》。

① 通论性研究代表著作有：吕思勉《中国制度史》（上海教育出版社，2005 年）、陈东原《中国妇女生活史》（上海书店，1984 年）、陈顾远《中国婚姻史》（上海书店，1984 年）、陶希圣《婚姻与家族》（商务印书馆，1934 年）、董家遵《中国古代婚姻史研究》（卞恩才整理，广东人民出版社，1995 年）、瞿同祖《中国法律与中国社会》（中华书局，2003 年）、陈鹏《中国婚姻史稿》（中华书局，1990 年）、姜涛《中国近代人口史》（浙江人民出版社，1993 年）、张国刚《中国家庭史》（广东人民出版社，2007 年）。断代研究代表著作有：郑慧生《上古华夏妇女与婚姻》（河南人民出版社，1988 年）、宋镇豪《夏商社会生活史》（中国社会科学出版社，1994 年）、谢维扬《周代家庭形态》（中国社会科学出版社，1990 年）、彭卫《汉代婚姻形态》（三秦出版社，1988 年）、陈弱水《唐代的妇女文化与家庭生活》（允晨文化实业公司，2007 年）、伊沛霞（Patricia Ebrey）《内闱——宋代的婚姻和妇女生活》（江苏人民出版社，2004 年）、潘光旦《明清两代嘉兴的望族》（商务印书馆，1947 年）、冯尔康与常建华《清人社会生活》（天津人民出版社，1992 年）、郑振满《明清福建宗族组织与社会变迁》（湖南教育出版社，1992 年）、陈支平《近 500 年来福建的宗族社会与文化》（上海三联书店，1991 年）、唐力行《徽州宗族社会》（安徽人民出版社，2005 年）、王跃生《十八世纪中国婚姻家庭研究——建立在个案基础上的分析》（法律出版社，2000 年）。

一、多样的围城：婚姻形态的变与常

（一）何为婚姻？

什么是婚姻？E. A. 韦斯特马克在《人类婚姻史》中将其定义为“婚姻是得到法律或习俗认可的一男或数男与一女或数女相结合的关系，并包括他们在婚配期间相互所具有的以及他们对所生子女所具有的权利和义务”①。

纵观整个人类的婚配史，大致存在三个阶段：第一个阶段是杂交阶段；第二个阶段是群婚阶段；第三个阶段是一夫一妻单偶制婚姻。远古时期，人类没有伦常观念，自为交媾。随着氏族社会的到来，人类开始进入群婚阶段，这一时期的婚配演变通常也被认为有三个阶段，即，血缘群婚→亚血缘群婚→对偶婚。血缘群婚，简而言之，便是同族同辈之间，不分你我，共妻共夫。后来因为血缘的禁忌，出现一族与另一特定族之间实行共妻共夫，是为亚血缘的族婚。进而出现对偶婚，也就是所谓的一夫多妻和一妻多夫，虽然是两个族群之间的结合，但有主妻和主夫，同时又有很多配妻、配夫。随着阶级社会和国家的产生，与财产和权力变化相适应的一夫一妻单偶制婚姻成为人类婚配的主要形式。在传统中国，因为妾的存在，婚姻实行的是一夫一妻多妾制。

从字义看，婚姻又称“昏因”“昏姻”。昏，指黄昏，“昏，日冥也。从日氐省；氐者，下也”（《说文解字·日部》）。“因”字原义是席子、竹席，“姻”则引申为女子有所凭借之义。“婚姻”并用，即指婚配缔结的礼仪，“婚姻之道，谓嫁娶之礼”，“男以昏时取妇，女因男而来，婚姻之名，本生于此”

① E.A.韦斯特马克：《人类婚姻史》（第1卷），李彬等译，商务印书馆，2002年，第33页。对于婚姻起源与婚姻形态的分析另有其他一些代表观点和作品：达尔文的《物种起源》使得学者们开始推究人类家庭演化，最早的代表作品是L.H.摩尔根的《古代社会》（杨东莼、马雍、马巨译，商务印书馆，1997年）。以此为基础，从历史唯物主义角度定义家庭为基本经济细胞和社会组织形式者，可见恩格斯的《家庭、私有制和国家的起源》（人民出版社，2000年）。从契约论、产权论等角度分析婚姻和家庭者有恩伯、波斯纳、海伦·费什等，可参见李拥军、桑本谦在《婚姻的起源与婚姻形态的演变——一个突破功能主义的理论解释》（《山东大学学报》2010年第6期）中对相关观点的集中介绍。美国经济学家贝克尔以微观经济学分析婚姻与家庭行为，参见《家庭论》（王献生、王宇译，商务印书馆，2005年）。从模型角度分析婚姻的代表者如何晓星《论双重合约与婚姻——一个经济学的研究新框架》（《上海交通大学学报》2011年第5期）。20世纪50年代开始，E.W.伯吉、T.帕森斯、G.P.默多克等开创了西方的家庭社会学，中国于此较早的研究有邓伟志《家庭问题种种》（天津人民出版社，1983年）、刘达《婚姻社会学》（天津人民出版社，1987年），邓伟志另有近作《家庭社会学导论》（上海大学出版社，2006年）。李银河所著《中国婚姻家庭及其变迁》（黑龙江人民出版社，1995年）、《中国人的性爱与婚姻》（河南人民出版社，1996年）侧重从性社会学及女权理论来分析婚姻与家庭。

(《毛诗正义·郑风·丰》)。结婚何以选择在黄昏?因为黄昏之际阴阳交替,"示阳下阴也,婚亦阴阳交时也"(《白虎通义·嫁娶》)。究其实际,婚姻之作用在于"合二姓之好,上以事宗庙,而下以继后世"(《礼记·昏义》)。这是中国传统社会婚姻作用的核心,也是世人考虑婚姻的根本出发点。

(二)行聘娶、重礼仪:婚姻的常态

从婚姻的制度来讲,中国传统婚姻的形态是一夫一妻多妾,缔结的方式为聘娶。"遵父母之命,凭媒妁之言,行婚姻之礼"(《孟子·滕文公下》),这是婚姻缔结的基本要件。

因为结婚是家庭之事情,所以父母,尤其是父亲,成为子女婚姻的决定者。但父母之决定需要有人提供相关的信息,这一功能由媒人承担。媒妁的出现早已有之,"媒,谋也,谋合二姓者也。妁,酌也,斟酌二姓者也"(《说文解字·女部》)。《诗经·齐风·南山》就说:"娶妻如之何,匪媒不得。"媒妁的存在不单是为婚姻缔结提供便利,还起到对婚姻关系加以社会确认的作用。《管子·入国》说:"凡国都皆设掌媒。"可见特殊时期,官媒也是存在的。通常情况下,为了保证婚姻合法,政府规定必须要有媒人作保。如《唐律疏议·户婚》就规定:"为婚之法,必有行媒。男女嫡、庶、长、幼,当时理有契约。"

聘娶是中国传统婚姻礼仪中最具有特定性的形式。就形式而言,包括婚姻商议之礼、婚姻缔结之礼和婚姻确认之礼。婚姻商议之礼包括:纳彩、问名、纳吉、纳征、请期。纳彩指男家请媒人到女家提亲;问名是问男女尤其是女方名字;纳吉则是试着拿男女双方的生辰八字去看是否相合;纳征则是女家接受男家所送之彩礼;请期则是约定婚礼举行日期。婚姻的缔结之礼包括亲迎、夫妇成礼、夫妻同牢合卺、馂余设袵几个环节。婚姻确认之礼通常由妇见舅姑和庙见组成。妇见舅姑就其仪式而言包括舅姑醴妇、妇馈舅姑两个环节。庙见则多是大户人家、大家族保有此形式,由公公在祖庙告知其子成婚情况,再由新妇行礼,进而新夫新妇及公婆共同跪拜祖宗。此后新婿携新妇拜见岳父母,行"成婿礼",并见各妻党。如此种种复杂程序完成之后,整个婚姻之礼方才告成。

(三)实力+实际:婚姻的变态

男女双方的家长基于家庭的考量,依照以上的婚姻之礼来完成婚姻,是为传统婚姻的正常形态,在此之外,因为各种原因,社会上还存在着多样的婚姻形式,如果说前者是婚姻的常态,后者便是婚姻的变态,这些婚姻变态大致有以下几种:掠夺婚、买卖婚、服役婚、交换婚、私奔婚、收继婚、指婚、入赘婚、童养婚、冥婚。此处选出较为重要者加以说明。

掠夺婚大致是初民时代常见的婚姻形态，一些学者认为婚姻之“婚”之所以是由“昏”演变而来，恰好可以证明掠夺婚的存在，因为黄昏之时便于下手。《易经·屯卦》爻辞六二便记载，“屯如邅如，乘马班如，匪寇婚媾”，上六谓“乘马班如，泣血涟如”，这些都记录了掠夺婚的残酷。在中原的一些地区，抢婚曾长时间存在。掠夺的出现是为了突破婚姻不得的政治或经济障碍。比如，《北史·高昂传》载，北齐时，大将高乾曾向北方大族博陵崔氏求婚，对方嫌其门户，不许。于是其弟高昂与人将高乾中意之女子劫走，“置女村外，（高昂）谓兄曰：‘何不行礼！’于是野合而归”。当然，后来的抢婚多变为形式上的习俗，或者是一种巧妙的节省婚姻成本的行为，因为婚姻论财的习俗之下，男方难以承受婚姻之费，于是女方怂恿或双方默认男方以强抢的形式造成事实，完成婚姻，不仅面子无损，而且减少婚礼消费。比如清末的《点石斋画报》壬集之《惊喜交集》记载：“近来沪上盛行抢亲，其俗甚陋，溯其原委，大半女家索礼过奢，男宅无以应命，则遂轰然而为此事。”

买卖婚早已有之，通常是指以金钱购买女性作为妻子。此外，还存在典妻的行为，出租妻子的目的是赚钱，其市场支持的动力在于不能娶妻生子者借腹生子的需求，当然也存在以妻子为妓女的出租行为。赵翼在《簷曝杂记》中记载：在甘肃“其不能娶妻生子者，则僦他人妻，立券书期限，过期则原夫促回，不能一日留也。客游其地者，亦僦以消旅况，立券书限，即宿其夫之家，限内客至，其夫辄避去。限外，无论夫不许，即其妻素与客最笃者，亦坚拒不纳。欲续好，则更出僦价乃可”①。

服役婚又称劳役婚，本是母系氏族向父系氏族转型时流行的一种婚娶形式，它与常见的赘婿制不同，其特征是女婿到女方家庭居住，从事时间不定的劳役，期满后携带妻子离开。这种习俗的变异在汉族地区也长期存在，比如近代在内蒙古地区流行的“为朋友”“搭伙计”、东北地区惯见的“拉帮套”等。内蒙古、山西、陕北一带的“搭伙计”，多是指一家丈夫外出讨生活之后，常见的是“走西口”，在家守活寡的妻子为了生活被迫临时去找光棍共同生活。“拉帮套”本是指一匹马拉的车，车载重过大，马力不堪的时候就需要加套另外一匹马帮忙。反映在婚姻关系上，是一个家庭因为生活困顿，丈夫或生病或能力缺乏，为维持家计，便去找人帮手，因无钱聘人，便去找娶不起妻的光棍帮忙，条件是“分享”自己的妻子。这种变态婚姻的出现，毫无疑问

---

① 赵翼：《簷曝杂记·甘省陋俗》，中华书局，1982年，第76页。

是生活所迫的结果，是一种婚姻悲剧，是一种感情与经济代价的扭曲交换。

私奔婚是指男女双方不行聘娶之礼，私自结合，事后又为当事人家庭和社会所承认。最为有名者当属司马相如与卓文君，文君私奔并不为其父卓王孙所认可，但在卓文君当垆卖酒后，卓王孙顾及脸面，只好对两人之私奔加以认可。卓王孙所反感者主要不是卓文君之私奔，而是私奔选择了穷书生，使得自己脸面受损。

收继婚又称转房婚、升房婚，在同辈之间是兄纳亡媳、弟娶寡嫂；不同辈分之间常见的是子娶庶母或侄娶婶子。这种婚姻形态曾广泛流行于游牧部族，典型的例子便是王昭君先嫁呼韩邪单于，呼韩邪单于死后，昭君又嫁其子复株累单于。汉族地区在秦之前此风也曾常见。比如春秋时期晋献公纳其父武公的妃子齐姜，生太子申生；晋惠公娶献公之妃贾姬。对于这种违背儒家人伦的婚姻，自唐宋开始国家便在律法上做出禁止，到明清时期禁断更是十分严厉。《大清律例・户律・婚姻》规定“若收父祖妾及伯叔母者各斩；若兄亡收嫂，弟亡收弟妇者，各绞”。但其实民间此种婚姻形态一直流行。推究原因，一是婚姻成本的考虑，相比于正式的聘娶婚，收继婚程序简单，相应开支大大节省。二是血嗣的考虑，亡兄或亡弟若无子嗣，则将绝后，纳其妻，一般会在此后生产的子嗣中选择一人过继，以延续其血嗣。

冥婚又称“攀阴亲”“配骨”“冥配”，起于何时已不可考，《周礼・地官・媒氏》已有“禁迁葬者，与嫁殇者”的禁令，依据学界考订，《周礼》成书最晚为战国后期，说明冥婚之习俗很早便已经出现。冥婚最早见于记载者当是东汉末年曹操为早夭之曹冲聘甄氏亡女，使之合葬《三国志・魏书・武文世王公传》。此俗在唐时已经常见于记载，虽然五代时期官府一度禁止，但总归流于无效。在宋元之后，冥婚十分盛行。冥婚之所以盛行，固然有父母体恤早死子女的因素，但张罗死人婚配，说明当时人相信灵魂世界与现实世界具有同构性。另外还有着社会因素和心理因素的原因：一则，早夭之男子若不结婚便难以立嗣，早夭之女子若不婚配便只能成为孤魂野鬼（大致北朝时早夭之女子可以归入本族之坟，其他时期多禁止归入祖坟）。二则，考虑到早夭之女若成为孤魂野鬼，早夭之男子若在地下成为鳏夫，戾气一生，将对父母兄妹及族人有不利影响，如此，选择冥婚也是为活人打算。

二、牵手与放手：婚姻的选择与解除

（一）婚姻的选择

从西周开始，随着宗法制度的确立，婚姻受到等级的限制，贵族与平民间各自婚配，贵族中诸侯、卿、大夫、士也依循等级进行婚配。逮至战国，礼崩乐坏，血缘宗法之制造成的等级限制让位于以功勋获得爵位的流官之制。当然，秦汉之后，社会上出现了官僚世家，尤其是东汉时期刘秀依靠豪强起家，使得中央和地方形成世世代代为官之世家，这些家族与门生故吏形成势力，是为门阀。曹魏实行九品中正制，世家门阀基本垄断了中高级官僚的位置。到东晋及南朝时，南渡的士族形成了著名的门阀政治。这些门阀为了保有自己的政治地位，极度重视婚姻之门第，使得门当户对达到极致。《南史·侯景传》载，昔日侯景投降南梁，以河南王之尊向南朝王、谢家族请婚，却仍然受挫，梁武帝回应说："王、谢门高非偶，可于朱、张以下访之。"与南朝相类，北朝的世家大族由东汉延续而来，在北魏时期，以崔氏为首的大族在投靠拓跋氏获得权力的同时，也将门阀之别发挥到极致。当时北方的四个大世族即崔、卢、郑、王，为最高等之世族。北魏统一关陇之后，另加上陇西李氏，是为汉家五姓。为了保证政治势力维持不坠，同一等级的大族间互为婚姻，婚姻成为强化门阀制度的手段。

门阀政治以及婚姻重视门第之风在唐初仍然没有改变，唐太宗时期编写《贞观氏族志》，是序列世族高低的官修族谱，当时山东世族已经沦落，却仍矜夸门第，太宗对此极为不满，规定以唐朝皇室李氏为第一等，以功臣为第二等，昔日之大族降为第三等，企图建立起以李氏皇室为首、唐朝功臣为核心的新门阀体系，但其作用有限。延续数百年的门阀声望毕竟不会因皇帝的政治干预而轻易改变，而且太宗之改变无非是以新门阀取代旧门阀，对于婚姻选择而言，重视门第仍然是其主要特色。高宗时期在官方禁止诸大族自相婚姻的情况下，以七姓为代表的望族仍然私下联姻。"以太原王、范阳卢、荥阳郑、清河博陵二崔、陇西赵郡二李等七姓，恃其族望，耻与他姓为婚，乃禁其自姻娶。于是不敢复行婚礼，密装饰其女以送夫家。"(《太平广记·贡举七》)当时大臣薛元超有所谓三大恨的名言："吾不才，富贵过分，然生平有三恨：始不以进士擢第，不得娶五姓女，不得修国史。"[1]"不娶五姓女"便是遗憾不能与当时的望族通婚，但需要说明的是，薛元超所娶者乃是皇族之女，即便如此，尚有如此之叹，可见"恨"意之真诚。对于自东汉以来的这种格局，沈括后来在《梦溪笔记·杂志一》中概括说："士人以氏族相高，虽从古有之，然未尝著盛。自（曹）魏氏铨总人物，以氏族相高，亦未专任门地。唯四夷则全以氏族为贵贱，自后魏据中原，此俗遂盛行于中国。其后迁易纷

① 刘餗：《隋唐嘉话》，中华书局，1979年，第28页。

争，莫能坚定，遂取前世仕籍，定以博陵崔、范阳卢、陇西李、荥阳郑为甲族。唐高宗时，又增太原王、清河崔、赵郡李，通谓七姓，皆谓之士族，此外悉为庶姓，婚宦皆不敢与百家齿。陇西李氏乃皇族，亦自列在第三，其重族望如此，其俗至唐末方渐衰息。"这种婚姻重视门第的风俗之所以在唐末方才渐渐平息，一方面是因为唐末农民起义与军阀混战对门阀世族的扫荡，另一方面是随着科举制的出现及完善，以科举获得地位渐渐成为国家主流的获得权力的途径，这使得九品中正制根底动摇，门阀的背景最终在宋时基本让位于科举的名次。

宋代采取重文抑武的国策，科举制极度发达。与唐代不同，唐时科举得中需再次考试通过方能做官，宋代则只要在五甲之上便可直接授官。宋时流行的劝学诗便反映了以科举猎取功名成为朝野上下的共识。比如，"天子重英豪，文章教尔曹；万般皆下品，唯有读书高"，"朝为田舍郎，暮登天子堂；将相本无种，男儿当自强"①。

此种风气的丕变，使得权力的获得起点由门第的高低转为科举之排名，这使得科举得中的士子成为官宦权贵之家择婿的首选，只有选择科举得中之人为女婿，才能更好保证家族权势长久不衰，因此自五代至宋，婚姻选择逐渐不重视门第。"自五季以来，取士不问家世，婚姻不问阀阅。"（《通志·氏族略第一》）在唐时，随着科举制的发展，所谓榜前择婿、榜前约定、榜下择婿和榜下完婚等各种方式就已经出现，但真正成为风气，还是在以科举为选官最主要途径的宋代。据朱彧《萍洲可谈》记载，宋时盛行榜下捉婿，只要科举得中，可以不问家世、不问人品、不问婚否。"本朝贵人家选婿，于科场年，择过省士人，不问阴阳吉凶及其家世，谓之'榜下捉婿'。"当然，这种习气又岂止限于官宦之家，那些致富的庶民或田舍翁为了获取政治资源，若期待获得跳板进入上层社会，最快捷的方式莫过于与未来的官员联姻。朱彧文中说及当时习俗："近岁富商庸俗与厚藏者，嫁女亦于'榜下捉婿'，厚捉钱以饵士人，使之俯就，一婿至千余缗。"② 自此而后，婚姻的选择重视科举，且往往与经济直接关联，已然成为婚配风气。

从社会文化的价值看，科举制打破了依靠血缘世袭的门阀制，依文才而猎取功名，不仅增强了社会流动，也增强了选才的公平性。对婚姻的选择而言，在科举得中的前提下，男方与女家互相的选择和判断十分重要。官宦或

① 汪洙：《神童诗》，载何燕编：《神童诗·续神童诗》，湖北美术出版社，2012 年，第 3、7 页。

② 朱彧：《萍洲可谈》，大象出版社，2006 年，第 147 页。

富豪固然可以榜下捉婿，天子门生们当然也会有所迎拒，这在根本上无非是文化资本、权力资本、经济资本的博弈罢了。比如《宋史·冯京传》载，宋仁宗时冯京“举进士，自乡举、礼部以至廷试，皆第一”，于是他被仁宗张贵妃之父张尧佐看中，欲妻以女，张将冯京拥至家中，不仅束之以金带，还直接将女儿未来的嫁妆让其过目，并且宣称结为婚姻是仁宗的意思，但“（冯）京笑不视，力辞”。最终冯京被宰相富弼招为女婿。

由于传统婚姻是家庭、家族间的行为，因此维持和发展家庭、家族的地位与势力，便是父母和族长首要考虑之事。无论是重视门第，还是以科举为尚，都是出于此种考量。其核心只有一点，所谓权贵，无权则不能贵，婚姻则是维持权力以赢得富贵的手段，婚姻论钱财、论门户、论科举，其根子是婚姻论权势、论资本，婚姻的缔结在两个家庭之间要维持等价的原则，这在传统社会始终未曾改变。

（二）婚姻的禁忌与限制

纵观古代婚姻制度，在婚姻的禁忌与限制上大致包含以下几个层面：

一是宗法层面的限制，同宗同姓不婚。此规定最早见于周代，虽说有着生理上对于后代质量的考量，但主要是维护宗法制度的需要。依据最为严格的制度，只要同宗，即便经过繁衍其小宗另有氏而称，但在一姓之统属下，仍不得婚姻。《孔子家语·曲礼·子贡问》记载：“同姓为宗，有合族之义，故系之以姓而弗别，缀之以食而弗殊，虽百世，昏姻不得通，周道然也。”但自汉以后，随着人口增加以及频繁的动乱，出现很多同姓却非同宗的情况，尤其是五胡十六国时期，各少数民族政权在汉化的过程中往往会将其姓改为汉姓，如此，同姓非同宗就不在各朝禁止之列。至于西周时期所强调的同姓非同氏者不婚，这之后也基本废弛，各朝依据不同情形做出相关规定。《唐律疏议·户婚·同姓为婚》对此的解释可谓典范：“同宗共姓，皆不得为婚，违者各徒二年。然古者受姓命氏，因彰德功，邑居官爵，事非一绪。其有祖宗迁易，年代浸远，流源析本，罕能推详。至如鲁、卫，文王之昭，凡、蒋，周公之胤。初虽同族，后各分封，并传国姓，以为宗本，若与姬姓为婚者，不在禁例。其有声同字别，音响不殊，男女辨姓，岂宜仇匹，若阳与杨之类。又如近代以来，特蒙赐姓，谱牒仍在，昭穆可知，今姓之与本枝，并不合共为婚媾。其有复姓之类，一字或同，受氏既殊，元非禁限。”其后各朝基本延续此规定。所以说，婚姻限制最严者是同宗共姓、昭穆清楚、处于五服之内者。另外，中表亲基本不在禁止之列，并且在高门贵第间中表婚一度成为风气。《唐律疏议·户婚·同姓为婚》规定：“其外姻虽有服，非尊卑者为婚，不禁。”这便是对属于母党妻党五服之类的中表婚网开一面的表现。但在宋元之后，中表婚渐渐禁止，犯者多判离异。如《大明律·户律·婚姻·尊卑为婚》规定“若娶己之姑舅两姨姊妹者，杖八十，并离异”。清代完全照抄，不过在其后附条例中却加上这样的文字：“其姑男两姨姊妹为婚者，听从民便。”（《大清律例·户律·婚姻》）

二是等级制度的限制。这在春秋时期是贵族和平民间、贵族自身等级间不能通婚；其后是高门望族与寒门间不得通婚，这在魏晋至唐是门阀间的自为婚姻；自宋以后，则是良贱不婚。在士、农、工、商四民之外，还有着乐户、伶人、丐民、堕民等群体，统称为贱民。《大明律·户律·婚姻·良贱为婚姻》规定：“凡家长与奴娶良人为妻者，杖八十。女家减一等。不知者不坐。其奴自娶者，罪亦如之。家长知情者，减二等。因而入籍为婢者，杖一百。若妄以奴婢为良人，而与良人为夫妻者，杖九十。各离异，改正。”

三是对特殊身份者的限制。比如自宋开始，规定僧道不得娶妻；宦官也不得娶妻；官员更是不得与娼妓为婚。僧道之限制是基于信仰原因，宦官之限制是基于人道原因，官员之限制是基于官德原因。但由于缺乏严格监督，此三类人娶妻者史书也多有记载。

四是对既存特殊关系者的限制。比如为了避嫌，犯官之女眷或女囚不能与监临官或主管官员结婚；如果男女自行通奸，也不得结婚，目的是防范那些为突破礼法而企图造成事实婚姻者，当然私奔为婚之禁止是一种民不举官不究的状态，官方多数将处置之权交付宗族。

（三）婚姻的解除

“离婚”一词或最早见于《世说新语》，传统婚姻的解除在原则上主要有“七出”“义绝”“和离”三种。

七出又称七去，是丈夫单方面弃妻的方式。从制度渊源看，七出的规定出自《大戴礼记·本命》，它规定：“妇有七去：不顺父母，去；无子，去；淫，去；妒，去；有恶疾，去；多言，去；窃盗，去。不顺父母去，为其逆德也；无子，为其绝世也；淫，为其乱族也；妒，为其乱家也；有恶疾，为其不可与共粢盛也；口多言，为其离亲也；盗窃，为其反义也。”此外，又加以“三不去”的限制，即“妇有三不去：有所娶，无所归，不去；与更三年丧，不去；前贫贱后富贵，不去”。对于恶疾之解释，参考何休对于《春秋公羊传·昭公二十年》的注疏，“恶疾，谓瘖、聋、盲、疠、秃、跛、伛，不逮人伦之属也”。大致从汉代开始，“七出三不去”的规范由礼入法，成为律令。[1] 自唐而后，相关法律更为细致规范。

义绝乃是官府强制离婚之制度，它本是一种礼的要求，后演变为法的规定，是国家对于社会规范的手段，是对伦常关系的维护。义绝之义乃是礼治之道德规范，是儒家对传统社会秩序的最高要求。义绝之主张大致在汉代便已经流行，刘向编撰的《列女传·贞顺传·黎庄夫人》就有“夫妇之道，有义则合，无义则去”之语。《礼记·郊特牲》曾经以列举的方式说及婚姻义绝之方面，“悖逆人伦，杀妻父母，废绝纲纪，乱之大者也，义绝，乃得去也”。

中国古代法律上之“义绝”规定始见于《唐律疏议》,《唐律疏议·户婚·妻无七出而出之》以列举的方式对“义绝”行为加以界定：“义绝谓殴妻之祖父母、父母，及杀妻外祖父母、伯叔父母、兄弟、姑、姊妹，若夫妻祖父母、父母、外祖父母、伯叔父母、兄弟、姑、姊妹自相杀，及妻殴詈夫之祖父母、父母，杀伤夫外祖父母、伯叔父母、兄弟、姑、姊妹，及与夫之缌麻以上亲若妻母奸，及欲害夫者，虽会赦，皆为义绝。”宋、元于此只有细节变化，比如宋规定夫家逼迫女方为娼妓也属于义绝范围。元代相关规定进一步扩大，在具体判例中，丈夫虐待殴伤妻子、卖妻，夫强奸继子之妇，公公调戏、强奸、和奸儿媳等也都属于义绝。明清对于义绝的列举近于对元代判例的概括，明代刑律中规定，“义绝之状，谓如身在远方，妻父母将妻改嫁；或赶逐出外，重别招嫉及容止妻与外人通奸。又如本身殴妻至折伤；抑妻通奸；有妻诈称无妻，欺妄更娶妻，以妻为妾；受财将妻妾典雇，妄作姊妹嫁人之类”(《大明律·刑律·诉讼·干名犯义》)。清律与此相同。相比于唐代关于义绝的规定，明清的规定并不单纯注重对家庭之中夫妻间矛盾的调整，而是在某种程度上对礼法制度予以强化，比如妻殴骂夫之祖父母、父母之类，这在当时当治以死罪，与夫之缌麻以上亲通奸也归于七出之类，更为关键的是，犯者绝非义绝离婚而已，而是要加以更加严苛之处罚。

和离是允许夫妻通过协议自愿离异的法律制度。《唐律疏议·户婚·义绝离之》规定：“若夫妻不相安谐，谓彼此情不相得，两愿离者，不坐。”和离应当说是七出、义绝的有效补充，若依照今人的理解，“七出”无疑是男子掌握离婚的主动权，“义绝”则是官府主导，其列举的内容男女所犯者皆有，那么女子主动要求解除婚姻者何以不能列为与“七出”对应的规定？这无疑是压抑女性的充分体现，但“和离”的存在又给女子主动离婚提供了制度支持。

① 程树德：《九朝律考》，中华书局，1963年，第115页。

按照班昭在《女诫·敬慎第三》中所强调的，“夫有再娶之义，妇无二适之文。故曰：夫者，天也；天固不可逃，夫固不可离也”。本来女性在婚姻中是少有离婚主动权的，但《唐律疏议》对于“和离”只是规定夫妻不相安谐，即可和离，至于由谁来提出并没有明确规定。唐时的情形，若男子提出，则多半丈夫和双方家长签字同意即可；若女方提出，则需要写出离婚之理由，且得丈夫同意，并上报官府，由官府批准生效。宋、元之后于此更加规范，使得女子主动离婚的成本增加。事实上，“和离”虽然少见，但史书上仍然有载，《汉书·朱买臣传》记载，西汉朱买臣未显贵时，因为家贫，好读书，不治产业，加之年已老，于是“妻羞之，求去”，结果“买臣不能留，即听去”。女方是因为生活原因主动弃夫，丈夫无奈，只得以“和离”的名义放弃婚姻。若妻子不曾犯七出之条，或所犯者是与丈夫亲属通奸之事，为解除婚姻，丈夫也多愿意“和离”，当然这种情况妻子多有强大之妻族为支持，即便“和离”，也不影响生计，或已有更佳选择。比如《汉书·外戚传第六十七》记载，汉武帝之母王娡本已嫁金王孙，并生有一女，但其母臧儿追逐富贵，于是便悔婚，《汉书》记载“（臧儿）欲倚两女，夺金氏。金氏怒，不肯与决”，但在臧儿主导下，王娡被纳入太子（即后来的景帝）宫中，金氏无可奈何，其与王娡的婚姻也就不得不绝。从实际情形看，“和离”应该是前两种离婚方式的有效补充，一般来说，这种离婚顾及双方脸面，好合好散，算是一种符合人心世情的灵活高妙的制度设置。敦煌藏经洞遗存文书中曾有唐人《放妻书》十余件，其格式相对固定，往往是先说婚姻乃礼法人情之需要，再说二人结合最初之和谐美好，继而感慨当下彼此无缘，然后再提及离婚，最后要对妻子美言几句，祝福其有新的归宿。此处特举一例：“盖说夫妻之缘，恩深义重，论谈共被之因，结誓幽远。凡为夫妇之因，前世三生结缘，始配今生之夫妇。若结缘不合，比是冤家，故来相对。……既以二心不同，难归一意，快会及诸亲，各还本道。愿娘子相离之后，重梳蝉（婵）鬓，美扫蛾眉，巧呈窈窕之姿，选聘高官之主。解怨释结，更莫相憎。一别两宽，各生欢喜。”①

三、孝顺的底色：家国同构下的孝与忠

孝作为一种伦理要求，渊源久远。毫无疑问，孝在上古三代，尤其是周代，是政治伦理和家族、家庭伦理的合一。西周建立起来的封建宗法制度，

① 《放妻书样文》(S. 0343V)，载沙知编：《敦煌契约文书辑校》，江苏古籍出版社，1998年，第475页。

使得周王不仅是天下共主，而且是王族之大宗。从义务上看，家庭中的子女对父母、家族中的小宗对大宗、国家中的诸侯对天子其实是一致的，既有物质之供养，也有服从之必要。童书业先生曾经论断说："在'原始宗法制'时代，后世之所谓'忠'（忠君之忠）实包括于'孝'之内……臣对君亦称'孝'，君对臣亦称'慈'……一国以至所谓'天下'，可合为一家，所谓'圣人能以天下为一家'也。故'忠'可包于'孝'之内，无需专提'忠'之道德。然至春秋时，臣与君未必属于一族或一家，异国异族之君臣关系逐渐代替同国同族之君臣关系，于是所谓'忠'遂不得不与'孝'分离。"① 当然需要看到，即便在西周之初，从逻辑上讲，这种三个层次的孝道在邦国间也不是完全合一的，因为周之分封，并非只是分封其姬姓及同盟之族，以小邦之周克大国之商，周对于商之治下形成的政治格局有着相当程度的包容和承认，比如宋国和齐国就不是姬姓。虽然可以通过联姻之类将其归于宗法之体系，但周王与这些诸侯，尤其是这些诸侯之下的卿大夫与周王间的从属或臣服并不能以三层次合一之"孝"完全统括。换言之，"忠"（忠君之忠）之概念虽然晚出，但在具体人事或政治行为上，当时"忠"之伦理要求并不能完全被"孝"包含。

"忠"之概念通常被认为是在春秋时期出现，最早大致是对非同族之人彼此之间的信诺等。比如《论语》之中，说及忠，都是如此之谓："为人谋而不忠乎"（《论语·学而》），"居处恭，执事敬，与人忠"（《论语·子路》），"言忠信，行笃敬"（《论语·卫灵公》）。尽管学界认为忠晚于此伦理要求，但其实只是一种推论。可以明确的是，春秋时期开始，随着政治格局的改变和社会生产力的发展，礼乐征伐自诸侯出，忠必然应时代需求而凸显。到了战国时期，列国争雄，游士与客卿的出现使得忠必然成为政治伦理的强势要求，这一时期忠孝间的张力十分明显，甚至孝更多被限制于家族、家庭之内。以商鞅为例，作为公孙鞅，自当孝于卫国之国君，但作为秦国之改革主导者，商鞅又安能不忠于秦孝公？商鞅不思在卫国变法，而是先入魏继而入秦以图施展抱负，在事业面前无所谓家族邦国的局限，这已经十分明显。

这一时期对于孝的定义表明了忠孝的分立，曾子曾定义孝说："孝有三：大孝尊亲，其次弗辱，其下能养。"（《礼记·祭义》）这里体现出一种递减关系，所以曾子说的"三"不是虚指。孟子所说的"不孝有三，无后为大"就是这种定义的佐证。汉代经学家赵岐在《孟子注疏·离娄章句上》中对所谓

---

① 童书业：《春秋左传研究》，上海人民出版社，1983年，第269页。

的三不孝加以补充解释，他说："于礼有不孝者三事，谓阿意曲从，陷亲不义，一不孝也；家穷亲老，不为禄仕，二不孝也；不娶无子，绝先祖祀，三不孝也。三者之中，无后为大。"这种解释恰恰反映出战国至西汉时的实情。因为在西周之时，所谓家穷亲老、不为禄仕在宗法封建制度下不可能出现，至于说不娶无子，实在不能成为不告而娶的理由，因为在西周宗法制下，不绝先祖之祀也不需要不告而娶来保证。

逮至秦始皇，一扫六合，废封建置郡县，中国自春秋轴心时代以来的大变局进入尾声。秦二代而亡，刘汉继起，开创布衣将相之局，同时有鉴于秦之失败，开始分封同姓，其制度显得中庸调和，郡国并行之下，涉及政治合法性之建构就比秦来得更为复杂而迫切。就家庭伦理和政治伦理的统一协调而言，如何处理孝与忠就是当时的时代命题。早在战国末期，法家韩非便从"顺"的角度来看待忠孝间的共性，他在《韩非子·忠孝》中说："父之所以欲有贤子者，家贫则富之，父苦则乐之；君之所以欲有贤臣者，国乱则治之，主卑则尊之。"到汉武帝时，汉儒终于完成了"移孝作忠"的理论建构，其逻辑前提是建构起天人感应之说，认为君王之产生不仅是社会管理的需要，"天生烝民，为之置君以养治之"(《史记·孝文本纪》)，"盖闻天生烝民，不能相理，为之立君，使司牧之"(《后汉书·桓帝纪》)，而且君王还奉天承运，董仲舒《春秋繁露·为人者天》说："传曰：唯天子受命于天，天下受命于天子，一国则受命于君。"继而明确天子与民之关系：天子不单纯是管理者的角色，还是民之父母。《尚书·洪范》曰："天子作民父母，以为天下王。"伏生对此的注解是："圣人者，民之父母也。母能生之，能养之；父能教之，能诲之。圣人曲备之者也，能生之，能食之，能教之，能诲之也。为之城郭以居之，为之宫室以处之，为之庠序之学以教诲之，为之列地制亩以饮食之。"(《尚书大传》卷二)广大小民虽在生物意义上有父母生育，但在社会意义上，所住、所养、所教、所管无一不是由圣人操办。如此，既然在家庭要讲究孝顺之道，在政治上对于君王又安得不讲忠顺之道？所以《孝经·广扬名》明确指出："君子之事亲孝，故忠可移于君；事兄悌，故顺可移于长；居家理，故治可移于官。是以行成于内，而名立于后世矣。"

通过对忠孝关系的梳理可知，汉儒的解释绝非创造，但正是依靠汉儒的努力，忠孝的关系得到了符合时代要求的建构，这也是汉代以孝治天下的秘密。所以说，国家转型的标志在政治形态上固然是秦朝统一天下，在文化形态上却是汉武时期的儒学独尊。当然这样的建构，并不能使家庭伦理与政治伦理完美契合，质而言之，"移孝作忠"固然没有问题，但忠于谁却值得讨论。依据理论，民众忠于者乃是圣人，而非一家一姓之君王，若君王是天作之圣，当然没有问题，但是如果天子失德，圣人不出，则忠心何托？“移孝作忠”的关键在于君王治理天下，圣人教养万民，君王如果是圣人，那其当然便是君父。如果君非君，则势必臣非臣，民众也就需要等待和选择新的君圣和君父了。

四、名节的残梦：贞顺与再嫁

“夫唱妇随”是礼法对传统夫妻关系的要求，也是在夫妻关系中男权主导的表现。毫无疑问，妻子顺从丈夫是与家庭和睦、国家稳定相关联的，《韩非子·忠孝》说：“臣事君，子事父，妻事夫，三者顺则天下治，三者逆则天下乱，此天下之常道也，明王贤臣而弗易也。”在历代儒生那里，这是天经地义之事。为什么呢？他们所依据者是阴阳之说，董仲舒在《春秋繁露·基义》中说：“仁义制度之数，尽取之天。天为君而覆露之，地为臣而持载之；阳为夫而生之，阴为妇而助之；春为父而生之，夏为子而养之……君臣、父子、夫妇之义，皆取诸阴阳之道。君为阳，臣为阴；父为阳，子为阴；夫为阳，妻为阴……王道之三纲，可求于天。”《白虎通义》还从谐音给予解释，说：“夫妇者，何谓也？夫者，扶也，以道扶接也；妇者，服也，以礼屈服。”为了让家族之女性认同此解释，司马光还特地加以举例证明，他在《家范·妻上》中说：“夫天也，妻地也；夫日也，妻月也；夫阳也，妻阴也。天尊而处上，地卑而处下。日无盈亏，月有圆缺。阳唱而生物，阴和而成物。”这是将男女两性的生理、性情的大致差别归结于阴阳之说，以保障男权，维持家庭和国家之男性主导的一种意识形态建构策略。正如《艺文类聚》引《妒记》所载，谢安想纳妾，其妻刘氏不允，于是子侄辈便拿《诗经》中的《关雎》《螽斯》来劝谕，刘氏问及此诗作者，答云：“周公。”夫人云：“周公是男子相为尔，昔使周姥撰诗，当无此也。”事虽不经，但却一语道破以阴阳之说解释男尊女卑理论之实质。

在此理论下，三从四德得以产生，所谓三从，《仪礼·丧服·子夏传》曰：“妇人有三从之义，无专用之道。故未嫁从父，既嫁从夫，夫死从子。”四德之说，最早见于《周礼·天官·九嫔》，所谓“九嫔掌妇学之法，以九教御：妇德、妇言、妇容、妇功”。后来班昭撰写《女诫》，对“四德”加以完善并解释，她认为：“夫云妇德，不必才明绝异也。清闲贞静，守节整齐，行己有耻，动静有法，是谓妇德。妇言，不必辩口利辞也。择词而说，不道恶语，时然后言，不厌于人，是谓妇言。妇容，不必颜色美丽也。盥浣尘秽，服饰鲜洁，沐浴以时，身不垢辱，是谓妇容。妇功，不必工巧过人也。专心蚕绩，勋劳女红，洁斋酒食，以奉宾客，是谓妇功。”（《女诫·妇行第四》）需要说明的是，“三从”之“从”在此本是指依归而非服从，即在礼仪方面妇人不能独立，必须依托于男方主导的家庭关系而存在，“夫死从子”当是指在礼仪上依托于嫡长子。自然，这一方面也反映了女性受压制的事实，另一方面是“夫唱妇随”在礼仪上的体现，但若理解为服从，则“夫死从子”明显与事实相矛盾。在历代相关法律上，寡母对子女都有着相当的约束管理权，一则若子孙供养有缺，则必须受到惩罚，一则若有寡母在，子孙不能分家别籍。[①] 就实际政治而言，历来太后之所以专权，多半是借助孝的旗号来达到目的的。在法律儒家化的过程中，儒家的“名分”之义在社会规范中的体现十分明显，简单来说，儒家强调的夫妻伦理和家庭伦理，固然有着主从的关系，但其实是“各具其名、各安其分”，在其上有着“义”的约束。“男尊女卑”是一方面，“长幼有序”则是另外一方面，“孝顺”要高于“贞顺”，也就是说，夫权大于妇权之外，母权要大于子权。至于四德，当是“男尊女卑”“男主外、女主内”思想下，对女性行为和身体的规训。

依据礼之规定，夫妻共同生活在伦理上虽然要求男子主导，但对于伦理仍然强调一定的对应性。就对妻子所强调的“贞顺”而言，妻子要对公婆和长辈孝顺，对丈夫要守贞顺从，然而这种伦理要求强调对应性，礼之要求在于“夫信妇贞”，即在强调妻子顺从的同时，丈夫对于妻子也要忠诚。丈夫纳妾必须遵循礼之规定，比如妻子无子，不得不为；若是丈夫宣淫，则为礼法所不许。秦汉时期对于丈夫的不信行为，在确认后，会加以处罚。秦始皇在会稽祭大禹，立石刻颂秦德，其文曰：“有子而嫁，倍死不贞。防隔内外，禁止淫佚，男女挈诚。夫为寄豭，杀之无罪。”（《史记·秦始皇本纪》）简单地说，若丈夫肆意与人通奸，妻子可以杀之而不负法律责任。但在男权时代，对丈夫的这种要求在实际操作上难以保证，因此，事实上造成女性单方面守贞的情形。

大体而言，守贞分为三个阶段，即婚前守童贞、婚后守贞、夫死守节。就时代而言，妇人守贞的要求早在先秦就已经出现，比如《易经》“恒”卦的六五爻辞的《易传》就说“贞，妇人吉，夫子凶。《象》曰：妇人贞，吉，从一而终也”。战国时期，燕国攻齐，齐国王蠋不愿为燕军所用，于是自杀，其临死名言为：“忠臣不事二君，贞女不更二夫。”（《史记·田单列传》）《礼记·

① 参见《唐律疏议·斗讼》“子孙违犯教令”条以及《唐律疏议·户婚》“子孙别籍异财”条。

郊特牲》也记载："信，妇德也，一与之齐，终身不改，故夫死不嫁。"虽然守贞为礼法所要求，历代也间或提倡，比如：秦始皇为褒奖巴清寡妇特地修筑女怀清台，其意在劝导贞节；汉宣帝在神爵四年诏赐贞妇顺女以帛；被后人视为有着乱伦之行的唐玄宗也明确下诏，"若孝子顺孙、义夫节妇志行闻于乡闾者，州县申省奏闻，而表其门闾，同籍悉免课役"（《旧唐书·职官志三》）。但一直到北宋，政府对于守贞的表彰和提倡并不多，没有形成风气。需要说明的是，后人习惯征引程颐的"饿死事极小，失节事极大"来举证北宋对守贞的提倡，其实存在误读。程颐其言如下："或问：'孀妇于理，似不可取，如何?'伊川先生曰：'然。凡取，以配身也。若取失节者以配身，是已失节也。'又问：'或有孤孀贫穷无托者，可再嫁否?'曰：'只是后世怕寒饿死，故有是说。然饿死事极小，失节事极大。'"（《河南程氏遗书》卷二十二下《附杂录后》）究其实际，程颐只是感叹之辞，很难就此得出北宋有如此守节要求的结论，而且也缺乏史实对此加以确证。何况程颐之说是从义理立论，其批评重点在于男子不应该娶寡妇，兼及女子不应当再嫁。南宋之后，守贞之风渐渐增多，到元代，随着朱熹学说被确立为官方正统，政府对贞节的旌表也开始制度化、系统化，到明清时期，政府开始全面倡导守贞，在意识形态上开始提倡"饿死事小，失节事大"，当然程颐昔日对娶寡妇男子之批评就被过滤掉，而只剩下对女性守贞的片面强调。洪武元年，朱元璋下诏，规定"民间寡妇，三十以前亡夫守志，五十以后不改节者，旌表门闾，除免本家差役"（《大明会典》卷七十九《旌表》）。可以说，自此而后，守贞成为一种社会风气，最为极端的是殉节和"望门寡"的出现。

守贞的出现有着宗法、法律、文化和社会的原因。从宗法上讲，守贞多是有子才守，或由他房过继子嗣以守，为着自己丈夫一房血嗣延续。从法律上讲，从元代开始，妇女离婚若出嫁，其财产（包含婚前财产）要归属于夫家，这当然加大了妇女离婚的成本，刺激了守贞的出现。从文化上讲，守贞是礼法对于家庭伦理的一种要求，守贞内容与要求的演变恰好可以看出礼法制度的变化，甚至可以看出为了社会的稳定利用礼法到了扭曲的地步。从社会的角度看，首先，守贞反映的是一种动物独占性的蛮性残余。其次，守贞与血统的纯正考虑相关，进而直接关联着男权主导的家庭继承制度。但在先秦对血统的纯正保证多采取首子不举（弃养首子）的方式①，对处女的检验方

① 首子不举历来有保持血统说、献祭说、异常婴儿被弃说，但诸种解说并非排他性的，就现存史料看，保持血统说并不能轻易推翻。相关研究参见胡厚宣：《殷代婚姻家族宗法生育制度考》，载《甲骨学商史论丛初集》，河北教育出版社，2002 年。

法最晚在汉代出现①，婚前验红则大致在宋代便已成为婚姻缔结的一个环节。② 最后，家庭在守贞上之所以呼应政权的提倡，其实是为了获得更多的社会资本，守节能获得国家旌表，还可以免除家庭差役，是家庭或家族获得社会资本的一种便捷途径，一个寡妇守节二十年所耗成本并不大，何况寡妇本身还可作为家庭劳动力存在，更没有规定守寡需要何等额外保障，但国家的表彰带来的精神满足、物质刺激却让人艳羡，由此形成风气。方苞（《方望溪全集·集外文》卷八《康烈女传》）曾记载一个望门寡的例子，一位姓康的女子许配给张姓之子，未曾过门张姓之子便已经死去，结果康女以张家儿媳自居，上吊殉夫。造成的后果是，康女成为烈女，“京师皆竦动，荐绅君子多为歔欷，里巷感伤。好事者传之图，讴歌其事，喧腾儿童女妇间。于时京师之人，咸知东门张氏云”。

既然守贞有着如此多的非感情因素，那么守贞就有着更多成本换算的底色，质言之，守贞风气强弱应当依据不同阶层、不同地域、不同诉求来论，泛泛以朝代来论就失之简单了。有学者据《古今图书集成》的记载，列出历代节妇（见表10－1）和烈女（见表10－2）的数据表。③

表10－1　历代节妇数据表

时代	周	秦	汉	魏晋南北朝	隋唐	五代	宋	元	明	清
数目	6	1	22	29	32	2	152	359	27 141	9 482

表10－2　历代烈女数据表

时代	周	汉	魏晋南北朝	隋唐	辽	宋	金	元	明	清
数目	7	22	35	29	5	122	28	383	8 688	2 841

《古今图书集成》成书在康熙时期，所以以时间论清代节妇和烈女的数目仍很可观。《清实录》对有旌表之烈妇、贞女的统计显示，有清一代（顺治九

① 参见马王堆出土汉墓之《养生方》关于守宫砂的介绍，参见《马王堆医书·养生方·戏》，载鲁兆麟编校《中国医学名著珍品全书》（上），辽宁科学技术出版社，1995年，第30页。

② 参见陈东原著《中国妇女生活史》之第六章第三节《男性的处女嗜好之产生》。

③ 参见董家遵著，卞恩才整理：《中国古代婚姻史研究》，第246页。为行文需要删去原作对比率的列举。

年至同治十二年），总计达 481 107 人，其中夫亡殉节 4 122 人，未婚守志 5 653 人。[1] 虽然唐宋以前图书有散佚情形，以《古今图书集成》为分析数据源也缺乏对墓志、方志的考量，但以明、清节妇和烈女人数之多，即便考虑到误差率，前文对于守贞自元而后渐渐加强成为风气的论断，大致仍是成立的。但以不同阶层而论，贫穷之家改嫁者多，男女性别比高、寡妇奇货可居之地改嫁者多，这也有着相当的史料支持。比如在清末之甘肃海城，"凡有新寡之妇，夫族家倚若拱璧，张三李四执牛耳，财礼多至一二百两，互相竞逐，动成抢案"[2]。另外，娶寡妇相比于娶新妇性价比高，当时人想得很清楚，"至丧妻再嫁，率重寡妇而轻室女，以室女不谙操作，寡妇必善持家。一有寡妇，居为奇货，索价动逾百金，恬不为怪"[3]。当然也有人贪图寡妇之母族的金钱势力，试图娶之而后可以好风借力。例如昔日西汉陈平不曾显达时，张姓富翁有孙女先后五次出嫁，其丈夫依次而死，以至于别人不敢再娶。陈平却欲图娶之，很难说陈平只是贪图美色，却不考虑女方之嫁妆以及母族之势力。事实上，《史记·陈丞相世家》记载："平既取张氏女，资用益饶，游道日广。"

五、垂训的价值：佳弟子的教与养

家教传统是中华文化传承过程中的一个重要方面，是中华民族发展历史上的一个颇具特色的文化现象。家教传统的知识内容、行为规范与伦理诉求奠基于西周，形成于两汉，丰富于魏晋，系统于唐宋，完善于明清。

在相当长的历史发展阶段，中国家教传统也存在着一定的共时性特征，主要体现在以下几个方面：

其一，在对家教功能的认识上，人们不仅将家教局限于家庭教育，而且认为家教是整个文化建构的组成部分。在文化的体认与建构中往往将一家一户的家庭教育与国家的命运联系起来，所谓"心正而后身修，身修而后家齐，家齐而后国治，国治而后天下平"（《礼记·大学》）。

其二，家训大致都有修身、齐家、为学、处世几个方面的培养诉求。

修身，核心要求是要树立忠孝观念，即在家能孝，于国则忠。其外延就是要子弟立志做一个"以孝悌为本，以忠信为主，以廉洁为先，以诚实为

① 郭松义：《清代妇女的守节与再嫁》，《浙江社会科学》2001 年第 1 期。

② 《海城县志》，转引自郭松义前引文。

③ 《宜川县志》，转引自郭松义前引文。

要”① 的君子。

齐家，就是治理家务、协调家庭内部关系，使家庭和睦。其理想状态就是要“父慈子孝、兄友弟恭、夫义妻顺”。为达此目的，在礼法的总体制约下，家庭（族）中实行家（族）长负责制，“家长总治一家大小事务，凡事令子弟分掌，然须谨守礼法，以制其下”②。家庭成员之间要知礼守规，容忍和睦。居家要以耕读为本，量入为出，勤俭持家。像“黎明即起，洒扫庭除”之类的诫子克勤之训，在传统家训中比比皆是。“传家两字，曰耕与读。兴家两字，曰俭与勤。”③ 另外还要奉公守法、恪守祖业、礼貌待客、整洁卫生、小心火烛、谨门防盗等。

为学，中国家庭一直重视子弟的读书教育，一方面由于读书是猎取官位的正途，另一方面是要通过读书来修心明理，立身养德。“古人读书，取科举犹第二事，全为明道理，做好人。”④ 在学习的方法上，好的方面是教学要宽严相济、因材施教，学习要精博结合、学行结合，要谦虚，要持之以恒等。但为科举得售，要求子弟读死书，主张不看四书之外的书，这样的教育也不在少数。

处世，历来长辈教育子弟大都强调以下几个原则：第一，做事要谦逊守雌，不能张扬跋扈。第二，要慎言，避免祸从口出。第三，做人要坦荡无私，诚实守信。做好人，有好心；明伦理，顾廉耻；习勤俭，守法度。第四，若子弟入世做官，便要求他们忠君爱民，勤政清廉，不私不党。第五，要慎于交友。

其三，中国家教的共性主要体现在以下几个方面：首先，重视胎教和幼儿教育。这种认识很早就已存在，《列女传·母仪传·周室三母》记载，怀孕的妇女要“寝不侧，坐不边，立不跸，不食邪味，割不正不食，席不正不坐，目不视于邪色，耳不听于淫声，夜则令瞽诵《诗》”，如果做到以上几点，“则生子形容端正，才德过人矣”。《颜氏家训·教子》有言：“俗谚曰：‘教妇初来，教儿婴孩。’诚哉斯语。”可见其时在士大夫家庭中，注重幼儿教育已比较普遍。其次，反对溺爱，主张宽严适度、奖罚结合。颜之推认为教子就如治病，该体罚的时候就应该体罚，就像治病用汤药针艾一样。宋人家颐在

---

① 高攀龙：《家训》，载李楠主编：《传世家训家书宝典》，西苑出版社，2006 年，第 125 页。

② 郑太和：《郑氏规范》，载《古今图书集成·明伦汇编·家范典》，中华书局、巴蜀书社，1984 年，第 38550 页。

③ 吕坤：《孝睦房训辞》，载《古今图书集成·明伦汇编·家范典》，第 38571 页。

④ 孙奇逢：《孝友堂家训》，载翟博主编：《中国家训经典》，海南出版社，2002 年，第 571 页。

《教子语》中提出："教子有五：导其性，广其志，养其才，鼓其气，攻其病，废一不可。"① 最后，注重身教示范和循序渐进。正如《论语·子路》所言，"其身正，不令而行；其身不正，虽令不从"。以身作则、率先垂范被放在突出地位。

当然，中国传统家教（尤其在明清时期）也存在相当多的糟粕，这主要集中在以下几个方面：首先，过分宣扬明哲保身的中庸之道。历代家训多不鼓励子弟发展个性，激励潜能，反而多极力宣扬中庸之道，训诫子孙要勿多气，勿多事，戒满盈，戒多欲。如前文所言之高攀龙在《家训》中就再三告诫家人，"言语最要谨慎，交游最要审择。多说一句不如不说一句，多识一人不如少识一人"。其次，坚持并倡导落后的女性观和贞节观。对女性的歧视充斥在众多的家训中。对于女性单方面守贞，大多家训更是反复强调，这几乎是古代家训的一般法则。最后，宣扬鬼神和宿命思想。不少家训中都存在这类文字和思想。如明代杨继盛告诫子弟要力行善事，"则上天必保佑你，鬼神必保佑你，否则天地鬼神必不容你"②。

纵观中国传统的婚姻与家庭，以下几个方面需要注意：

其一，一夫一妻多妾制度与之前的群婚制度一样，都与经济、政治、文化的发展相适应，依然是男权主导下的社会关系，这种婚姻与家庭形式必将随着时代的演变而变化。

其二，在中国漫长的传统社会中，婚姻与家庭的制度与伦理有着"因""革"演变，我们既要看到其"革"的方面，又要考虑其"因"的部分。既往相关论述多注重世风之变，而忽视相关礼俗的传承性。比如，我们说移孝作忠是汉儒的主张，但这种伦理观绝非汉儒之创造，对家臣要求忠德当是从战国时期就已经久远存在，其演进至秦汉恰好迎合了政治社会转型之需要，而由汉儒最终完成。又比如，我们常常说中国婚姻家族存在一个"唐宋之变"，从家族组织方面来讲，这应当是成立的，但由此简单得出"唐人开放、宋人保守"的结论则未必是当时的实情。事实上，"唐宋之变"这一说法是后人研究唐宋政治和社会得出的结论，是否完全适用于唐宋时期婚姻与家庭之变，还需要科学论证。在唐宋世风之别上，学者多以李唐出自夷狄故而闺门不修为显例，再以当时的妇人服饰暴露、参与社会活动以及再嫁等行为为依据，

① 家颐：《教子语》，载翟博主编：《中国家训经典》，第452页。

② 杨继盛：《给子应尾、应萁书》，载吴言生、翟博主编：《中国历代家训集锦》，三秦出版社，1992年，第163页。

得出唐代开放的结论。继而又以宋人轻武重文，程朱理学之守节提倡，加上若干宋代妇人守贞的例子，得出宋代“转向内在”的结论。这样的分析总归是强调传统婚姻家庭演变的“革命”性，却对其“因袭”的一面感知不够。简而言之，自魏晋之有门阀以来，世家大族在唐代仍然占有极其重要之地位，岂有世家大族在魏晋时强调《闺范》，到唐代却一改习气，主动走向开放之理？若说其被迫，则其被迫的政治、经济原因又何在？依据对唐代墓志的研究，在三千多份墓志史料中，再婚和改嫁的妇女只有10例，明确守贞者就有264例，而且妇人之守寡，不乏刚结婚便守寡，时间长达四五十年者。① 由此看来，唐宋转型的意味就没那么明显了。

另外，“开放”与“保守”的标准在各代并不一致，就其“标准”也需要进行知识考古，以确立各时代之具体标准，进而得出彼时和当下标准之别，如此方能让相关判断符合历史主义。昔日研究汉代妇女和婚姻史的学者便对汉代世风存在两种截然不同的意见：一种以为保守；一种以为开放。究其根本，在于学者们对汉代妇女再嫁是否符合礼法的判断不同，二者的是非对错，需要对汉代所奉儒家之礼法加以切实把握，方能展开讨论评判。这是事实判断与价值判断分歧的显例。

其三，传统婚姻和家庭的礼法诉求与实际情形间存在着张力，有着类似文化上大传统与小传统的区别。简单地说，礼法对于婚姻与家庭的要求是一种理想状态，具体到各地的实际情形，要看当事人所处的阶层、当地的风俗、男女的性别比等状况，大传统对小传统有引导规范作用，但小传统受实际条件的影响，有其顽强的自我演变逻辑。比如法律要求家庭稳定，“夫信妇贞”，可现实中“典妻”“租妻”等行为又何曾少了？实际上，尽管礼法有着规范社会的美好诉求，但整个传统社会的专偶制其实是对妻子一方的专偶制。究其根本，妇女没有自主权，其身体事实上是一种商品，婚姻论财、收继婚、典妻、寡妇再嫁、“拉帮套”等，从经济学的角度看都是成本交换、资本升值的体现。建立在男权主导的私有制基础上的婚姻制度，实际上是一种或公开或隐蔽地将妇女局限于家庭进行奴役的制度。

未来的婚姻制度必将更多地为自由的两性关系服务，真正的婚姻要摆脱社会的制约、家庭的顾虑尤其是感情的奴役，男女双方不受其他任何影响，完全凭着爱情进行自由选择。正如恩格斯在《家庭、私有制和国家的起源》中所说：“如果说只有以爱情为基础的婚姻才是合乎道德的，那么也只有继续

① 张国刚：《唐代寡居妇女的生活世界》，《安徽师范大学学报》2007年第3期。

保持爱情的婚姻才合乎道德。”①

参考书目

恩格斯：《家庭、私有制和国家的起源》，载《马克思恩格斯选集》第4卷，人民出版社，2012年。

吕思勉：《中国制度史》，上海教育出版社，2005年。

陈东原：《中国妇女生活史》，上海书店，1984年。

陈顾远：《中国婚姻史》，上海书店，1984年。

董家遵著，卞恩才整理：《中国古代婚姻史研究》，广东人民出版社，1995年。

瞿同祖：《中国法律与中国社会》，中华书局，2003年。

陈鹏：《中国婚姻史稿》，中华书局，1990年。

张国刚：《中国家庭史》，广东人民出版社，2007年。

① 恩格斯：《家庭、私有制和国家的起源》，载《马克思恩格斯选集》第4卷，人民出版社，2012年，第94页。

社会生活篇

第十一章　变幻的光影

——民国电影的历史观察

汪朝光*

我们今天讲的课程跟电影有关系。我们这个课叫"中华文明通论"，据说还有课叫"西方文明通论"。其实我觉得电影是这两者结合的一个不说最佳范例，也是非常好的范例。电影的技术手段很多来自西方，但电影的故事，电影反映的内容，很多时候具有本土特色，和我们每个人的切身感受密切相关。

说起来我算是一个资深的影迷，如果要用现在网络语言来说，算骨灰级的影迷，因为我从大学到现在，每年看电影的数量，我说的是在电影院看电影，基本都超过一百部。我为什么在电影院看电影？我也知道，现在跟我们当年也不一样，看电影的方式非常多元化，网络也罢，手机也罢，电脑也罢，尤其用手机看电影，无时无刻走到哪都能看。但是，你在一个黑暗的空间里，和其他人一起看电影，大家互不认识，但可以同喜同乐同悲同愤，我觉得那才是看电影，可以实现你的幻觉感和体验感。而且我很少在网络买票，我是传统影迷，有一种仪式感，在电影院的售票窗口买票。

我相信这个世界上不愿意看电影，或者不喜欢看电影的人真的很少，可能他不一定喜欢看小说，或者不一定喜欢听古典音乐，但是我想大多数人还是喜欢看电影的，这跟我们下面讲到的会有关系。电影非常形象和生动，所以能吸引各个方面的观影者。我今天跟大家讲的当然不是电影艺术方面的内容，我给大家讲的主要是从社会学或者政治学的角度来观察电影，会讲到四个方面，比如怎么从电影的特性来看电影，怎么从空间来看电影，怎么从时间来看电影，以及电影检查制度的若干问题。

一、从电影特性观察电影

电影是一门艺术，而且是所有艺术形式中，我们唯一知道它的发明年代

---

* 汪朝光，中国社会科学院世界历史研究所所长、教授、博士生导师。研究领域：中华民国史，尤为关注民国时期电影社会史。代表性学术成果：中华书局版《中华民国史》参编人员，《和谈将军张治中》《1945—1949：国共政争与中国命运》。

的艺术。我们不知道第一部戏剧是什么时候有的，第一首音乐是什么时候有的，第一支歌是什么时候有的，第一幅画是什么时候有的。唯有电影，我们可以确切地知道，第一部电影是1895年某月某日在法国巴黎咖啡馆里由卢米埃尔兄弟放映的，它是唯一一门我们知道确切诞生年代的艺术。我们说电影是艺术，这完全正确。但是，问题在于，电影不仅仅是艺术，这是很多电影观众未必能够意识到的。因为，从一开始，电影这门艺术就有它的特殊性，电影这门艺术和工业文明、科技文明有着非常密切的联系。比如说，我们有一支笔就可以写小说、写戏剧，没有问题，我们有一支画笔就可以绘画，也没有问题，我们有一架钢琴就可以作曲，也没有问题，但是一个人很难拍电影。电影需要有人导演、摄影、美工、作曲，还要有人演。电影的摄影、美术、音乐本身跟工业科技文明密切相关。我们最早看的电影是无声电影，后来有了有声电影，从黑白片变成了彩色片，从一般银幕变成了宽银幕，现在是IMAX3D电影等。电影一开始就不是个人能够完成的艺术，也是跟科技、工业文明高度结合的艺术。这就意味着电影需要相当高的投入成本，不能靠个人的兴趣就可以拍电影。我们可以靠个人的兴趣写小说，可以不发表，但是很难凭兴趣拍电影，因为拍电影需要有大量的资金投入，迄今为止，我们没有听说某个亿万富翁完全不求回报，只为了个人的兴趣拍电影。因为电影是跟科技、工业密切相关的艺术，是需要集体完成的艺术，所以需要有高投入，这个高投入不能有去无回，怎么得到回报？就得通过市场。电影一诞生，这门艺术跟其他艺术的区别就在于，电影也是一门工业，也是一门产业。电影诞生之后，美国人最先意识到这一点，所以电影工业在美国得到了充分的发展。

从另外一个角度观察，可以将电影和另外一门产业比较，就是建筑。一般人想到建筑一定想到它是工业，是产业，这也没有问题，高楼大厦、脚手架林立，这一定是工业。但是诸位别忘了，建筑其实也是一门艺术，而且是一门比电影更久远、更古老的艺术。建筑其实也是艺术，但是一般人只把它当成工业和产业。电影也是工业和产业，但是一般人只会把它当作艺术。我觉得我们对电影的认知，从电影的特性方面需要有更广阔的视野。如果电影是一门工业或者是一门产业，就和许多方面有关联，不仅仅是个人兴趣或者是爱好。比如说，电影作为一门工业和产业，跟建筑有密切的关系，所有的电影院可以说都是非常漂亮的建筑，当然了，现在不一样，现在的电影院基本上都盖在购物中心里，一般人领会不到电影院建筑艺术的特性或者地标特性。你们要知道当年的电影院基本都是城市的地标建筑，非常富有特色。

再比如说电影和时尚的关系。不知道诸位有没有看过由奥黛丽·赫本主演的美国电影《罗马假日》。60 多年前，一个时尚青年女性有一头飘飘长发是时尚的标配，但是奥黛丽·赫本在《罗马假日》里剪一头清丽的短发，立即风靡全球。其实不在于发型变换本身，而是奥黛丽·赫本在《罗马假日》里发型的变换，迅速通过电影媒介形式传达给全世界。这样一种时尚的流行，能够养活多少理发店和相关的产业！后来奥黛丽·赫本拍了另外一部著名的影片《蒂凡尼的早餐》，现在大家都知道蒂凡尼珠宝，蒂凡尼珠宝旗舰店就在纽约曼哈顿第五大道，在电影里有非常好的展现。我 30 年前访问纽约的时候，专门找到蒂凡尼珠宝旗舰店，回忆我看电影的场景。蒂凡尼珠宝本身就很有名，但是经由奥黛丽·赫本这个著名演员的传播可能更有名。这是电影与时尚的关系。我们在电影里还能看到各种各样的时装，可以说争奇斗艳。确实，电影跟时尚有不解之缘。

再比如说电影和传媒。电影养活了多少传媒，以前是纸媒如杂志、报纸，现在是电视台、新媒体等。举个例子，某某影星结婚离婚，某年某月某日，可能这条消息被放在网站的醒目位置，我们未必关心这样的事，但是有很多人在关心，社会大众可能关心这样的事，所以上头条就完全没有问题呀，这就是电影与传媒的关系。因此电影跟时尚、跟传媒、跟建筑、跟八卦都有很多的联系，这体现出电影的综合性产业的特点。

再举个例子，我做历史研究，主要是做政治史研究，比如研究电影跟革命的关联。20 世纪 30 年代左翼电影人推动的左翼电影运动特别强调社会平等、公正，为被侮辱、被压迫的下层百姓鼓与呼，确实推动了社会的发展。再如当年中共地下党在上海的活动，很多时候的接头地点是在茶社、戏园、电影院这些地方，因为这些地方都是人流聚集之处，便于疏散撤离。电影院是一个黑暗的空间，大家互相都不认识，便于地下活动。电影院除了大门之外，一定有安全门，有好几个门，便于在紧急状态下疏散。说到这里，我想起十几年前我看的香港电影《无间道》，梁朝伟演的是正面人物，在里面是一个卧底，刘德华演的是负面人物，但却以一个正面人物的形象出现。两个人在电影院里斗法，在黑暗的空间里互相看不到对方的真面目。这令我想起在电影院里发生的许许多多的事。

我跟大家说这些的意思是，如果我们从一种综合性产业的特性理解电影，电影就会有无限的空间。电影当然是艺术，作为产业有强烈的艺术特质，同时电影也是工业，也是产业，如果我们对这几个方面能够有更广泛的或者更平衡的认识，可能非常有助于中国电影的发展。要知道现在中国电影产业已经是世界第二了，我们以前可能比较多关注的是电影的艺术特质，现在大家都注意到电影的产业特质了，但是我们不要忘了，其实这里面仍然有艺术的方面。如果我们完全把电影视为一种产业或者视为一种赚钱的产业，可能有点偏离初衷了，电影的本质仍然具有艺术的特性，而艺术就得讲究创造性，讲究原创性，讲究打动人心，讲究吸引观众的故事性。只有在产业性和艺术性这两方面达到适当的平衡，才可能对中国电影未来的发展有非常大的推动。

我第一次访问美国的时候，近 30 年前，某一天和一个美国教授聊天，他说美国有三大出口产品：小麦、飞机、电影。这确实对我很有启发意义，我们可以从中观察为什么美国是世界头号超级大国。小麦代表农业，是基础，美国是发达国家中少有的农业这么发达的国家；飞机代表工业和高科技文明，我们今天坐的很多飞机都是波音飞机；电影是一种产业，也是美国的一种软实力，美国通过电影去赚钱，同时也影响其他国家的人心。所以我相信中国未来的发展，也可以在这三个方面争取突出优势：农业、工业与科技、文化，到那时也许我们就可以自豪地说，我们中华民族复兴了，我们也是一个有影响、有实力的大国。这也是从电影特性的角度观察的。

二、从空间维度观察电影在中国的传播

历史研究主要有两个角度，一个是时间的角度，一个是空间的角度。时间的角度历史学家都很熟悉，空间的角度历史学家可能不一定那么熟悉，其实，空间的角度在历史文化的研究中起着非常重要的作用，具有非常大的意义。所以，这一部分主要是从空间维度观察电影是怎么传进中国的，怎么在中国发展起来的。

电影发展的一个基本条件是一定要有人，电影需要回报，要有电影院，电影院要有人去看电影。世界各国电影发展的路径都是在大城市，只有大城市才能提供大量的电影观众。电影进入中国之后，最重要的发展之地是上海。1949 年前，绝大部分中国电影是在上海拍出来的，它是真正的中国电影制作基地，而且中国电影票房将近一半出自上海，所以，上海是当时当之无愧的中国电影之都。问题是当时中国也有其他的大都市，如北京、天津、广州、武汉都是大都市，为什么电影唯独在上海这个大都市得以发展，这与很多因素有关，首先是空间因素。

上海是一个大都市，它很独特，是近代中国在列强压迫之下被迫五口通商之后才迅速发展起来的，因为它的地理环境非常好，得天独厚，处于中国南北的中间，背后依托着长江，有广阔的腹地，发展比较快。开埠以后，用

了几十年时间人口到了两三百万。那时北京也有一百多万人，广州也有一百多万人，问题在于上海是一个移民城市，今天我们说上海人，其实没有几个真正的上海人，往上推三五代几乎都是外地去的，因为上海开埠之前就是一个小县城，只有三五万人。移民城市的特点就是，这么多移民背井离乡去一个陌生的地方去开拓，一定比较富于冒险精神，追求新鲜事物。而电影就是一个新生事物，以前中国人从来没有见过，所以上海作为移民城市，这样一个空间非常适合电影的落地生根，这是一个重要因素。北京也人口众多，但是北京有浓厚的历史积淀，几百年都是王朝首都，所以当上海人习惯于追星，标新立异去看电影的时候，北京人还在戏园里听戏，戏是用来听的，不是用来看的。北京就是这样一个有浓厚文化传统的帝都，上海却是以移民为中心发展起来的新型都市。

第二个因素就是上海是中国最发达的工商业城市和消费城市，这与电影在上海的发展也有密切关联。电影是和工业、科技联系起来的，放映机坏了，在北京可能就没有维修场所，在上海就有。更重要的是，因为工业发展、科技发展、商业发展，上海有强烈的消费市场支撑。说到底，上海有一个人数众多、收入还不错的白领阶层。尽管中国当时经济不发达，消费水准也很落后，但是相对而言，上海是当时中国最发达的都市。看电影是要花钱的，本来看电影是大众消费，应该人人都能看的，可是中国的情况确实有所不同，比如在 20 世纪 30 年代抗日战争之前，物价相对平稳的情况下，在大光明电影院买一张电影票需要 1—1.5 元，这是什么概念呢？当时一块钱可以买差不多 20 多斤大米，上海当时工人平均工资水准是 15 块钱，一个工人家庭，两个人都有工资，再有两个孩子，一个月 30 块钱的收入，会四口人看电影吗？但是上海毕竟人口众多，工商业发达，有一批白领阶层、买办阶层、富裕阶层，上海当年白领阶层的收入，平均工资有六七十块钱，那看一场电影就不成问题，他们可以支持电影消费市场。这也是我们从空间角度理解上海为什么会发展成中国首个电影城市的很重要的原因，就是经济方面的原因，消费方面的原因。所以，上海发达的工商业和由此产生的白领阶层，给电影在上海的发展提供了有利的条件。北京也是一个消费都市，但是因为北京是几百年的帝都，缺少现代工商业，一旦清王朝被推翻，进入民国之后，北京在这方面就开始衰落，因为它不再是政治中心了，工商业跟上海比完全不发达，再加上人的爱好相对来说比较传统，就没有强有力的支撑电影消费市场的能力。

岔开来说，现在虽然电影市场发展很快，但在某种程度上，现在看电影又成了高消费，北京电影市场票价平均 60 块钱左右（不算网购），3D 电影

150块钱左右，真的非常昂贵。所以现在北京谁在看电影？基本都是白领阶层或者大学生和年轻人。你在北京电影院里能看到很多农民工的身影吗？几乎不太可能。我的意思是说，看电影确实是需要有经济能力的。所以怎么样进一步扩大电影市场，其实也值得思考。

再就是人们去看电影，也不都是为了艺术而走进电影院，很多人是为了娱乐。当时有人在上海买一张票请你到大光明电影院看电影，这可能是一件很有面子的事，这就是社会交际，这是电影多元的市场特质所带来的。现在也是一样，观影需要有一定的经济实力，需要有钱、有闲，也是一种社会交际的文化。进电影院不一定是为了看电影，可能是为了其他的娱乐，或者是社会交际等。我们回过头来看，上海是一个迅速发展的移民城市，一个工商业经济都市，一个经济收入相对比其他城市高的都市，足以支撑电影的发展。

最后就是上海具有多元文化的性质，有很多各个地方去的移民，非常适合电影的发展。电影一定讲究多元文化。我们设想一下，一个煤矿都市或者一个钢铁都市，可能这个都市有30万人，10万人都是煤矿工人，另外10万人是为这10万煤矿工人服务的人员，这个城市整个审美的取向、消费价值观可能趋于单一，某种类型的影片可能比较受欢迎，其他类型的影片未必受欢迎。而在上海这样一个多元文化的环境里，各种各样题材的电影都不愁找不到观众。还有就是，看电影不完全是一个艺术欣赏的行为，多少人走进电影院是为了欣赏艺术呢？当然有，但也可能是因为喜欢某一个演员就去看某一个电影，年轻人谈恋爱，社会交际，等等。这样一个多元化城市能满足所有这些需求，这是我们理解电影在上海落地生根非常重要的方面。

另外，当年上海有大量的外国侨民，这也对电影发展非常有帮助。国产电影没有兴起的时候放映的基本都是外国电影，很多中国人不一定能看懂，但是外国侨民却愿意了解家乡的事情，这也促进了电影的落地生根和发展。将上海作为一个特定空间来观察，可以发现，诸多有利因素刚好凑在一起，非常具备电影发展的条件。

随着空间的变化，电影在上海落地生根发展的时候，慢慢地扩散到北京、天津、广州，一直到其他地区。电影的观众层同样发生了变化。上海的电影观众相对容易接受外国电影，比如美国电影。今天我们说美国电影当时垄断中国市场，这话不确切。实际上，当时的美国电影垄断了上海市场，上海大概60%—70%的票房是被美国电影占据的。但是当空间变化之后，比如成都是一个内地的都市，可能成都的观众不那么喜欢看美国电影，而相对喜欢看国产电影，美国电影的票房就很受影响。再比如安徽合肥，当年还不是省会，当年的省会是安庆，1947年只有两家电影院，这两家电影院在1947年一年中没有放过一部外国电影，放的都是国产电影，可见当地观众接受的都是国产电影。

其实，现在某种程度上也是一样。即便北京、上海这样的大都市有非常多元的文化环境，但是，上海静安寺地区的电影院跟上海郊县的电影院观众还是有区别的，北京三里屯等所谓潮地的电影院和近郊的电影院可能也有区别。20多年前，电影《泰坦尼克号》在中国放映，风靡全国，可是就在北京城内一票难求的时候，北京城郊比如昌平的电影院却相对比较容易买票。农民朋友喜欢看的是更接近于他的日常生活的电影，他能够理解的电影，这点完全可以理解。说到底，看电影有些时候也是有各种各样诉求的。这是文化环境、社会环境的问题，看电影真的是非常有意思的文化消费。

从空间的角度来看，随着电影的扩散，观众的层面会出现很大的变化，大城市的观众接受的电影题材或者表现形式更多样化，内地城市的观众更欣赏国产电影。我想起"文革"时期，随着父母到江苏的农村，那个时候，我们看的都是露天电影，大概每个月或者每两个月可以看一部露天电影。农民朋友的诉求很直白，那个时候放的外国电影很少，都是社会主义兄弟国家的电影，如阿尔巴尼亚电影、越南电影、朝鲜电影、罗马尼亚电影、早期的苏联电影。最早的苏联电影，主要是《列宁在十月》《列宁在1918》这样的电影。农民朋友最喜欢看朝鲜电影，因为很多都是农村题材，反映集体农庄的生活，家长里短，娶媳妇、嫁女儿呀，农民朋友可以领会。当年越南正在进行抗美战争，基本都是战争题材的电影，其实国产电影战争题材的就不少，农民朋友看多了，兴趣也就一般了。罗马尼亚电影是我们当时看的电影中比较欧化的电影，是少有的有男女恋爱、搂搂抱抱、谈情说爱这样镜头的电影。阿尔巴尼亚电影更小众，表现形式比较欧化，经常用闪回镜头，空间、时间概念很多时候不是顺序的，农民朋友完全看不懂。这个镜头跟上个镜头没有逻辑联系，说的不是同一个时间的事。你让他们怎么理解呢？后来有人编顺口溜：朝鲜电影哭哭笑笑，越南电影飞机大炮，罗马尼亚电影搂搂抱抱，阿尔巴尼亚电影莫名其妙。这就是空间的变化带来的电影观众的变化，会在一定程度上影响到电影制作等，这就是空间在历史中的意义。

今天也一样，我们已经成为世界第二大电影票房大国了，很多研究者注意到，很多时候票房的增长在于我们的电影院越建越多，大部分都建在三四线城市，那里的观众更喜欢看《美人鱼》这样的国产电影，未必喜欢看《独立日》这样的所谓美国大片。某年北京某报有一篇述评，主题是：被小镇青年拉高的票房，被小镇青年拉低的文化。我不太欣赏这样的主题，它有一种居高临下的感觉。但文化本身往往没有高下之分。就跟吃食物一样，你吃大蒜，我喝咖啡，我就比你高，没有这样的道理吧，我们两个是平等的，只是因为成长的环境不一样，消费需求不一样，但是我们之间的消费是平等的。不能说我喜欢看武打片，你喜欢看艺术片，你就比我高一等，没有这样的道理，我个人不太喜欢这样的表达方式。我们更应该探求电影多元的制作以满足多元的需要，而不应追求单一化，比如只注重美国大片的欣赏口味，那才是应该改变的。

从电影题材来看，中国观众愿意看什么样的题材，其实有它的一致性。比如从空间角度看，无论是大城市、中等城市还是小城市普遍都爱看武侠片，这确实具有中国本土文化特色。中国古装、武侠、都市、言情这几个方面的电影拍得都比较多，但是对都市片和言情片，不同空间的观众有不同的爱好取向和变化，但是对武侠片倒是无论大中小城市大家都一致。这也从空间角度反映出中华文明作为一个文明体系，其底色或者内在方面有它的一致性，但是也有空间差异性，这也是我们理解空间的一个方面。

同样地，外国电影在中国也有不一样的反映。中国观众接受比较多的是美国电影，比较好看，比较具有娱乐性；欧洲的电影艺术化一些，中国观众未必看得懂。但是有一个问题：至少在1949年前，中国观众普遍不太喜欢看日本电影，这很有意思。抗日战争期间，中国民众因为痛恨日本的侵略，有民族主义情绪，不喜欢看是可以理解的，问题是1937年前中国观众也不怎么爱看日本电影。电影是有广告的，一看广告就知道哪类电影放得多，哪类电影放得少。当时上海报纸的广告基本登的都是美国电影、国产电影，有一部分欧洲电影，比如法国、德国、苏联电影，但很少看到日本电影。是日本电影不怎么出口到中国？还是日本电影的表现形式不太适合中国人欣赏？这确实需要研究。

如果我们跟现在进行对比，你会觉得很有意思。现在上海观众、北京观众都挺喜欢看日本电影，尤其是上海观众。现在每年都有北京电影节和上海电影节，有一年上海电影节被秒杀的票是什么？是一部日本电影《深夜食堂》的票。上海电影节时几乎所有的日本电影都是在第一时间卖完票的。有一年上海电影节我去看了几次电影，但只买到一张电影票：1955年日本经典名片《饥饿海峡》，日本当下拍的当红影片也买不到票。沿海观众、内地观众、都市观众、小城市观众的观影偏好有区别，这也好理解，文化环境不一样，甚至方言口语也不一样。我是南京人，南京话比较偏向于北方方言语系，我第一次去北京，是参加研究生考试的复试，一下火车，觉得北京话怎么这么好听，包括北京人的用词，说这个人是“倒爷”，这两个字用北京儿化音一说，就觉得十分生动。但是到了上海，同样这个概念叫作“打桩模子”，我就不明白“打桩模子”有什么幽默感，上海人跟我说，你用上海话说，在上海的语境里听“打桩模子”这四个字就很有意思。这就是语言方言环境造成的。所以，不同的空间环境带来的观众感受也不同，这完全正常。

所以，电影产业是跟文化结合在一起的。一说到文化，我们就一定不能忘记本土，电影产业在中国相对其他近代以来的产业有相对不错的发展，这跟它的文化特色有关联，中国人说到底还是愿意看中国电影的，因为中外电影有很多文化背景的差别。我们今天看一个外国喜剧片，一团奶油往脸上一拍，有什么搞笑呢？赵本山的小品一到了长江以南看的人就少多了，到了广东更让人觉得无法理解。从文化角度讲，我们就得理解，电影产业近代在中国发展得还算顺利，一个很重要的原因是中国人一定愿意看中国电影，只要你拍得相对好看。这个就是中国文化特色，非常有意义。

三、从时间维度观察电影在中国的发展

电影进入中国的时间非常之早，1895 年电影首次在法国巴黎放映，1896 年就第一次进入中国，在上海徐园放映。当然，现在有的电影史家对这次放映表示怀疑，认为放的未必是电影，而是幻灯片。不管怎么样，在没有更多的新资料可以证实之前，我们姑且认为 1896 年电影到了中国，整个电影发展的历程相对比较顺利。要知道近代以来，因为中国的文化传统，很多外来的新事物进入中国阻力重重。比如铁路，第一条铁路在上海修成之后又拆了，为什么？影响人力车、马车的生计呀。北京到唐山之间修的铁路，修好之后，怕影响清祖陵的风水，不能用机车拉，只能用马车拉，多么荒唐。很多新鲜事物进入中国会遇到这样那样的障碍。但从现在的史料来看，电影没有遇到障碍，发展挺顺利的。从 1896 年进入中国，到 20 世纪 20 年代中期，大概用了 30 年的时间，中国都市观众已开始习惯于看电影。当时报纸的广告，1896 年前后基本上都是戏剧广告，证明都市观众主要的娱乐活动是听戏、看戏。到了 20 世纪 20 年代中期，上海报纸的娱乐广告基本已是电影广告，证明娱乐活动已经转变了，普通人的娱乐活动从听戏、看戏变为看电影。这大概用了二三十年的时间，跟其他新鲜事物进入中国相比，这是挺顺利的过程。电影最初进入中国的时候，在清宫里放映，还发生过爆炸，还死伤过人，但是也没有影响大家看电影的兴趣。

20世纪20年代到1937年抗日战争全面爆发之前，可以理解为中国电影发展的第一个高峰时段或者黄金时段，电影生产和消费共同繁荣。电影在上海落地生根，在其他的城市大规模放映之后，中国人慢慢地意识到，不仅可以看电影，放电影还能挣钱，拍电影也能挣钱，因为有这么多人去看，我们为什么把钱给外国人挣，自己为什么不挣。从20世纪20年代开始，中国人开始拍国产电影，拍了以后大家都很爱看，慢慢地就开始流行。20世纪30年代，上海已经发展了比较稳固的国产电影制作业，并形成了良性循环。越来越多的观众走进电影院看国产电影，刺激了国产电影业的发展，使越来越多人投资拍国产电影，拍了国产电影之后，又刺激更多的观众走进电影院看电影，基本实现了良性互动，生产和消费共同繁荣。这是时间维度，这个过程相对来说比较顺利，尤其在那个年代对外国电影进入中国没有严格行政管理的情况之下，中国电影在上海能占到三分之一的市场容量，已经相当不容易了，在内地可能占的容量更大。总体而言，电影的发展，在20世纪20年代到30年代中期，有一个互动的过程，大体比较顺利，发展还不错。

后来中国电影发展遇到了转折——抗日战争。抗战爆发，给中国电影带来了很大的影响，这个影响在全面抗战前已经出现了。1931年日本侵略我国东北，在东北长春投资建立了“株式会社满洲映画协会”，即“满映”，“满映”号称当时远东投资最大、最现代化的一家电影厂。1931年以后，东北已经从中国电影空间里被日本割出去，中国电影发展就受到影响了，但是，没有影响到中国关内的电影市场，上海仍是电影业的中心。1937年抗战全面爆发，八一三淞沪会战，历时三个多月，除了少部分电影业在国民政府的组织下撤退到后方，原先的国产电影业受到强烈的冲击，比如说明星、联华这两大公司损失惨重，以后再也没能恢复，真的是令人非常痛惜的事。战前中国电影可以理解为以上海为中心的统一电影业，战争造成的最大影响是，这个产业被一分为三。

国民政府撤退到后方的电影人和电影产业，先在武汉，后以重庆为中心建立了后方影业，以中国电影制片厂和中央电影摄影场为中心制作电影。他们拍的电影数量很少，因为后方环境太艰苦，抗战期间内外联系断绝，外面的器材也进不来，电影胶片和机器都进不来。从1937年到1945年，只拍了二十几部电影，但是，这二十几部电影的题材只有一个，就是抗战，战前拍的武侠片、剧情片、恋爱片都没有了。后方电影业可以理解为以抗战宣传为中心的电影业。由于战争的影响，农村的电影放映有比较明显的扩张，因为大家都注意到电影的宣传作用，很多从来没看过电影的农村人，比如大后方的民众，当时组织了十几个电影放映队有步骤地给农民放电影，尽管今天看来这个数量还很有限，地域也有限，但是跟过去相比还是有了不一样的变化。

1931 年以后，日本侵占了东北，建立了“满映”。从 1931 年到 1945 年，东北被日本侵占，成为日本控制下的殖民地。“满映”确实有很好的电影制作硬件，设施非常好，早期拍的电影都是日本主导的，日本导演、日本摄影、日本演员，中国观众普遍不爱看。后来日本注意到这样的问题，培养了一些中国的编导演，但是因为“满映”拍的电影主旨是宣传所谓“中日亲善”，为日本侵略张目，鼓吹日本侵略，所以中国观众都不爱看，这里确实有民族情感的因素。当时即便是在日本控制下的东北，中国观众最愿意看的还是美国电影和上海电影。后来太平洋战争爆发后，美国电影也进不去了，他们相对喜欢看上海电影，这里有民族情感的因素。“满映”拍的电影号称“启民”电影，“启民”就是“启发民智”，所谓的“启发民智”就是鼓吹“中日亲善”，让中国人认同中国被日本占领侵略，因此得不到中国观众的认同。这是东北当时的电影产业。

在战火远离之后，上海电影业在租界里得到了恢复和发展。因为当时日本和英美还没有开战，1938—1941 年四年，上海租界像一座孤岛，拍的电影基本是娱乐片、古装片、武侠片，以娱乐为主，也拍了少量的抗日题材，不能明着宣传抗日，租界当局也打压，而是以宣传古代抵抗入侵的方式宣传抗日。1941 年 12 月 7 日日本偷袭珍珠港，太平洋战争爆发，日本对英美宣战，上海租界被日本侵占。日本侵占之后，把上海影业联合起来，成立了中华电影联合股份有限公司，就是后来我们说的“华影”。但是，日本对上海的殖民政策和东北有一些区别，东北是直接控制，上海采用间接控制的方法，“华影”基本以中国编导演为主体，他们有一定的拍摄自主权，“华影”也拍了几部所谓“中日亲善”的宣传片，为日本侵略张目，但是跟“满映”比，拍的数量较少，还是以娱乐片为中心。这是抗日战争给中国电影带来的最大影响，中国电影被一分为三。

等到战后，1945—1949 年，这个年份很短，我们可以理解为一个过渡年代，过渡年代的一些特性对中国电影发展的影响一直延续到 1949 年以后。比如，原先一分为三的电影业的地域分散趋向，在战后得到延续，重庆、长春、上海变成了北平（北京）、长春、上海。这样的地域分散化的趋向在 1949 年后得到延续，因为新中国接管了当年国民党官办的电影业。1949 年以后很长的一段时间内，新中国电影的三大电影制作基地就是北京、上海、长春。这多少有点受过去历史因素的影响。

第二个因素是，1937 年以前的电影基本是民营电影，没有官办的影业。因为战争的影响，“满映”在东北跟日本官方有强烈的关系，“华影”也跟日本、上海当局有关系，后方重庆的电影业基本是国民党控制的影业。这样的方式到 1945 年以后又得到延续，国民党在战后接管了上海、长春的日伪电影业，建立了几家官营电影厂。1945 年后，尽管民营电影开始恢复发展，但是半壁江山已经被官办的电影业控制了。这个官办的电影业 1949 年被新中国接收，顺理成章地成为新中国国营电影制片厂的基础。这也是历史对电影业的影响，历史从来都有前后关联。

再一个是这四年期间，电影观众的人数大幅度增长。这时也是战争年代，通货膨胀，为什么电影的观众在增长？这跟电影票价有关。通货膨胀，而且是恶性膨胀，百物齐涨，但各种物价的上涨幅度不一样，可能大米是民生的必需品，涨的幅度很大，电影票不是民生必需品，涨幅相对较小。在大光明电影院看电影，战前一张电影票可以买二十四五斤大米，一般人不会去，也去不起，到了 1948 年，在大光明电影院买一张电影票的价格只能买三四斤大米，在三流四流电影院买一张电影票的价格只能买半斤大米，这是电影票价相对降低的过程，这样歪打正着的状态导致一般人也可以去看看电影了。因为电影票价变得相对便宜，尽管生活更艰难了，买的大米数量更少了，但是相对来说这方面有了一点腾挪空间。所以 1948 年上海电影观众超过了 4 000 万人，是 20 世纪上半叶电影观众最多的一年，这意味着每天有超过 10 万人在看电影，真的是很高的数字。再就是时局动荡，恶性通货膨胀等等，让很多人觉得今朝有酒今朝醉，对未来没有预期，索性花钱去享乐吧。

这是从时间维度观察电影发展的过程，从消费市场的形成，到消费和生产形成良好的互动，到战争的影响，地域的分裂，再到战后过渡年代，以及对后来电影的影响。

四、从社会面观察电影检查制度

电影检查制度各国都有，可以说只要放电影的国家就有不同形式的电影检查制度，原因很简单，电影太过形象，和音乐、小说等都不一样。一个音乐无论怎么被批评，我们说靡靡之音等等，但是转化为对你的影响需要有一个过程，更别说看小说了，文字，甭管是暴力的、情色的还是什么，都需要有一个在读者头脑中转化为形象的过程。但是电影不一样，它一目了然，太过形象，是一幅一幅生动的画面，这些画面无论是情色的还是暴力的，都会给观众带来直观的感受，这种感受会给观众带来负面的影响，尤其是心智不成熟的少年观众。出于对道德教化的疑虑或者顾虑，随着电影走向大众，电影产业开始形成，就有了一种强烈的检查呼声，这点中外是一致的。这是电影检查制度的起源，是对道德教化的一种关注。在座的都是成年人，可能没有这个问题，但是确实有很多电影观众是心智还没有发育成熟的青少年，电影对他们的影响更大。人类是有一定的道德教化要求的，各国都有电影检查制度，电影开始放映以后这个就存在了。这是一个方面，对道德教化的要求促使电影有检查制度。

当然，电影检查制度在中外表现形式上可能有差别。最初可能实行的都是硬检查，后来有了变化，美国、欧洲等从最初实行的硬检查转化为电影分级制，我们可以将之理解为一种软检查。但是大家千万别认为软检查是不检查，软检查同样是检查，而且同样有效。为什么有效？以今天美国的电影检查制度为例，今天美国实行的是分级制，人人能看的是 G 级，6 岁以下需要由父母监护看的是 PG 级，13 岁以下要由父母监护看的是 PG13 级，17 岁以下由父母监护看的是 R 级，任何时候 17 岁以下也不能看的是 NC17 级。问题是，现在美国电影观众的平均年龄大概也不过 17 岁，如果一个电影被列为 R 级，能有很多观众吗？不太可能，没有多少父母有时间或者有耐心天天陪着孩子看电影。所以美国电影公司的老板一定千方百计地不让电影成为 NC17 级，最好也不列入 R 级。美国市场大片 R 级片其实并不多，这确实影响观众。看上去是软检查，其实是有效果的。当然了，这种效果要和比较完善的观影法治、整个市场的建设联系在一起。比如说，我为什么觉得我们现在实行的电影分级制度不太成熟，现在也有人呼吁实行中国式的电影分级制度，我觉得确实时间不到，很多时候实践是依赖于时空的，要跟完善的法治相配合。比如说，游戏厅，说起来也是 18 岁以下不能进，真的那么严格吗？电影就更不用说了，如果我们建立电影分级制度，17 岁以下由父母监护看电影，电影院会看每个人的身份证吗？所以可能不太适合，这是跟一定的时间、地点、环境结合起来的。

检查内容也有差别。我们对情色内容可能比较关注，外国的检查，尤其是欧美的检查，比我们更为关注暴力。我也可以理解，其实电影不适合有很多的暴力给青少年看。我就遇到过，在电影院里，孩子在电影里看到暴力，就哇哇大哭，观众也有不舒服的感觉。比如成龙演的《新宿事件》，在日本类似于 R 级，里面没有什么情色镜头，但有许多暴力表现，挺血腥的。可是这类电影在我们国家是可以放的，谁都可以看，但一个孩子去看确实不太适合。

还有电影中的语言也影响定级，我在美国看动画片《南方公园》，《南方公园》是R级，我起初不明白一个动画片至于定成R级吗？后来看了才知道，总共四百来句台词，倒有三百多句在说脏话，是不适合儿童看的。

当然了，电影公司的老板永远讲求生意经。比如说当年最早的美国电影检查规定叫作“海斯法典”，海斯是一个电影检查办公室的负责人，海斯立了一个法典，规定哪些是禁条，有一条规定是接吻镜头不能超过30秒。电影公司老板就想到一个生意经，用摇镜头的方式处理，对观众来说，其实接收的信息并没有变化，只是表现的方式不一样了。这就是商人之道，成功地规避了“海斯法典”的规定。检查制度有检查制度的要求，老板有老板的生意经。世界各国都有检查制度，只是表现的形式不一样，但是要达到的结果是一样的，都是要避免低俗的、暴力的、情色的内容。

民国电影检查制度还有一个本土特色，就是强烈的民族主义情感。那时中国刚经过辛亥革命，内忧外患，中国观众不太愿意看到把中国演得太不好的电影，比如说很多在中国放映的外国影片尤其是美国影片中出现的中国人的形象，基本是留着长辫子、抽鸦片、裹着小脚、随地吐痰、形象猥琐，中国人看了不舒服。当时的中国是变化中的国家，有民族主义情感，再加上跟国外的关系，被日本侵略、被欧美压迫等，这种民族主义很强烈，这是情感的自然反应，也跟时间、时空有关联。当年的电影检查制度是留大辫子要剪掉，因为中国进入共和时间还不长，大家对早先的帝制时代有反感，而现在电视剧里大辫子满天飞，清宫剧到处都是，随着时间的流逝就没有那么敏感了，但是当年很敏感。所以对美国电影、对类似反映中国不好形象的美国电影，当时有一个表述，叫作辱华片，侮辱中华，这是比较有中国特色的电影检查内容。这样的内外两种因素，导致1930年以后，电影检查制度开始在中国形成。

民国电影检查制度的产生有两个刺激性因素。一个是阎瑞生的案件。阎瑞生是上海的一个买办，有点小钱，跟一个妓女王莲英同居，为了谋财，又把王莲英杀了，千里逃亡到了徐州，又被抓回上海，被判了死刑。多么有故事性的情节，大家一哄而上，写剧本的，编戏曲的，然后拍成电影，拍出来以后大家都去看。但是，观众觉得有点残酷，我们也不知道这个电影到底好在哪，残酷在哪，现在没有拷贝可看，我相信以当时的技术，所谓残酷的镜头可能也有限，但问题是当时人很反感，所以就强烈呼吁对电影进行检查。阎瑞生的案件后来不断被改编，搬上银幕，最新改编版是姜文拍的《一步之遥》，诸位如果有兴趣可以看看，《一步之遥》是怎么表现阎瑞生的案件的。这是内在因素。

外在的刺激性因素是“不怕死”案。《不怕死》是美国喜剧片，名不见经传，但是，《不怕死》中的华人形象，就像我刚才说的，有观众不喜欢，觉得侮辱了中国人的形象，造成了很大的风波。该片在上海大光明电影院放映，大光明电影院在租界，国民政府鞭长莫及，租界当时是国中之国，后来想了一个投巧的办法，不让中国的报纸登大光明电影院的广告。这招很有效果，因为报纸国民政府是可以管到的。当时如果不登广告大家不知道大光明电影院放什么电影，自然也没人去看。结果僵持了半年，大光明电影院扛不住，最后做了公开的道歉，赔了五千大洋。即便是这样也没能挽救大光明电影院，还是破产了，后来重组改成新的大光明电影院。主角罗克是美国人，也破天荒地给中国人写了一封道歉信。这是当时民族主义情感的胜利。

因为内外因素的刺激作用，后来国民党当权以后，实施了电影检查法，主要有四条内容：第一，不能有损中华民族尊严，这条主要是针对外国电影的，所谓的辱华电影。第二，不能违反三民主义，这条主要是针对左翼电影的，针对共产党领导拍的左翼电影。第三，不能妨害善良风俗或公共秩序，这条主要是针对低俗片。第四，不能提倡迷信邪说，这条主要是针对武侠片。武侠片是中国的传统特色，但是为什么当时要查禁武侠片，因为武侠片拍得太多、太烂，尤其是家长比较反感，认为小孩子看了武侠片就会舞刀弄棒的，可能有一些负面的影响，所以民国政府对武侠片比较反对。这是当时的法规。

我们看一些例证。当时片中人的台词说“他妈的”不行，要删掉。《关东大侠》有一个情节杀狗充饥，这也不行，因为这种镜头很残酷，把狗杀了吃狗肉，这种状态在实际生活中可能不少，但是在电影中表现很残酷，所以就要删掉。还有洗浴的场景要删掉，这主要是针对外国电影。

民国电影检查一个很重要的方面是打击左翼电影，左翼电影是中国共产党领导的，反映阶级矛盾、追求社会平等、提倡改变旧时代的电影，里面有很多的情节，如认为工头压迫小工、工人参加反抗，这是提倡阶级斗争，所以就得删去。再如左翼电影中的对白，“奋斗”不能用，得改成“努力”，“奋斗”被检查官认为太过能动性，“努力”就可以了，这也很有意思。电影中有不会打电话的镜头也被删了，检查官的想法是，为什么你说中国人不会打电话呢？难道外国人都会打电话吗？你这不是看轻我们中国人吗？今天看起来这是很搞笑的理由了。

怎么从历史的角度看电影，从电影特性、时间角度、空间角度、社会角度等研究电影的传播、发展、影响，今天只是给大家做一个初步的介绍，很多是我个人的观影体验，也未必都对。不对之处，请大家多多批评指正，谢谢！

第十二章　山水有清音

——中国古代的自然审美观与山水诗鉴赏

杜晓勤*

今天很荣幸和大家一起学习、了解中国古代的自然审美观，欣赏中国古代的山水诗。对自然山水的审美感情，是我们中华民族传统文化精神的一个重要组成部分，也是我们中国人比较独特的一种审美意识。对自然山水的感情，通过语言艺术表现出来，其艺术结晶，就是我们说的山水诗。

我们的山水诗概念有广义和狭义两种。广义的山水诗是以自然山水景物描写为主的诗歌；狭义的山水诗是对自然山水持有一种审美的态度进行观照、表现的诗歌，是一种美学的观照。

中国古代的山水诗，经历了一个漫长的发展历程，大致可以分为山水描写的朦胧期，主要是指先秦汉魏时期；狭义的山水诗，即审美型山水诗的兴起是在东晋南朝时期；而中国古代山水诗的繁荣期是盛唐时期；宋代以后，中国古代的山水诗表现内容的侧重点发生了一些变化，我们称之为山水诗的变异期；元明清的山水诗，在风格题材上基本没有太大的变化，人们对山水审美的感情扩散到其他的艺术领域，产生了更多的山水画、山水音乐等艺术形式。

今天我会跟大家一起了解中国古代从先秦一直到宋代这漫长的诗歌发展长河中所产生的山水诗。

一、先秦两汉时期的自然审美观

在讲山水诗之前，首先来了解一下我们中国人所独有的山水审美观念。

上古或者远古时期的社会生产力还不够发达，人们对自身、社会、自然的认识还比较有限。因为生产力的低下，人们对自然有一种畏惧心理，将地

* 杜晓勤，北京大学中文系教授、博士生导师，北京大学中国语言文学系主任，中国唐代文学学会理事，中国孟浩然学会副会长。研究领域：魏晋南北朝文学、隋唐五代文学。代表性学术成果：《齐梁诗歌向盛唐诗歌的嬗变》、《六朝声律与唐诗体格》、《唐代文学的文化视野》、《禅林象器笺》（译著）、《谢朓庾信诗选》。

震、洪水、干旱、风暴等一些灾害，看作上天对人的一种惩罚；把风调雨顺、风和日丽看作上天对人的一种奖赏。所以敬畏自然，敬畏上天，就成为当时人们对待自然界（当然也包括山水）的一种基本的观念。

自然界的运行规律如何，成为当时一些哲人所思考、探索的问题。通过长期的观察，人们从自然界包括山水中发现了一些普遍规律的内因，以及引起这些规律产生变化的一些内容。中国古代上古时期智慧的结晶，反映在《周易》中，人们从自然界中选取了天、地、雷、火、风、泽、水、山这八种现象，它们之间相互作用，相互影响，导致自然界发生了如此这般的变化。这八种现象即八卦的象，卦象之间相互影响、相互作用，会产生不同的现象和变化。当时人们主要是敬畏山水，当然敬畏过程中也会有一些抗争，也试图改造自然。这种自然观反映在古代艺术中就是一些神话故事。

上古神话中的一些故事，如《山海经》中所记载的女娲补天、精卫填海、共工怒触不周之山、后羿射日、大禹治水，都从一个侧面反映了当时人们对自然的敬畏与抗争心理。

女娲补天，讲的是天破之后，女神女娲想用五色土把天补起来，反映的是当时人们和自然抗争的一种心理；精卫填海讲的是炎帝的女儿在大海中溺水而亡，化作一只鸟，衔木石投入大海，想要把大海填平的故事……经过古史学派的考证，所谓的女娲也好，共工也好，或者后羿、大禹，可能都是原始部落的首领，或者部族英雄，这些故事实际上反映了原始社会人类和自然之间的一种特殊的关系——敬畏和抗争。

后来随着历史的发展，人们对社会、自然的认识增加，理性产生了，人们走出蒙昧时代。春秋战国时期，诸子百家风起云涌，各呈其说，各自展现出他们对人类、自然、社会、历史的独特理解，而其中对后世影响最大的有三派——儒家、道家、法家。儒、法、道要治理好一个社会，必须要相辅相成：完全用儒家思想有其缺陷，因为人性不全是善的，有时我们应该采用法律来治理；完全用法家也不行，我们要激发人性中的善、对美好事物的追求，积极上进；但太过激进也会导致急功近利，需要道家的清静无为缓冲我们的急躁心理。不能完全从儒，也不能完全尚法，当然完全无为而治、清静无为也是不可行的。

对于自然山水的认识，对后世影响最大的有两派：一派为儒家，儒家的自然观永远和君子品德联系在一起，和社会政治功用联系在一起，所以儒家的自然观最重要的特点、最核心的概念叫“比德”。孔子在《论语·雍也》中曾言：“知者乐水，仁者乐山。知者动，仁者静；知者乐，仁者寿。”这句话的意思并不是说仁者、知者已经懂得了山水的美，只是根据山、水的特点，用其做比喻，以水的流动不停，比喻知者能够遵循事物本身的规律做事，会变通；用山的安稳、坚固、厚重，比喻仁者的博爱、沉静、仁厚。

当然，孔子也深知在自然中休息、放松的道理，他就很认同曾皙的政治理想：

> 暮春者，春服既成，冠者五六人，童子六七人，浴乎沂，风乎舞雩，咏而归。
>
> ——《论语·先进》

这是儒家自然观中最重要的一点，而这一点后来也影响到一些诗歌作品。

道家的自然观，核心的一点就是道法自然。老子和庄子论“道”都是以自然观为核心的。

> 人法地，地法天，天法道，道法自然。
>
> ——《老子》第二十五章

“人法地”，这个“地”不是狭义的土地，而是自然的地理条件，如南方和北方，南方比较湿润，种水稻，北方相对来说比较干燥，种小麦、种玉米，东北种大豆，这些都是根据自然条件地理条件来做的，所以“人法地”；“地法天”的意思是依据天的情况而定；天所遵循的规律叫“道”，即“天道”；所谓“自然”，指一切并非人为的、天然的存在，不是单指自然界。自然的规律、自然的状态，也成为我们人类行为做事、认识问题的一种态度和规律，所以我们人也要顺其自然。把握、体味自然的这种“道”，我们必须要忘却自我，然后和自然合一，成为真正的自然的一分子。要想启悟、感受，我们可以用“坐忘”的方式，达到与自然合二为一的境界。这种状态是我们面对自然山水的时候，最重要的一个状态，实际上就是我们的审美方式——静、空，虚室生白，庄子经常会达到这样的一种境界。

庄子在表述他的哲学观时大量借用自然景物做比喻，因此也有一些对自然山水的描写。他还提出，人要认识自然界的本质，只有达到忘却自我的境界，这一说法已经为后来的山水审美奠定了哲学基础，但我们仍然可以看出，他是把山水当作认识世界的物质媒介。

这是儒家和道家独特的自然观，对我们后来每个人的审美认识、对后来的文学艺术都有很大的影响。

儒家的山水比德说，最早就反映在中国最早的诗歌总集《诗经》中。在《诗经》中，已经有一些描写自然景物的句子，这些诗歌中关于山水的描写都是作为“比兴”而存在的，并不代表当时人们对自然山水本身的审美情感。

其中主要涉及黄河流域的一些山川，如黄河及其支流、秦岭及其支脉，如《诗经·周南·关雎》：

关关雎鸠，在河（黄河）之洲，窈窕淑女，君子好逑。

以眼前所见之景，引起所言之事、所抒之情。“关关雎鸠，在河之洲”就写了一幅场景、一幅画，它实际上就是比兴，不是主要的表现对象，而是为了引起后面要说的话。“窈窕淑女，君子好逑”，即有一位漂亮的、美丽的、心地善良的、性格娴静的姑娘，她是我的心上人。

又如《诗经·卫风·淇奥》：

瞻彼淇奥，绿竹猗猗，有匪（通“斐”，有文采的意思）君子，如切如磋，如琢如磨。

儒家认为有两个国家风气不好，一为郑国，一为卫国，儒家学者称这两个国家的民歌是“郑卫之音”，郑卫之音即靡靡之音。《诗经·卫风·淇奥》是一首赞美男子形象的诗歌，卫国淇水河湾，碧绿竹林片片连，以“绿竹”起兴，借绿竹的挺拔、青翠、浓密来赞颂君子的高风亮节。

再如《诗经·小雅·节南山》：

节彼南山，维石岩岩，赫赫师尹，民具尔瞻。

巍巍的终南山高耸入云端，层层叠叠的山石危立险矗。太师尹氏正得势权位显赫，引得普天下百姓万众瞩目。用山上的巨石比作地位显赫的太师尹，也是比兴的手法。

以上诗歌均体现了儒家的山水比德说。到了汉代，独尊儒家，儒家在汉代得到了空前的发展，天与人之间的关系得到了空前的强调，产生了“天人感应”说。“天人感应”中的“天”就是自然，包含天地、山水，和人形成了一种完全对应的异质同构的关系。简单化、机械化地将其联系在一起，使得人们在诗中时时刻刻都会对自然有所感，这也是我们的文学作品后来出现那么多描写一年四季春夏秋冬的文字，然后和我们的自然生命进行比附、投射，进而产生共鸣的哲学根源。汉代思想中有“天人感应”说，强调自然与人类活动的对应关系。诗歌中的自然也常作为人生的对照，处处给人以启示。比如四时物候的变化，让人感到年岁的增长，人生的衰老：

回风动地起，秋草萋已绿。四时更变化，岁暮一何速！

——《古诗十九首·东城高且长》

而山石草木的永存和常青，又反过来说明人的生命的短暂：

青青陵上柏，磊磊涧中石。人生天地间，忽如远行客。

——《古诗十九首·青青陵上柏》

陵墓上柏树常青，山涧中岩石常在，而陵墓下的人却好像远行的游客，从人世间一下子就走过去了。这位诗人看见那些不变的事物，反衬自己，感慨我们的生命是多么的短暂！

曹操《步出夏门行·观沧海》诗云：

东临碣石，以观沧海。
水何澹澹，山岛竦峙。
树木丛生，百草丰茂。
秋风萧瑟，洪波涌起。
日月之行，若出其中；
星汉灿烂，若出其里。
幸甚至哉，歌以咏志。

曹操是乱世英雄，他对天地自然也有如此的感慨，但悲慨之后依然能够振起。肉体的生命可以消失，但是精神和名声可以永存，所以“文章乃经国之大业，不朽之盛事”，认为要立德、立功、立言。首先立德，成为君子圣人，就能够永远成为万世百姓的人格表率，这是最高境界；其次立功，建立丰功伟业，也能永垂史册，所以曹操志在建立政治上的功业，而且他特别喜欢文学，雅好诗书文籍，虽在军旅，手不释卷，往往鞍马间为文，横槊赋诗。《步出夏门行·观沧海》这一汉乐府古题作品，“夏门”指的是洛阳的西北门，那些想要长生的人出西门不复归，曹操运用这样一个故事去书写他对生命的认识。秦始皇曾到他疆土的最东边——碣石山。建安十二年（207），曹操率兵追击袁绍的残余部队，在锦西地区大获全胜后凯旋，途经碣石山，登山观海，一时兴起作此诗，以抒发无以言表的情怀。这首诗是我国现存最早的一首登临写景诗，但曹操并非在歌颂自然山水，而是以景托志，表现其胸怀天下的进取精神。明代钟惺《古诗归》卷七评价其“直写其胸中眼中，一段笼盖吞吐气象”。

二、东晋南朝时期审美型山水诗的兴起

真正的审美型山水诗，产生于东晋南朝时期，它的产生有些必备的条件：

其一，山水文学的兴起与魏晋南朝庄园经济的发展。

魏晋之际，政乱频仍，名士少有全者，士子们试图以纵情山水来逃避政治斗争，他们建造了一些私人小园林。西晋时期，巨富石崇的金谷园为其中翘楚，当时名流经常在此游玩宴饮，所以山水诗的产生和地主庄园经济的发展有很大的关系。

其二，南朝山水诗的产生与玄学审美观之关系。

魏晋以来，玄学大盛，士人追求“达自然之至，畅万物之情”（王弼《老子》第二十九章注）的人格美，故自然与人的关系更为亲近。《世说新语·言语篇》云：“简文入华林园，顾谓左右曰：‘会心处不必在远，翳然林水，便自有濠濮间想也，觉鸟兽禽鱼，自来亲人。’”山水之美既与人格之美相关，因而能否领略自然之美，乃成为衡量人格境界的一项重要标准。《世说新语·赏誉篇》即云：“孙兴公为庾公参军，共游白石山。卫君长在坐。孙曰：‘此子神情都不关山水，而能作文？’”谢灵运《名山序》（一名《游名山志》）亦云：“夫衣食，人生之所资；山水，性分之所适。”

老庄以“道”生万物，物乃成为达“道”之媒介。而万物之中，唯有未受人世污染的自然山水最能体现道的内蕴与真美。故在魏晋玄风大畅的时代，士人不仅以能否体会山水之美，作为人、道关系的衡量标准，而且进一步把以我之自然，面对山水之自然，作为人、道关系的理想境界。能不能欣赏自然之美，把握自然之美的真谛，是当时衡量一个读书人、一个文人最重要的标准之一。

东晋以降，士人援佛入玄，自然山水亦成为体现玄学佛理的媒介。佛学的兴盛与玄佛的合流，对山水文学的产生也起了一定的催化作用。刘勰《文心雕龙·明诗篇》云：“宋初文咏，体有因革，《庄》《老》告退，而山水方滋。”其意正如王瑶所云：“‘老庄’其实并没有‘告退’，而是用山水乔装的姿态又出现了。”（《玄言·山水·田园：论东晋诗》）

其三，江南山川之美激发了文士新的审美欲望。

永嘉乱中，北方士人随晋室南迁。为协调南北世族利益，北方世族多居会稽一带，广占山川湖泽，进行开发。江南山川风貌，迥异于北方，南下士人，耳目为之一新。《世说新语·言语篇》云：

> 顾长康从会稽还，人问山川之美。顾云：“千岩竞秀，万壑争流，草木蒙笼其上，若云兴霞蔚。”

山水之美如此，文人秉笔，不免寄情。《宋书·谢灵运传》载：

> 灵运既东还，与族弟惠连、东海何长瑜、颍川荀雍、泰山羊璿之，

以文章赏会，共为山泽之游，时人谓之四友。

江南山水，曲折深秀，而都邑街衢，亦纡余委曲。这样的环境，亦使晋宋之际兴起的山水诗呈现出幽美的风格。

谢灵运（385—433），晋宋间大诗人，原籍陈郡阳夏（今河南太康）。谢玄之孙，袭爵封康乐公，后世称谢康乐。他才学出众，本有政治抱负，自以为“宜参权要”，但宋初刘裕压抑士族，谢灵运由公爵降为侯爵，政治上一直不得意。少帝时，又卷入上层政争，出为永嘉太守。出任永嘉太守之后，他纵情山水，肆意遨游，经旬不返，且“所至辄为诗咏，以致其意焉”（《宋书·谢灵运传》）。以此对抗当政，发泄不满，同时也在山水清音之中澄怀观道，获得心灵慰藉。

谢灵运是我国文学史上第一个大量创作山水诗的诗人。他领略山水，是移步换景式的游赏。他以富丽精工的语言，生动细致地描绘了永嘉（今浙江温州）、会稽（今浙江绍兴）、彭蠡湖（今江西鄱阳湖）等地的自然景色，诗风鲜丽清新。如“白云抱幽石，绿篠媚清涟”（《过始宁墅》），写山幽水秀的清景；“云日相辉映，空水共澄鲜”（《登江中孤屿》），写空水澄明的境界；“野旷沙岸静，天高秋月明”（《初去郡》），写沙岸的越野风光；“密林含余清，远峰隐半规”（《游南亭》），写初晴时的山林暮色。这些描写无不鲜明如画，可见作者观察之细致、感受之敏锐和刻画之精妙。

谢灵运《石壁精舍还湖中作》诗云：

昏旦变气候，山水含清晖。
清晖能娱人，游子憺忘归。
出谷日尚早，入舟阳已微。
林壑敛暝色，云霞收夕霏。
芰荷迭映蔚，蒲稗相因依。
披拂趋南径，愉悦偃东扉。
虑澹物自轻，意惬理无违。
寄言摄生客，试用此道推。

山光水色，清晖娱人。虚写、略写石壁之清景；实写、详写湖中之暮色。远近参差，视角多变。偶对工巧，刻画精微；承转自然，章法缜密。兴因景发，景皆含情；理为景结，水到渠成。

宋景平元年（423）秋，谢灵运托病辞去永嘉太守，回到故乡会稽始宁（今浙江上虞）。这里是其曾祖谢安的高卧之地，有其祖父谢玄的庄园，规模宏大，包括南北两山，祖宅在南山。谢灵运回乡后，又在北山别营居宅，石壁精舍就是他在北山营立的一处书斋。精舍，即儒者授生徒之处，后人亦称佛舍为精舍。湖，即巫湖，在南北山之间，是两山往返的唯一水道。后人评价其诗曰：

故人赠我我不违，著令山水含清晖。顿惊谢康乐，诗兴生我衣。襟前林壑敛暝色，袖上云霞收夕霏。

——李白《酬殷明佐见赠五云裘歌》

（谢诗）情不虚情，情皆可景；景非滞景，景总含情。

——王夫之《古诗评选》卷五

舒情、缀景、畅达理旨，三者兼长，洵堪睥睨一世。

——黄子云《野鸿诗的》

此诗当作于元嘉元年（424）至三年（426），写自石壁精舍归返南山湖畔居所，一路上所观之景。由于受东晋玄言诗的影响，谢灵运借山水以化其郁结，不免哲理游离于景物之外，形成了叙事—写景—说理的写作模式，他的山水诗总是拖着一个“玄言的尾巴”。

游山玩水间谢灵运有许多发明使我们受益至今，如“谢公屐”。“谢公屐”是一种前后齿可装卸的木屐，谢灵运游山时所穿，故称。《宋书·谢灵运传》：“寻山陟岭，必造幽峻，岩嶂千重，莫不备尽。登蹑常著木履，上山则去其前齿，下山去其后齿。”

谢朓（464—499），字玄晖。晋宋大诗人谢灵运的族侄，后人以“二谢”并称，谢灵运为“大谢”，谢朓为“小谢”。年少有文名，曾出任宣城太守，后人称之“谢宣城”。

谢朓擅长山水之作，他吸收了谢灵运山水刻画精美的优点，但语言更为洗练流畅，基本摆脱了玄言诗的影响。谢灵运以游赏的方式，移步换景，模山范水；谢朓则大多登临远眺，足迹所及多在长江中下游的建康、宣城近郊山水名胜，捕捉山水中最富有情趣的部分，经过精心的剪裁和安排，情景更为浑融，诗风清新俊逸，使山水诗艺术达到了一个更为高妙的境界。钟嵘《诗品》赞其诗“奇章秀句，往往警遒”。黄子云说他“句多清丽，韵亦悠扬”（《野鸿诗的》）。严羽《沧浪诗话》则云：“谢朓之诗，已有全篇似唐人者。”

唐代诗人大多对谢朓推服不已，如李白就曾“一生低首谢宣城”（王士祯《论诗绝句》），杜甫亦曾称赞道：“谢朓每篇堪讽诵。”（《寄岑嘉川》）

谢朓《晚登三山还望京邑》诗云：

灞涘望长安，河阳视京县。
白日丽飞甍，参差皆可见。
余霞散成绮，澄江静如练。
喧鸟覆春洲，杂英满芳甸。
去矣方滞淫，怀哉罢欢宴。
佳期怅何许，泪下如流霰。
有情知望乡，谁能鬒不变？

三山，《文选》李善注云："山谦之《丹阳记》曰：'江宁县北十二里，滨江有三山相接，即名为三山。旧时津济道也。'"此诗为建武二年（495）春，谢朓出守宣城途中作，写诗人登山远眺，回望京城，所见江边美景及依依不舍的恋都之情。

谢朓《游东田》诗云：

戚戚苦无悰，携手共行乐。
寻云陟累榭，随山望菌阁。
远树暧阡阡，生烟纷漠漠。
鱼戏新荷动，鸟散余花落。
不对芳春酒，还望青山郭。

东田，是当时都城建康（今江苏南京）郊外的一个著名风景胜地，它北依钟山，南望秦淮，风光秀丽，景色宜人。南齐王公贵族、文人雅士多在此修筑池园，建立别墅。此诗似是建武二年（495）齐明帝废杀二少帝后，谢朓于春日休沐还庄时作。

谢朓平日为莫名的惆怅、苦闷所缠绕，遂与友朋携手出游，于东田欣赏到初夏美丽的景色之后，心中的苦闷得以排遣。全诗用字浅近，写景清新，意境浑融。"鱼戏""鸟散"二句，尤为生动、新警，备受后人赞叹。如陈祚明《采菽堂古诗选》谓："'鱼戏'二句，生动飞舞。写景物之最胜者，调亦未堕。"方东树《昭昧詹言》则云："'远树'四句，写景华妙，千古如新。"

三、盛唐时期山水诗创作的繁荣

盛唐时期山水诗的创作十分繁荣，作家作品很多，其中王维、孟浩然最为杰出。后人将这一具有大致创作倾向的作家列为一派，称之盛唐山水诗派。裴迪、常建、储光羲、綦毋潜、祖咏、张子容等也属此派。

盛唐山水诗创作的繁荣主要有以下几个因素：

其一，盛唐文人的漫游之风。

其二，隐逸入仕的终南捷径。

其三，休沐田园的朝隐之风。

王维（701—761），盛唐著名诗人，能诗，懂音乐，擅长绘画，具有多方面的艺术才能。开元中曾受到丞相张九龄的赏识，为右拾遗。在张九龄为李林甫排挤罢相后，他深感沮丧，开始了亦官亦隐的生活。后曾官至尚书右丞，世称“王右丞”。

王维一生奉佛，晚年尤甚，号摩诘居士。他先隐终南山，后又在蓝田辋川得宋之问的别业，友人裴迪隐居于此，“浮舟往来，弹琴赋诗，啸咏终日”。《辋川集》即是他与好友裴迪的唱和之作，主要是歌咏辋川的二十个景点，全为五言绝句。《终南山》《鸟鸣涧》《山居秋暝》《新晴野望》等是他最具盛名的山水诗，这些作品大多体现了他静赏自然，以山水悦性（得到禅悦）的自然审美观。

王维的山水诗不仅最能体现他诗歌艺术上的创造性，而且也达到了中国山水诗的最高成就。闻一多先生说：“王维替中国诗定下了地道的中国诗的传统，后代中国人对诗的观念大半以此为标准，即调理性情，静赏自然。”（《闻一多说唐诗》，郑临川笔录）

王维的山水诗主要描写乡村的幽美风光和隐居生活的乐趣，曲折地表现了对混浊官场的厌恶，对美好理想的追求。从艺术上看，具有以下四个特点：情景交融的意境美；诗中有画的绘画美；参禅悟道的清空美；动静结合的音乐美。

王维无论作画还是吟诗，多山林小景，自然平淡，从中传递出的诗意禅境，实为空寂无声的静观之态，而其平远的构图，也最宜表达平和清疏的意境。

王维的水墨画风，几乎影响着中唐以后中国山水画发展的全部历史。至少可以说，占据中国古代山水画主流的文人画，都受到了王维的影响。苏轼“诗中有画，画中有诗”的赞语，奠定了王维在中国绘画史上的地位。

王维《山居秋暝》诗云：

空山新雨后，天气晚来秋。
明月松间照，清泉石上流。
竹喧归浣女，莲动下渔舟。
随意春芳歇，王孙自可留。

《山居秋暝》有清空的意境，高洁的情怀，似“赋”写山水，实通篇比兴；中间两联写景，各有侧重：颔联以物芳而明志洁，颈联以人和而望政通，有世外桃源之感；写景如画，随意挥洒；含蕴丰富，耐人寻味。

王维《鸟鸣涧》诗云：

人闲桂花落，
夜静春山空。
月出惊山鸟，
时鸣春涧中。

月照空山，万籁寂静；花落鸟鸣，生机潜动；以动写静，禅意盎然。

孟浩然，生于武后永昌元年（689），卒于开元二十八年（740），襄阳（今属湖北）人，是盛唐诗坛上一位年辈较老的诗人，比王维、李白大十几岁。

《旧唐书·文苑传》云：“孟浩然，隐鹿门山，以诗自适。年四十来游京师，应进士不第，还襄阳。张九龄镇荆州，署为从事，与之唱和。不达而卒。”

孟浩然在同时代人的心目中，被当作一个不慕名利的高人，因而得到人们的推崇。王维曾替他画过一幅像，据张洎的题识，他“颀而长，峭而瘦，衣白袍”，一幅隐士的神态。王士源说他“骨貌淑清，风神散朗”。李白《赠孟浩然》诗云：“吾爱孟夫子，风流天下闻。红颜弃轩冕，白首卧松云。醉月频中圣，迷花不事君。高山安可仰，徒此揖清芬。”

孟浩然的山水诗，大多写其隐居山林或漫游山水时的所见所感，长于表现自然山水的清幽境界。代表作有《夏日南亭怀辛大》《秋登兰山寄张五》《夜归鹿门歌》《宿业师山房待丁大不至》等。

孟浩然《夏日南亭怀辛大》诗云：

山光忽西落，池月渐东上。
散发乘夕凉，开轩卧闲敞。
荷风送香气，竹露滴清响。
欲取鸣琴弹，恨无知音赏。
感此怀故人，中宵劳梦想。

孟浩然《秋登兰山寄张五》诗云：

北山白云里，隐者自怡悦。
相望试登高，心随雁飞灭。

愁因薄暮起，兴是清秋发。
时见归村人，平沙渡头歇。
天边树若荠，江畔洲如月。
何当载酒来，共醉重阳节。

《秋登兰山寄张五》是一首怀人之作。张五名子容，隐居于襄阳岘山南约两里的白鹤山。孟浩然园庐在岘山附近，因登岘山对面的兰山以望张五，并写诗寄意。全诗情随景生，而景又烘托情，两者紧密联系，真正做到了情景交融，浑然一体。情飘逸而真挚，景清淡而优美，为孟诗代表作之一。

李白（701—762），字太白，天资纵逸，狂放不羁，曾被贺知章呼为“谪仙人”。他一生好入名山游，好神仙，爱自然。“十五游神仙，仙游未曾歇。”耻预常科，想隐逸求仕，一鸣惊人。曾经在天宝元年（742）被唐玄宗征召入京，任翰林学士。

李白是中国文学史上少有的天才诗人，无论是山川风物，还是人事交往；无论是所见所闻，还是所思所想，在他的笔下统统可以谱成震撼人心的乐章。而且，永远雄浑而清新，具有高山大河般的力量、初日芙蓉般纯粹的美感。杜甫就曾称赞李白“笔落惊风雨，诗成泣鬼神”（《寄李十二白二十韵》）。

他的山水诗主要继承了谢朓诗歌写景优美明丽的特点，又融进了极强的感情色彩和主体意识，亦真亦幻，虚虚实实，形成了雄奇瑰丽的独特风格。代表作有《峨眉山月歌》《蜀道难》《登太白峰》《望庐山瀑布》《梦游天姥吟留别》等。

李白《登太白峰》诗云：

西上太白峰，夕阳穷登攀。
太白与我语，为我开天关。
愿乘泠风去，直出浮云间。
举手可近月，前行若无山。
一别武功去，何时复见还。

李白于天宝元年应诏入京时，可谓踌躇满志。但是，由于朝廷昏庸，权贵排斥，他的政治抱负根本无法实现，这使他感到惆怅与苦闷。这种心情就反映在《登太白峰》一诗上。晚唐诗人皮日休说：“言出天地外，思出鬼神表，读之则神驰八极，测之则心怀四溟，磊磊落落，真非世间语者，有李太白。”（《刘枣强碑》）这首诗带有游仙诗般的浪漫色彩，全诗借助丰富的想象，忽而驰骋天际，忽而回首人间，结构跳跃多变，突然而起，忽然而收，大起大落，雄奇跌宕，生动曲折地反映了诗人对黑暗现实的不满和对理想世界的憧憬。

李白《独坐敬亭山》诗云：

众鸟高飞尽，
孤云独去闲。
相看两不厌，
只有敬亭山。

敬亭山在宣州（治所在今安徽宣城），宣州是六朝以来江南名郡，大诗人如谢灵运、谢朓等曾在这里做过太守。李白一生七游宣城，这首五绝作于天宝十二年（753）秋游宣州时，距他天宝三年离开长安已有整整十年时间了。长期的漂泊生活，使李白饱尝了人间辛酸滋味，看透了世态炎凉，从而加深了对现实的不满，增添了孤寂之感。

此诗写独坐敬亭山时的情趣，正是诗人带着怀才不遇而产生的孤独与寂寞的感情，到大自然怀抱中寻求安慰的生活写照。

这首平淡恬静的诗，之所以如此动人，就在于诗人的思想感情与自然景物的高度融合，从而创造出来了"寂静"的境界，无怪乎沈德潜在《唐诗别裁》中要夸这首诗是"传'独坐'之神"了。

杜甫（712—770），我国最伟大的诗人之一，众体兼擅，山水诗也具有很高的艺术成就。他受盛唐漫游之风的影响，二十岁开始漫游。他南游吴越，北抵齐赵，浩然有跨八荒、凌九霄之志。后来遭逢安史之乱，奔走流离，自华州谢官以后，度陇客秦，结草庐于成都浣花溪草堂，扁舟出峡，泛荆渚，过洞庭，涉湘潭，创作了一大批或歌咏祖国大好河山，或抒发羁旅情怀的山水诗作，在中国山水诗史上影响深远。

杜甫《望岳》诗云：

岱宗夫如何？齐鲁青未了。
造化钟神秀，阴阳割昏晓。
荡胸生层云，决眦入归鸟。
会当凌绝顶，一览众山小。

唐玄宗开元二十三年（735），杜甫赴洛阳应进士举，落第，于是开始漫游齐、赵（今山东、河南、河北一带）。此诗是他于开元二十五年（737）游泰山时所作。

泰山为东岳，五岳之首。近岳而望，尚未登岳，故题“望岳”。诗中描绘了泰山高大而磅礴的气象，抒发自己企望攀登绝顶的豪情，洋溢着青年人（此时杜甫二十四五岁）特有的那种蓬勃向上的朝气。

杜甫《登高》诗云：

风急天高猿啸哀，渚清沙白鸟飞回。
无边落木萧萧下，不尽长江滚滚来。
万里悲秋常作客，百年多病独登台。
艰难苦恨繁霜鬓，潦倒新停浊酒杯。

这篇作品写于大历二年（767）秋天，是杜甫寄寓夔州时所作的一首悲歌。

从唐玄宗天宝十四年（755）安史之乱爆发，诗人开始挈妇将雏，流浪漂泊，备尝生活的艰辛。公元767年，安史之乱虽已经结束四年，但是地方军阀为了争夺地盘、扩大自己的势力范围又乘机而起，社会仍然是一片混乱。这时，杜甫已经是一位漂泊受难、饱经沧桑的五十六岁的老人，他目睹了安史之乱给唐朝带来的重创，感受到了时代的苦难，家道的衰败，也感受到了仕途的坎坷，晚年的孤独和生活的艰辛，诗人难抑悲怀，百感交集，写下了这首慷慨激越、动人心弦、被称为“杜集七言律诗之冠”的《登高》一诗。

四、宋代山水诗的新风貌：山水明理

唐诗、宋诗各有千秋，风格不同：唐诗讲神韵、意境；宋诗则讲气骨、理趣。唐诗多以热烈的感情去感受现实生活；宋诗多以冷静的态度去体察客观事物。唐诗重写景、抒情，景中含情；宋诗好发议论，景为理设，呈现出散文化的倾向。

苏轼（1037—1101），字子瞻，号东坡居士，眉山（今四川眉山市）人。宋仁宗嘉祐二年（1057）中进士，宋神宗时，王安石实行变法，他持不同政见，因而被外放到杭州、密州（今山东诸城市）、徐州、湖州等地做地方官。后被新党中部分人罗织文字狱，兴起“乌台诗案”，下御史狱，经救援出狱，贬居黄州（今湖北省黄冈市）。旧党执政后，被招还，任翰林学士、礼部尚书。但又与旧党意见分歧，遭排挤出任杭州、颍州等地的地方官。当变了质的新党再度上台，苏轼又被贬到惠州（今广东惠州）、儋州（今海南省儋州市）等地。宋徽宗即位时遇赦北还，死于常州。

苏轼是一位才华横溢的艺术家，在诗、词、散文、书法、绘画等各个艺术领域都有杰出的成就。他的山水诗，挥洒自如，明快豪放，善于运用新鲜的比喻描写山水景物，善于从常见的事物中揭示深刻的哲理。

苏轼《题西林壁》诗云：

横看成岭侧成峰，
远近高低各不同。
不识庐山真面目，
只缘身在此山中。

苏轼由黄州贬赴汝州任团练副使时经过九江，游览庐山。瑰丽的山水触发逸兴壮思，于是写下了若干首庐山记游诗。

《题西林壁》是他游观庐山后的总结，它描写庐山变化多姿的面貌，并借景说理，指出观察问题应客观全面，如果主观片面，就得不出正确的结论。

这是一首哲理诗，但诗人不是抽象地发议论，而是紧紧扣住游山谈出自己独特的感受，借助庐山的形象，用通俗的语言深入浅出地表达哲理，故而亲切自然，耐人寻味。

朱熹（1130—1200），南宋著名的理学家、思想家、哲学家、教育家、诗人，闽学派的代表人物，儒学集大成者，后世尊称为朱子。

其理学思想中有“格物致知”说。此语出于《大学》“致知在格物”一语，原无认识论意义，基本上是讲对一般道德的体认。程颐首次明确从认识论的意义上解释“格物”，他说：“格犹穷也，物犹理也。犹曰穷其理而已也。”（《二程遗书》）朱熹继承了二程的说法，建立了更系统的格物穷理说。“格物致知”的具体内容是：“穷天理，明人伦，讲圣言，通世故。”（《文集》）自然山水又是其中最重要的一个媒介。朱熹讲“格物致知”是为了当圣人，认为若做不到“格物致知”，无论如何都是凡人，只有达到“物格知至”，方可进入圣贤之域。

朱熹《春日》诗云：

胜日寻芳泗水滨，
无边光景一时新。
等闲识得东风面，
万紫千红总是春。

这首诗表面上咏春游之乐，春景之美，实际上是一首哲理诗。以山水说理，是朱熹所长。诗中的“泗水”暗喻孔门，“寻芳”暗喻求圣人之道，“东风”暗喻教化，“春”暗喻孔子倡导的“仁”。这些意思如果用哲学讲义式的语言写出来，难免枯燥乏味。本诗却把哲理融化在生动的形象中，不露说理的痕迹。

朱熹《观书有感（其一）》诗云：

半亩方塘一鉴开，
天光云影共徘徊。
问渠那得清如许？
为有源头活水来。

这首诗是描绘其“观书”的感受，借助生动的形象揭示深刻的哲理。借助池塘水清因有活水注入的现象，比喻要不断接受新事物，才能保持思想的活跃与进步。

第十三章 《文心雕龙》导读

袁济喜*

今天的内容主要是传统文化中经典研读的一部分，就是《文心雕龙》研读。同学们都知道中国传统文化的高端产品就是它的经典。20 世纪 30 年代的时候，伟大的文学家、思想家、学者朱自清先生写过一本书，叫《经典常谈》(1934)。在此书中，朱自清先生提出，研读经典不仅是兴趣，而且是一个国民的职责和义务，他提出，每个国民都有义务接受和传播我们的国学经典。

在中国众多国学经典中，《文心雕龙》是一部怎样的书呢？顾名思义，“文心”就是文学创作的心灵，或者是精神世界。“雕龙”简而言之，就是指文学创作的风采和技巧。《文心雕龙》书名的翻译一直是很纠结的事情。最近我参加了国务院的一个重大课题，叫“中华思想文化术语的整理和传播”。一些英文专家翻译《文心雕龙》的时候就很纠结。他们首先提出，从汉字来说，“文心雕龙”严格地翻译成现代汉语应该怎么说？有人说“文心雕龙”中间有个顿号，“文心”和“雕龙”是平行的，“文心”就是文学创作的精神，“雕龙”就是文学创作的技巧，这个翻译不是很准确。还有人说干脆用音译，但音译不能解决“文心雕龙”真正的含义。我个人的看法是，根据刘勰《文心雕龙》的《序志》篇，用现代汉语来说，“文心雕龙”是用文学的精神或用文学的审美心灵来从事文学创作。“雕龙”的意思是华丽的辞章来源于心灵的铸造。这样翻译就形成了一个动宾关系，也即内容决定形式，精神决定文学的关系。这个观念在我们目前的社会中更值得提倡，文学不能丢掉它的灵魂，文学不能没有它的信仰，文艺不能成为纯粹的娱乐工具，它应该是精神人格的表现。这也是我认为“文心雕龙”直接的意思。

---

* 袁济喜，中国人民大学教授、博士生导师，兼中国《文心雕龙》学会副会长。研究领域：中国古代文论、美学、魏晋南北朝文学。代表性学术成果：《文心雕龙品鉴》《六朝美学》《中国古代文论精神》《传统美育与当代人格》《古代文论的人文追寻》，主撰的《六朝清音》获第五届国家图书奖。

一、《文心雕龙》概述：基本情况及历史地位

（一）基本情况

我先介绍一下《文心雕龙》作为经典的基本情况。在中国五千年的文明中，有着三千年的学术史。而在三千年的学术史中，它的学术体系是按照经史子集这四个板块来划分的。经指儒家的十三经，史就是二十四史，子是诸子百家，集是诗文集。集部分为五大类，分别为楚辞、别集、总集、诗文评、词曲。《文心雕龙》作为经典，属于经史子集的集部当中的诗文评一类。用现代的话来说，是中国古代文学理论最著名的著作。鲁迅先生曾在《诗论题记》一文中说过这样一段话："篇章既富，评骘自生。东则有刘彦和之《文心》，西则有亚里士多德之《诗学》，解析神质，包举洪纤，开源发流，为世楷式。"也就是从东西比较来说，西方的文学理论以古希腊亚里士多德的《诗学》作为开山鼻祖，而中国的文艺理论就应当以《文心雕龙》作为开山鼻祖，或者说是集大成者。《文心雕龙》在中国文学批评史上的地位是无与伦比的。从鲁迅先生这段话可以看出，《文心雕龙》的特点是"解析神质，包举洪纤，开源发流，为世楷式"。它在文学理论或者文学批评当中，一是首次对文学创作的奥秘（即文心的问题）进行揭示，二是对中国古代博大精深的文学体裁进行归类和分析。《文心雕龙》将文体分为38种，和《昭明文选》的38种基本上是吻合的。"开源发流"是指对每种文体、每种文学创作的来龙去脉交代得井井有条。从文学批评史的角度来说，《文心雕龙》基本的特点就是"体大思精"与"体大虑周"。中国古代的文学批评源远流长，有很多诗话、词话、戏剧评论、小说评论，可以说毫不逊色于西方的美学和文学批评。但是这当中的翘楚，或者说独拔头筹的，非《文心雕龙》莫属。为什么呢？就是鲁迅先生所说的这四个贡献"解析神质，包举洪纤，开源发流，为世楷式"。唯有《文心雕龙》在众多的文学批评当中，体系周密，规模宏大。从一般的百科知识来说，《文心雕龙》诞生于南朝，成书于公元501—502年，就是南朝齐和帝中兴元年、二年，距离现在有一千五百多年。所以我们可以当之无愧地跟西方人说，我们一千五百年前就有那样一部篇幅宏大、体大虑周的文学批评著作《文心雕龙》，这是我们的骄傲，这是它对世界文明的贡献。

回到刚才的问题，从《文心雕龙》的书名开始谈。刘勰在《序志》篇中是这么说的："夫'文心'者，言为文之用心也。"翻译成现代汉语就是：所谓的文心，就是进行文学创作的良苦用心。有个成语叫苦心孤诣。文学写作

是一种精神的思维，是一种文学的构思。这种构思无论是在古代还是现代写过文章的同学都知道它是非常艰苦的一项活动。汉代有个著名的文学大家扬雄，扬雄为了给皇帝写一篇赋，朝思暮想，有一天中午的时候，精神疲惫就在书桌上睡着了，梦见自己的五脏六腑都流出来了，醒来之后大病一场。所以我们说写文章是一件呕心沥血的事情。刘勰接着说："昔涓子《琴心》，王孙《巧心》，心哉美矣，故用之焉。"刘勰说心灵是美的。春秋战国时期，有一个道家的人叫环渊，字涓子，他写过一篇文章叫《琴心》，另一个叫王孙的人写了《巧心》，专门论述心灵的智慧。可见在先秦时代，已经有人认识到心灵是美的，所以刘勰用"文心"来命名这本书。刘勰又说："古来文章，以雕缛成体，岂取驺奭之群言雕龙也？"他说古往今来的文章莫不以追求华丽为美。"驺奭"是战国时期的一个名士，传说他写的文章像雕龙那样华美，所以叫"谈天雕龙"。古时候的人们认为雕龙画壁是很美的，现在我们在故宫里面还能看到很多雕龙。所以古代的人们就以"雕龙"代指美丽的艺术。刘勰这句话是说，古往今来的文章莫不以追求华丽为美，难道华丽仅仅是为了追求驺奭所说的雕龙吗？他认为"非也"，写文章的终极目的并非追求华丽，尽管追求华丽是人之所向。俗话说，"爱美之心，人皆有之"。我们年轻时候写文章都是以追求华丽为宗旨，就像苏东坡说的，人在刚开始写文章的时候，莫不追求彩色绚烂，气象峥嵘，然后"渐老渐熟，乃造平淡"。所以苏轼说了一句很有名的话：绚烂之极，归于平淡。但开始时追求华丽是人之所向。刘勰认为，文学并不以追求绚烂华丽为宗旨，追求的是绚烂华丽之后的内在的精神美。而且在道家哲学中，叫"大巧若拙""大美无言""大音希声""大象无形"。这才是中国文学和美学的最高境界，陶渊明把这点发挥到了极致。这个论断对我们颇有启示。

再来看什么是文学精神。"夫宇宙绵邈，黎献纷杂"，意为宇宙是多么无始无终，大千世界林林总总。"拔萃出类，智术而已"，意为能够超越大千世界的，唯有人类的心灵，即"智术"。这段话让我们想起了莎士比亚著名的戏剧《王子复仇记》里面哈姆雷特赞扬人类精神之高贵、心灵之伟大的一段话，即"宇宙之精华，万物之灵长"。这是莎士比亚在文艺复兴时期对人类的赞颂。刘勰也是这个意思，即万物当中只有人类出类拔萃。那么人类如何出类拔萃呢？在刘勰看来，主要在于人类的精神和心灵。刘勰说，"岁月飘忽，性灵不居"。此话经常被引用。我在起草中国人民大学建校八十周年第一号公告的时候，就用到了。这是说岁月如梭，人生短暂。"腾声飞实，制作而已"，是指能够不朽的，只有写文章。然后刘勰接着说，"夫人肖貌天地"，古人认为天人感应，所以人的精神和肉体是由天地转化而来的。“禀性五才”，人的性格是从五行之气转化而来的，五行指金木水火土，宇宙中有五行，人有五行之气。“拟耳目于日月，方声气乎风雷，其超出万物，亦已灵矣”，是说人的耳目就像日月，人的声气跟风雷是一致的。周易的八卦（乾、坤、巽、震、坎、离、艮、兑）实际是模仿自然界中天、地、风、雷、水、火、山、泽这八种事物。刘勰这段话的意思是，人类虽然来自天地，但是人类是天地中的精华。这是刘勰的基本思想。刘勰认为，人类之所以能够印证其是自然界的精华，能够使其精神永存的，唯有文章，而文章的流传主要在于它的精神世界。

（二）产生背景

接下来介绍一下《文心雕龙》的产生背景。曹操的儿子曹丕写过一篇文章叫《典论》，曹丕在其中提出：“盖文章，经国之大业，不朽之盛事。年寿有时而尽，荣乐止乎其身，二者必至之常期，未若文章之无穷。”也就是说，人这一辈子，富贵荣乐是短暂的，唯有你的文章可以做到三不朽。《左传》中就提出人生的三不朽是“太上有立德，其次有立功，其次有立言”。最高的一种境界是立德，比如周公、孔子。其次立功，像秦皇汉武、唐宗宋祖。再次是立言，像伟大的思想家和文学家。能够做到三不朽的是人的精神，而人的精神的表征就是文学。文学是一种精神的表征。为什么呢？因为唯有文学能够超越肉身，能够不朽。所以古人认为立德、立功、立言，主要还是精神范围的事情。我们都知道魏晋南北朝时期，人的平均寿命很短，曹丕才 40 岁，曹操稍微活得久一点，是 67 岁，而刘勰 56 岁就去世了。所以刘勰说人的生命是非常短暂的，而人的文章作为心灵的表征可以永垂不朽。我们来看这句话：“形同草木之脆，名逾金石之坚，是以君子处世，树德建言，岂好辩哉？不得已也！”刘勰说人的形体像草木一样脆弱，人的名声可以比金石还要坚固，所以君子处世，树德建言是最重要的。这种人生观是中华文化的精髓。刘勰的意思是说，他写《文心雕龙》，并非好辩（炫耀文采）。这段说明了刘勰写作时的担当意识。这句话是有出处的，孟子在《滕文公下》中说过相同的一句话：“岂好辩哉？予不得已也。”孟子为什么说这句话呢？孟子这个人，文才、口才都是一流的，孟子的文章咄咄逼人、气盛言宜。唐宋八大家中韩愈的文章主要就是学习孟子。中国古代的散文风格不同，韩愈的文章像大海咆哮，苏轼的文章像月夜下的湖泊，比较平淡。现在再来看《孟子·滕文公下》这段话：“昔者禹抑洪水，而天下平；周公兼夷狄，驱猛兽，而百姓宁；孔子成《春秋》，而乱臣贼子惧。《诗》云：‘戎狄是膺，荆舒是惩，则莫我敢承。'无父无君，是周公所膺也。我亦欲正人心，息邪说，距诐行，放淫辞，以承三圣者。岂好辩哉？予不得已也。"大禹治水，三顾家门而不入，终于将洪水平定了，所以他功不可没。周武王死后，他的儿子周成王还小，由周武王的弟弟周公旦摄政，权力也掌握在他手里。周公的时候周围有很多蛮族入侵中原，周公率领军队连年征战，终于平定夷狄，百姓安宁，所以周公功不可没。所以孔子最佩服的不是文王、武王，而是周公，因为他文武双全，是孔子心目中的圣人。孔子写了《春秋》，制定了名分，乱臣贼子就感到很害怕。《诗经》里面说，少数民族扰乱中国，必须加以反击。过去荆楚之地也有很多蛮族入侵，周公也率领军队加以平定。"莫我敢承"即非我莫属，表现出一种担当意识。孟子接着说，我也想向周公学习，我写《孟子》，主要是为了"正人心，息邪说，距诐行，放淫辞，以承三圣者"。"诐行"指歪门邪道，"放淫辞"指把异端邪说加以排除，"三圣"指大禹、周公、孔子。所以这是一种担当意识。而刘勰写《文心雕龙》主要是针对齐梁时期文艺当中的不健康思潮。

（三）篇章结构

下面介绍一下《文心雕龙》的篇章结构。《文心雕龙》一共50篇，分上下两部。上部25篇。其中5篇是"文之枢纽"，还有文体论20篇。"文之枢纽"是《文心雕龙》五个指导性的篇章，分别为《原道》《征圣》《宗经》《正纬》《辨骚》。《原道》指文章要源于孔孟之道。《征圣》指向圣人经典学习。《宗经》是以儒家五经作为文学写作的楷模。《正纬》是针对纬书的。儒家的经书在西汉时候有五经，后来发展为十三经。经书之外有纬书，纬书是对经书的演绎，当中有迷信和荒诞不经的东西。纬书分两部分，其一是谶，即"谶纬神学"的"谶"，"谶"是指预言。《史记·陈涉世家》中，陈胜吴广起义时，托人在鱼肚子里面放入丹书，这都是蒙骗人的，但当时的人们是相信预言的，所以纬是对经的神化和演绎。刘勰在《正纬》里面说纬书在某些方面不见得是荒唐的，有些东西是可以吸取的。《辨骚》是对楚辞和《离骚》的肯定。刘勰认为以《离骚》为代表的楚辞，虽然是《诗经》的旁支，但其确立的文学规范和文学精神，对后世来说是功不可没的。所以李白有两句诗，叫"屈平词赋悬日月，楚王台榭空山丘"（《江上吟》）。综上所述，这五篇是刘勰对文学的总纲领和法则的概括，叫"文之枢纽"。接下来从《明诗》到《书记》的20篇，以"论文序笔"为中心，对各种文体的源流及作家、作品逐一进行研究和评价。在有韵文为对象的"论文"部分中，以《明诗》《乐府》《诠赋》等篇较重要；在无韵文为对象的"序笔"部分中，则以《史传》

《诸子》《论说》等篇意义较大。下部，从《神思》到《物色》的20篇（《时序》不计在内），以“剖情析采”为中心，重点研究创作过程中各个方面的问题，是创作论，探讨文学创作的构思、想象、比喻。如果写过小说、散文、长篇诗就知道，创作中有很多环节，《文心雕龙》这些篇就是在谈创作中的重要环节。而《时序》《才略》《知音》《程器》4篇，则主要是文学史论和批评鉴赏论。特别是《知音》，我们现在还说“知音难寻”。《文心雕龙》的《知音》主要讲鉴赏。《古诗十九首》中有两句诗很有名，叫“不惜歌者苦，但伤知音稀”。《文心雕龙》开头几句话很有深意：“知音其难哉！音实难知，知实难逢；逢其知音，千载其一乎！”这是刘勰的感叹。刘勰写的《文心雕龙》如此出色，写成之后却“未为时流所称”，我们都知道好的经典作品在当时不一定得到承认。再加上叙述作者写作此书的动机、态度、原则的《序志》，共50篇。

（四）地位作用

对于《文心雕龙》在中国古代文学批评史上的地位，我们来看一下清代乾隆时期纪昀所编的《四库全书》。《四库全书》总目集部提要中专门谈到诗文评，诗文评即文学批评。纪昀从中国古代文学批评发展的源流谈起。他说，“文章莫盛于两汉”，即中国古代的文章在西汉东汉是最繁盛的。“浑浑灏灏，文成法立”，指文章创作发达了，就有一些文章写作的法则要确立。“无格律之可拘”，指当时没有具体进行总结、批评的书。“建安、黄初，体裁渐备，故论文之说出焉”，指到了建安（东汉末年）、黄初（曹丕的年号）的时候，各种文体开始成熟。建安时期有五言诗，甚至还有七言诗，以及有各种各样的实用文体，建安七子中有人擅长写檄文，有人擅长写书信，还有人擅长写赋、写诗、写铭和诔。这个时候体裁完备了，所以就有总结文学创作的专著出现。“《典论》其首也”，曹丕的《典论》是中国古代文学批评的开山之作。但现在流传下来的《典论·论文》才七百字左右，很短。所以纪晓岚接着说，“其勒为一书，传于今者，则断自刘勰、钟嵘”。到了南朝齐梁时期，才出现了专门的著作，一本为刘勰的《文心雕龙》，一本为钟嵘的《诗品》。《文心雕龙》的成书稍早于《诗品》，二者并称魏晋南北朝时期文学批评的“双子星座”。“勰究文体之源流，而评其工拙；嵘第作者之甲乙，而溯厥师承”，刘勰主要分析各种文章的文体源流，然后论述创作的巧妙和笨拙，而钟嵘主要品评作者之高低，而推溯源头，如嵇康、阮籍、陶渊明诗歌的源流。所以《诗品》是以品论诗，《文心雕龙》是体大思精。《文心雕龙》涉及的文体有38种，而《诗品》只对123位诗人的诗源做出评价。二者的对象、范围不太一致。“为例各殊”，指他们的体例不太一样。“至皎然《诗式》，备陈法律。孟棨《本事诗》、刘攽《中山诗话》、欧阳修《六一诗话》，又体兼说部，后此论著，不出兹五例矣。”此段意为，到唐宋时期，诗话开始出现。这些诗话很多都跟小说一样，即诗话中有很多的故事。“推敲”二字的典故就在《本事诗》中有提及。贾岛苦吟，有一次在路上碰到韩愈，贾岛问“僧推”还是“僧敲”，韩愈说还是“敲”字佳。但这些故事也不一定可靠，所以叫“体兼说部”。纪晓岚接着又说，“《隋志》附总集之内，《唐书》以下，则并于集部之末别立此门”。从目录学上说，《隋书·经籍志》将这些诗话和《文心雕龙》放在总集之内，到了《新唐书》以下，则在集部最后。一直到《四库全书》时，才将其单列出来，把诗文评作为五种之一。那么诗文评的功能是什么呢？纪晓岚说：“岂非以其讨论瑕瑜，别裁真伪，博参广考，亦有裨于文章欤？”他认为，诗文评的功能就是讨论好坏，鉴别作品真伪，为作者写作提供一定的文献资料，对文章写作有一定好处。当然从我们现在的眼光来看，文学理论和文学批评的作用不止于此，它对一个时代的文学有号召和鞭策的作用。

二、《文心雕龙》之作者：作者生平及创作动机

（一）作者生平

接下来进一步探讨刘勰的生平与《文心雕龙》的创作动机。要了解一部伟大的国学经典，必须对作者的生平有所了解，要知人论世。《文心雕龙》的作者刘勰在中国历史上非常奇特，甚至是奇葩的人物。为何这么说呢？他是一个和尚，是一个虔诚的佛教徒，在 54 岁时正式剃度出家，改名慧地。他 16 岁到 30 岁是在寺庙里面度过的，《文心雕龙》一书中的佛学思想非常浓厚，从内容到概念术语，都有佛教的痕迹。而且在《高僧传》中，也谈到刘勰。刘勰虽然是虔诚的佛教徒，但他创造出了中国历史上最伟大的文学理论著作。这一点是值得我们探讨的。

刘勰写作《文心雕龙》的思想，究竟属于儒家，还是道家，还是玄学，还是佛教，抑或是兼而有之，一直是一个悬而未决的问题。每两年一次的国际学术会议上，刘勰的人生观、世界观一直是争论的热点。当然这也毫不为奇，因为刘勰本身就是一个复杂的人物。“二十四史”中有一部《梁书》，其中专门有一篇叫《刘勰传》，但《刘勰传》是放在《文学传》这一大类中，不是单列的，可见刘勰在当时不是很重要。《文学传》中有二十多个人，刘勰和钟嵘都只是其中之一。刘勰原是东莞莒人，也就是现在的山东省日照市莒县。20 世纪 90 年代中期在莒县还开过一次《文心雕龙》学术会议。但刘勰生活的莒并非现在山东这个莒，而是现在江苏的镇江。因为西晋末年五胡乱华，西

晋王朝总体南迁，变成东晋。东晋首都在建康，即南京。为了纪念，或象征性地保留沦陷地区的地名，就设立侨郡，就在镇江设立莒县。所以刘勰世居京口（今江苏镇江）。刘勰出身于一个下级官吏的家庭，祖父刘灵真，是宋司空刘秀之的弟弟。父亲刘尚，曾任越骑校尉，职位不高，很早就去世了。刘勰的家境贫困，也没有婚娶，因为父母去世较早，孤独无靠，所以投奔了定林寺（今镇江南山，也是昭明太子编辑《昭明文选》的地方）。刘勰很早就在定林寺依附当时的名僧僧祐，协助他整理编订佛教经典，前后达十余年之久。中国最早的佛学论文集《弘明集》的编纂者就是僧祐，但真正的编纂者是刘勰。刘勰笃志好学，又博通经论，这为他写作《文心雕龙》打下了良好而坚实的基础。所以其学识学养的积累，主要是定林寺十几年的面壁所造就的。

到了三十岁左右，刘勰走出寺庙，开始从政。“起家奉朝请”，即起家的时候官位卑谦。“奉朝请”字面上看就是皇帝请你的时候上朝，不请的时候就在家待着，是可有可无的顾问罢了。后来“中军临川王宏引兼记室”，即写文件的。“迁车骑仓曹参军”，就是幕僚。“出为太末令”，太末是实指，是现在浙江永康的一个县令，虽然说是九品芝麻官，但毕竟是一县之长。接着说他“政有清绩”。后又迁“仁威南康王记室”。刘勰当的最大的官是“（昭明太子的）东宫通事舍人”，即东宫的警卫队长。东宫是储君，昭明太子如果不死的话就会接替其父梁武帝，成为皇帝。刘勰和萧统的关系非同一般，萧统也是刘勰政治上的靠山。“时七庙飨荐已用蔬果，而二郊农社犹有牺牲”，当时的庙里已经不用猪牛羊来做祭品，而只有祭天祭地才用猪牛羊，刘勰认为这铺张浪费，“勰乃表言二郊宜与七庙同改”，上书皇帝要求废除用猪牛羊为牺牲来祭祀。皇帝接到刘勰的上书之后，让有关部门商议，最后采用刘勰的建议。刘勰后来又“迁步兵校尉兼舍人如故”，步兵校尉是掌管军权的，同时又兼任东宫通事舍人。但是好景不长，因为后来昭明太子去世，刘勰无法再继续待下去。而刘勰写《文心雕龙》也是在这段时期。

《梁书·刘勰传》继续写道：“昭明太子好文学，深爱接之。初，勰撰文心雕龙五十篇，论古今文体，引而次之。”昭明太子编《文选》，刘勰写《文心雕龙》，这两部中国历史上最著名的书就是这时候诞生的。所以二书中的文学趣味和文学观点非常接近，他们也引为同道。“既成，未为时流所称。勰自重其文，欲取定于沈约。约时贵盛，无由自达，乃负其书候约出，干之于车前，状若货鬻者，约便命取读，大重之。谓为深得文理，常陈诸几案。”这本书完成后，却无人问津，所以刘勰非常郁闷。刘勰很看好自己的文章，所以准备走当时文坛领袖沈约的门路。沈约是宋齐梁三代元老，当时他的社会地位、文化地位、政治地位非常高。刘勰很难见到他，因为刘勰当时的品级也就五品到七品。最后刘勰迫于无奈，用了一个极端的方法。他有一次将书背在身上，把自己装扮成卖糖葫芦的小商贩，沈约一出门，就被他拦住了，将书呈于沈约。沈约读了之后，认为写得极好，但是他并未向皇帝或官府推荐。所以沈约这一点是为人所诟病的，他非常自私。钟嵘写成《诗品》后，也求见沈约，但沈约不见。相对于钟嵘被直接拒之门外，沈约对刘勰还算客气，所以钟嵘在《诗品》中发泄对沈约的不满，把沈约列为中品，并且对沈约的评价颇为不敬。有人说钟嵘挟嫌报复，但其实沈约确实人品不好，诗文也一般。虽然他地位高，但盛名之下，其实难副。

《梁书·刘勰传》接着又说，“然勰为文长于佛理，京师寺塔及名僧碑志必请勰制文”，刘勰尤其擅长写碑志，和佛教相关的碑文他写了很多。“有敕与慧震沙门于定林寺撰经”，这句话少了一个前提，刘勰的老师僧祐去世了，去世后留下大量的佛经无人整理，于是梁武帝征求刘勰的意见，而这个时候昭明太子也逝世了，刘勰失去了靠山，而且他又看不惯当时的社会风气，所以同意了皇帝的建议，重回定林寺。“证功毕，遂启求出家。先燔鬓发以自誓，敕许之。乃于寺变服，改名慧地，未暮而卒。文集行于世。”回到定林寺没多久，就正式剃度出家。过去剃度出家要立下誓言，然后皇帝表示同意。刘勰正式穿上僧服，改名慧地，但没有几年就去世了。刘勰是个悲剧人物，他的人生经历可以分成三段。在 16 岁左右，依附僧祐，30 岁左右辉煌过一段时期，到了昭明太子去世，其政治靠山和知音逝去，他万念俱灰，重回定林寺，不到三年就去世了。

刘勰在《文心雕龙》中有一些非常感慨的话，其实是夫子之道。刘勰在《程器》篇中感叹：“摛文必在纬军国，负重必在任栋梁，穷则独善以垂文，达则奉时以骋绩。若此文人，应梓材之士矣。”孟子曾经说过一句话，“穷则独善其身，达则兼济天下”。这是中国封建士大夫在人生面临不同的处境时不同的人格选择，所以刘勰也“穷则独善以垂文”，当他面临失落和困顿时，他重回寺庙，独善其身，他不愿意随波逐流，更不愿意成为那些媚俗的不负责任的作家，这是他的人格魅力所在。他也“达则奉时以骋绩”，当他和昭明太子在一起时，任东宫卫队长，这个地位不可谓不高，而他当县令的时候也“政有清绩”，虽然不像沈约那样飞黄腾达，但也尽了自己的努力。当他无法实现“奉时以骋绩”的愿望时，他就回归寺庙，甘于寂寞，最后在郁闷中去世。所以刘勰是一个悲剧人物，他的经历像司马迁和曹雪芹，都是发愤著书。他在《序志》篇最后说“文果载心，余心有寄”，可以说《文心雕龙》这部著作是他心灵的寄托。所以我们得出一个结论：中国历史上真正好的文学作品、批评著作的作者是要甘于寂寞，是要有担当意识的。《文心雕龙》的作者及其写作实践，再次印证了这一点。

（二）创作动机

在《序志》篇中刘勰自述了写作《文心雕龙》的动机。“予生七龄，乃梦彩云若锦，则攀而采之。齿在逾立，则尝夜梦执丹漆之礼器，随仲尼而南行。旦而寤，乃怡然而喜，大哉！”从这段可见，刘勰非常沉迷周公、孔子。他说他7岁的时候梦见彩云像锦缎一样，就去攀折彩云。30岁的时候，曾梦见自己拿着礼器，跟着孔子南行，当孔子的学生，追随孔子。当早上起来的时候，就特别高兴。我们都知道孔子说过一句很著名的话，“久矣，吾不复梦见周公”。所以这种周公梦、孔子梦，可以说是中国古人的一种文化情结。刘勰也有这种情结，所以他说，“圣人之难见哉，乃小子之垂梦欤”，圣人真是难见，但有幸的是我在梦中见到了。“自生人以来，未有如夫子者也”，自有生命以来，没有比孔子更伟大的。“敷赞圣旨，莫若注经，而马、郑诸儒，弘之已精，就有深解，未足立家”，这段话是说，刘勰本来想成为经学家，因为要宣传圣人的宗旨，莫如注经。但可惜前面已有马融、郑玄这样伟大的经学家，我就算有一些自己的见解，也不可能像他们一样成为大家。郑玄是马融的学生，但其学问超过了老师，所以《世说新语》有个奇葩的故事，说马融曾追杀郑玄，郑玄躲在桥下躲过一劫。“唯文章之用，实经典枝条，五礼资之以成，六典因之致用，君臣所以炳焕，军国所以昭明，详其本源，莫非经典。”刘勰认为，虽然我注经无法成为大家，但是我对文章的看法却超越他们，可以来论文。在齐梁时期出现了一个不好的现象，由于离圣人久远，“文体解散”，所以“辞人爱奇，言贵浮诡”，出现了不良的文风，这种文风的特点是夸夸其谈，不讲思想内容。“饰羽尚画”，指在孔雀羽毛上画画，多此一举，“文绣鞶帨”，指在漂亮的衣带上画画，追求华丽，不讲对象。“离本弥甚，将遂讹滥”，这些做法导致离经典之本越来越远，越来越趋向于错误和泛滥。“盖《周书》论辞，贵乎体要，尼父陈训，恶乎异端，辞训之奥，宜体于要。于是搦笔和墨，乃始论文。”《尚书》提出“贵乎体要”，孔子谈人生的信仰时，痛恨异端邪说，圣人辞训的奥秘，在于简洁扼要。于是刘勰根据圣人的经书，针对不良的文风，写了这本书。

以上是刘勰写《文心雕龙》的第一个原因，因为当时的文风淫靡。我们再来举一个有力的例证。在《文心雕龙》和《昭明文选》编著的同时，还有一本非常有名的诗集，专门把民间爱情诗编成诗集，是萧统的弟弟萧纲主持编纂的《玉台新咏》。《玉台新咏》中的文风，是刘勰和萧统非常反感的，刘勰所反对的“讹、滥、淫”中的“淫”主要就是针对这本书。孔子说“乐而不淫，哀而不伤”，这里的“淫”就是指不加节制地宣泄男女之情。当时的《玉台新咏》中出现了很多非常情色、猥亵、下流的诗篇。比如《咏内人昼眠》诗，在很多文学史当中都会提到。因为当时的王公贵族有很多妾，大部分出身青楼，这些人从良之后，她们的本性，或者说职业带来的习惯，是难以改变的。这首诗主要是描写一位女性的体态，她的妩媚，有一些甚至已经接近色情了。他写这个女性“梦笑开娇靥，眠鬟压落花。簟文生玉腕，香汗浸红纱”，已经写到女性的内衣，蕴含着性的暗示，甚至带有不堪入目的东西。最后说“夫婿恒相伴，莫误是倡家”，虽然她已经从良了，她的夫婿跟她在一起，但是她过去作为青楼女子的习惯和趣味还留有痕迹。这首诗虽然是萧纲写的，但是却不像是皇帝写的，而像一首市井淫诗。还有更不堪入目的诗歌，写同性恋，写娈童。娈童作为封建社会变态性关系的产物，中国古已有之。如汉高祖刘邦喜欢娈童，汉代皇帝的断袖之好成为风习，南朝这种情况也很多。过去总认为这种是不登大雅之堂的，所以回避，但到了齐梁，竟把它堂而皇之地写进诗歌，而且是一个帝王来写这种不堪入目的诗歌，实在过分。

《娈童诗》的娈童是王公贵族性需求的对象，他们被写得非男非女，尤其是“足使燕姬妒，弥令郑女嗟”，说他使很多女性感到嫉妒，意思是说，他虽然是男的，但比女的还要妩媚，还要放荡。这完全是堕落和变态的嗜好。刘勰对此是反对的，所以他在《明诗》篇中提出：“大舜云：‘诗言志，歌永言。’圣谟所析，义已明矣。是以‘在心为志，发言为诗’，舒文载实，其在兹乎!”诗是高洁的，怎么能变成下流的肉欲和感官的宣泄！刘勰又说：“诗者，持也，持人情性；三百之蔽，义归‘无邪’，持之为训，有符焉尔。”写诗不是为了放荡，而是端正自己的性情。孔子说：“诗三百，一言以蔽之，曰‘思无邪’。”《关雎》宣传的是“乐而不淫，哀而不伤”，可以有失恋，但不能过分，可以有追求爱情不成的惆怅，但不能自暴自弃。所以刘勰说这才是圣人的“诗言志”。但到了齐梁时代，帝王却带头写不堪入目的淫秽的诗篇，我们可以体会刘勰内心的愤怒，所以刘勰说我写这本书不是我好辩，实在是当时的文学已经走向末途。

刘勰写《文心雕龙》的第二个动因，是出于对当时文学批评现状的不满。他在《序志》篇中说：“详观近代之论文者多矣：至于魏文述《典》，陈思序《书》，应玚《文论》，陆机《文赋》，仲治《流别》，弘范《翰林》，各照隅隙，鲜观衢路；或臧否当时之才，或铨品前修之文，或泛举雅俗之旨，或撮题篇章之意。”魏晋以来，写文学批评的论文也不少，但这些只是对前人的创作进行品评，泛泛地讲一些文章的意思，说说雅俗。刘勰认为他们的品评如隔靴搔痒，不得要领，回避要害。那他们的要害是什么呢？刘勰认为“并未能振叶以寻根，观澜而索源。不述先哲之诰，无益后生之虑”。这些批评只是为了炫耀文采，没有担当意识，没有找到根源，也未将圣人的经典引到文论领域，对年轻一代没有启发、教诲。刘勰认为，“夫铨序一文为易，弥纶群言为难”，写文学批评是很难的。第一个要点是智慧，要说一篇文章很容易，要总结规律是很难的。有些文章看上去很近，实际上很远，看上去是一些“轻采毛发”，实际上“深极骨髓”。我们读《昭明文选》或《古文观止》的时候发现，有一两句话看上去无关紧要，实则至关重要。如欧阳修《醉翁亭记》中的“环滁皆山也”，我们看这篇文章的背景才知道，当初欧阳修写“环滁皆山也”耗尽心血，开始写这儿有什么山，那儿有什么山，最后全部删掉，变成“环滁皆山也”。还有像《左传》中的《郑伯克段于鄢》，郑庄公把他的弟弟共叔段消灭在鄢这个地方。郑庄公和他的弟弟是一母所生，但其母姜氏不喜欢老大，喜欢老二，所以他的弟弟有恃无恐，居心叵测的郑庄公欲擒故纵，等他弟弟叛乱的时候，一下把他弟弟消灭了。《左传》的作者对郑庄公是有微词的，所以用了“克”字，后人解释说这是为了说明哥哥没有尽到责任，太残忍。一般“攻克”是指敌人，但这里是哥哥杀了弟弟，于情于理总有哥哥的责任。所以《左传》里面说后来郑庄公也很后悔。“及其品列成文，有同乎旧谈者，非雷同也，势自不可异也；有异乎前论者，非苟异也，理自不可同也。同之与异，不屑古今，擘肌分理，唯务折衷。”这段话表明刘勰写《文心雕龙》的态度：坚持真理，不偏不倚。写文学评论最易受个人好恶的驱使，所以刘勰说要排除个人好恶。《文心雕龙》能够传于后世，与它坚持真理、不偏不倚的态度有关。

三、《文心雕龙》之特点分析

下面简单谈一下《文心雕龙》的思想与文体特点。关于全书的体系，刘勰在《序志》篇中说：“盖《文心》之作也，本乎道（《原道》），师乎圣（《征圣》），体乎经（《宗经》），酌乎纬（《正纬》），变乎骚（《辨骚》）：文之枢纽，亦云极矣。若乃论文叙笔，则囿别区分，原始以表末，释名以章义，选文以定篇，敷理以举统：上篇以上，纲领明矣。”为了证明文体论的写作方法是“原始以表末，释名以章义，选文以定篇，敷理以举统”，我选了一些篇章来跟大家讨论。如《明诗》篇，它所要解决的问题是什么叫作诗。刘勰的文体论虽然是20篇，但涉及的文体有38种，其中，诗是老大，其次是赋，然后还有乐府诗、铭、诔等等。首先，刘勰解释什么是诗。“大舜云：‘诗言志，歌永言。’圣谟所析，义已明矣。是以‘在心为志，发言为诗’，舒文载实，其在兹乎！”诗最早的来源是言志。《尚书·舜典》里面就说：“诗言志，歌永言，声依永，律和声。”诗还有另一个重要功能：“诗者，持也，持人情性；三百之蔽，义归‘无邪’，持之为训，有符焉尔。”诗首先是要教化，所以过去有诗教。

《风骨》篇中也说：“诗总六义，风冠其首，斯乃化感之本源，志气之符契也。”诗是为了“化感”。所以这是文体论的第一个要素：“释名以章义”。第二个要素是“原始以表末”，这是对每一个文体的来龙去脉做一个交代。比如诗是怎么来的？最早是“葛天乐辞，《玄鸟》在曲；黄帝《云门》，理不空弦”。刘勰从最早的上古时代的歌词谈起。而到孔子及其弟子谈诗的时候，就是“自商暨周，《雅》《颂》圆备，四始彪炳，六义环深。子夏监绚素之章，子贡悟琢磨之句，故商、赐二子，可与言诗”。这段讲《论语》中孔子与弟子谈诗的情况。第三个要素是“选文以定篇”，即选一些具体的例子。最后一个要素是“敷理以举统”，即做一些总结，“若夫四言正体，则雅润为本；五言流调，则清丽居宗，华实异用，惟才所安”。齐梁时代，五言诗已经很发达了。四言诗是《诗经》的时代，五言诗是魏晋南北朝的主流诗体。钟嵘主要针对五言诗做出评判，但刘勰在这个问题上与钟嵘的态度不太一样，钟嵘赞扬五言诗，但刘勰坚持认为四言诗是正统、是主流。他提出五言诗虽然“清丽居宗”，利于欣赏，但毕竟不是正统。所以在这一文学观上，后人认为刘勰比较保守，钟嵘比较新锐。但从我们今天看来，刘勰坚持四言为主也有一定的道理。“故平子得其雅，叔夜含其润，茂先凝其清，景阳振其丽，兼善则子建、仲宣，偏美则太冲、公干。然诗有恒裁，思无定位，随性适分，鲜能通圆。”这段是说，张衡学到《诗经》的雅致，嵇康得到雅润，张华学到五言诗清新的一面，张协写得比较华丽，曹植和王粲既能写四言诗，也能写五言诗，而左思和刘桢只会写五言诗，诗有定规，五言诗和四言诗写作的技巧是不一样的，每个作家要根据自己的具体情况来裁夺。综上，“原始以表末，释名以章义，选文以定篇，敷理以举统”是文体论的基本框架。

《文心雕龙》的创作论部分以“剖情析采”为核心，每篇一个专题，分别论述了有关艺术构思、风格体势、结构安排、修辞技巧等写作方面的问题，实际上是文体论各篇“敷理以举统”部分的具体展开。

《文心雕龙》的批评论部分以《知音》篇为核心，针对“文情难鉴”的问题，系统地阐述了批评的态度、原则与方法，批评者只有提高自身的学识修养，才能避免“知多偏好，人莫圆该”，“各执一隅之解，欲拟万端之变”的现象。

在阅读《文心雕龙》的时候，我提醒大家注意两个突出现象：一是用骈体写的四六文，二是互文的现象。互文就是一个意思分两句话，这两句话跟递进关系不一样，而是相互补充的关系。我们用现代汉语说“某某同学离开了教室，去了图书馆”，第二句话是第一句话的递进。但在骈文当中不是这种递进关系，而是互文关系。比如《神思》篇中“子建援牍如口诵，仲宣举笔似宿构”，这两句话不是递进关系。刘勰强调有一类作家文思敏捷，有一类作家文思迟钝，而这两句话举了曹植和王粲的例子，实际说的是一个意思，强调他们都是“骏发之士”。曹植在木简上写文章，像嘴里说出来一样快。王粲写一篇文章，一挥而就，且文章非常成熟，别人还以为这篇文章经过了一晚上的构思。所以刘勰认为骏发之士的文章写得又快又好。还有一类是“覃思之人”，指创作要深思熟虑，如扬雄写一个赋要几天几夜。而骏发之士，还有阮籍的父亲阮瑀，他是曹操的书记官，曹操经常在打仗时，在马上给他口述一个命令或文件，阮瑀一挥而就，《三国志》当中记载，曹操看过文稿，“竟不能改一字”。

再以《物色》篇为例来讲互文这个问题。“物色”的含义不是指物色对象，而是一个名词，指自然景观、自然气候。“春秋代序，阴阳惨舒，物色之动，心亦摇焉”，事物景观的变化引起了心灵摇荡，也就是说，四季的变化促使诗情的产生。“盖阳气萌而玄驹步，阴律凝而丹鸟羞”，春天万物复苏的时候，蚂蚁出动，到了秋天万物肃杀的时候，萤火虫开始吃蚊子，为过冬做准备。“微虫犹或入感，四时之动物深矣”，一个小虫子尚且对四季变化如此敏感，更何况人呢？所以伤春悲秋是中国文人永恒的主题，如杜甫有《春望》。刘勰接下来又说：“若夫珪璋挺其惠心，英华秀其清气，物色相召，人谁获安?”人具有美玉一样的心灵，又有花一样的清气，面对物色的感染，人怎么能无动于衷呢？“是以献岁发春，悦豫之情畅；滔滔孟夏，郁陶之心凝”，指每当春天的时候，人们感到心情愉悦，到孟夏的时候，心情就会沉重、郁闷。“天高气清，阴沉之志远；霰雪无垠，矜肃之虑深”，指到了秋天，人就爽朗，有清远之气，等到冬天下雪的时候，人们感到庄重。“岁有其物，物有其容；情以物迁，辞以情发”，指四季的景观有不同的外貌，情感因物而不同，辞因情而发。“一叶且或迎意，虫声有足引心。况清风与明月同夜，白日与春林共朝哉!”这段话是互文的，“清风”对“白日”，“明月”对“春林”，都是对仗。还有“是以诗人感物，联类不穷。流连万象之际，沉吟视听之区。写气图貌，既随物以宛转；属采附声，亦与心而徘徊”。可以看到，这两个对联，都是互文，而非递进的。人们流连万象，在眼观的时候，一定有耳听，所以耳听和眼观实际是一件事情的互相补充。因为在眼观的时候，必然伴随着耳听。而后一句是说情景交融，它在六朝美学中已经呈现出来了。清代纪昀在评《物色》篇末之赞“山沓水匝，树杂云合。目既往还，心亦吐纳。春日迟迟，秋风飒飒。情往似赠，兴来如答”时感叹：“如此俪句，能不心生向往?”认为“诸赞之中，此为第一”。该句就是情景交融的意思。西方美学家强调，一片风景就是一种心情。正如辛弃疾所说：“我见青山多妩媚，料青山见我应如是。”又如王夫之所言：“不能作景语，又何能作情语邪?”不能写景，就不能抒情。他在《茝斋诗话》中还说：“情景名为二，而实不可离。神与诗者，妙合无垠。巧者则有情中景，景中情。”

在中国文学批评史上，乃至在中国文化史上，《文心雕龙》具有承前启后的巨大作用。中国文学和文化在魏晋南北朝三百多年间，面临文化断裂、文化崩溃的危机。不仅南北分裂，而且在南朝的文化发展当中，由于连绵的战乱，人们深感失望，感到人生无常，这种思想导致了佛教的演变，而佛教的演变导致了儒家思想的断裂。表现在文学审美上，就是感官盛行，理想消失。这种情况不只在魏晋南北朝，在中国近现代也有。当一种文化为另一种文化所取代，全民沉迷于感官之中的时候，必须有一种健康的文化来担当。所以在这个时候，《文心雕龙》继承了中国传统儒家的孔孟精神，继承了孟子的担当思想。魏晋南北朝时期，中国的文学批评，特别是儒家、道家和玄学，能够坚持下来，能够在动乱、荒诞的时代里不放纵感官，不沉溺情色，《文心雕龙》是功不可没的。《文心雕龙》提出的宗经、征圣、原道，以及情采并茂、文质相扶的文学精神与审美观念，以及尖锐地抨击浮靡文风，对于唐代文学精神的建构，客观上做了奠基工作。顺便说一句，《文心雕龙》在齐梁时期没有得到重视，但是在唐代获得了重视。唐代刘知幾的《史通》，还有像韩愈这批提倡古文运动的人都认识到了《文心雕龙》的价值。所以我认为，《文心雕龙》是唐代文学精神重建的先驱。大家都知道，中华文化一直以汉唐文化、汉唐盛世为荣，而盛世的标志就是它的文化自觉、文化自信。《文心雕龙》在艰难的时代为后来盛唐的兴起做了很好的铺垫。尽管刘勰生前非常寂寞，并不为当时的门阀贵族所看好，他在寂寞中死去，但是他确立的这种文学精神却源远流长。所以今天我们纪念他，将《文心雕龙》作为国学经典，不是偶然的。

最后，我以《文心雕龙·宗经》中的一段话作为总结和终结。“三极彝训，其书曰经”，指天地人当中，有一种永恒的真理，叫“三极彝训”，这种永恒的真理凝聚成书，就叫作经。“经也者，恒久之至道，不刊之鸿教也”，意为经就是永恒的真理，是颠扑不破的教化体系，永远可以引领人们、教化人们。它的功能是，可以“象天地，效鬼神，参物序，制人纪，洞性灵之奥区，极文章之骨髓者也”，指可以天人合一，捕捉鬼神的意志，与自然界二十四节气的变化相一致，制定人类的纲纪，可以洞察人内心的奥秘，可以对文章的精华奥秘、写作法则加以把握、加以引领。所以刘勰认为，经典是文章所不可或缺的。刘勰的时代，只有圣人的经典可以称作经，所以称为经史子集。辛亥革命结束了两千多年的封建帝制，建立了中华民国，儒家独尊的经典观被打破，凡是中国历史上优秀的文化典籍都可以叫作经，经的范围扩大了。不仅是孔孟之道的经叫经，诸子百家中的《老子》《庄子》也是经，《文心雕龙》也是经，不朽的唐诗宋词也是经。中国人民大学国学院的“国学经典解读”系列，包括二十一部经典，我编的《文心雕龙解读》就是其中一本，所以现在《文心雕龙》也是经了。刘勰的时候是绝对不敢妄自称经的。

这就是我们今天讲的全部内容。如果大家想对这本书做进一步的研读，在学术方面比较权威的是范文澜先生的《文心雕龙注》，杨明照先生的《文心雕龙校注拾遗》，詹锳先生的《文心雕龙义证》，王元化先生的《文心雕龙创作论》。如果是通识的话，我编的《文心雕龙解读》即可。其他关于《文心雕龙》的翻译、白话释文非常多，大家都可以去看，但是在看的过程中，会发现很多意思表达不一致，这就需要大家用心去读。以“古来文章，以雕缛成体，岂取驺奭之群言雕龙也”为例，末尾用句号还是问号，会导致二者的意思大相径庭。大部分书都是句号，但我认为应该是问号。如果是句号，那么就是认为刘勰肯定古来的文章是以追求华丽为目的的。但我认为，他们把基本意思弄反了，刘勰实际上是反对古来文章是以雕缛成体的。文学是有“雕龙”的意味的，但在华丽之外，还有更深的意蕴在其中，这是“文心”真正的含义。

第十四章　从“物象”到“心像”

——浅谈中国元代山水画之变

李京泽*

一、山水画的起源与中国传统对艺术的认识

今天我们的主题是中国山水画在元代发生的变革。要了解这场变革，就得先从山水画的起源说起，而山水画的起源就在魏晋南北朝时期。如果想真正了解一个事物，那就一定要了解它的起源。为什么？因为一个事物的起源，不仅是一个事物待发展的幼年或者儿童时期，而且是一个事物的种子，日后不管这个事物长成了参天大树还是萋萋芳草，它的种子在一开始就已经蕴含了决定其未来的种种因素。所以讲山水画的变革，当然要先从它的起源讲起，也就是魏晋南北朝时期，主要是东晋南朝时期。

有些人会觉得这一时期山水画的萌芽实际上更像一个“传说”，因为我们很难找到确实可靠的该时期的卷轴画作品作为佐证。但是我们能从一些书中看到一些关于“山水画”的说法，主要是宗炳的《画山水序》，当然还有一些其他的文献，往往只有一两句被人辑录下来，散见于各种杂辑里。不过这仅存的一本较完整的《画山水序》，在理论上就很完善，所以倒也可以想见当时山水卷轴画一定有了一些成绩，否则不能形成这样的文献。

说到这里，我们又不得不再将这个起源上溯一步。山水画属于艺术，我们可以再看一下华夏文明对于艺术的一些传统的认识。了解这些既有的认识，这些山水画的“前背景”，会让我们了解山水画在诞生之初就呈现出的一些独特的因素。

---

* 李京泽，中国政法大学人文学院艺术教研室副教授，中央美术学院人文学院艺术学博士，北京市高等教育学会美育研究分会理事。研究领域：大众文化理论、希腊化中亚美术、视觉文化研究、中国画笔墨理论。代表性学术成果：专著有《选择与失落——巴克特里亚-印度河流域希腊化艺术中的文化意识与文化互动》。论文有《中亚黄金丘墓葬出土艺术品及其文化语境》《多元文化背景下的选择与协商——印度-帕提亚时期塔克西拉的视觉世界》《论视觉文化与社会治理间的互动关系——以希腊-巴克特里亚时期阿富汗阿伊·哈努姆城的视觉世界为例》。

我们首先从古老典籍中去找。《论语》有一句话说“子曰：志于道，据于德，依于仁，游于艺”。这里的“艺”跟现在我们常用的“艺术”当然不相同，指的是“六艺”，包括礼、乐、射、御、书、数这六种，其中大概只有礼、乐和书跟艺术关系要大一些，但这句话的确可以体现古人对“艺”的理解，就是首先你的目的是“道”，要依据“德”和“仁”，然后在此基础上才能够“游于艺”。这里的“游”，我们不要想成“游戏”，而更像是“游学”。中国古代的“游”字最初写作“斿”，是模拟一“子”，也就是一个人立于旌旗之下。古人举着旗子，到处游走去学习，就像现在的旅行团，举着旗子去旅游。我们甚至不妨想象，东周列国的学子们，举着旗子就可以方便地在列国间穿梭。那时候的人学习不容易，古人书又少，有学问的人也少，要想学习，只能四处去游学，反而更加尊师重道。我记得蔡元培在北大，聘请马一浮去任教，马一浮先生说“古闻来学，未闻往教”：中国古代的教育传统是只听说过来学习，没听说过我还要去给你教书。所以春秋战国的读书人，常常先是四处游走学习，学成了也要四处游说去实现自己的抱负。现在自然不一样了，现在说游学，更多是行万里路，增长见闻，增加在场感，获得现场感悟的意思了。

我们再看《左传》，其中记载孔子说：“《志》有之：言以足志，文以足言。不言，谁知其志？言之无文，行而不远。”就是说，你说出来的话一定要有“文”，简单说，要有美好的表达形式，你才能够行得远。你不说话不能表达你内心的志向，但是你如果说得没逻辑、不好听，你就走不远，你的人生，你的未来，都会发展得不好，所以一定要有“文”。

下面这句话跟绘画的关系更为密切，也是关于孔子的，出自《论语·八佾》。据说子夏有一天跟孔子说，《诗经》上提到“巧笑倩兮，美目盼兮，素以为绚兮”，是什么意思？就是说，您看《诗经》里说，那个女孩好漂亮，很动人，纯真自然而又绚丽多姿，是什么意思啊？这段关于女子的描写是很美的，如此传神，“巧笑倩兮，美目盼兮”，同学们可以想想有多少女士名字中有“巧”有“倩”有“美”有“盼”，就知道这几个形容词的出色。我们不难想象，此时的子夏，也是被这几句关于外在美貌的描写打动了。孔子是个非常好的老师，他很懂得因材施教，而且他跟学生常在一起，跟他常在一起的学生人数少，可以有那种问对。他看出了子夏的状况，于是就跟子夏说，“绘事后素”。什么意思？直译就是“画画先要打底子”，“绘事”要在“素”的后面。孔子似乎意识到或者说担心子夏为外在的美貌艳丽所迷惑，于是就说画得再好看也要先打底子，要在“素”的后面。子夏也是个好学生啊，他马上反应过来了，他说那么“礼”是不是也是如此，是不是也在“素”的后面，也是要先有底子才能够有礼乐？孔子很高兴，遇到敏锐的学生，得天下英才而育之，是人生一大美事，于是又说，“你很好，你也启发了我，可以跟你谈《诗经》了”。换句话说，艺术，乃至礼乐这样的范畴，是要在内在的东西的后面，是外在的东西。

所以说，先贤对艺术的观点很明确。第一，艺术是不可或缺的，没有“文”不足以“行远”，君子不能不通“六艺”。第二，不管是艺术还是“文”都围绕着一个核心，在这个核心的后面，也就是说“诗以言志，图以载道”。这句话是互文，就是诗和图都可以言志、可以载道。古人这种对待艺术的看法延续的时间很长。《左传》还提到“铸鼎象物……使民知神奸”，通过“象物”，通过图画让老百姓知道善恶好坏，何者是神，何者是奸。唐代的《历代名画记》，一本古代经典画论著作，谈到绘画意义时说，绘画能够“成教化，助人伦”。换句话说，古人对绘画的价值追寻，包含极深的道德伦理含义。西方古代其实也是如此，包括古希腊，还有中世纪艺术，都通过绘画教给人们道理，要传教要说道理，文字不太容易被理解，就用图画的方式去传达。《历代名画记》还记录了一位南朝文学家的话，讲述“图载道”的三种方式：第一个是“图理”，比如《易经》中的卦象。中国政法大学有一位出色的研究《易经》的老师，我们能从其讲授中了解到卦象承载和表达的道理，也就是“图理”。第二个是“图识”，可以理解为用文字来记载知识，文字也是一种图像。第三个是“图形”，也就是绘画，图形很重要，跟文字跟卦象有一样的重要性。这是古人对图画的传统认识。

了解了这些传统甚至可以说主流的看法，回到宗炳的《画山水序》，他对山水画的认识在此基础上，稍微有些区别，甚至可以说“松动”。他当然意识到“山水”背后有“道”，他说山水“以形媚道”，所以仁者、智者才爱山水。“知者乐水，仁者乐山”是《论语·雍也》里就说过的。所以说山水画当然有它的存在理由，也是为了道。这是中国古代学者们的一个根本理由，跟我们前面所说的一致。但是对于宗炳来说，关键在于他自己爱山水、爱山水画，所以他说得很清楚，我画山水画是为了“畅神”，这里面当然还有“求道”的内涵，但是似乎功利的目的被减弱了，就是为了畅神啊！更实际一点，他还曾提到他画画是为了“卧游”。古人说“游于艺”，他要“游于山水画”。用我们现在的话说，宗炳是个“驴友”，特别喜欢旅游！他说我有病了、老了、旅游不动了、看不了真山真水了怎么办？我把画挂在墙上“卧游”，而且希望“抚琴动操，欲令众山皆响”，在挂满画的屋里弹琴，令“群山皆响”，是非常高洁的行为。

我们应该体会，对道的热爱和“畅神”“卧游”之乐是统一的，正是因为山水媚道，山水合乎道，我们才能由此而“畅神”，才能喜爱“卧游”。

西方也有类似的解释。西方认为人之所以爱风景画，是因为从170万年前诞生开始，我们人类大部分时间都跟自然在一起，天然地眷恋自然，直到最近才开始生活在“都市”中。自然中蕴含着我们骨子里的自然的基因，所以回到自然中的时候，我们就觉得很幸福。这个就是西方的理解，我们中国是说有个“道”在自然里面！所以宗炳说审美的态度和方式是“澄怀味象”。这个也很有意思，西方传统的欣赏讲究“凝神观看”，我要聚精会神观看一个东西，中国人的审美是“澄怀味象”，即首先澄清怀抱，将功利小我抛开，然后我要将对象“吃下去”，含在嘴里品味品味，要和对象融为一体。西方的看法是要远观、要观察、要洞察，东方认为要品味、要融入、要体验。

总之，宗炳对山水画的认识，虽然还是从“图以载道”过来的，但多了一点精神的愉悦，它不是单纯地说要载道，而是因为这个东西能让我快乐，能够畅我的神，所以我喜欢卧游它。庸俗地讲，也就是说在具体的实践中，山水画家发现画山水画很快乐。我父亲是一位风景写生画家，有一个习惯动作就是到了写生场所后，用两手的手指比一个画框四处转着去找画点。我小时候，他带我去写生，当他露出微笑的时候，我就知道他找到了，他要开始画画不管我了，我就可以去玩自由地在自然中找我的快乐了。

但是在魏晋南北朝时期，出现了一个问题，就是山水画的理论和实践的某种“矛盾”。这个矛盾体现在两个方面：一个矛盾是，我们现在看不到任何魏晋的画作真迹，我们现在所看到的所有传世的所谓两晋南北朝卷轴画都是摹本。像现在看到的这幅《女史箴图》所描绘的山的局部（见图14-1），就来自一个摹本。另一个矛盾是，我们看这个摹本的局部，不考虑是否有后世临摹的加成，细品味当然可以体会到其线条运用相当精彩出色，山石局部质感处理得也不错，但总体来讲，我们还是很难想象宗炳如何依赖这个而达到“卧游”的效果。当然，这幅画并非纯山水画。《女史箴》是西晋时候，张华给当时的太后写的一篇劝谏的文章，“箴”是规劝，“女史”是记录女性的故事，文章题目的意思就是记录女性的故事来规劝这位太后。东晋的顾恺之给《女史箴》做了一个插图，就是《女史箴图》，它是一篇文章的插图，用来说明这篇文章，来“载道”来说教的。全画是契合文字的，所以大多画的是女性人物，而这一局部画是要契合文章中的一段话，大意就是说“日中则落月满则亏”，所以要谨慎。我们能看得出来，画面对自然的再现还比较原始。包括它在太阳里边还画了一只“乌鸦”，古人说红日中央有一只三足黑乌鸦，所以太阳也叫“金乌”，这里就是用“金乌”这个符号来象征太阳，不是直接表现太阳。不恰当地比喻，就好像我们现在小孩子画个太阳，周围要画点儿短线象征光一样，也就是还不能完整地表现事物本身。要知道，笔法可能有后世临摹的加成，可这些具体的图像，想必后世的临摹者是不敢随便乱改的，反而是最可靠的。

图 14-1 《女史箴图》局部

顾恺之原作唐摹本（?），绢本，大英博物馆

当时很有名的一篇关于绘画的著作《画品》，谈及绘画时仍然说绘画可以“明劝诫，著升沉，千古寂寥，披图可鉴”，带有浓厚的伦理道德色彩。这句话其实赋予了绘画很高的地位，但主要是针对当时最火的人物画。我们知道魏晋南朝时期，很强调人物品藻，所以人物画流行。这篇《画品》本身也是仿照九品中正制，给当时画坛定“品”，分高下。

我们再从其他一些传世的所谓魏晋南北朝作品中，看当时山水画可能的面貌。这也是一个摹本，是《洛神赋图》的局部（见图 14-2），原画自然也是《洛神赋》的插图。我们看到，此图也是一样，山水是人物的背景，主要表现各种人物。作为“插图”，该图对应的原文是，风神收风，水神静波，冯夷击鼓，是《洛神赋》中的一个场景，画家将它画出来，然后用一些山石做背景。

图 14-2 《洛神赋图》局部

顾恺之原作宋摹本（?），绢本，北京故宫博物院

我们很难想象作为资深“驴友”的宗炳，能从这种山水再现中获得“卧游”的快乐，除非他想象力非常丰富。因为在这幅画中，山和人物之间实在太不成比例，以致山水更像是盆栽布景。我们可以说这些画都不是当时的真迹，当时的真迹可能只能出现在洞窟壁画当中，因为壁画不易锈蚀，保存较好，即便这些壁画，可能在中国传统绘画体系中“品级”不高，大概率称不上“品”。

我们看敦煌莫高窟第 249 窟西魏的一段壁画（见图 14-3）。这确定无疑是西魏时期的作品。我们会发现，当时的画家画人物、牛马可以说都很“传神”，但是画山石就有点符号化、程式化。人最先画的纯熟的似乎总是跟自己最亲近的东西。类似的情况非常多。在同时期的娄睿墓室壁画当中也有非常漂亮的牛，这些牛画得都挥洒自如，仿佛一笔勾勒出牛的神态，有的很可爱，有的很憨厚，但是在山水再现上则还是有些程式化。当然我们可以说这些壁画家们不是所谓绘画大师，而是匠人，但从现存来看，就是这样的情况。

二、隋唐山水画：山水画的形成期

隋唐时期被认为是山水画真正独立和形成时期。山水不再是人物的背景场景，甚至是某一头牛的背景。到了隋唐，一般认为出现了真正的山水画。山水画一旦出现，文人们就不可遏制地爱上了它。在中国国画画作中，山水

图 14－3 莫高窟 249 窟壁画局部

画的比例可能是最高的。为什么？从感受性上来讲，山水画跟其他画相比，可能有不一样的地方。比如要画一个人物画，要看着对象画，画得不满意对象可能会不高兴。要画一个花鸟画，如果确实要写生，去画一个盆景、一个花卉，往往要离得很近去观察去画它。但是画山水，如果对着自然创作的话，必须得站起来，面对一张画布，放开怀抱，看世间万物，敞开胸怀，可以说，要容千里于咫尺，“纳须弥于芥子”，这感觉或许确实能够让文人们更容易接受吧？

总之，隋唐时候山水画独立，也出现了最早的所谓的分科，分成了两类：一个是青绿山水，一个水墨山水。在当时，青绿山水似乎是主流，而水墨山水属于别具一格的作品。但我们知道，后来水墨山水反而似乎成了主流。

我们先看一幅青绿山水画。这幅隋唐时期的青绿山水画（见图 14－4）传说是大小李将军所画。因为唐代有姓李的一对父子画画都不错，父亲得过“将军”的官职，其儿子因父而被美称为“小李将军”，二人合称“大小李将军”。此画有争议，不知是父还是子画的。不过我们现在看到的应该还是一个摹本，断代有断成元代摹本的。这幅画严格说来画的是一个历史题材，名为《明皇幸蜀图》，表现了唐明皇在安史之乱时避乱四川的事。这幅画反映了一个具体事件，就是所谓“帝马见小桥，作徘徊不进状”，“蜀道难，难于上青天”，到此处皇帝的马都不敢过桥了。这幅画画了皇帝，皇帝的马，也画了皇帝的随从队列，还能从中看出服饰信息等等，但是画的重点放在了“蜀道难”上，放在了山川风景上。这幅画画得确实相当漂亮，青绿重彩，但颜色很协调，形象也画得很细致。人物和山川的比例也更合理了。

图 14－4 《明皇幸蜀图》

唐李昭道（一说李思训），元摹本（?），绢本，台北故宫博物院，纵 55.9 厘米，横 81 厘米

我们再看水墨山水画。目前没有任何传世的唐代水墨山水画。传说有个叫王维的画家，就画水墨山水，就是我们熟悉的那个诗人王维，被称为“诗中有画，画中有诗”的王维，他有时被认为是水墨山水画的始祖。我们也没有唐代水墨山水真迹，但在唐墓里面发掘出了一幅这样的山水壁画（见图 14－5）。这个壁画仿照人间地上的屏风画，古人的墓葬往往喜欢模仿现实存在。虽然这幅画因保存原因而画面较粗糙，但我们知道那个年代确实有水墨山水画存在。

三、五代至北宋山水画：“度物象而取其真”

接下来到了五代到北宋的时候，我们才算终于进入了这堂课的标题。我们这堂课说“从物象到心像”，五代到北宋的山水画，可以说是对山水物象的较成熟的呈现。在五代至北宋年间，中国山水画形成对所谓物象的追求。“度物象而取其真”，常被认为是五代雄阔山水画开创者荆浩说的一句话。实际上，五代至北宋可以被认为是中国山水画的成熟时期。

图 14-5 陕西富平唐墓山水屏风壁画局部

五代山水画就其实际面貌而言，严格来说，也得叫传说，因为依然几乎没有五代山水画真迹，而全是摹本。五代最有名的四位山水画家，把他们的姓连在一起，被称为“荆关董巨”。我们现在在各个场所看到的所有属于这四个人的作品几乎全是摹本，至少都争议极大。但我们能从这些摹本中，确凿无疑地知道，这一时期中国山水画的语汇建立了。

“语汇”是什么意思？就是某一个语言系统中的全部词语。我们举个例子，比如我们有汉语语汇、有《红楼梦》的语汇、有鲁迅先生的语汇。一个人写文章想要模仿鲁迅，可能就要学习运用鲁迅的语汇。那么中国山水画语汇的建立，也就是说中国山水画的语言系统形成了。在这个基础上，北宋迎来了中国山水画的一个高峰，所谓现实主义的高峰。

五代这四位画家“荆关董巨”的作品，都很精彩，但大概率都是摹本。这些摹本是有价值的。价值在哪里？首先，中国古代画论强调传移摹写，强调临摹是中华书画传承的重要因素。比如我们现在学书法，就要临帖或临碑。其次，我们通过这些摹本，结合文献记载中关于这四人的作品的介绍，两相印证，就能大致捕捉这四位画家的艺术面貌。最后，由前两者出发，我们知道这些摹本也是后世人学习前人的依据，换句话说，当后世，比如一位明代画家，说他的画学自五代南派画家董源，那他大抵就是学的这些董源画作的摹本。也就是说，这些摹本在中国画传播的脉络中非常重要，是极有价值的。

回头来看荆浩的作品和画论，他常常被认为是北派山水的开创者。据说他写了本书叫《笔法记》。在《笔法记》中，他提出了“度物象而取其真”的概念。他也强调形象相似的重要性，但是他更要“取真”。他说如果只是为了画得相似的话，就可能“似者得其形而遗其气”。这个“气”很复杂，我们姑且可以理解为，万事万物的那种生气和活力。然后说只有“真者”方能“气质俱盛”，内外俱佳，有“气”有“质”。这本书叫《笔法记》，自然要谈一些具体的中国画创作问题，比如用笔和用墨。而且一般认为，荆浩时期开始使用皴法。

皴法是中国画表现山石质感的一种特殊技法。我们结合作品看一下。如果说存世的荆浩的作品是后世的摹本，那么我们不妨看一下辽代墓葬中的一幅作品。我们知道“辽”或者说“契丹”是唐末兴起的。这个墓葬中的《深山会棋图》（见图 14－6），正好被认为是五代末的作品，所以它可能比卷轴画摹本更能体现荆浩时期山水画的一般面貌。皴法主要指的是用毛笔的侧锋，在纸上皴擦形成不同的形态。荆浩领悟到用毛笔的侧锋挥洒涂抹能够画出山石的质感。我们可以放大来看毛笔侧锋皴出来的图像。这样，用不同浓淡的墨，用不同的速度，施加不同的力道，就能皴出不同的效果，形成不同的山石肌理质感。后世有所谓雨点皴、披麻皴、解索皴、卷云皴、斧劈皴等等。总之，中国山水画，这个时候强调“度物象而取其真”，例如这种皴法，就是要服务于“度山石的物象”而“取山石的真”，其中自然包含强调形似的因素。

但是，尽管强调“度物象而取其真”，中国山水画对于物象的追求，与西方风景画的形似观念却大不相同。西方风景画对形似的追求，强调安排一个透视的空间，在这个空间中描绘形似的物体，所谓“忠于眼之所见”。像中世纪末期、文艺复兴时期，有时候甚至将这个透视的灭点作为上帝之所在的暗示。而中国山水画的空间处理，是为了山水的“道”和“求真”，所以在空间处理上，采用了一种逐渐向后移动的布局，其视角处于不断变动中，方能看到自然的全貌。我们用中国话说，中国画强调的是一种“道”的视角，而不是一个“眼”的视角、“焦点”的视角。

与西方风景画的焦点构图方式进行比较，可以发现，中国画的形式语言是一种供联想的图绘公式，帮助观者想象现实世界的助记图示，引导观者自己去感受和联想。中国画不希望制造一个信以为真的“幻境”，西方传统艺术则强调利用透视制造一种让人如临其境的幻境。透视其实并不真实，是一个固定的视角，人类理解世界的方式并不一定是透视的。我们生活的这个时代，

图 14－6　《深山会棋图》

佚名，辽宁法库叶茅台辽墓出土，绢画，五代末至宋初，辽宁博物馆，纵 106.5 厘米，横 54 厘米

接触的很多视觉产品都是西方透视空间的产物，但是透视空间并不是视觉真实。简单举例，比如只有睁一只眼闭一只眼，且还要用一只眼直勾勾盯着一个地方不动的人，才能得到符合透视空间的模式。文艺复兴时期的达·芬奇就注意到焦点透视与真正双眼之所见的矛盾。一个简单的实验，就可以发现这个矛盾。我们随便拿起一支笔，放在眼前，然后闭上一只眼睛，只用一只眼睛看过去，你会发现笔后面的东西被笔遮挡住了，然后你睁开两只眼睛看过去，就发现你依然能看到笔后头的东西。这是为什么？简单来说，因为只用一只眼睛看的时候，只有单纯的一个视网膜的呈现；用两只眼睛看的时候，

大脑会自动地把双眼的视像补充到一个画面中。我现在在课堂上看大家，不是睁一只眼闭一只眼盯着一个地方不动地看，我是来回扫视，当我的眼睛看向左方的时候，右方的形象也还在我的记忆里，大脑对所有图像加以阐释，共同形成我对大家的印象。所以单纯的单眼透视形成的图像实际是一种所谓“凝神静观”的产物，甚至不是我们真正的日常视觉判断。

而中国画展示空间的方式是什么呢？它要表现的是山水背后的道，所以它表现的不是一个固定的空间。中国画呈现的是一种移动的世界，采用移动的视点，它打穿了所有的空间，将视线中的所有空间拼到了一张画的平面上。这样，中国画的视角，是呼唤你的视角的参与，而不是服从于“焦点之神”的视角。你本身就是神的视角，你是天地万物的神，你在看着整个空间，你的大脑自动去构想它。这就是中国画的空间观，不是为了制造一个让你迷失的幻境，而是制造一个帮助你记忆、帮助你联想的图示。

这种差异，甚至可以类比东西方思维方式的差异。西方有葛兰言（Marcel Granet）、李约瑟（Joseph Needham）和葛瑞汉（A. C. Graham）等学者做中西比较哲学研究，说东方和西方的思维方式有这样一个差异，即所谓“一阶”和“二阶”的差异。中国的思维方式是一阶关联类比思维，西方则是二阶因果思维。这两者各有特点，并无高下之分，而且也不可以做中国人只会一阶、西方人只会二阶的机械式理解。

我们可以举个例子。有一篇大家都熟悉的文章，荀子的《劝学》，其片段入选过中学的语文课本。其第一句话，“君子曰，学不可以已”，就将论点摆出来，君子说，学习是不可以停止的。他接下来怎么论证这句话？他说：“青，取之于蓝，而青于蓝；冰，水为之，而寒于水。木直中绳，輮以为轮，其曲中规。虽有槁暴，不复挺者，輮使之然也。”所有这些都是用类比思维来让人相信学习不可以停止。这就是一阶关联类比思维，也是中国画的中式思维方式，类比的思维方式。要是用西方思维方式会怎么论证这个问题呢？可能会提一个名词，叫作“艾宾浩斯记忆曲线”，说我们通过实验发现，复习得越多记得越牢，越不会遗忘，所以学习不能停止。你看，这就是一种因果式思维方式。

解决了这个不得不解决的问题，让我们再回到本讲的话题。我们看这幅作品（见图 14－7），这幅作品可以说代表了北宋时期中国山水画的现实主义高峰。第一，它是北宋时期的作品；第二，它确实很现实主义，庸俗地讲，挺写实的；第三，它是真迹，并且可能是现存最早的确凿的中国山水画真迹。这幅画叫作《溪山行旅图》，是非常经典且重要的一幅画。在画的下方，放大了看，会发现树叶之间还有“范宽”二字的署名。

图 14－7　《溪山行旅图》

范宽，北宋，绢本，台北故宫博物院，纵 206.3 厘米，横 103.3 厘米

这幅画的第一个特点是山非常单纯雄阔，构图上被古人称为“大山堂堂”。我们看中央这巨大耸立的主峰。它有多大？这幅画叫“溪山行旅”，我们看前景处这个行旅，在整幅画中，甚至像一条线，当然放大了看，每个形象都很生动。但对比这个如线的“行旅”可见此大山之“堂堂”。这幅画的第二个特点是描绘细致，就皴法而言，这幅画使用了一种点子皴，细密的一点一点的皴法，皴出北方山石的质感。

这幅画构图有三段，前景是两块巨石和巨石后的道路；中景是树、一个平顶山；远处是那“堂堂”的大山，大山中间还有瀑布流泻，山极高，瀑布激起来的水汽，隔绝了其中景和前景。

我们再来看细处的描绘。到这个时候，中国画家可以说在绘画描绘中征服了自然，用毛笔加上黑色的墨，就在纸上让你看到了一个感觉很真实的山景。近处画得很细致，用非常漂亮的笔法勾勒出水，勾勒出山石，留白出溪流，再用皴点变线为面，表现出质感，再用半墨晕染出层次，远近分明，道路有行旅如豆。

这是怎样的一座大山？你仿佛浮在空中以一个神明的视角看这个世界。一座大山在你面前，“相看两不厌”。有人说这幅画反映了范宽的性格，范宽这个人很坦荡很率直，其得名就来自他的外号——“宽”。有一句话叫作“名字会起错，外号不会错”，外号是“宽”，说明这个人心胸宽广。他的作品也有这个特点，却又画得很细致，相当不容易。

既然到了这里，到了这座现实主义的高峰，我们不妨回看一下山水画来时的路。当宗炳指出想要卧游、想要畅神时，他的伟大在于他指明了一个方向：山水以形媚道，山水中有道、有人的性灵在里面，通过山水能够感受这性灵和道。但我们会觉得魏晋时的所谓山水作品，很大程度上只是图示，不足以完成宗炳蕴藉心灵的托付。随后我们看到了《明皇幸蜀图》这样的作品，在这幅唐原作的元代摹本中，工笔重彩的技巧已经无所不用其极。但是我们发现当它想要表现山石的质感、距离和色彩构成的时候，会受到一些限制。我们看到了和谐的颜色，但它软化了画面，有时候会感觉就好像是用橡皮泥堆出来的一个山，或者至少需要我们更多的“联想”。因为我们知道自然界不存在这样的色彩，我们对现实中色彩的认知，跟这差距实在太大。我们还会发现画中山石断裂得干净利索。从形态来看，云彩的轮廓很好看，但很分明，每个树木都根根独立，整个自然在一种不自然的清晰当中，这是自然界所不存在的清晰和明确。

所以中国的画家发现，当其想要使用青绿山水的时候，容易陷入某些陈规的束缚，只有非常伟大的青绿山水画家才能够摆脱束缚。于是为了追寻宗炳的道、宗炳的性灵，中国画家做了一个很大胆的选择，就是不要颜色。西方画家很“耿直”，颜色不够，那就做颜色，所以西方油画颜料的色彩种类非常丰富。中国有的画家则选择不要其他的颜色，而全纯化为黑白。有人可能以为中国画家太取巧了，但其实并非如此，黑白有黑白的道，它等于是将色彩丰富的相互关系全用黑白去表现。老子说“五色令人目盲”，色彩具有很强的对情感的干扰性。有的中国画家以为，既然目标是山水背后的道，那就可以不要外在的五色的干扰，但是不要五色，并非放弃色彩，而是用黑白来加以表现。我们举下面这幅作品为例子，它虽然并非山水画，但它较为清晰集中地呈现了中国画对色彩的理解，这幅作品叫《岁寒三友图》（见图 14－8），画的是松竹梅。这里我们只谈其色彩。一个西方画家可能会觉得竹叶的颜色、松针的颜色和梅花的颜色，需要很丰富的颜色调和，才能够调出相应的颜色。但这位中国画家的选择是就用黑白表现。它虽然没有黑白之外的色彩，但是抓住了松竹梅的色彩背后的道，所以它依然是有色彩的。竹叶颜色最深，所以用最深的黑，松针相对较细，故呈现为较灰的颜色，而梅花颜色最白。三者结合，层次分明。范宽的这幅山水画也是如此，它是有色彩的，或者说符合色彩的逻辑，有色彩层次的感觉，只是完全用黑白来显示这个层次。还是那句话，中国画不是要营造幻境，而是要唤起联想。

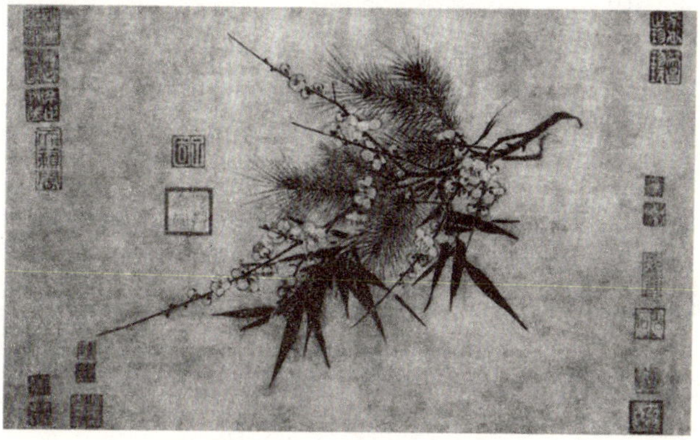

图 14－8 《岁寒三友图》

赵孟坚，南宋，绢本，上海博物馆，纵 24.3 厘米，横 23.3 厘米

回到这幅《溪山行旅图》。它具有一种自然所具有的创造力。自然不会创造出矫揉造作的树，因为自然中的一切都是自然的。但是自然有时候不够典型。举个可能不恰当的例子，比如我们去旅游的时候，常常出现这样一种情况，你走在自然的山中，比如你登华山、爬泰山、上黄山，你觉得很漂亮，风景很美心有所感，你不会画画，于是你拿起相机拍张照片，但你再一看照片的时候，你会发现没有了那种美的感觉。原因何在？只是因为你不会拍照不会构图吗？就其根源来说，是因为当你不会用摄影媒介来表达时，相机照片就只会复制，它不会有一个选择的过程，而你的大脑在看自然的时候，会自动将这个自然中最典型、最符合你心意的东西挑出来。所以肉眼在看自然风景的时候可能觉得很美，但拍成照片之后觉得可能就没那么美。总之，自然

本身可能不够典型，一个普通人创造出的视觉形象，可能既不自然又不典型，但是艺术家能找到自然的典型。一言以蔽之，这幅《溪山行旅图》中有一种自然与人交融的力量。

这幅作品蕴含着人与自然的和谐，范宽彻底把握住了自然的创造力。尽管这幅作品其实描绘非常细致，但是一点不让人觉得炫技，因为很自然，这么细致的描绘，不会产生沉重之感，毫无斧凿之痕，因此才被后来的画家们如此推崇。所有技巧和主题都以最自然的方式呈现，画中行旅似乎在提醒我们人的痕迹，但其他的东西都可以用两个字形容，那就是“自然”。这就是自然的力量。经典的中国画需要细细地看，真的非常舒服，非常自然。

这就涉及宋代人的山水画物象意识，他们是怎么理解山水画，怎么理解物象的？

宋代人的理念中有一个很重要的表述叫“格物致知”，这个表述其实来自《礼记》，东汉的郑玄、北宋的二程等都研究过这个表述，观点非常多。例如，司马光认为，格是格挡的意思，是要抵挡外物，达到知。但一般认为这个表述的意思是通过对物的体察才能够获得这个知。所以“格物致知”在山水画上的对应，就是荆浩说的“度物象而取其真”。

北宋邵雍是著名的美学家，曾说“以物观物，性也；以我观物，情也。性公而明，情偏而暗。……任我则情，情则蔽，蔽则昏矣。因物则性，性则神，神则明矣”（《皇极经世·观物外篇》）。有这样的“神”才能够“明”，“以物观物”，个人情感和立场就要弱化，要抛却自我去看待，才能够得到公平。这是北宋人的看法。在山水画中，像范宽这些人的作品中，画家们做了大量的努力，通过对物象的观察和呈现达成了一种“明理”。这种观察不是来自肉眼，不是来自“我情”，而是来自“以性观物”，与其说是描绘山水，不如说是构建宇宙。

沈括在《梦溪笔谈》中指出：“若同真山之法，以下望上，只合见一重山，岂可重重悉见？兼不应见溪谷间事。”如果是真山的话，你从山下往上看只能看到一重山，如何能够看到重重山？更别说还能看到山间的溪谷。所以就像我们刚才说的，中国山水画的物象是通过提示唤起回忆和联想，而不是描绘一个使你迷惑的“幻象”。观众应邀在想象的世界中遨游，从一个视点变为另一个视点，去穿越和体会画中的宇宙。

时间关系，我们没办法一一列举其他北宋画家在这方面的成就，就再简单说一两个。比如北宋画家郭熙研究怎么画山，说要三远：要画出“高远、平远、深远”。这个时候画家们对山是有研究的，研究如何取其真，郭熙说：“春山淡冶而如笑，夏山苍翠而如滴，秋山明净而如妆，冬山惨淡而如睡。”（《林泉高致》）你看，四时的山各有其“真”。郭熙还说要描绘“可居可游之景”，要有人在其中，引出一种人情味。这一点很重要，我们后面说到南宋山水画再谈。当然，这些都出自郭熙之子整理的传为郭熙所著的《林泉高致》，说明此时已经有了这些认识。

这幅《早春图》（见图 14－9）被认为是郭熙的真迹。郭熙跟范宽不一样。郭熙的作品用的皴法，叫作卷云皴。他的皴法中水汽比较重，笔在纸上画的幅度比较大，山石感觉像云彩流动一样，因此得名。其风景画变幻的程度非常大，感觉好像是变幻的早春的景象。比如他在绘画中使用了前人李成的一种画树枝的方法，形如蟹爪，被称为蟹爪枝，比较像“枯枝”。李成是一个经历了五代北宋巨大变迁的人，他画这种枯枝常常有荒疏之感。但郭熙的树枝，配合卷云的这种湿润的感觉，就没有萧索的含义，而更像是早春时分，树枝虽枯，但雪化开之后一切刚刚流动的景象。他的绘画技巧很丰富，比如运用了空气透视：远近拉开关系，远处是模糊的，近处是清晰的，这是西方绘画也运用的手法。他的作品变幻频繁，我们可以理解为它是在云雾的掩映中。可能郭熙这个人的性格就比较易于变动，不同的人有不同的品性，不同的人表现不同的山水。

图 14－9 《早春图》

郭熙，北宋神宗熙宁五年（1072），绢本，台北故宫博物院，纵 158.3 厘米，横 108.1 厘米再举一个例子。下面这幅画（见图 14－10），画家用相对迟缓的简单的线条，传达出“冬山如睡”的感觉。沉睡中的冬山，跟苍松形成对比，苍松是冬天的苍松，苍松的笔触很清晰很深重。冬山如睡，苍松如劲，两者对应，松树越发苍劲，冬山越发沉睡，这就是古人研究的怎么只用笔墨表现冬山。

图 14－10 《渔村小雪图》局部

王诜，北宋，绢本，北京故宫博物院

青绿山水在这一时期当然依然不乏经典名作，比如大家熟悉的《千里江山图》等等。但是在某种程度上，中国画家在放弃了其他色彩之后，恰恰成功地实现了第一座山水画的高峰，即现实主义的高峰。走到这一步，如果宗炳还活着的话，或许会觉得还挺满意。但是历史的车轮是滚滚向前的，中国画家们依然在寻找着下一步的突破。

四、南宋山水画布局变化和“主观性意象”的强调

山水画发展到了南宋又有一个变化。面对北宋这座高峰，南宋画家在想办法超越。在北宋到南宋之间，有一位画家叫李唐，画法基本上承接了范宽，描绘的是主流的雄阔的风景，但是前面提到郭熙开始强调要表现“可居可游之景”，这个趋势到了南宋已经蔚为大观。郭熙是用“可居可游之景”唤起一种人情味，而我们现在看到的这幅画则是直接将“人情味”蕴藉其中。

这幅作品叫《万壑松风图》（见图 14－11），创作于北宋末年 1124 年。此画中有“万壑”，但还有画面中看上去并不实际存在的“松风”。与范宽那幅作品相比，《溪山行旅图》的“堂堂大山”的主峰你走不进去，那个堂堂的大

山，是自然的山，人走不进去，你不知道怎么上那座山，那座山离我们非常遥远，是宏观宇宙的具象化。而李唐这幅作品不一样，这里描绘的好像是世界的一个荒僻的角落，但是可以进入。范宽那个作品的视点就好像你浮在空中，来回飞着看。而在李唐的这幅作品中，你大概是站在一个视点上，画家的视野开始逐渐拉近，这一点在南宋的山水画中会体现得越来越明显。同时，在这幅画中，山石、林木、流水、要素，表现也到位，但如今，实体感正在减弱。

图 14-11　《万壑松风图》

李唐，北宋宣和六年（1124），绢本，台北故宫博物院，纵 188.7 厘米，横 139.8 厘米

范宽的作品非常自足，画外仿佛没东西，但这幅作品观者感觉还在往画外延伸，它是与观者相呼应的。它是一个截取的构景，云雾在山峰间流淌，是宇宙中的一个荒僻角落，但这个角落是属于观者的。山水画正在向抒情性的方向发展转变，这是不可遏制的，而且通过这种转变，南宋的画家们在试图挑战北宋的高峰。松风不能够画出来，但是能够为观者所“觉”，观者能够感受到松风，松在前面，松风在吹，观者的视点离得很近。画家李唐在努力营造一个让观者更加共情的空间。在看这幅画的时候，不管是放在墙上还是放在桌面上，他期望观者以一个更接近的距离去联想和共情。从北宋到南宋，从

外在的布局转为注重内在的主观性意向，就是不再只是度物象取其真，而是将自己加进去，我们姑且可以称之为“意象”，“从物象到意象”，将自己主观的意念投进去了。

但是，南宋的这种绘画并不完全为后人所认可，比如有后代论画者就批评南宋画家，说南宋人的画是“边角之景”，反映的是南宋的“残山剩水”。马远和夏圭是南宋山水画家的代表，后代有人给他们俩起了外号，叫“马一角、夏半边”，就是说马远画画老画山水的一个角，夏圭则老画一个边。这实在失之偏颇，将政治的思路跟绘画捆绑。实际上这种“一角半边”是一种取材上的取舍。在马远、夏圭的作品中，早期山水画的丰富细节进一步消失了，山水已经不是范宽笔下宇宙洪荒的山水，而是文人窗前被驯服的山水，强调的是诗意、情趣的联想。我推开窗，窗外那一幅小景，那是我的山水，那是我的世界。像这幅作品，《山径春行图》（见图 14－12），甚至不能算传统的山水画，但我们拿到这里用来说明问题。画中有一句诗，是当时题的诗，“触袖野花多自舞，避人幽鸟不成啼”。一个诗人在春天的山路上行走，野花飞落，碰触到他的袖子，山间有鸟雀，看到他来了在向他鸣叫。绘画固然是为了表达自然，但是诗句说“避人”，其实就暗示了“人”的存在，绘画是要表达这种人情诗意。这样的题画诗，以后也会越来越多。有人喜欢北宋的山水画，但肯定也有人喜欢南宋山水画的这种感觉。

图 14－12 《山径春行图》

马远，南宋，绢本，台北故宫博物院，纵 27.3 厘米，横 43 厘米跟北宋山水画相比，南宋的山水画风格开始有所变化，加入了更多主观性因素，南宋山水画在这方面往前走了一步，也不能说就比北宋好，而是说画家们自觉和不自觉地开始选择一条新路。实际上，南宋人讲究诗情画意，在这点上挑战北宋现实主义的高峰。我们看这幅作品，《风雨行舟图》（见图 14－13），是一幅团扇画。这是一幅团扇的两面，左侧一面是宋孝宗题的苏轼的诗“平生睡足连江雨，尽日舟横擘岸风”，右侧一面为夏圭所画。这张画作已不是写生，而是为诗而作。整张画极具构图感，所有重色笔墨都集中于画面右下部，而远山则以淡墨描绘，显得画面越发深远，充满了构图的意蕴。

图 14－13　《风雨行舟图》(右)

夏圭，南宋，绢本，美国波士顿艺术博物馆，纵 23.9 厘米，横 25.1 厘米（左图中“行”字在苏轼诗中为“横”）

这里，画作的准则已经不是“像不像”的问题了，就一首诗而言，何来科学严谨的像与不像？一千个人，就可以有一千种“尽日舟横擘岸风”的画法，传达“平生睡足连江雨”的人情。

那怎么评价画作的好坏？构图、笔法、意境等成了画作好坏的评价标准。这是非常重要的一步，以后的画家们就开始知道，原来舍弃外在相似也足以让人相信这是一幅杰出的山水画。这是一个人为的山水，不是自然的山水，而这是很关键的环节。

这样走下去的结果，就是艺术超越现实，不强调逼真，强调独创，坏处是可能滑向完全脱离现实的深渊。但至少在此时的南宋，还是在“像”、在“相似”的基础上创作，真正的大变要从元代说起。

五、元代山水画的转型：文人画与“心像”

到这里，我们终于才要讲到山水画在元代的转型，大抵从北宋的“物象”到南宋的“意象”，现在终于到了元代，我姑且称之为“心像”。

尽管都是追求道，但元代与宋代不同，宋代山水画关注物象，元代山水画对自然性质的关注减弱，主题变成了艺术家的自我表现。

观念上也有变化，比如元代画家倪瓒曾言，“余之竹，聊写胸中逸气”，我的竹子就是为了写我胸中的逸气。形态上也变化了，是逸笔草草，不求形似。倪瓒有一次醉酒了，画了一堆竹子，醒来之后发现一点都不像，然后他笑说，“笔笔皆不似，亦不易尔”。

当然我们可以从一些更现实的角度去分析这些变化的原因，有材料原因和社会原因。材料原因指的是，过去画画在丝织品绢上作画，而元代纸本的绘画更多了。这个时候纸的制作能力，可以满足笔墨的要求。纸本，可以理解为用宣纸，跟绢确实不一样，在绢上绘画，墨吸得慢，而纸本的吸水性足，所以在绢上画画的时候，笔触的痕迹比较重，立体感强一些，比较适合描绘景物，我们可以说比较外露，本身稍微立体一些。而纸本必须要快速地用笔，否则会过分晕开，宣纸把墨水吸进去之后，较平面，没有那种外露的感觉。所以纸本作画必然要快，而且天然地强调平面性。所以绘画所使用的纸本材料是变化的很重要的原因。

下面说说社会原因。元代是一个对汉人不那么友好的时代。我们知道元代将人分为四等，即所谓蒙古人、色目人、汉人和南人，除了社会阶层的区分之外，还有一个民族等级。在元代，“南人”境遇困窘，很多“南人”读书人仕途无望，并在生活中受到很大的压力，于是选择去画画。从正面的角度来看，有人说元代的画家非常高洁；从反面的角度来看，也有人说元代画家是在逃避。

这里有个关键问题，就是中国人克服死亡恐惧的方式跟外国人不太一样。外国人克服死亡恐惧，往往依靠的是转世轮回、升天堂等等。但是中国人克服死亡恐惧的方式有三种：第一是传统的升天，去天界享受幸福。第二是“留取丹心照汗青”，只要“青史留名”，就不怕死，就可以死而不朽。第三叫“家祭无忘告乃翁”，只要还有香火传承，只要还有子孙后代在祭祀，哪怕这个孩子不是亲儿子，是过继给自己的，就能延续自己的生命。

此外，元代文人的这种选择有一定的华夏文明的内涵在里面，就是华夏文明所特有的对于“个性与道的和谐关系”的一个把握。孔子说：“道不行，乘桴浮于海。”（《论语・公冶长》）如果这个世界上我的道已经行不通了，我就乘了小船出海去。这种“出海”，是延续文明香火，不是逃避，是一种坚守。当世已经不能够允许我的存在，在世俗中过不去的时候，我可以选择殉道而死，但我也可以选择“乘桴浮于海”。我要坚守我的大道，我留着我的大道将来留给后人，留到未来大道能通行的时刻，我得“乘桴浮于海”。这是中国人对个性与道的和谐的独特理解。当然这个东西有时候可能会成为一些人“偷生”的借口，所以要看他偷生后的所作所为。有时，坚持活着或许比慨然而死更难。

回到元代的绘画，就不得不提到元代文人画的兴起。首先我们谈谈文人画理论的升华。本来文人们大多忙着做官，治国平天下，结果元代对南方文人似乎很不友好，南方文人没有地方去施展，因而就选择去自娱自乐，有的就选择了绘画。而文人搞绘画，读书人搞绘画，绘画的理论就有可能上升，所谓文人画的理论性就开始升华。

元代文人画理论的第一点，就是强调“古意”。元代画家赵孟頫提出了复古的思想。我们知道，赵孟頫是南宋皇室，但元朝建立之后，赵孟頫被当时的元朝皇帝征辟出来当官。元代强调自己是华夏正朔的继承，就要给南宋某种“合法性”，但是一方面，元人为了树立自己文化的正统性，就会对前朝有所贬斥；另一方面，元代的文人也觉得宋代不行，因为宋代亡国了，所以还是唐代好，于是开始倾向于复唐代的古。但这里的复古，就跟历史上很多所谓“复古”一样，实际上是用来“开新”，就像西方的文艺复兴，表面上看起来是复兴古希腊文化，实际是向现代的转型。

像赵孟頫这幅所谓强调复古的画（见图14－14），就是开新的画。这幅画没有纵深中景的画法，故意让画面中没有前中后景的关系，并且故意上了色，确实是宋以前的画风。远处两座山，据说画的是济南周边的两座山，一座是鹊山，一座是华不注山，但其实我们甚至可以说画家不是为了画这两座山，而是为了一种形式的构成。据说乾隆到济南时，居然专门派人找这幅画来对比，辨认出了这两座山，还说这两座山位置错了，却不知赵孟頫要的就是打

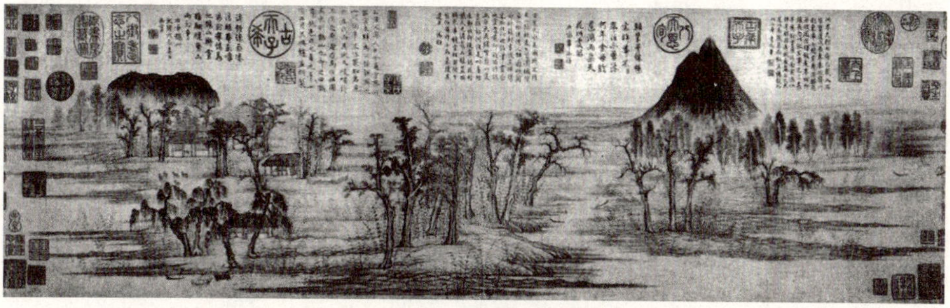

图14－14　《鹊华秋色图》

赵孟頫，元成宗元贞元年（1295），纸本，台北故宫博物院，纵28.4厘米，横93.2厘米

破现实主义的自然描绘。这两座山或许的确是一个有点“三角”，另一个则是“圆圆”的山，但是赵孟頫在这里却有意识地将两者组合在一起，看重的是构图的关系，而非写实。在复古之外，这幅画对于地面的处理却是典型的创新，他用几条平行的线条干擦表示地面的质感，没有明确的交接面，只是自然地横向插入水面——完全放弃传统勾勒外形再加以填彩或皴法的技法。所以这幅画看似随意，但其实技巧很出色。

我们对比他后期构图类似的作品《水村图》（见图 14－15），就会发现他的技巧更加内敛。河岸和群山的处理，更加写意自如。整幅画的风格剥去了之前宋代山水画常有的某种戏剧性或剧烈的动感。整幅作品传递出一股崇尚平淡的避世心境，而这种心境，最后形成了整个文人画的气韵和精神的“底蕴”。其实这可以理解为赵孟頫对自我的一种表达，他的山水画试图表达这种平淡。

图 14－15 《水村图》

赵孟頫，元代，纸本，北京故宫博物院，纵 24.9 厘米，横 120.5 厘米

元代文人画理论的第二点，就是强调“士气”和“隶体”。据说赵孟頫和画家钱选有一段对话：“赵文敏问画道于钱舜举，何以称士气？钱曰：隶体耳。画史能办之，即可无翼而飞，不尔便落邪道，愈工愈远。然又有关捩，要得无求于世，不以赞毁挠怀。”当然这段话出自明人董其昌的《容台集》，是明代人润色的，但元代的确有这样的潮流。钱选说士大夫画的“士气”就是“隶体”。这个“隶体”有多种解释，有人认为指的是隶书的笔法，有人认为指的是画家必须是非职业的业余画家，有人说是复古的比喻。但无论如何，后面的意思是清楚的，不能“入邪道”，越工细，越不合乎道，并且关键是“不以赞毁挠怀”，不能受外人评判的影响。

总之，这些文人画家有意识地希望与那些职业画家拉开距离，强调不求形似，不求“炫目”。苏轼就说，“论画以形似，见与儿童邻”，因为仅仅关注形似实在太过浅薄。实际上苏轼小看了孩子，孩童才不是只求形似呢，往往是“成熟”的大人总让他们求形似。这些画家的画法只是有“古”的拙的外貌，但是跟古代那种青绿山水并不一样，是更自如的。我们看到，他们也能画得很似真，但是赵孟頫这样的文人画家追求的是，以复古之名求拙，希望击破宋代的工细，希望绘画不仅仅能够传达自然，更能够传达士人之气，传达士人的感情、性格和风骨。

元代文人画理论的第三点，也可能是对后人影响最大的一点，就是“书画本来同”。这点更实际地具有技术层面的指导意义。关于“书画本来同”，字面意思就是说，写书法的方式与画画的方式同源。赵孟頫画过一幅《秀石疏林图》（见图 14－16），并自题了几句诗，其中说“石如飞白木如籀，写竹还于八法通”，直接表达自己对“书画本来同”的理解：画石头要用东汉书法家蔡邕创造的枯笔飞白的技法，用飞白表现秀石锈蚀的质感；画木头要用篆书的笔法，画出那种苍劲的盘旋的树干；写竹子要跟“永字八法”一样，“永字八法”是中国书法中正楷的用笔法则。画家在这幅画中做了“书画本来同”的技法实践，比如用楷书的中锋画小草，用飞白擦出秀润的石头，用小篆的画法画树枝，于是成就了所谓“秀石疏林”。如何理解这幅画？我们从四个层面讲它的好处。

图 14－16 《秀石疏林图》

赵孟頫，元代，纸本，北京故宫博物院，纵 27.5 厘米，横 62.8 厘米

第一层，从物象而言，这幅作品依然将物象表现出来了，石头、树、草，依然一望可知，让人可以辨认，可见北宋范宽等的写实能力元代画家还没丢。当然，可能有同学说我现在有照相机，按一下快门，想拍多少石头、多少树木小草，就能拍多少。那么好，现在假设在座同学都已经是摄影系的专业学摄影的学生。

到了第二层，现在你的摄影老师不仅要你拍花拍树，还要拍出好看的花和树的组合场景，这个时候可能就有点困难了。有时候我们会发现，我们在微信朋友圈里看到的其他同学拍的校园，跟我们眼中的校园完全不一样。为什么有些人就能拍得如此动人？因为人家懂得构图形式的美感，就能把校园拍那么好看。于是你学习，掌握了如何呈现形式之美。

到了第三层，现在你拿着照片去找老师，老师说，我要你继续拍石头、拍树，但你要拍的是一个典型的石头和典型的树。这个石要是石中之石，不是一般的石头，而要是秀石的代表；这个木要是木中之木，不是一般的木，而要形成“疏林”的代表。这时候你又犹豫了，怎样才能拍出有代表性、典型性的作品？这里，赵孟頫用飞白的笔法将秀石画出来，他的石头就不是范宽的石头。范宽的石头是结结实实地在那里，如果搬起来就能把人砸伤。但是赵孟頫画的是秀润的石头，得用飞白的笔法，表现典型的“秀石”。

但到了这一步还不算完，现在到了第四层！你的摄影老师跟你说，现在你不仅要拍出石中之石、木中之木，还要拍出属于你自己的独一无二的石头、独一无二的木头。这石和木，必须是你自己的象征，要带着你自己的独特气质，才能最好地表达你自己。到这一步，你是否觉得你的老师太苛刻了？

这幅作品中蕴含着赵孟頫对自我的一个表白，他是在元代当官的宋室宗亲。“秀石疏林”是他自己的表白，看到这幅画的人就对他能够有所理解，知道他不容易。赵孟頫或许需要大量这样的表白，给他的亲友表白自己的处境。他不愿意趋炎附势，也不敢壮烈牺牲，所以只能在缝隙中生存，去完成“家祭无忘告乃翁”的存续。他没有激烈地去抗争，但是他和他的妻子、朋友共同努力延续了中国书画的文脉，使其在元代不仅没有堕落，反而还能够在文化领域占据统治地位，亦属难得。元代文人画是要建立一个权力体系之外的与之抗衡的文化体系，要在文化上争夺统治领域，使大家继续保持对华夏文化的认同。

文人山水画的觉醒和独立，不管是所谓“士气说”还是“书画同源说”，它的意义在于，一方面使绘画艺术能够直抒胸臆，而不只是服务于描绘某种物象；另一方面提升了绘画本身的艺术价值，使艺术能够自我阐释。伴随着文人的参与，士气说松动了绘画上狭隘的“成教化，助人伦”的官方束缚，而书画同源说对笔墨的重视，强调了绘画语言本身的审美意义和价值。

一个不恰当的比喻，比如踢足球，从功利角度讲，只需要将球踢进对方球门，和不让对方进球，但是如果有人将之上升到艺术，那评价标准可能会变为用何种脚法、何种方式去踢球……那么一个没有进球的“进攻配合”就可能被认为比一个很偶然的进球价值要高。有人会说，不对啊，进球数量才是决定胜负的关键啊。可即使从更长远的功利的角度来看，一个偶然的进球并没有参考的价值，而一个有出色战术理念和出色技术、脚法的进攻或防守配合，却具有一种可供后世球员或球队学习的普遍性。再从长远来看，如果所有的胜负都取决于“丑陋”的东西的话，则足球本身可能就没人看了，足球从某种角度也许就没有存在的价值了。当然，人们对“美丽”和“丑陋”的评判见仁见智，足球的“丑陋”不是某种技战术，而可能是对某种技战术的盲目使用和所谓“球场之外”的各种手段。

同理可知，绘画自身可能不具备直接的“成教化，助人伦”作用，但它内在的审美价值会延续下去，会一代代地滋养后人。想要从这样的绘画中获得收益的人，表面看上去是“利己”，其实是“利他”。

在元朝取代宋朝的过程中，当时的文人面对翻天覆地的变化，至少在绘画领域，元代的文人们经过思考和探索，促成了山水画的觉醒，整个绘画艺术也因此得以跃升为主流文化。在元代之前，绘画并不属于主流文化，苏轼也许首先是士大夫，其次是作家，再次是书法家，最后才是画家。到了元代，绘画成为一种主流文化，元代文人进一步将绘画纳入一个新的价值体系。这个体系让他们在受挫的政治权力体系之外，建立了一个与之相抗衡的独立的文化体系。当时元代的一些文人，可能没有像文天祥那样抗争，但其精神可以感召后人。他们用文化去保存文脉，所以“崖山”之后，南宋亡了，依然还有中国。中国在哪里，在文天祥的精神和记录这精神的史册里面，也在这些存续的文脉里面。“崖山”之后的统治者可能不是原来的统治者，但蒙古人是我们多民族国家不可分割的一部分，元朝是我国历史不可分割的一部分。所以，还是那句话，要看“偷生”后的所作所为，不能仅仅看“偷生”。

于是，元朝的文人们，各有各的选择，不乏为了百姓福祉或个人富贵为元朝效力的，也不乏想办法抗争的。即使在艺术中也是如此。我们这里只再说三位画家，这三位画家在画史上与赵孟頫并称为“元四家”——当然现在更通行的“元四家”说法，拿掉了赵孟頫，换成了元末明初的王蒙。

这个时期，南派山水成了江浙间的主流绘画，所谓文人画成了大势所趋。比如说倪瓒，当时有一句话叫作“无倪不成雅”，标榜的是，甭管你多富贵，多有权势，家里没有倪瓒的画，你就“俗”了。所以你要“雅”，要在文化上“有地位”，你就要认可这种艺术的价值。

从这里，我们将深入波澜壮阔的文人画历史。一方面，这种文人画的精神是画家们面对现实的羁绊所发出的烟波浩渺的精神之浪；另一方面，在后来人那里，这种“波澜”有时变得如同在一片池子里翻滚，如果自身水量不丰，远离了社会生活的大海，文人画就更多地成为文人精神世界的自娱自乐。

继续看元代文人画家。首先我们看黄公望。据说黄公望很晚才学画，但无论多晚学画，不要忘了学画之前，他至少从小用毛笔写字。据说他早年间有当官的想法，但在元代仕途无望，于是就出家当了道士，甚至以算卜卖画为生。

我们看黄公望的作品，这幅作品叫《剩山图》（见图 14－17），属于《富春山居图》的一部分。《富春山居图》有两段，一段叫《剩山图》，现藏浙江省博物馆，一段叫《无用师卷》，现藏台北故宫博物院。这幅画据说是黄公望80岁左右完成的。为什么台北故宫博物院存的那一段叫《无用师卷》，因为此画是给号为“无用”的全真教师弟郑樗所画。黄公望这幅画并非一挥而就，而是历时数年，时不时画两笔。他师弟非常爱这幅作品，据说每次黄公望来就打开画，黄公望画两笔，师弟就收起来，不给人看。后来这幅画传到了一个富豪的手里，他做了一件很多自私的收藏家爱干的事，死的时候要把收藏品给烧了。头一天他烧了一个书法名帖，看着它烧没了，第二天烧这幅画时，火起来就走了，他的侄子赶快抢出来，但已成了两段，就是《剩山图》和《无用师卷》。

图 14－17 《剩山图》（《富春山居图》一段）

黄公望，元代，纸本，浙江省博物馆，纵 31.8 厘米，横 51.4 厘米

这幅画为什么好？为什么后人如此珍惜重视，甚至还想死后带走？我们

当然可以讲很多很多，从笔法墨法讲到精神境界，但我们没时间，我们简单来分享它的审美，我们放大看这画的局部，将目光集中在画中的一小段——中国的长卷山水画，本身也是应该放在案头，逐段展卷观看的。

这幅画的特点，就是用疏薄的笔法去展现一种立体感。做一个对比，大家想想西方的风景画，或者西方的素描，就会发现西方艺术要表现立体感，需要光影和透视。暗面暗下去，光面亮起来，与透视相结合，物体才能具有立体感。可在这幅中国作品中，只靠着线条的聚集，就将山体结构的纵深感传达出来。这需要高超的线条控制力和笔法熟练度，比如你蒙上半透明的纸，用笔细细地对着描，也很难描出这种效果，甚至描出来的东西自己都不忍心看，既生涩又缺乏立体感。我们不妨对比一下之前的北宋的《溪山行旅图》，不知道大家发现什么差异没有。可能有的同学会说，不都是山水画吗，都是黑色与白色的线条或块面组成的形状。但耐心而敏锐地看，你能发现很大的差别，比如《富春山居图》的笔法，笔的自由轨迹，要比《溪山行旅图》丰富得多。就只说《富春山居图》里的山，都用了多种运笔方式去画。再看《溪山行旅图》，这幅画确实非常自然，呈现出宇宙的和谐，但是其笔法、运笔方式却相对较少。比如大量用点子皴将山石质感点出来，无非是疏与密而已，南方的山郁郁葱葱，北方的山草少石多，用同一种笔法反复重复表现山的质感。下面画树枝也是，形象或有不同，但笔法是相似的。

我们发现，一个看似写实、试图描摹自然的作品，其笔法变化的丰富程度，可能不如这个看起来并不那么“写实”的作品。这时候一般人就会觉得，不是说《溪山行旅图》之类的画是现实主义、自然主义的高峰，自然不是应该比人为的东西更丰富吗？为什么我们会说非现实主义的作品，笔法反而更丰富？原因是什么？

我可以举一个例子，比如我现在拿起手边的粉笔盒，当你想要逼真地再现这个粉笔盒的时候，你会发现你必须要将自己完全让渡给粉笔盒，这一笔不能多不能少，必须正好，你完全让渡给了客体。同学们会觉得网上那种让人乍一看以为是照片、实际是画出来的作品很厉害。但从艺术的角度来看，即使他们厉害，他们的厉害也不在于画得像，而是有别的含义，比如他们消解了原物等等。而且一般水准的“画得像”，经过耐心的学习和耐心的绘画，仔细地去“抠”，你也能抠出来。比如，将我的脸拍一张照片，把我的照片放得非常大，然后打上格子，你来一个方格一个方格地给格子填色，填完之后拉远了一看，就特别像。当然我们说能够画得像，的确也有技法和才能，但是如果画画只为了和它的原型一样，画作自身存在的意义又是什么？其实西方当代艺术也有过一个超写实主义时期，比如画一个人，完全按照程序复制画出来的这个人的图像，虽然像这个人，但非常机械，没有生命感，复制一个生活中的场景也可能有这种效果，从而让日常生活形成一种疏离感。总之当你想要画一个对象，并且追求画得像的时候，你就要将自己完全让渡给对象，你的每一笔每一画都必须跟对象严丝合缝，否则就不像了。

这时候的你，很可能就是一个照相机。但是黄公望不一样。这是一个80岁左右的老人，在画了几十年画之后，对山水的理解是“随心所欲不逾矩”的，他想起来就画几笔，他自己的这一笔想到哪停到哪，浓一点淡一点，疏一点密一点，想用什么笔法就用什么笔法，只要表现的是我的山水。所以在这里它才是真正的属于人心灵的自由，才是个性和自由，才会有个性和自由。

黄公望之后的画家们也许难以做到这一点，但是他留下的境界、追求的精神被后人领悟了。从元四家开始，笔墨不再是为了再现一个客观的现实，而只是为了构筑属于个人的抽象的视觉经验。自然的意义在于它是文人内心的独白的投射，只不过这种独白让人可以有共鸣，因为从理论上讲它没有世俗的功利的干扰。

从南宋山水画中“被驯服”的山水开始，一步步到元代才成为这样。元代山水画之后，山水画中的自然从此成了人性的对映。山水画中的山水是“人化的自然”，自然不再是外在的东西，而是跟我结合在一起，为我所品味。而这种人化，就可以让后人们以各自属于自己的方式去完成。至于有些画家，只知道一味学习前人的画法，既没有“自我”，也没有“自然”，那就是他自己的问题了。

总之，元代之后，文人画家们就打开了一个渠道：我可以用任何一种绘画的方式去表现我的内心，我可以去表达自我。我们都知道这个世界上没有两片相同的叶子，我们都觉得自己独一无二，但有时我们不知道自己独一无二在哪里，而有的画家则选择在画中找寻自我。

我们看看元四家中另外两位画家的作品，就是吴镇和倪瓒的作品。吴镇的作品可以说是吴镇的“独白”。吴镇据说淡泊名利，早早地就决定不在名利圈厮混，颇有点陶渊明的意思，所以他最喜欢画的是这种“渔父图”（见图14-18）。他的画非常平淡和单纯，似乎没有太多情绪的起伏。他的画中常有这种诗，如“洞庭湖上晚风生，风触湖心一叶横。兰棹稳，草衣轻，只钓鲈鱼不钓名”。他要让你看这画就知道他是个什么样的人。

《渔庄秋霁图》（见图14-19）则可以说是倪瓒的独白。他比吴镇稍微年少，显得不太一样。吴镇内心的那种孤高被自然给融化了，自然抚慰了他心

图 14－18　《芦滩钓艇图》

吴镇，元代，纸本，美国大都会艺术博物馆，纵 31.1 厘米，横 53.8 厘米

中的孤高，但是倪瓒这个人精神上有些紧张，据说有很重的洁癖。他的家境本来非常好，但是他不懂得打理家产，以致“家财散尽”。我们可以想象他内心的落差。倪瓒的画，有时给人感觉孤高而冷漠，这种冷漠可能源于他的境遇和他对世俗的不适应，可能是一种外在的催逼导致的。在现实的催逼下，对道的热情转化为孤高，甚至冷漠。

图 14－19　《渔庄秋霁图》

倪瓒，元代，纸本，上海博物馆，纵 96 厘米，横 47 厘米

他的画非常简单，甚至比黄公望还简单，当然还是保留了一定的立体感。他的画很多就是一树一石一竹一木一亭，把所有最简单的典型形象提炼出来，组成一个典型的组合，看似随意的组合，服务于画面的形式美感和自我表达。像这幅作品，有一种极简主义，一切多余元素都被删减，只留了几个意象——每一个形象都是经典形象，然后构成了一个经典组合。

此时的山水画已经再也不是单纯的写生了，比如倪瓒的作品，这么质素的场景在现实生活中是不可能出现的，它是画家自己“造”的。这就是“心中山水”——用常见的元素搭建一个不是自然、肖似自然，甚至胜过自然的场景。这其实是极为艰难的一件事情。据说后世明代画家沈周临摹倪瓒的作品，一抬笔，老师就在旁边说“过矣，又过矣”。后人很难去学倪瓒的这种处理方式，因为如果学不到位，线条的周转转折会太刻意，很难把握住度。像是在两座山中间吊绳上游走那种感觉，倪瓒就能很舒适地走着，既能够有造型，又能够呈现一种孤高冷漠。

这幅作品是他的作品中的常见图示，以中间的树木连接远山与近岸。有人说，在他的作品中，远山的距离用来表达某种距离感，远山离得越远，疏离意味越浓，中间的树可以说是一种自况。他用这种方式表达自我的孤高和冷清，这是倪瓒的人生。倪瓒说“逸笔草草，不求形式，聊以自娱”，看似是彻底的利己主义，根本不去管什么道德教化，这是我自己心中的逸气。但在其中蕴含着的是真正的“利他”，恰恰是绝对的“利己”变成了真正的“利他”。在这种人生态度中，当外在的东西、功利的东西拿走之后，作品反而能够使更多的人产生一种共鸣。我们借用西方美学的话，就是所谓艺术的“非功利性”，非功利性的艺术反而更容易引起人的共鸣——因为有功利性就有立场和欲望在里面。

到了这里，我们就可以进入最后的一个问题了，浅谈一下中国传统山水画的最终归宿。元代只是个转型，元代之后，人们一代代地去学。像前面说的，可能有的后人在绘画的时候，既不学自然，盲目学前人笔法，又不抒发自我，那是后人的问题。黄公望这批人树立了一个标杆，就是要在绘画中抒发自我。但是黄公望这批人没有放弃自然，他们仍然知道如何去塑造山川。有些后人一味学习笔法，反而可能最终落了下乘。

当然，还有更多的画家沿着元代文人画家的道路去探索。在充满独创主义的山水画中，无论图像与实景的变形关系到了何种地步，都可以说我画的图像跟自然之间差别很大，但是我依然是从自然中去寻找一个母题，而不仅仅是模仿前人的程式。我们可以从清代一些出色画家，比如石涛的画中看到例子，石涛有一幅画，名字就叫作《搜尽奇峰打草稿》，体现出他的绘画思想，就是强调要“搜尽奇峰”，保留从自然中寻找的一部分。

从此之后，画家可以选择从古人中寻找笔法和程式培养自己的功力，也可以选择从自然山水中寻找属于自己的性灵，但是写实从此不再被中国传统艺术家视为问题。艺术家们不再以形似为标杆，特别是那些伟大的传统艺术家。山水画本身不再是一个单纯的像与不像的问题，而具有了形而上的哲学意味——从某种意义上讲，是在一个新的层面，又呈现出了“载道”“言志”的意味。

最后我们再做一个余论，关于中国画“心像”中的个性和自我的辨析。有时我们确实发现古人有这种对自我的强调，如同我们今天也有对自我的个性的强调。但这里，我要说，中国画的个性和我们日常生活中常使用的“个性”之间是有差异的。我们前面提到华夏文明对于个性与道的和谐的理解，中国画的个性是以丰富的情感求得主体与客体的融洽，“道不行，乘桴浮于海”，但是依然具有责任感和使命感，并非强调个人欲望的满足，并非忽视客体和其他主体的“个人性”——我将现在很多人所谓的个性，称之为“个人性”，以做区别。

所谓“个人性”有几个特点：第一，它关注欲望的满足。第二，它不在乎客体，不在乎他人，不在乎其他主体。我要做什么就做什么，比如我现在不想上课，我要去打游戏，我要做我想做的事，并以此为个性。第三，恰恰是不在乎客体、不在乎其他主体，反而会使得这个主体会被客体束缚。这是什么意思？“自由”并非“为所欲为”——想要什么就有什么、想做什么就做什么，往往只是欲望的满足。有一句话叫作“欲壑难填”。以吃为例，当你饥饿的时候，你想要吃东西，那并不是你想要，而是你的欲望催逼你去吃，是你被束缚。佛教有观点，主张食物是“药食”，食物是用来治病的，治“饿”这个病。你在饿的时候必须吃饭，在渴的时候必须喝水，在这个时候其实人是将自己让渡给客体的，完全被客体束缚住了。很多事情都是如此，以前有新闻说，一个年轻人竟然会卖肾去买一款新的手机，大多数人会觉得很魔幻，但其实就是对手机的欲望束缚住了他。凡是需要满足欲望的时刻，我们都在被客体束缚，不是真正的自由，不是真正的快乐。我们想要的越多，就越不知道自己真正想要什么。但是我们这个社会有时候就是要制造欲望，它不仅要不断制造满足人欲望的东西，还要不断制造欲望，因为这样才有市场、才有利润。在西方设计史上，20 世纪五六十年代有一个著名的“计划废止制”，最早是在汽车产业，就是在设计新的汽车样式时，就考虑以后几年间不断更换部分设计，每三到四年有一次大的变化，有计划地开展“式样”老化，从而引导人每隔一段时间都要换个新车。这种“体制”很快蔓延到其他领域。

但是我们所说的中国古代艺术作品中体现的“个性”不一样。这个个性是主体与客体的交融，是真正的自我的自由，不是被束缚的欲望的满足。所以我们要抒发的是个性，而不是自私自利的“个人性”，那个时候你反而是没有个性的。靠购买和拥有，未必会具有个性。个性可能需要你投入更多的创造。一个大批量生产的商品，也可以通过你的创造和自我的投射，而成为属于你的独一无二的事物，才能体现你的个性。

所以我们说，中国的山水画服务于个人精神的抒发和追求。对于主体来说，这个过程是精神领域的自我完善，而不执着于外在的物质享受、名利追求。恰恰如此，方能以艺术自身的审美价值滋养具有同样胸怀、热爱书画的人。从某种意义上讲，反而可以凭此超越某些单纯传输社会伦理价值的画。一时一刻不占据主流的艺术品，反而在历史长河中获得了认证。有的时候抛弃一时的“功利性”，以“润物细无声”的方式反而更有可能赢得大众。一旦有了功利性，就容易具有片面性，因为“功利”往往包含立场，就必然会伤害到其他立场，无法满足所有人。但是一个出自人自身性灵滋养的纯粹的艺术世界，反而因为没有这种显在的“功利性”，而不会有这种问题。

山水画是文人精神世界的港湾，是文人抒发自我的舞台。有的同学可能会以为，倪瓒标榜用绘画自娱自乐，跟我玩游戏自娱自乐没有区别。就这个问题，我要补充几句。

首先，我们现在的游戏已经被人称为所谓的“第九艺术”。往更早说，西方艺术理论中有一种学说叫“游戏说”，就说“艺术起源于游戏”。其次，这里这个与艺术相关的“游戏”跟我们现在日常生活中玩的游戏，内涵并不完全一样。从更宏观的意义上讲，游戏当然不是一个坏东西，但问题在于很多游戏的生产商和玩家自身是在围绕欲望的满足来运作。比如在游戏中打怪升级，所谓“攻略异性”“统一天下”——其特点是欲望满足的反馈特别明确和“即时”而现实的反馈很慢，我们就容易沉迷游戏的快感。在游戏中我们成为欲望的奴隶，这个奴隶更容易尝到甜头，而在生活中难以尝到甜头。实际上游戏本身是没有错的，有人用面对艺术的态度去面对游戏，也会大有收获。

但确实，相比很多快感反馈很快的游戏而言，艺术似乎更难进入。当我们在欣赏一幅中国画时，没有“经验”和“知识”的观众，很难迅速找到其中的幸福和快乐。但这个幸福偏偏是没有客体约束的真正的自我的幸福，因为没有外在的那种客体去束缚自己，又因为没有忽视客体，反而能够获得真正的自由，这是一个很辩证的关系。中国古人中的智者明白，西方的智者也知晓，这个纯粹的艺术世界的建立恰恰是为了人类的现实世界。

在我看来，无论游戏还是艺术，无论游戏还是国画，都是一种中性的“媒介”，有人以满足欲望的态度来面对艺术，艺术便不是艺术了。关键看我们如何通过它打通我们的自我个性与道之间的关系，只不过相对而言，目前来看，在国画这样的艺术中，我们更能寻找到这种利己利他的境界。国画对于现代人来说，也许在某种意义上是一种“复古”，但这也算是“复古以开新”吧。

最后要说的是，中国政法大学有一个人文学院，人文学院传授“以文化人，以德育人”的知识，这些知识对人的成长是有帮助的。我们既不能将自己变成一个只知满足欲望的“动物”，也不能将自己变成一个充满工具理性的“机器”。我们要有更自我、更人性的一面，所以既要有理性的思考，也要有人文的审美。

第十五章　汉唐美术赏读

贺西林*

今天我给大家讲的题目叫《汉唐美术赏读》。能跟大家分享中国美术的精彩作品和辉煌成就，我感到非常高兴。通过今天的讲座，一是给大家介绍一下中国汉唐时期的一些重要美术遗存和重要作品，二是介绍一下这些作品的背景知识，包括它们所蕴含的思想、观念等等。

汉唐时期是中国历史上的盛世。汉代丝绸之路开通以后，丝路贸易的发展，带动了文化艺术的交流。进入中古时期，中西交通，南北互动，思想文化领域的景象非常壮观。纵观中国美术史，汉唐时期可以说具有开创格局、成就风范的历史地位，在很多领域都开后世之先河、启未来之风气、树时代之楷模。汉唐美术以其特有的视觉方式，建构了国家形象，反映了现实生活，营造了死后世界。汉唐美术风格深沉宏大、气势撼人，充满了力量和气度。

一、汉代美术

让我们首先从汉代（前 202—220）开始。公元前 221 年，中国历史进入帝国时代，秦代是中央集权的统一多民族国家，开创了中华帝国的端绪。中国历史上有所谓“汉承秦制”之说，汉主要继承的是秦所开创的一套政治制度、法律制度、官僚体制、典章制度。在这些方面，汉不用再重起炉灶了，只需要把秦的东西拿来，稍做调整和改造。但在文化艺术领域，汉并未太多继承秦文化，而是大量地继承了楚文化。在这个时期，中央集权得以巩固和加强，思想文化趋于统一。汉武帝时期，“独尊儒术”，儒学统领了这一时期的意识形态。

相对稳定的社会为经济文化的繁荣创造了条件。艺术和经济的关系是很

---

* 贺西林，中央美术学院人文学院教授、博士生导师。研究领域：中国美术史与美术考古、汉唐视觉文化。代表性学术成果：《读图观史——考古发现与汉唐视觉文化研究》《永生之维——中国墓室壁画史》《中国美术史简编》。

密切的，因为只有拥有足够的财力、时间和精力，才能从事艺术创作。兴旺发达的手工业引领了技术的进步和工具的改良，优质钢铁工具和石材的广泛运用，为造型艺术的发展奠定了坚实的基础。可以说，社会的稳定、经济的发展是艺术发展的前提和条件，而工具的改良、技术的发展也直接影响了艺术。如颜料的发展为绘画领域带来了直接影响；优质钢铁工具的发展直接促进了雕塑领域大型石雕的发展，因为没有好的工具就无法征服坚硬的石头；瓷器的出现和制陶工艺不可分割。

伴随着技术的发展，物质文化也与时俱进，如青铜、陶瓷、玉器、漆器、纺织品、金银器这些工艺，在前代的基础上不断推陈出新。这个时候，作为帝国工程的城市、建筑景观非常之壮丽，体现了王权的至高无上和帝国的强盛辉煌。在文字领域，这是一个文字剧变的时代，此时已有很多种书体并存，但隶书的成就最高，在汉代独领风骚。

汉代的丧葬文化也发生了变化，影响了汉代美术的面貌。先秦时期，中国古代的祭祀主要是在王侯和贵族的宗庙中。比如在夏商周三代，贵族的宗庙中要放青铜礼器。这些青铜器，既是礼器，又是中国古代艺术品的精华。所以在这个时候，中国古代艺术和祭祀活动紧密地结合在一起，很多艺术精品都在宗庙中出现。到了秦汉以后，祭祀礼仪中心从“庙”向“墓”转移，中国古代艺术品的精华也随之转移到了墓地。另外，汉代的举孝廉制度也是一个推动因素。举孝廉就是选孝子、选品德高尚之人，以是否孝顺作为能否进入仕途的前提和条件。要想做官，必须先被地方推举为孝子，因为孝子代表品德最高尚者。在这样一种社会背景下，墓葬视觉文化空前繁荣。

疆域的开拓和丝路的贯通，进一步促进了区域艺术的互动和中外文化的交流。汉代的疆域很广阔，尤其是武帝时期，开疆拓土。丝绸之路开通后，中西文化的交流也日趋活跃。汉代美术的题材非常广泛，内涵也很丰富，不仅展现了当时的社会生活和物质文明，而且突出反映了当时主流的思想和信仰，如阴阳五行思想、神仙信仰，以及儒家的忠孝节义等伦理道德观念。从风格上说，汉代美术的风格非常雄浑，富于力量和气势。汉代美术整合了先秦美术，融入了时代精神，并在文化交流和互动中不断充实壮大，为此后中国美术的发展奠定了非常坚实的基础。

以上是对汉代美术简要的概括。接下来，让我们具体地看一下汉代重要的美术遗存。

（一）雕塑

首先看雕塑，雕塑里面有大型石雕，也有小型玉雕。在陕西西安的西郊，即当时西汉皇家园林上林苑昆明池的东西两侧，有两尊大型石雕，其高度分别超过两米二与两米一，体量很大。这两尊雕塑雕的是牛郎和织女，其造型仍显粗糙，可见是中国大型雕塑的初创期。文献记载中还提到，秦始皇陵有大型石麒麟，但没有遗存传世，真假不得而知。昆明池这组雕塑，可以说是目前我们能看到的最早的大型雕塑实物遗存之一。当时的技术尚不足以将雕塑雕得非常精细，明显有初创期的特点。这两尊雕塑的时代非常明确，是汉武帝元狩年间的。汉代班固《西都赋》中提到这两尊雕塑："集乎豫章之宇，临乎昆明之池。左牵牛而右织女，似云汉之无涯。"这里，是把昆明池比作天河，牛郎织女分列两侧，以象征皇家园林的广阔。

在陕西兴平茂陵陵区，有一座墓葬被普遍视为霍去病墓，该墓有十余件石雕。这座所谓的霍去病墓，在整个汉代墓葬中，是一个极其奇特的存在。几乎所有汉代墓都是土堆墓葬，但霍去病墓却有 150 多块天然巨石，十几件大型石雕错落分布于其中。霍去病是西汉著名的骠骑将军，在抗击匈奴的过程中为大汉王朝立下了汗马之功，深得汉武帝的赏识和信任，可惜 24 岁就去世了。去世之后，汉武帝非常痛惜，给予其隆重的葬礼和高规格的待遇，即陪葬茂陵。今人普遍将这座墓葬视为霍去病墓，但我自己对此有一些疑问，因为霍去病墓的知识生成中缺少一些环节。除我之外，没有其他人对它提出疑问，所以这是非常个人的学术观点。在这个墓的前面，有一个被称为"马踏匈奴"的雕塑。该雕塑为一匹战马，脚下踏着一个手拿弓箭似乎仍在反抗的人。这种雕塑是典型的纪念碑性雕塑，如果这个地方是霍去病墓，那这个就是典型的记功性雕塑。但除了记功性以外，20 世纪早年有一位日本学者提出，这些雕塑还可能与神仙信仰有关，因为在这些石雕里面有马、鱼、虎、蟾蜍，还有大象、胡人、胡人抱熊，这些母题都很特别。有人说这些雕塑象征着祁连山里面野兽出没，我对此表示怀疑。当时甘肃河西地区祁连山会有大象生存吗？两千多年以前，大象在长江流域可能会出现，但绝对不会越过黄河，甚至到中国的西北，顶多是当时西汉皇家园林上林苑里面，可能会有进贡的一两头大象。在汉代美术中，这些非常奇特的动物经常在表达神仙世界的画面中出现。所以说，即使这是霍去病墓，这些石雕除了有一定的记功性特征以外，应该还有另一层象征性，即与神仙信仰有关。

这些雕塑都是用整块的天然花岗岩巨石雕凿而成。这些石雕的风格非常简洁、沉稳、大气。花岗岩是一种非常坚硬的石头，现在的雕塑家也很少用花岗岩。当时可能出现了脱碳钢，但是在西汉时期主要还是韧性铸铁，用不太好的钢铁工具去征服如此坚硬的大石头，是很有难度的。所以这种风格的形成，一方面可能和工具、材料有关，另一方面也可能和当时人们的追求有关。其中的一匹跃马雕刻，采用了循石造型的手法，即当工匠要雕刻某个动物，会先到山里寻找轮廓有点像这个动物的石头，然后对石头的轮廓做大刀阔斧的处理。如此，石雕整个轮廓依然保持了极致的简练，局部再加以浮雕，使得雕塑的整体感非常强。再加之雕像的四肢以下不做镂空处理，显得非常沉稳。整个雕塑最后形成的风格非常简洁、沉稳，气度极大，所以这组所谓霍去病墓石雕也为当代艺术家极力推崇。

接下来看东汉石雕。在陕西咸阳出土了一对东汉的石兽。东汉开始形成墓前开神道，置石人石兽的丧葬礼仪模式。除霍去病墓之外，西汉的其他陵墓一概没有石刻和石雕。与西汉相比，东汉石雕的雕塑技术明显成熟，工具得到改良。从风格上看，东汉的石雕也很浑厚大气，没有丧失气度，但是比起西汉石雕的沉稳，更体现出一种灵动，在灵动中蕴含着一种气势。

除地上的石雕以外，在汉代墓葬中也发现了数量非常多的雕塑作品，如用于陪葬的俑。20 世纪 90 年代陕西咸阳汉景帝阳陵出土了很多陶俑，现在呈现的样子是裸体的，但其实它们原来不是裸体。这些陶俑多是士兵，发掘时身边都有铁剑。在汉景帝阳陵土冢的周围，呈放射状分布着几十个陪葬坑，每个陪葬坑都有各自的功能。有的里面是士兵，象征着在另一个世界继续守卫汉景帝，有的里面放着粮食，有的放着成群的猪牛羊。所有的这些都体现着当时的丧葬观念“事死如事生”，即认为墓主人死后，在另一个世界中还会延续他的生命，因此墓葬中应有尽有，替代品用来象征性地展现他生前的状况。那么这些士兵为什么是裸体的，且还没有胳膊呢？其实它们原来是有胳膊有手的，只是胳膊和手是用木头做的，后来朽掉了。如果塑胳膊和手，就不方便穿衣服，它们原来穿有丝帛衣服，也腐朽了，于是最后成为无臂的裸体战士。

江苏徐州汉代楚王墓出土了一个抚琴女俑，造型和神态都塑造得非常生动，将抚琴时优雅的动态表现得很好。徐州是汉文化重镇，因为刘邦就是徐州地区的人，西汉统治集团的很多核心人物也都出身徐州。西汉分封诸侯国，就将楚国首都定在了徐州，西汉一共在徐州封了十二代楚王。目前徐州已经发掘了几座楚王墓，规模非常大，其中好几座都是凿山为墓的崖墓，即开凿了整座小石山，如狮子山、龟山、北洞山、驮篮山等西汉楚王墓。非常遗憾的是，这些墓葬大部分都被盗掘了。

东汉还出现了极有特色的说唱俑。西汉的俑一般都出土于王侯和高等级贵族的墓葬中，或它们的陪葬和丛葬坑中。到了东汉，随着区域经济的发展，社会中下层在不断地效仿上层，尤其是富庶的四川地区，出现了很多有钱人。

他们生前追求一种非常奢华的生活，死后也像王侯贵族一样，建造很大的墓室，在里面绘制壁画，陪葬很多的俑。这些人没有多少制度规矩的限制，想做什么就做什么，他们想让地下的生活也变得丰富多彩，所以墓葬中陶俑的题材一下子变得非常丰富，不再局限于士兵、侍从或乐舞。四川东汉墓中发现的陶俑题材非常丰富，包括农夫俑、庖厨俑、切鱼的俑、剁肉的俑，还有抱着孩子喂奶的俑。著名者如四川成都天回山东汉墓中出土的击鼓说唱俑。汉代非常流行诙谐说唱，也就是逗人笑的说唱艺术，而从事这个职业的艺人被称为俳优，俳优大多是侏儒。天回山东汉墓的击鼓说唱俑有可能就是这样的俳优形象，陶俑很生动，充满了生活气息，定格了艺人手舞足蹈、得意忘形的瞬间。

除了大型石雕、陶塑以外，汉代还发现了铜塑。其中有出土于西安汉城遗址，现收藏在西安博物院的一件带有翅膀的人形青铜雕塑。这个作品很有意思，大体上是个人，但又不是普通的人，他长着翅膀、羽毛，面相也很古怪，鼻子很高，嘴很大，颧骨很高，还有显眼的大耳朵，大耳出颠，比头顶还要高。这种人鸟复合体就是“羽人”，它是汉代中国人心目中的天使，对活着的人来说，羽人掌握着长生不死之药，吃了它给的药，能够健康长寿，甚至超越大限而不死。汉诗《长歌行》中有几句这样写道：“仙人骑白鹿，发短耳何长。导我上太华，揽芝获赤幢。来到主人门，奉药一玉箱。主人服此药，身体日康强。发白复更黑，延年寿命长。”诗中说主人吃了仙人给的药，身体越来越健康强壮，头发也从白色变成黑色。羽人还大量出现在汉代墓葬中，在墓葬中，他是引领死者灵魂去往美好地方的使者。以上就是它的功能，也是为什么当时的人们视之为天使的原因。它能升天，能降凡，自身不朽，手里还有长生不死之药。羽（仙）人不食五谷，餐云气，饮沆瀣，还吃灵芝和大枣。汉代铜镜上就有“上有仙人不知老，渴饮玉泉饥食枣”的铭文。

羽人形象还出现在一件国宝级玉雕中，这尊羊脂玉雕的羽人骑天马雕塑，非常圆润。雕塑中的马长着翅膀，并非凡马，而是一匹天马。为什么说它在天上飞驰呢？因为它的座上全部雕着云纹。而驾驭这匹马的，也是长着羽毛、长着翅膀、耳朵高出头顶的仙人。所以这尊雕塑与汉代的神仙信仰密切相关。

汉代雕塑中常见马的形象，其中有一件通体鎏金的铜马，高 70 多厘米，只有尾巴是分铸的，其他都是一次性整体铸成。马在汉代非常重要，在和平年代，马的品种优劣直接与主人的身份和地位有关；在战争时期，马的重要性就更明显。西汉初年，经济困顿，“自天子不能具醇驷，而将相或乘牛车”，就是说皇帝出行找四匹颜色一样的马都很难，将相出行就只能坐牛车。到了汉武帝时候，马就很多了，“众庶街巷有马，阡陌之间成群”。汉武帝时期经历了中国历史上第一次大规模的马政，汉武帝曾派贰师将军李广利几次征伐大宛，带回众多中亚汗血良马，为此汉武帝还作了一首《天马歌》。有人说这匹铜马可能是“马式”，即标准的良马形态。这尊青铜马出自茂陵陪葬坑，和它同时出土的器物上有铭文“阳信家”，所以这批东西都是皇室用器，其旁边的陪葬墓应该是汉武帝的姐姐阳信长公主墓。

汉代还出现了一种被称为“摇钱树”的雕塑，其下为陶座，座上有一棵青铜神树。四川成都平原东汉墓中发现很多此类东西，周边也有零星发现。这些树的造型并不完全一致，有的上面有神灵瑞兽，有的上面还有西王母，但是所有的树上都有五铢钱，所以被称为钱树，或摇钱树。20 世纪 40 年代，学者发现一株钱树的陶座两面有图像，各有一棵树，树上都长着钱，有人拿棍子敲树上的钱，有人在地下捡钱，有人将捡的钱穿起来，用扁担担着。摇钱树概念，可能和这个图像有关。整个中国古代的丧葬观念都是“事死如事生”，死后要将墓建得如同生前居所一样，建成一个豪华的阴宅，吃的、穿的、用的，还有俑，都要陪葬进墓，甚至还要放些钱，以供墓主在另一个世界的花销。当时的四川人非常聪明，放在墓里的东西用完了，钱花完了，就没得用了，于是发明了钱树，能不断地生钱。所以钱树就是财富的源泉，而财富也在支撑着生命的延续，成为永生的保障，这就是钱树的作用和功能。

（二）绘画

接着看汉代绘画。汉代绘画中，帛画较少，但出土了一件非常精美的帛画。20 世纪 70 年代在湖南长沙发现了一个家族墓地，即著名的马王堆汉墓。很早有传言说此处为五代楚王马殷家族的墓地，所以才有马王堆这个地名。另根据宋代以来的正史记载，该处是西汉长沙王刘发程、唐二姬的墓葬，称“双女坟”。但是 1972 年发掘之后，发现这个墓葬既不是所谓的“双女坟”，更不是五代马殷家族的墓地，而是西汉长沙相轪侯家族墓，是利苍及其儿子、妻子的三座墓。马王堆汉墓非常重要，因为一方面墓主人的身份和地位相对较高，另一方面这个墓没有被盗过。中国古代的墓绝大多数都是被盗过的，有的甚至多次被盗。如陕西发现的秦公一号大墓（即秦景公墓），其主椁室有 200 多个盗洞。但马王堆一号墓没有被盗过，而且它埋藏的时候非常严密，一层白膏泥，一层木炭，一层白膏泥，又一层木炭这样封固，几乎和外面隔绝，所以发掘出来的墓主人尸体，肌肉还有弹性，漆器也和新的一样。墓中的艺术品、工艺品、纺织物都保存得非常好。出土的纺织品中有一件很长的衣服，名为素纱单衣，仅重 49 克，可见那时的工艺多么高超！

在利苍的妻子辛追墓（即马王堆一号汉墓），出土了一幅非常有名的帛画。一号墓是一座大型木椁墓，椁中设四重髹漆套棺，这幅帛画就盖在内棺的表面。帛画艺术水平非常高，但画上所画的东西，并不是为了审美或挂在家里作为装饰的，它放在墓葬中，有着非常明确的功能和意义。这幅帛画可分为四个空间，这四个空间从下到上表达了墓主人从死到成仙不死，直至其灵魂进入一个永恒世界的过程。

帛画最下方的空间，画了两条交织在一起的大鱼，还有一条蛇缠在龙的尾巴上，以及力士在托举平台。这些重要的图像有非常明确的象征性，比如最下方的这个空间，很可能代表一个死亡之地，画中的鱼、蛇、力士都是北方神，且都和水有关，和阴有关，和死亡有关。这几个概念其实是同等的一组概念，即北方、水、长夜、阴、死亡。这是墓主人死后进入的第一个世界，即阴宅水府，死亡之地。这里的鱼和蛇都是代表死亡的符号，但此处又不是绝对的死亡之地，新的生命也在这里孕育和生成。在中国古代早期，人们往往把个体生命与自然界日和月的运行联系在一起。太阳早上从东方升起，所以东方代表生命的初始；中午太阳到了南方，南方就如日中天，代表生命的辉煌；下午太阳去了西方，所以西方的神灵都和没落有关；晚上太阳去了北方，所以北方和长夜、死亡联系在一起，但是第二天太阳又经过北方从东方升起，所以北方在死亡中往往孕育着新的生命和新的生机。

从帛画最下方的空间再往上看，上面站着一个衣着华贵的贵妇人，这应该就是墓主人的形象。经鉴定，墓主人是一个50多岁的妇人，二者是吻合的。画面表明墓主人已经进入了仙界，进入了昆仑。这个平台可能象征了昆仑仙界中的某个层界。从视觉上看，支撑这个平台的中间的柱子似乎应该画直了好些，但为什么画成斜的？画成直的，稳定感就一下子显现出来了，画成斜的，绝对不符合视觉逻辑，所以一定是故意为之，一定具有某种符号意味。我认为它是代表昆仑仙界中某个层界的符号，表达了墓主人不仅进入了昆仑，甚至登临了昆仑的某个层界，即悬圃。

然后再往上，就是墓主人最后到达的地方。有两个柱子构成一个门，有两个守门的人，这就是天门，就是阊阖，《楚辞》：“吾令帝阍开关兮，倚阊阖而望予”，守天门的人叫“阍”。进入这个门，就进入了汉代人们心目中的天堂。当然中国古代没有天堂这个词，但是有天庭。天庭里面有长翅膀的龙，以及最重要的图像日和月，日里有金乌，月里有玉兔和蟾蜍。在汉代艺术中经常可以看到的日和月，它们不是表现自然界的太阳和月亮，而是用天上的太阳和月亮来表达阴阳观念。阴阳五行在汉代影响巨大，成为一切行为的前提和生活的准则，顺之者昌，逆之者亡。著名历史学家顾颉刚说，阴阳五行是汉代思想的骨干，是中国人的思想律，可见其多么重要。当时天象的观测、农事的安排、王朝的更替、城市的规划，全部要遵循阴阳五行原则。那么阴阳是什么？阴阳是两种力量，是宇宙自然、人类社会、个体生命生成、发展、变化的动力之源。那么宇宙自然、人类社会、个体生命是按照什么样的秩序发展呢？五行就是发展秩序。所以我们在汉代艺术中经常可以看到太阳和月亮，这是表达阴阳的非常重要的符号。此外，我们还能看到一些方位神，如青龙、白虎、朱雀、玄武，这都体现着秩序。太阳当中还有金乌，有时候这种鸟长着三只脚，称为三足乌。月亮里面有时候有一个东西（如玉兔），有时候两个（如玉兔和蟾蜍），有时候三个（玉兔、蟾蜍和桂树），所以月亮在中国古代有很多不同的叫法，如蟾窟、桂宫、兔轮。这个空间里还有一个非常重要的形象，列显日月之间，凌驾日月之上，是一个人首人身、缠绕着巨大龙尾的神，从画面中可以看到，这个神显然是高出阴阳的。我们提到日月代表阴阳，那还有什么神能够高出阴阳呢？这个神应该就是太一，天神之最尊贵者，天的代表，道的化身。有人说，没有文献证明太一是人身龙尾的神。但是文献也说了，什么是道呢？“道也者，至精也。不可为形，不可为名。强为之，谓之太一。”（《吕氏春秋·大乐》）也就是说，道是没有名字、没有形象的，你硬要给它一个名字，就叫它太一吧。所以太一就是天的代表，道的化身，是隐藏在阴阳背后的神秘的终极动力之源。阴阳是显现的动力，它背后有隐秘的终极动力，就是天，就是道，就是太一。

综上，这幅帛画不是为了审美的欣赏，而具有一定的功能，即前面所提，体现了墓主人从死到成仙不死，进入昆仑，再到永生之境的过程。“仙”字是一个“人”加一个“山”，所以仙一定和山有关，是离不开山的。但是在汉代，并非所有的山都和仙有关，只有两座特定的山与仙有关，一座是东方的蓬莱，一座是西方的昆仑。在汉代艺术中，表现蓬莱时是蓬莱、方丈、瀛洲三个山头，表现昆仑时也往往是三个峰。《淮南子·地形训》说，昆仑有三个层界，“昆仑之丘，或上倍之，是谓凉风之山，登之而不死。或上倍之，是谓悬圃，登之乃灵，能使风雨。或上倍之，乃维上天，登之乃神，是谓太帝之居”。昆仑三个层界，第一个层界是凉风之山，登上凉风之山，就能达到不死的目的；再往上，登至悬圃，就能羽化成仙，并呼风唤雨；倘若登临绝顶，进入太一的天庭，那么将融入天神的行列，从而达到与天帝同在、与日月同辉的终极永恒境界。马王堆汉墓帛画中，墓主人最后就到了终极的境界。

汉代的墓室壁画也很丰富。在河南洛阳西汉晚期的一座墓中发现了四米多长的一幅壁画。壁画一边是日，一边是月，日、月的旁边都有一个人首龙身的形象，壁画中间还有青龙、白虎、朱雀，构成非常明显的阴阳五行图式。日、月旁边人首龙身的图像，之前人们毫无异议地说是伏羲和女娲，文献说“伏羲鳞身，女娲蛇躯”。但在我看来，和日月有关的人首龙身神并不一定是伏羲、女娲，可能是汉代的阴阳主神，即代表阴阳的两个神。

在河南洛阳地区，偃师一座新莽墓中也出土了一幅梯形画面的壁画。两侧两块三角形砖上，一边是凤，一边是凰。中间方砖上画着两个云柱，一个云柱上有一只捣药的兔子，另一个云柱上有一个女子，戴着一个特有的头饰，她就是西王母，神仙世界的主神。西王母在民间的影响力很大，后来她跟昆仑结合起来，成了昆仑世界的主宰神，所以我们在汉画中看到大量西王母的形象。西王母所戴头饰叫“胜”，在汉画中只要看到戴“胜”的女子，就一定是西王母。但有些西王母形象又不戴胜，我们怎样才能辨别这种形象是不是神仙世界的主神西王母呢？如果一个女子的旁边出现兔子、蟾蜍和狐狸，那么这个组合当中的女子一定就是西王母。这种组合是汉代艺术中非常固定的组合，即西王母、蟾蜍、玉兔、九尾狐，有时候还会加一只三足乌。

前些年，在陕西北部的东汉墓葬中，发现了非常生动形象的大幅升仙图。这幅画左侧的植物状物，其实不是植物，很可能表现的是昆仑天柱，三个天柱就代表昆仑的三个层界。民间认为西王母是神仙世界的主人，于是她就坐在了原来太一坐的地方。画面上方是一朵一朵的云，后面有鱼、兔等动物拉的云车，云车上坐着人，前面还有像船一样的东西，上面也有人。整个队伍前面，有一朵云，上面站着一个仙人，引领着这个队伍去昆仑见西王母。由此我们可以看到，汉代的神仙世界的确很美好，人们去了仙界就能长生、不死、自由、愉快，谁能不向往呢？

汉代的画像石和画像砖也很有时代特色，可以说是树时代之楷模的艺术表现形式。汉代的画像石在全国各地发现很多，集中分布在四个区域，分别为山东、苏北区；以河南南阳为中心的豫南区；陕北和晋西北区；四川区。汉代画像石雕刻技法也很丰富，最常见的有两种，一种是减地平雕加阴线刻，还有一种是浅浮雕。减地平雕就是物像表面基本是平的，没有弧度，浅浮雕是物像表面带有一点弧度。其他还有阴线刻、凹面刻、高浮雕和透雕。雕刻内容就更为丰富了，上至天文，下至地理，涉及汉代的政治、思想、文化、军事、农业、手工业、信仰等等。所以历史学家翦伯赞先生说，如果把汉代画像收集起来，可以构成一部绣像的汉代史。汉代画像石的风格也非常质朴和大气。鲁迅先生收集过汉代画像石的拓片，对其也有一定的研究，他对汉代画像石的评价是，“唯汉人石刻，气魄深沉雄大”。

汉画像石的代表有山东嘉祥东汉武梁祠画像石。武梁祠是武氏家族墓地的其中一个祠堂。整个祠堂画像采用的是减地平雕加阴线刻，雕刻非常细腻，布局也非常严谨和规矩，以表现其宇宙观和道德观。武梁祠内部顶石雕刻祥瑞，祥瑞和天有关，即所谓天降祥瑞。其他石祠的顶石可能会刻天界，但武梁祠顶石刻的是祥瑞。祠堂两侧山墙的山尖部位，西山墙刻的是西王母仙庭，东山墙刻的是东王公仙庭。再下面，分层分栏，刻的是炎帝、黄帝等古代帝王，都有榜题，身份明确。再下面两层，分别雕刻反映儒家伦理道德观念的孝子、烈女、刺客、义士形象，如闵子骞、荆轲刺秦王等故事，均有榜题，故事情节非常清楚。最下面一层是车马出行图像。整个祠堂画像，天上、仙界、人间，布局非常严谨。武梁祠画像石堪称汉代画像石的典范和集大成者。

陕北画像石的题材内容与其他地区相比，更单纯一些，其雕刻技法主要采用减地平雕，少加阴线或不加阴线。大部分画像石是没有彩绘的，只有20世纪90年代在神木发现了一些带彩绘的画像石。不带彩绘的画像石，其剪影效果非常明确，干净利落。

汉代的画像砖很多，以河南和四川最为丰富。河南的画像砖从豫西到豫南都有分布。洛阳画像砖的时代较早，主要属西汉晚期，多为刻有画像的大型空心砖。到了豫中，即郑州一带，画像砖所属时期大致是西汉晚期到东汉早期，也多为刻有画像的空心砖。这种画像砖很有特色，是在砖还是泥坯未干之时，在上面拓印很多画，然后再入窑去烧。河南画像砖分布最集中的地方是豫南，即河南南阳一带。南阳画像砖的做法与四川的一样，都是先做一个模子，把泥放里面夯实，再把它翻出来。如果那个模子是阳模，图像就是凹进去的，是阴的；如果模子是阴模，图像则是凸出来的，是阳的，大多采用的是阴模。南阳的一块画像砖，表现的是二龙穿壁、怪兽、牛、熊、羽人驭虎，非常精美。四川的一块画像砖，表现的是百戏，有扔球杂耍，有西域传来的叠案，有盘舞，非常精彩。画像砖在形式风格上也有不同，有的浮雕感较强，有的线条飘逸流畅。

（三）书法

我们再来看文字、书法。汉代的文字是篆书、隶书、草书并行。篆书仍是一种非常正式的文字，用于官方高级文书和重要仪典的书写，并且一些碑的碑额用篆书；隶书用于官方中级文书和一般的刻石、经籍的书写；草书用于官方低级文书和一般奏牍草稿。在这些书体中，隶书的成就最高，现在留存下来的碑刻主要是隶书碑刻。其实隶书在战国已经出现，到秦代在民间就开始流行，真正成熟则是在西汉晚期，到东汉晚期发展到一个顶峰。现在存世有不少汉碑，如《张迁碑》《乙瑛碑》《史晨碑》等。汉碑也有不同风格，但一般可分为两种，一种比较秀气，一种比较雄浑古朴。《张迁碑》属于雄浑古朴一类的隶书。隶书在体势上变秦小篆的纵势为横势，整个字体向左右两边舒展，讲究顿挫，起笔和收笔有蚕头燕尾之势，装饰性很强。

（四）工艺品

汉代工艺品琳琅满目，有很多做工非常精湛。比如汉代有大量的铜镜。汉代青铜器珍品还有河北满城西汉中山靖王刘胜妻窦绾墓出土的通体鎏金的长信宫灯，整个灯的造型是一个宫女托着一盏灯，非常富丽。汉代流行熏香，其中有的熏炉的炉盖做成一个山形，被称为博山炉。所谓博山，是传说中海上的仙山，所以博山炉也一定跟神仙信仰有关。中山靖王刘胜墓出土的博山炉工艺精湛，是一件错金的博山炉。整个山形从视觉等各个方面让我们联想到神仙的世界，将它放在屋里，首先在视觉上，是一座仙山，而当焚香之时，香烟从博山炉盖的镂空处升起，青烟袅袅，飘散出来，仙境的感觉就越发明显，加之熏香的香气，更让人觉得飘飘欲仙。此外，汉武帝的姐姐阳信长公主墓的陪葬坑出土的竹节高柄博山炉，也是工艺精湛的香炉。

二、三国两晋南北朝美术

我们接着讲三国两晋南北朝时期（220—581）的美术。三国两晋南北朝是中国历史从上古迈入中古的时期，思想文化新旧交替，南北互动，中西交通，整个社会呈现出一派跌宕起伏、波澜壮阔的景象。佛教的传入、道教的兴起、清谈风气的流行，使造型艺术从内容到形式都发生了重大变化，面貌焕然一新。尤其是佛教传入中国以后，对中国社会的思想、文化、艺术领域产生了巨大的影响。绘画领域出现了一些著名画家，引领时代的风气，其艺术实践和理论探索促进了绘画的转型和变革，使绘画日趋独立和自觉，“传神”成为最高境界，对审美的追求超越了此前。

在墓葬艺术领域，魏晋南北朝的墓葬艺术出现了新变化。汉代的墓室壁画、画像砖、画像石大多出现在社会中下层墓葬中，在高等级墓葬中少见，而到了魏晋南北朝，墓室壁画越来越多地出现在官僚贵族，甚至是帝陵中，成为身份地位的重要标识。此外，汉代画像砖都是一块砖一个画面，但这个时候出现了拼镶砖画，就是成千上万块砖编号、模印，砌墙时按照编号砌，使一面墙呈现出一个画面。陵墓神道大型石雕这一时期也渐成气候，规制日趋完善，时代特点非常鲜明。在宗教艺术领域，这一时期佛教信仰普及，各地寺院林立，开窟造像成风，佛教美术繁荣昌盛。在书法领域，对书法艺术的追求成为自觉，妍美流畅的行书体现了尚韵精神，王羲之、王献之将行书推向了高潮。在工艺美术领域，此前非常辉煌的制陶、青铜、玉雕等工艺式微，青瓷取得了突飞猛进的发展。在城市规划领域，推陈出新，开创格局，影响深远，改变了以往城市规划中面朝后市的格局，这一转变从曹魏邺城开始，到北魏洛阳城，再到隋唐的大兴城和长安城，一直到明清都城，都是朝在后，市在前。综合以上来看，三国两晋南北朝美术充分展现了中国古代从上古向中古转型的时代特征，具有承前启后、继往开来的意义。

（一）绘画

我们接下来看具体的美术作品。这时候出现了一些绘画名家，也有一些传世的画作。当然这些传世作品争议很大，是不是当时的原作，是不是名家亲笔之作，都有争议。传为东晋顾恺之的《女史箴图》，有几个摹本，一般认为收藏在大英博物馆的摹本最好，很多学者认为它是唐代的摹本。这幅画是根据西晋张华《女史箴》绘制的，表现宫廷妇女的道德规范，表现女德。文献记载，顾恺之非常注重人物内在精神气质的表达，通过对眼睛的刻画，来表达人物的内在气质。画中的线条，被称为“高古游丝描”，如春蚕吐丝，如春云浮空，流水行地，自然流畅。

传为顾恺之的《洛神赋图》，流传下来的摹本就更多了，故宫博物院、辽宁省博物馆都有。其中故宫博物院藏摹本没有以赋的文字相隔，而辽博的每段都配有《洛神赋》中的文字。这幅画是根据曹植的《洛神赋》绘制的，表现了一个浪漫又伤感的爱情故事。曹植遇到了洛神，但因为人神之道殊，不能在一起，最后怅然分离。主人公在画面中多次出现，曹植的儒雅、洛神的飘逸都描绘得非常好。画中有山石、树木等，一方面作为背景，一方面又有一种隐喻，和赋中描写的芙蕖、朝霞等对应起来。

南北朝时期的墓室壁画，集中出现在山东、山西太原及周边地区、河北南部及河南北部（以磁县为中心）。20 世纪 90 年代河北磁县湾漳发现一座大型壁画墓，墓道两壁画满了仪仗的场面。从墓的规模和墓所在的区域看，学者推测可能是北齐文宣帝高洋的墓。由于没有墓志，我们还不能确认。再从山西太原娄叡墓墓道仪仗出行场面壁画看，这时候的绘画水平确实比汉代要有大幅度提升。墓志记载，该墓建于北齐武平元年（570），娄叡是北齐的东安王，地位很高。

（二）雕塑

我们再看雕塑。南北朝陵墓石雕承袭了东汉陵墓石雕的体制，但是规制越来越完整，规模越来越大。北方地区发现不多，主要集中在南方地区。江苏南京和丹阳一带，几十座南朝帝王和贵族墓前都有神道石刻，如华表、翼兽等，气势撼人。丹阳齐景帝萧道生修安陵的一个翼兽雕塑，有人说是天禄，有人说是辟邪，我们不妨就用一个笼统的叫法，因为它长着翅膀，就叫它翼兽。汉代也有翼兽，但很少，这个时候出现了很多。经学者研究，这种长翅膀的神兽原本应该不是中国本土的母题，而是外来的，其源头很可能在波斯。它从波斯传过来后被中国陵墓体系所吸纳，并加以改造，成为中国本土艺术的重要母题。

收藏在美国堪萨斯州纳尔逊-阿特金斯艺术博物馆的北魏石棺，出自河南洛阳，20 世纪早期被盗墓贼盗走，卖到了国外。石棺两侧各雕刻四个孝子，一共八个。孝子的背景都是山林树木和建筑。汉代采用“举孝廉”选拔人才，所以孝行图像大量出现。北魏是一个鲜卑政权，为什么也出现了大量的孝子图像呢？我认为这是汉化潮流的时代表现。鲜卑的汉化怎么来体现儒家文化呢？孝是儒家思想的核心，运用孝子图像最能体现儒家文化，所以这个时候孝风大盛，出现了很多孝子图像。而孝子图像后面的山林树木背景，又和道教有关，这表明了儒、道之间的相互认同。从雕刻技法和形式上看，其雕刻复杂、精细，景深效果明显，是汉代画像石所看不到的。正如美国芝加哥大学著名学者巫鸿所言：当我们看汉代画像石的时候，我们的目光似乎是在沿着石头表面移动；当我们看 5—6 世纪的石刻画像的时候，我们的目光似乎可以洞穿这些石头。这段话可以说明，南北朝时期的艺术作品，景深和空间感大大增强。这是中国本土的一种视觉处理方式，不同于西方文艺复兴时期用科学的焦点透视来营造空间。这具棺出土后就被盗卖了，所以不知道墓主人是谁，但一定是一个非常重要的人物。这种雕刻不是民间工匠能够完成的，一定是出自宫廷匠署，是东园秘器。

这一时期，陵墓里面的陶塑不及汉和唐，但也有一些精彩的作品。河北湾漳墓出土的 1.4 余米的大陶俑和陕西汉中南朝墓中出土的陶塑，造型都颇具特色。

这一时期区域和民族文化交流活跃，墓葬艺术中还出现了一些新的特色。从 1999 年开始，考古工作者陆续发掘了一些中亚人的墓葬。其实以前零零星星地也发现过，但没有引起重视，因为没有人能看得懂。直到 1999 年隋代虞弘墓被发现，接着陕西西安连续发现几座北周墓，都有墓志，墓主人的身份、年代、官职都很清楚，大家一下子重视起来，这是研究中外文化交流的非常重要的材料。2000 年，陕西西安一座北周墓出土了一具石榻，浮雕、彩绘、贴金保存完好，精美极了。这是一个葬具，一般而言，墓主人安伽的尸体应该躺在上面，但打开墓门发现，墓主人没有躺在上面，所以我们没有将其称为棺床。在甬道发现一堆被火烧过的尸骨，可以推测虽然墓主人死在了中原，接受了汉民族的一些丧葬习俗（如土葬、葬具），但他还想保留一些他原来的葬俗，所以甬道中有一堆被火焚烧过的尸骨。

这里涉及一些概念。首先，什么是粟特？我觉得粟特应该是阿姆河与锡尔河流域的部落联盟，它不是一个民族，也不是一个种族，也不是一个国家，应该是一个部落联盟。中古时期，粟特是中国和中亚，甚至是西亚丝绸之路贸易的一支非常重要的力量。伴随着商贸活动，粟特人扮演了文化交流使者的角色。并且粟特人多信奉祆教，即俗称的拜火教。他们的首领叫萨保，当时在长安周围，有很多经商的外国人的聚落，他们常年住在那儿，萨保就负责这个聚落的宗教、商贸事务，墓主人安伽就是当时北周的一个萨保。在这个石榻上，表现了各种活动，有狩猎、商贸、胡腾舞等。画面中人物坐的都是高座具，其坐姿，也都不是中土的，具有异域风情。此外，石榻上的联珠纹，中间都是禽头和兽头，如牛头、鸡头、虎头，这是典型的西亚萨珊波斯的装饰风格。

2003年，距安伽墓不远处，发现了一个精美的房形石椁。墓主人史君，也是信奉祆教的粟特人。石椁上也有拜火教的仪式，有粟特的神，以及粟特人升天的场面，跟中土的风格完全不同。这个墓没有墓志，但是石椁的门楣上刻有文字，还是双语的，一边是粟特文，一边是汉文。我们可以从中看出，雕刻文字的一定是一个粟特工匠，包括整个石椁的雕刻我觉得主要也应该是粟特人雕的。粟特文雕刻非常流畅，而汉文磕磕巴巴，甚至汉文中很多地方还空着。如有一句话，“史君，史国人也，本居西域，后迁居长安”，其中的“域”字因为太难写了，所以只写了一个提土旁。

2005年，又在附近发现了一个墓，是李诞墓。李诞墓的整个棺是一个传统的中土形式的棺，而且它的主要图像和布局完全是汉民族的传统。例如棺头挡是一个门，门上有朱雀，还有两个守门人；足挡是一个武士驭玄武；棺两侧有青龙和白虎。青龙、白虎、朱雀、玄武，这完全是中国传统的四神。棺盖上的两个人首龙身神，无论是伏羲女娲还是阴阳二神，也是汉民族的东西。只是这个门不是中国式的门，而是一个尖拱的门，是一扇外国的门，守门的两个人是外国人，只有这个似乎暗示出墓主人原有的民族和身份。墓志《周故邯州刺史李君墓志铭》中记载，君讳诞，字陁娑。一看到陁娑二字，就觉得他可能是印度人，而事实上他就是“自罽宾归阙”，即从罽宾到长安的婆罗门人，罽宾是现在的克什米尔地区。墓志还记载说，“其先伯阳之后也”，伯阳是老子。李诞明明是一个婆罗门人，却硬要将自己的祖先追溯到老子，可见他多么崇尚中华文化，多么想融入中华文化！

江苏南京西善桥宫山南朝大墓中发现的南朝画像砖，如我们之前所说，并非像汉代那样一块一块的。在该墓墓室的两面墙上，每一面有四个人，上面都有题记，刻画的是当时的七位名士，即放浪不羁的清谈人物竹林七贤，为了对称又加了一个战国隐士荣启期。有人说当时顾恺之的绘画讲究传神，所以竹林七贤有的弹琴，有的喝酒，有的静坐，每个人物的动态、神情似乎都在有意表达人物内在的精神气质。

（三）书法

东晋行书讲究韵致，取得了很高成就，后世广为推崇。将行书推到高峰的是王羲之和王献之父子。据说唐太宗极其喜欢和推崇王羲之，死时把王羲之的《兰亭序》带到了昭陵中。当然现在还留有一些摹刻本，大家公认最好的本子是唐代冯承素的神龙本《兰亭序》，收藏在北京故宫博物院。书法方面，魏碑也有很多代表作，如《张猛龙碑》《龙门二十品》等。

（四）瓷器

魏晋南北朝时期，瓷器获得了突飞猛进的发展。瓷器在东汉晚期就已经出现，在浙江上虞、慈溪、宁波一带。瓷器和陶器有很大的不同，陶器是吸水的，瓷器可以完全不吸水，同时胎质坚硬，釉质莹润。在技术上，烧制瓷器的火候必须达到1 200摄氏度以上。自东汉浙江地区出现瓷器以后，瓷器在这个地方得到了快速迅猛的发展。瓷器的发明不仅大大改善了人们的生活，也开启了中国工艺美术的新纪元。

（五）舶来品

这个时期还发现了一些进口的东西，即所谓的舶来品。宁夏固原北周李贤墓出土的鎏金银壶，有人说是粟特的，有人说是萨珊波斯的。即便是粟特的，根据其联珠纹和造型，也说明一定和波斯有关。壶一圈刻画人物，表现的是希腊神话故事。

（六）佛教造像

这时候佛教信仰普及，开窟造像成风，佛教美术繁荣昌盛，出现了很多大型石窟。我们要了解敦煌北朝石窟，要记住以下重要的窟，如北魏254窟、257窟，西魏249窟、285窟，北周428窟。敦煌北朝壁画流行本生故事和佛传题材。本生故事是讲述佛祖释迦牟尼前生的修行事迹，佛传是讲述释迦牟尼一生的修行事迹。敦煌北朝壁画大多都是表现这种题材，宣扬在世忍受痛苦，来世就能活得长久幸福。北魏 254 窟讲述的就是尸毗王本生故事，是以单幅的形式表现一个故事。尸毗王本生是说一只老鹰饿了，在追杀一只鸽子，鸽子就跑到尸毗王身边。尸毗王要救这个鸽子，对老鹰说，你就不要吃它了，我要拯救所有的生灵。老鹰说我要饿死了，我不吃它我就会死。于是他从自己的腿上割了一块肉，喂给老鹰，这个本生故事的主旨就是舍己舍身。257 窟壁画是一个长条形画面，讲的是鹿王本生，就是九色鹿的故事。故事说九色鹿救了一个溺水的人，告诉他不要告诉任何人它的行踪。有一天皇后突然梦见一头九色鹿，就让国王抓捕九色鹿，说谁提供九色鹿的行踪，就有重赏。然后被救的溺水之人就告密了，最后九色鹿被抓住了。九色鹿陈述了整个过程之后，国王就把九色鹿放了，溺水人则受到了报应。西魏 285 窟壁画中的五百强盗成佛故事，讲述了五百个强盗造反，最后被镇压，处以酷刑，眼睛都被挖了。后来他们遇到了佛祖，佛祖给他们说法，让他们的眼睛复明，于是这群人皈依佛法，终成正果。敦煌石窟的画面各有不同，有些是长条形的，有些是独幅画。像鹿王本生是长条形的故事，从两边向中间展开，故事的高潮在画面的中间。北周 428 窟的萨埵太子本生壁画则呈 S 形的画面，分层表现故事情节。壁画描绘太子和他的兄弟看到有老虎饿得快死了，连吃肉的力气都没有了，就用竹子把自己的血给放了，然后跳崖舍身饲虎。

我们再看另一个重要的石窟，云冈石窟，分早中晚三期。早期五个大窟，是由当时的和尚昙曜主持开凿的，被称为昙曜五窟。窟中造像非常高大，其造型一看即知是佛教传入中国早期的特征，受到西边凉州造像的影响，同时还有明显的犍陀罗风格，都是通天鼻，即希腊鼻，非常健壮，整个雕塑视觉震撼力很强。到了中期以后，有几个代表性的窟，都是双窟，如 5、6 窟，7、8 窟，9、10 窟三个双窟。为什么会出现双窟呢？有人说与冯太后和孝文帝并称二圣有关。这些石窟都非常华丽，是皇室出资兴建的。

再一个是洛阳龙门石窟。孝文帝迁洛以后，云冈衰落了，接着龙门就兴起了。龙门石窟开凿的两个重要时期，一个是北魏，一个是唐代。北魏有一些重要的窟，如古阳洞、宾阳洞、莲花洞。其中宾阳中洞的造像很有代表性，里面有两幅浮雕，即《帝后礼佛图》，可惜这两幅最精美的浮雕都被盗走了，《北魏孝文帝礼佛图》现收藏在美国大都会博物馆，《文昭皇后礼佛图》收藏在美国堪萨斯州的纳尔逊-阿特金斯艺术博物馆。

麦积山石窟也很精彩。石窟中除了佛、菩萨、天人这些形象以外，还有世俗供养人的形象。麦积山石窟石雕数量较少，而彩塑较多，123 窟供养童子像，塑造得非常生动。

除了石窟雕塑以外，寺院遗址也出土了一些比较精彩的雕塑，如洛阳北魏永宁寺遗址出土的小而精致的雕塑，以及陕西西安出土的金铜佛像等。

20 世纪 90 年代山东青州龙兴寺遗址发现一座窖藏，出土了大量精美的北朝佛教造像。中国历史上发生了几次大规模的灭法，即灭佛运动，寺院造像都被砸毁了。有人为了把这些造像保护起来，就挖了一个坑，将它们都埋了起来。龙兴寺窖藏北朝造像，有背屏式的，有单体的，还有彩绘。其佛像很有特点，有的感觉如同从水里出来一样，让人想到了当时西域曹国有一个画家曹仲达到中原后创造的一种绘画和雕塑的风格，所谓“曹衣出水”。

三、隋唐美术

接下来我们看隋唐（581—907）时期的美术。这一时期，社会稳定，经济发达，文化活跃，艺术全面走向成熟。绘画领域不断扩大，人物、山水、花鸟独立成科，出现了引领当代、垂范后世的绘画大家。官僚贵族墓和帝陵普遍绘制壁画，并成为陵墓等级制度的构成要素。陵墓雕塑规制完善，气魄雄大。石窟、寺院美术如日中天，本土特色和世俗气息越来越鲜明。楷书体现出尚法精神。工艺美术争奇斗艳，金银器、纺织品富丽堂皇，唐三彩绚烂生辉，瓷器南青北白，交相辉映。城市、宫殿、桥梁等建筑经典辈出，影响深远。隋唐美术巩固和完善了中国中古美术的伟大格局，开创了中国美术的黄金时代。

（一）绘画

现存有一些隋唐名家的传世作品，但这些作品是原作，还是后来的摹本，还是有争议。收藏在故宫博物院的初唐著名宫廷画家阎立本的作品《步辇图》，表现的是唐太宗接见吐蕃使者禄东赞的场面，画家对唐太宗以及禄东赞形象和情态的描绘，都掌握得非常好。在人物画中，有些画家更擅长画仕女和婴孩，如张萱与周昉。张萱的传世作品包括收藏在美国波士顿美术馆的《捣练图》，和一幅藏于辽博的《虢国夫人游春图》，两幅画应该都是宋摹本，不是原作。《捣练图》表现的是宫廷妇女的劳作场面，其实不是一种真正的劳动，而是与女德有关。其他传世作品还包括藏在辽博的周昉的《簪花仕女图》，以及传世最早的纸本绘画韩滉的《五牛图》等。

除了人物鞍马画，这时候山水画也出现了一些名家，并且出现了青绿山水和水墨山水的划分。青绿山水画家如隋代的展子虔、唐代的李思训和李昭道；水墨山水画家如唐代的王维、张璪等，都是画史记载著名的画家。可见，山水画此时已成为独立的画科。收藏在故宫的隋代展子虔的《游春图》，是典型的青绿山水。展子虔对唐代的李思训、李昭道影响较大。而唐代水墨山水画，目前则没有较确切的传世作品。

在墓室壁画领域，目前发现了很多唐代壁画墓，并且等级都很高。大多公主墓、太子墓等帝陵的陪葬墓都有壁画。例如乾陵的章怀太子李贤墓，墓道壁画中表现有外国的使节形象。永泰公主李仙蕙墓和节愍太子李重俊墓的壁画也很精彩，尤其是其中的仕女形象。初唐壁画仕女造型很唯美，很匀称，一进入开元、天宝，进入盛唐以后，仕女马上全变胖了，以丰腴为美。在墓室壁画中我们也发现了山水画，例如韩休墓出土的独屏山水，画得虽然水平不高，但表现了唐代绘画的构图和格局，所以很重要。传世作品争议很大，很多可能是摹本，但是墓室中的画作则年代准确。韩休做过宰相，他的儿子就是前面提到的画《五牛图》的韩滉。唐代墓室壁画中也有很好的花鸟画作品。画史记载唐代著名的花鸟画家有薛稷、边鸾，但他们没有任何作品传世。墓室壁画提供了了解唐代花鸟画作品的素材，例如北京海淀区八里庄的一座晚唐墓，一面墙壁上绘有大幅的牡丹芦雁图，精彩极了。

（二）雕塑

唐代陵墓雕塑气势撼人。唐太宗昭陵北司马门外有两个长廊，两个长廊相对，每侧列置三个雕塑，均为浮雕状的石屏，即美术史上赫赫有名的昭陵六骏。昭陵六骏表现的是唐太宗在开国战争中随其征战的六匹战马，都有名字，如飒露紫、拳毛騧等。昭陵六骏中有两件被盗运到国外，现收藏于美国宾夕法尼亚大学博物馆，其余四件在西安碑林博物馆。其中收藏在美国的“飒露紫”，表现的是唐太宗东征洛阳攻打王世充时，他的坐骑负了箭伤，勇士丘行恭在为飒露紫拔箭疗伤。昭陵六骏是纪功性雕塑，是典型的纪念碑式雕塑，作为浮雕是非常经典的，很好地运用了“起位”技法。在中国古代雕塑史上，尤其是大型浮雕中，这是一组非常成功的作品。

顺陵石雕也很壮观。武则天当皇帝之后，将她母亲的墓改成了陵，即杨氏顺陵。顺陵的大型石狮很有视觉震撼力，与帝陵相比有过之而无不及。

唐代陵墓中还发现很多陶塑和三彩俑。国家博物馆收藏的骑驼乐舞三彩俑，出土于西安鲜于庭诲墓，骆驼上面是由胡、汉乐人组成的乐队。山西太原隋代虞弘墓，是粟特人的墓葬，墓中出土有非常精美的汉白玉石椁，也是浮雕、彩绘、贴金，很多图像都和萨珊波斯有关，比如典型的胡腾舞。初盛唐之际三彩俑中的仕女形象相对苗条，衣裙色彩绚丽。盛唐三彩仕女俑，西安出土最多，多为丰满类型。前些年发现的唐玄宗武惠妃墓石椁上的仕女形象非常丰腴，时代特征明显。实际上，无论在墓室壁画中，传世绘画中，还是在三彩俑和陶塑中，都是如此，一到盛唐风格大变。

（三）书法

唐代书法，各种书体并行，但楷书的成就最高。颜真卿将楷书推向了极致，其书法重“筋”，非常饱满，雍容大度。他的很多碑刻都留存至今，如《多宝塔碑》《颜氏家庙碑》，现都收藏在西安碑林博物馆。有很多人认为《颜氏家庙碑》最能体现颜体的风格，雍容大度，宽博雄浑。《颜氏家庙碑》是颜真卿老年的作品，老辣深厚，炉火纯青。柳公权的《玄秘塔碑》也是唐代楷书的经典。柳公权的作品重“骨”，与颜真卿合称“颜筋柳骨”。他的书法更硬朗一些。当然，初唐褚遂良、虞世南也都是书法大家。此外，唐代草书的成就也很高，张旭的《古诗四帖》和怀素的《自叙帖》即为代表，张旭、怀素二人被称为“颠张狂素”。

（四）工艺品

唐代工艺品也很精彩。南方越窑青瓷品质极高，北方邢窑白瓷也直追猛赶。法门寺地宫出土青瓷中的秘色瓷，体现了当时瓷器工艺的高超水平。

唐代金银器在不断借鉴和吸收外来工艺的基础上，最终形成自己的风格。西安何家村窖藏出土的一批唐代金银器，是其中代表。何家村出土的金花舞马衔杯银壶，题材与贺寿有关，每逢玄宗生日千秋节，就有舞马献寿的节目。法门寺地宫出土的带有明显伊斯兰风格的玻璃盘，体现了中外交流的痕迹。隋代李静训墓中也出土不少精美器物。从墓志看，墓主人去世时才9岁，但其地位很高，去世之后，家人非常哀伤悲痛，陪葬了很多非常好的东西，包括金银器、玻璃器和非常漂亮的项链。

（五）佛教艺术

我们再看佛教美术，仍然以敦煌佛教艺术为例。刚才我们已经说过了，敦煌北朝佛教壁画的题材主要是本生故事和佛传故事，宣扬在世的时候要忍受，来世才能获得圆满。到了唐代，尤其是唐前期，净土信仰流行，往生西方极乐世界成为信众追求的目标，所以这个时候出现了很多经变故事画，如《西方净土变》《阿弥陀经经变》《观无量寿经变》《维摩诘经变》等。其中《西方净土变》，描绘西方极乐世界，欢乐无比，歌舞升平，只要到那里，就没有任何烦恼和痛苦。盛唐 172 窟的净土变壁画，下面有宝池、童子等，上面有亭台、楼阁、天人、彩云，一派祥和气象。

盛唐 103 窟和初唐 220 窟都有《维摩诘经变》，盛唐 103 窟的画法和初唐的画法不一样，除了衣服上有一些色彩，其他主要是线条的勾勒，这种风格让我们一下想到了当时的著名画家吴道子。吴道子被尊为“画圣”，民间画、宗教画受他的影响很大。吴道子没有传世作品留下来，只是画史记载有“吴带当风”的风格，说明他的画以流畅的线条为主。敦煌的这幅画很可能受到吴道子画风的影响。敦煌的彩塑也很精彩，彩塑和壁画往往相辅相成，交相辉映，328 窟是其代表。

唐代也是龙门石窟的一个创作高潮期。龙门石窟中，规模最大的是奉先寺，为摩崖大龛。奉先寺的主佛为卢舍那佛，体量宏伟，雕刻甚佳，通过视觉的形式，展现了宗教的力量。佛像前有长长阶梯，当你拾级而上的时候，你的目光正好能和佛的目光对接起来，从而使佛的庄严、慈悲感化信众。隋唐一些寺院雕塑也很精彩，如收藏于美国波士顿美术馆的一尊隋代菩萨像，据说出自西安的一个寺院，其雕工精美至极。

留存至今的唐代建筑不多，但也有一些。唐代殿堂建筑中有两座非常著名，一座是佛光寺大殿，一座是南禅寺大殿，两座建筑整体轮廓非常简洁明了。佛光寺大殿硕大的斗拱，极有气势，非常大气。唐代的塔也留存了一些，如小雁塔（荐福寺塔）等，大部分是密檐式塔，仿楼阁式塔不多，最重要的就是大雁塔。

第十六章　中国古代的隐逸文化

李虎群*

今天我要给大家讲一下中国古代隐逸文化的精神实质及其具体表现，希望给大家展现古代士人悠游自在的生活方式、精神支撑。

最近流行一本书《空谷幽兰——寻访当代中国隐士》①，作者叫比尔·波特，美国人。他是一个人类学家，他主要是去终南山寻找当代中国的隐士。那么中国当代到底还有没有隐士呢？有，肯定有，不只在终南山，甚至各大山林都可能有，“大隐隐于市，小隐隐于野”。中国的隐逸文化源远流长，从商周时代就一直存在，这是中国文化的一大特色。当然，我们不排除有打着隐逸的幌子、要弄沽名钓誉伎俩的假隐士，但这里我们要讲的是那些心胸坦荡的真隐士——他们的精神支撑、他们的隐逸方式。这些隐士虽然可能远离人世人群，但他们从未远离中国古圣先贤所揭示的大道真理，无论在哪里都与这种精神相随，所谓“道也者，不可须臾离也，可离非道也”（《礼记·中庸》）。真正的隐士是隐于这种大道中、这种精神中，对这一精神内核有足够的了解，我们从他们身上才能看到隐士的节操、隐士的价值。历代隐士在进退取舍之际的所作所为，给中华民族的有志之士提供了可资取法的德范，他们还在传承文脉道统上聚成了一股潜流，组成了我们这个民族人文演进的内在动力。

为了把这个问题说清楚，我想分三个层次给大家讲解：

第一，出处进退，一以贯之——隐逸的实质。古之隐士之隐，不是表面化的退归山林，而是隐于精神的家园、人文的大道。这种人文之道又分儒释道三家，每家隐逸的精神家园是不一样的。

第二，三教合流，隐于日用——隐逸的表现。儒释道三家逐渐合流，到

---

* 李虎群，北京大学中国哲学博士，清华大学中国哲学博士后，中国政法大学哲学系教授。研究领域：中国传统儒佛暨艺术之核心价值的切身体认、学理研究和现代创生。代表性学术成果：《儒佛之道与现代社会》（宗教文化出版社，2019 年）。

① 比尔·波特：《空谷幽兰——寻访当代中国隐士》，明洁译，当代中国出版社，2006 年。

宋以后，水乳莫辨，形成了人文大道。中国所有的文化人，包括百姓大众，自觉不自觉地都为这种文化所融合，这种人文大道与伦常日用、家国天下已经逐渐融为一体。有句话说“礼不下庶人，刑不上大夫”（《礼记・曲礼上》），这应该指的不是整个中国历史，而是指西周盛行宗法封建制时的社会特性。自春秋时期孔子以来，就已经不是这样了，孔子之后中国就有了“士”这个阶层，宗法政权日渐崩溃，士人甚至庶人进入政权，礼自此就下达于士人，并且逐渐下及众人，而刑罚也逐渐上达于大夫。自董仲舒之后，或通过察举或通过科举，中国的读书人更进入上层，组成了士人政权，在中国的历史上发挥了很大的作用。可以说，受孔孟之道熏陶的士人从政，使中国传统政治呈现出政教合一的特点，不是政治和宗教合一，而是政治和教化合一，士人在治理社会的时候是以文化之。

士人引领这个社会，有意识地使人心中生出的文化反过来滋养孕育天下人心，加速了文化的普及和各类文化的融合。从宋代以来，中国文化自我融合、整合，已经渗透生活的方方面面。譬如，林泉、饮食、四艺（琴棋书画）、拳道、医道等伦常日用，都得到了这种人文大道的滋养，也都能体现出这种人文大道的核心意蕴，很多隐士就隐逸于此。

第三，内外交养，下学上达——自在的生活。中国文化本末一致，道器不离，所以，即便在当代这个跟传统文化有些隔阂的时代，只要我们能善于发现和学习，依然能够下学而上达，仍然能够跟几千年的文化大统相接续。

一、儒道释与隐逸文化的精神内核

（一）儒家之隐：用之则行，舍之则藏

儒家对隐逸生活有没有向往与追求呢？对隐逸的态度是什么呢？孔子周游列国 14 年，始终怀抱一种恻隐的情怀，认为“不仕无义”（《论语・微子》），自是一种积极济世的态度，到晚年也要著书立说，让弟子把这个济世之道传下去。孔子对隐逸之士是不是持鄙弃的态度呢？《论语・子罕》中有记载，“子欲居九夷”，有弟子对他说，那里很卑陋啊，孔子说：“君子居之，何陋之有？”孔子还说：“道不行，乘桴浮于海”（《论语・公冶长》）——似乎孔子亦有隐逸之志。但我们知道，孔子这些话是对于大道难行发出的感慨，实际上，孔子总不能忘世，他自始至终不是一位隐者。

《论语・微子》中记载了孔子和一些隐士的交流和对话。比如，“楚狂接舆歌而过孔子，曰：‘凤兮凤兮！何德之衰？往者不可谏，来者犹可追。已而，已而！今之从政者殆而！’孔子下，欲与之言。趋而避之，不得与之言”。

还有荷杖老人的故事。这些都是当时的一些隐士。他们认为："滔滔者天下皆是也，而谁以易之？"你真能改变这个社会吗？这个欲望滔滔的社会真的是能改善的吗？这些隐者清醒地看到了这个社会的种种问题，看到了人心深处根植的种种毛病，认为救世的努力最终只是徒劳，还不如离开这个社会，做一个隐者独善其身。可以说，这些隐者都是非常有节操、有气节、有持守的人。而孔子及其弟子则认为："长幼之节，不可废也，君臣之义，如之何其废之？"人毕竟不是鸟兽，人毕竟要在这个社会中生存，逃是逃不掉的，人应该勇敢地担负起做人的责任，就应该把人之为人之道——仁道在这个社会上推广开来。

孔门所说的"仁"是什么？他们发现人和禽兽不一样，但"人之所以异于禽兽者几希"（《孟子·离娄下》）。人和动物的差别是什么？是在于会不会制造和使用工具吗？那到底区别在哪里呢？孟子说："庶民去之，君子存之。"读书人能够自发、自觉地保存和扩展这种不同的东西，而普通人则不易做到。人和动物有共通处，都是从天地自然而生，禀阴阳五行之气而生，所以人和动物大部分都是一样的，唯一的不同就是人对此由自发走向了自觉：动植物都是顺其天然、自发而为、顺本能而为，而人发现了这个规律，从自发走向自觉了，这是开天辟地的第一大事，这才诞生了真正意义上的人！

董仲舒曾说："天不变，道亦不变。"（《汉书·董仲舒传》）为什么呢？"道之大原出于天。"儒者最早的工作可能就是祈雨祈天，对天地的观察非常精细，《周易》说有三才——天、地、人，就是讲人立于天地间如何致其中和。道家讲"道法自然"，也是基于对自然的观察。中华文明的特点就是看到了天、地、人的关系，从自发走向了一种自觉，要以人合天，后来发展出种种洞察和学说，很系统，很精妙。

儒家发现人与动物的区别在于人有德性。动物有德性吗？我们经常也讲"羔羊跪乳""乌鸦反哺"等，但是像我们人一样把仁义礼智信那么清楚地表露出来的动物则没有。儒家治世，推行教化，就是要明人伦。孔子去世之后儒分为八，漆雕氏之儒就是其中之一，但后来失传了。一次孔子让漆雕开去做官，他答曰"吾斯之未能信"（《论语·公冶长》），表示不愿做官，"子悦"。这里孔子高兴可不是认为人应该一辈子隐居而不出仕，他高兴是因为看到漆雕开有自知之明，知道自己的德性和才能都还发露不通透、不全面，或许还无法推行孔子的忠恕之道，还做不到有效的推己及人，孔子喜悦的是漆雕开如此踏踏实实地做为己之学，来日可更好地将人伦大道落实于世间。

读书要细心，更要读好书。《四书章句集注》这本书大家一定要认真读。

近八百年来，这本书对中国各个方面的影响最深广。其中《论语》展示了儒家整体的思想境界。然而，孔子道大德高，一般人不易认识到。《论语·子张》中说，孔子去世不久，就有人跟子贡说，你都这么贤达了，孔子怎么可能比你还贤达？还有个人叫叔孙武叔，语大夫于朝曰："子贡贤于仲尼。"子服景伯转告了子贡，子贡就说："譬之宫墙，赐之墙也及肩，窥见室家之好。夫子之墙数仞，不得其门而入，不见宗庙之美，百官之富。"读《论语》一时读不懂，那怎么办呢？《大学》就是契入孔门心法核心的阶梯，就是开启《论语》的钥匙。而《论语》也好，《大学》也好，我们还要借助前人的注释，如朱熹的《四书章句集注》。

在《大学章句序》中，朱子说："大学之书，古之大学所以教人之法也。盖自天降生民，则既莫不与之以仁义礼智之性矣。然其气质之禀或不能齐，是以不能皆有以知其性之所有而全之也。一有聪明睿智能尽其性者出于其间，则天必命之以为亿兆之君师，使之治而教之，以复其性。此伏羲、神农、黄帝、尧、舜，所以继天立极，而司徒之职、典乐之官所由设也。"这是儒学核心的阐述。大学之道，首在知止，何为知止？就是在"明明德"，就是把人本有的"四端"发挥出来，把人作为人的德性表露出来，使"人道"彰明，流布于天下。所以，孔门不提倡隐逸。

但是，恰恰是儒者懂得隐士，对隐逸之士抱有一种深切的同情和尊重。因为这些人不同流合污，他们有高尚的节操，他们有所不为，卓然有以自立。《论语》中，孔子对于真正的隐士，总是"欲与之言"（《论语·微子》），为何孔子总想跟这些人交流，因为孔子最讨厌的是乡愿，乡愿意味着随波逐流，人云亦云，人行亦行，没有独立的人格。孔子曾经慨叹："不得中行而与之，必也狂狷乎！狂者进取，狷者有所不为也。"（《论语·子路》）狂狷之士往往和隐士的人格比较接近。所以，虽然这些隐者总是避着孔子，孔子还是很愿意去见他们，孔子认为这些人再往前一步就是至贤君子了。

儒门对隐士很尊重，但自己不主张走这样的道路。我们可以说，儒者的主流是出而不愿隐，所谓"有道则仕"（《论语·卫灵公》），"达则兼济天下"（《孟子·尽心上》）；即便不得已而隐逸，也属于"无道则隐"（《论语·泰伯》），"穷则独善其身"（《孟子·尽心上》），其心志还是入世的，时机成熟还是要入世平治天下，所谓"用之则行，舍之则藏"（《论语·述而》），"舒则弥轮六合，卷则退藏于密"（超溟《万法归心录》）。

（二）道家之隐：欣然乐与，虚而遨游

道家对隐是什么看法呢？《史记·老子韩非列传》记载，老子是"周守藏室之史”，后来出函谷关西行，不知所终，所以司马迁说老子以“自隐无名为务”。函谷关的关令尹喜强迫老子著述，才留下了《道德经》五千言。老子认为，道德仁义讲得越多，社会越混乱；关键要遵循天地大道，这个社会才能长治久安。他认为，天地没有“仁”的特质，就是自然而然，无心而为无不为，所以天地以万物为刍狗，圣人也应该效法天地，以百姓为刍狗。圣人有仁心了，天下皆知善之为善，斯不善已，皆知美之为美，斯恶已；若总是标榜仁义道德，到最后很多伪君子就出来了。就像鱼不可脱于渊一样，国之利器不可以示人，因为有无相生，有善就有恶，所以圣人不死，大盗不止，所以真正的大德、上德，恰恰是因为无德、不德，才能有德。《老子》第三十八章明确讲：“失道而后德，失德而后仁，失仁而后义，失义而后礼。”我们还可以说“失礼而后法”，法令滋彰，盗贼多有，律法在老子这里更是等而下之。所以，道德仁义依次向下滑坡。《庄子·应帝王》中有个关于“浑沌”的寓言，把老子这个意思表达得很形象：“南海之帝为儵，北海之帝为忽，中央之帝为浑沌。儵与忽时相与遇于浑沌之地，浑沌待之甚善。儵与忽谋报浑沌之德，曰：‘人皆有七窍，以视听食息，此独无有，尝试凿之。’日凿一窍，七日而浑沌死。”浑沌在这里是什么呢？浑沌就是天道自然。仁义道德对自然来说就是穿凿，就是破坏。所以，老子对文明的进程有深刻的反省和提防。

老子是不是一位隐逸之士呢？我认为不是。老子对社会和人群抱有深刻的同情和关切，他真心希望这个社会能更好，但他热切的同情没有像孔子那样内外合一、不可遏抑地表露于行动，而是表现为极其冷静地对社会的深入剖析和思考。治国的大道老子有没有呢？有，那就是无为！君王就是要无为、抱一，民间有各种机巧，要把人们再带回到自然之中，所以，他提出“小国寡民”。不要一提到《老子》这一章，就说老子是历史退步主义者，其实，他是不想人类进入过度文明的状态，那样反而会把人的天性给戕害了。老子很像现代意义上所推崇的“思想家”，他更多的是社会的旁观者，不是行动者，但他对文明虚泛的深谋远虑让人钦佩。老子虚极静观，我经常说他就像人体的静脉，而儒家仁人志士的一腔热血就像人体的动脉，一静一动，动静相生，构成了中国文化非常稳定而又活泼的结构。

后来庄子用诗意的语言把老子的天道自然思想发挥得汪洋恣肆、淋漓尽致，而老子家国天下的关怀在庄子那里却大大地淡化了。庄子的才性、生活和思想更像是一个隐者，《庄子》内七篇，《逍遥游》排第一，《人间世》第四，而《应帝王》是最后一篇，从这个次序就可见庄子心中分量最重的还是如何逍遥游，所谓“饱食而遨游，泛若不系之舟，虚而遨游者也”（《庄子·列御寇》）。他认为以仁义礼乐治天下，是“蹩躠为仁，踶跂为义”（《庄子·马蹄》），劳心费力，违背天然。庄子很不愿意从政，《庄子·秋水》有一则著名的寓言：庄子钓于濮水，楚王使大夫二人往先焉，说：“愿以境内累矣！”想请庄子出山做官，还说“让先生受累啦”。一般人求之不得啊，但庄子却持竿不顾，头也不回，还是钓鱼，说：“吾闻楚有神龟，死已三千岁矣，王巾笥而藏之庙堂之上。此龟者，宁其死为留骨而贵乎？宁其生而曳尾于涂中乎？”两位大夫应该还是认真想了一会儿，然后老实回答道：“宁生而曳尾涂中。”庄子就说：“往矣！吾将曳尾于涂中。”请回吧，我宁愿做一只烂泥巴里的乌龟，也不愿为了虚名、为了尊贵而混迹朝廷。庄子宁愿处江湖之远，也不愿居庙堂之高。

《庄子·秋水》中还有一则故事很有意思。庄子的好朋友惠子在梁国当宰相，庄子去见他，惠子周围的人说，“庄子来，欲代子相”，想取代您当宰相，“惠子恐”，惠子竟信以为真了，怕得很，于是“搜于国中，三日三夜”。能找到吗？找不到！找到就不是庄子了，庄子是“一以己为马，一以己为牛”，他“与化为人”，他与人与社会都是虚与委蛇，怎知其谁何？最妙的是，惠子找不到庄子，而庄子恰“往见之”，自己大摇大摆送上门去了，说“南方有鸟，其名为鹓鸰，子知之乎？”说鹓鸰这种神鸟，“发于南海而飞于北海，非梧桐不止，非练实不食，非醴泉不饮。于是鸱得腐鼠，鹓鸰过之，仰而视之曰：‘吓！’”正好这时一只猫头鹰得到一只死耗子，抬头看见鹓鸰经过，以为要抢，是又惊又怕啊！然后，庄子反问惠子道：“今子欲以子之梁国而吓我邪？”多高明的揶揄！多有趣的讽刺！什么叫相形见绌！什么叫以小人之心度君子之腹！孔子说：“不义而富且贵，于我如浮云。”（《论语·述而》）而庄子是把所有功名利禄都视若浮云！这就是孔子所赞叹的狂狷之士！所以我经常说，不学道家，不学庄子，不表露真情，不敢蔑视流俗，学儒家是不能入门的。学庄子能让人有傲骨，能脱俗。俗气入骨，最是没救。张载在《正蒙》中说“易为君子谋，不为小人谋”，其实，庄子最接近君子之德。

庄子强调“无以人灭天”（《庄子·秋水》），他最重视“已而不知其然”（《庄子·齐物论》）的天机自发，他经常游于山林泉石之间，“山林与，皋壤与，使我欣欣然而乐与！”（《庄子·知北游》）但不要以为庄子是隐逸在山林里、自然中，这只是表象，大自然在庄子这里是大道所寓，庄子是隐在大道中。他认为老是纠结在仁义道德、是是非非当中，对自己的天性是一种巨大的伤害，他不屑于与世俗同流合污，而愿意与大道在一起。庄子这种精神不知影响了多少后来的士人。可以说，自从有了庄子，中国就有了原汁原味的隐士。后来发展出的道教，尊《庄子》为《南华真经》。道士们隐于山林道观，所谓“山中何所有，岭上多白云。只可自怡悦，不堪持赠君”（陶弘景《诏问山中何所有赋诗以答》）。他们性命双修，有内丹外丹之说，对于如何葆其天真形成了一系列系统深邃的修养方法。

受庄子和道教影响，中国很多贤达哲人选择隐逸，在精神家园里栖居。这类人对社会人生有些厌倦，他们是隐而不愿出，即出亦是（愿）隐。我们对这类隐士充满尊重，有时甚至充满向往。固然，我们要承担我们的人伦责任，但有时真的很疲惫，也难免会厌倦，“白云生处有人家”（杜牧《山行》），“静居观物变，浑欲入山深”（《太虚大师全集·潮音草舍诗存·和玉皇兄立秋有感原韵》）。有时，我们真的只有回归到宁静广袤的原野、乡村，在那里凝望星空，心斋坐忘，才会恢复生机。

（三）佛家之隐：方便度化，立处即真

佛教往往被人诟病，说僧人隐于山林，不事生产，靠别人布施度日，是社会的寄生虫。历史上有不少灭佛运动，近代也有好多次庙产兴学运动。

佛教，尤其是大乘佛教的核心是菩萨精神——觉悟有情，自觉觉他，自渡渡他，强调慈悲智慧的心胸。这里好像有个矛盾，中国有句俗话，“天下名山僧占多”，居住在深山古刹的僧人和救苦救难的菩萨精神是不是有些格格不入呢？东晋有一位慧远法师，他在庐山三十多年，影不出山，迹不入俗，可以说是隐而不出了，但是他对当时甚至后世的社会政治、民风民俗产生了极大的影响。他号召在庐山结莲社念佛，有 123 人参加，后来被奉为净土宗的始祖。佛教人士虽然不下山，然而讲经说法，影响人的精神，照样发挥作用。正如孔子在《论语·为政》中所说：“《书》云：‘孝乎惟孝，友于兄弟，施于有政。’是亦为政。奚其为为政？”一个人能把当下自己的事情做好，来影响周围的人也是为政，何必一定要去做官才是为政？所以儒家讲“人道敏政”（《礼记·中庸》），政治的核心是把这个大道推行出来。所以，自古以来的士大夫往往把道统置于君统之上。出来做事是行道，隐逸时也是隐于这个道中，而不是消极悲观，更不是绝望避世。

大乘菩萨道也是一样，不是说非得做一位社会活动家，到处奔走呼告，才符合菩萨精神，我们要把视野放开阔，看到救苦救难的不同形式：两手勤劳固然可以救苦救难，深山修行也可以救苦救难。毕竟，人不是光靠两条腿站在这片土地上，还需要精神的支撑。信奉修习大乘菩萨道的人，没有出世和隐逸这一分别，他们随缘度化，只是看机缘，做了也不以为意。这是佛家之隐。

二、日常生活与隐逸文化的表现

佛教到隋唐时期，已经发展为八个宗派，后来独以禅宗和净土宗为盛，这两个宗派都是简易直接，都是直指人心，利于人们当下修学，和中国思想知行合一的传统是一致的。后来宋明理学的兴起，可以说是吸纳融合了阴阳、道家等学派体系的儒家大传统，又进一步汲取西来佛学的结晶，濂洛关闽、程朱陆王为中国文化大统的传承和发扬确实立了大功，功不可没。儒释道到这里已经是水乳莫辨、你中有我、我中有你、三教合一了，但不是一锅粥似的合一，而是和而不同，各自仍旧保持自己的独特性，你还是你，我还是我，三足鼎立，共同支撑起中国人的精神世界。

自宋以来，三教合流，形成了一个有机的、活的文化体，这一文化体的根基是对于人性善的深刻洞察，它认为，人人原本都是贤是圣是佛，人人都可以经过修学恢复其贤圣仙佛的本来面目，它还提供了种种修学的途径，它始终信任人本身、尊重人本身，它最重师道，把师道与天地君亲并列，它不排斥神，却“敬鬼神而远之”（《论语·为政》），这是一种人文大道，彰显的是一种人文精神。这一精神在近八百年来，灌溉着我们的心田，经由我们祖辈的辛勤劳作，已经沉淀为深厚肥沃的人文土壤，孕育出诸多的文明形式，百花飘香，果实累累，把儒释道的精神内核充分绽放了出来，无论自觉与否，人人都得以陶冶其中——山水自然、饮食起居、琴棋书画、拳道医道——这就是我们中国人的日常生活。

很多隐士就隐逸在这些文明成果之中，就在我们身边，不为人知，也不求人知——所谓“世内高人”。我们中国人的日常生活，处处有道，头头是道，都是为文化所教化的文明果实。可惜，“百姓日用而不知”（《易经·系辞上》）；但我们既然是读书人，就要读书明理，做个明白人、明眼人。

首先我们谈谈自然山水之隐。想必大家都爱旅游，我 2011 年到欧洲访学，抽时间游历了 11 个国家，景色并非不美，建筑也颇为壮观，但始终感觉自己像一个游魂一样，连走马观花都算不上，我算懂得了什么叫作浮光掠影。我只是看到了一些表层的东西，无法契入它们文化的内部，所以真真切切地感到自己是个异乡人。我看瑞士的湖光山影，美则美矣，但感觉很疲惫，因为我没有接触到那里山水的灵魂，眼睛看到了，心却没有看到。但据我观察，当地的欧洲人好多也是游离在湖光山色之外，没有进入山水的灵魂内部，和我一样漂浮于那片土地之上——是不是我太武断了呢？近来读了8卷本的《荣格文集》，其中有一篇文章于我心有戚戚焉。荣格是瑞士人，他说他小时候生活之地的湖光山色有很多神话传说，乡民的性情、生活和那里的自然处于不断沟通的、相生相依的状态，那些山川对于他是有灵魂的。然而，当他中晚年回到故乡时，发现那些传说已经消逝殆尽了，人们还是生活在那里，但再没有血脉相连——故乡已成他乡！

这可能是现代人的通病，不论东西方，都是“视而不见，听而不闻，食而不知其味”（《礼记·大学》），为什么呢？心不在焉了！迷信数字和科学的现代人看得更远、更细了，听得更清、更准了，但同时也把自己沦为了机器，在“理性客观地认识世界”的口号下遗失了自己的心灵世界！看山只是山，看水只是水，山水只是一些分子、原子和照片、视频了，人不再会因为面对风雨雷霆、名山大川而惊诧、而感动、而敬畏了，人把自己连根拔起，成了到处漂泊的卷柏草。现代人的心灵是贫瘠的，这很可怜。在我的家乡山东，小时候，家乡人称呼天地日月分别为天爷爷、地奶奶、爷爷儿、月姥娘，多么质朴亲切的称呼啊！这样看似简单的称呼里蕴藏着深刻的文化传承。“事父孝，故事天明；事母孝，故事地察”（《孝经·感应》），“乾称父，坤称母，予兹藐焉，乃混然中处”（张载《正蒙》）等，讲的就是这些俗语蕴含的道理。这些道理还表露为国家大典，我们有日坛、月坛、天坛、地坛，就是这些道理的具体化、精微化的落实。所以，我们的很多日常俗语往往都浸透了儒释道的精神。冬日里，老人挤在一条长板凳上，抽一袋烟，唠唠家常，晒晒爷爷儿；月夜，孩童在院子里、巷子里追逐打闹，跳跳绳儿，捉捉迷藏——这是何等惬意的生活！“明月松间照”（王维《山居秋暝》），“峨眉山月半轮秋”（李白《峨眉山月歌》），“我歌月徘徊，我舞影凌乱”（李白《月下独酌》）——这些诗句就是从这样的生活中来的。老辈人真是诗意地栖居在这片大地上。

国内旅游大家到过哪里？到过泰山、峨眉山、青城山吧，有什么感觉？只是散散心、养养眼、锻炼锻炼？最近这些年国内旅游热起来了，但恕我直言，国人在国内旅游和我在国外旅游差不多，还是漂浮在景观的表面。所谓“外行看热闹，内行看门道”，我希望我们青年学子，在中国这片土地上能看出门道。国内看清楚了，到了国外才有可能看清楚，要不然，任你走遍天下，还是无知！心眼不开，肉眼有限！要不老子怎么说“其出弥远，其知弥少”

（《老子》第四十七章）呢。了解这个世界就是了解人的精神。中国人的精神经过三千年的文化化育，已经天然地成为我们每个人的血脉了，要想了解自己这一滴水，就必须了解承载这一滴水的河流。

由于中国人在这片大地上栖居得太久了，中国的自然已经人文化、人文已经自然化了。也就是说，中国的山已经不只是山，水已经不只是水了，山水有灵，已经被文化所化，成为精神的表征了。儒家有五岳：嵩山、泰山、衡山、恒山和华山。嵩山为何是中岳呢？这个跟观象授时、立表测影有关系。夏至测日影，一尺五寸，正好在嵩山这个地方，是“地中”，是天下之中央，所以称为中岳。泰山，也只有读懂了《周易》的泰卦才知道何以名为泰山，何以历代帝王去那里封禅。佛家也有四大名山：峨眉山、五台山、九华山和普陀山，分别是普贤菩萨、文殊菩萨、地藏菩萨、观音菩萨的道场，普贤表大行、文殊表大智、地藏表大愿、观音表大悲，悲智行愿具足就是佛。今天我们叫游山，古人叫朝山，他是去朝拜，有的甚至一步一叩首，一直到山顶，那是和菩萨的一种交流，和菩萨的精神相感通。道教也有三十六洞天、七十二福地。等我们学了儒释道，再去这些地方游玩，感觉和收获就不一样了，那时就能够乐山乐水，乐在其中，不只有耳目之乐，更有心灵之乐——这就是为何说“仁者见之谓之仁，智者见之谓之智”（《易经・系辞上》），“知者乐水，仁者乐山”（《论语・雍也》）了。

山川人文化了，有了灵性，我们徜徉于中华大地山水之间的同时，还可以陶冶滋养心神。同时，中国人的建筑居室又莫不愿依山傍水，至少“榆柳荫后檐，桃李罗堂前”（陶渊明《归园田居》），人文又不远离自然，不悖于自然，和自然打成一片。苏州园林自不必说了，就连故宫也有后花园，后面还有景山，周围有北海、中南海等，也是要和自然尽量地相依相连。张志和有一首词《渔歌子》：“西塞山前白鹭飞，桃花流水鳜鱼肥。青箬笠，绿蓑衣，斜风细雨不须归。”还有柳宗元的《江雪》：“千山鸟飞绝，万径人踪灭。孤舟蓑笠翁，独钓寒江雪。”这些诗歌都表露出人与自然合为一体，人栖息在山水间，但同时也栖息在一派生机、惺惺寂寂的人文精神中。

其实何止是大的山川，就连我们身边的一草一木都已经人文化了。中国人的梅兰竹菊是植物学意义上的吗？当然不是，它们带给我们的是何等丰富的精神世界！说起梅花马上就想起梅妻鹤子的林和靖，说起菊花就想起陶渊明，说起荷花就想起周敦颐。竹呢？苏东坡《于潜僧绿筠轩》说：“宁可食无肉，不可居无竹。无肉令人瘦，无竹令人俗。人瘦尚可肥，士俗不可医。”——整个山川自然、松柏草木在中国人的心中都是活的，这是一种君子比德的精神。中国的文人隐于林泉，是隐于人文化的自然山水之中、伦常日用之中。

懂了这个道理，我们的精神就和我们的河山打成一片了，和我们的先祖圣贤打成一片了，我们怎么可能不爱国呢？每一寸河山都代表着历代圣贤和先祖的一片心血，怎么能从我们这一代的手里丢掉呢？所以，爱国要从哪里来？要从文化来。

中国文化和这片山川土地融为一体、打成一片了，凡目之所及、足之所履，无不蕴含着中国特有的人文大道，而正是由于日常生活无不是道，所谓“头头是道”，就不易耸人视听，一般人反而容易忽略，甚至近在咫尺远若天涯——这既可说是文化的深入普及，也可说是文化的隐遁潜身。正是有了中国文化的隐，才有了中国隐的文化。历代多少贤哲，就是隐在隐的文化里，同时又推动了文化的隐。实际上，文化的“隐”正是文化的“显”，因为文化不是隐到别处去了，而是隐到百姓生活中、百姓心田里了，人人得以受用，莫知其然而然，看似隐遁了，实则不正恰恰实现了实际意义上的彰显了吗？隐显一如，这里蕴藏着中国文化的奥秘。

我们再举身边更近的例子，譬如饮食，中国文化的精髓也隐到这里了。《礼记·中庸》说：“人莫不饮食也，鲜能知味也！”饮食之中有大道。我们都知道伊尹吧，儒家的元圣，他曾经就是一个厨师。伊尹隐于有莘国之野，但以天下为己任，辅佐商汤灭夏，理政安民五十余载，三代元老，治国有方，世称贤相。传说伊尹做得一手好菜，有两篇文章就是他写的，《火候论》和《五味调和论》。宰相在古代也被称为调和鼎鼐，所谓“治大国若烹小鲜”（《老子》第六十章），做饭之道和治国之道是相通的，中国人做饭菜讲究五味调和、讲究一个火候，达到中和的味道。还有中国的夫妻关系，也是和合一体之义，要夫妻一条心，现在的婚前财产公证，是对此的背离。孝道也是，要以父母、先祖之心为心，互相感通，和合一体。不像欧美，是个体主义，人与神的关系重于人与人的关系。中国是以孝道体验仁道，“孝悌也者，其为仁之本欤？”（《论语·学而》）欧美是以人与神之间的沟通体验人与人之间的沟通。中国的礼乐也是和合，“礼之用和为贵”，乐就是礼之用。

再说饮酒，就是要陶然忘我。李白在《月下独酌》一诗中说，“花间一壶酒，独酌无相亲。举杯邀明月，对影成三人”，达到“我歌月徘徊，我舞影凌乱”这样一种物我两忘、天人合一的境界。还有品茶，壶小乾坤大，里面文化蕴涵太丰富了。中国有一位茶仙叫卢仝，和茶圣陆羽几乎是同时代的人，他有一首《七碗茶歌》：“一碗喉吻润，两碗破孤闷。三碗搜枯肠，唯有文字五千卷。四碗发轻汗，平生不平事，尽向毛孔散。五碗肌骨清，六碗通仙灵。七碗吃不得也，唯觉两腋习习清风生。蓬莱山，在何处？玉川子乘此清风欲归去。”喝茶喝到这个份上，也就跟茶的文化接通了，而上面我们说的人文大道也就隐到茶道里了。

下面我们再以琴棋书画来谈谈这个问题。四艺是古代文人的必修课，琴声一过就没有了，棋有两点，书有线条，画已成面，所以琴排第一。琴棋书画是从无形到有形，从无相到有相，越来越具体，所以琴是最抽象的、最难的。《易经·系辞下》说：“古者包羲氏之王天下也，仰则观象于天，俯则观法于地，观鸟兽之文与地之宜，近取诸身，远取诸物，于是始作八卦，以通神明之德，以类万物之情。”意思是说，古代圣人制作器物都是把天地自然的道理融合其中，比如古琴：上圆下方，象征天圆地方；长度三尺六寸五分，象征周天之数；前面有十三个徽，象征着十二个月加一个闰月；都是有象征的。古来多少隐士都是琴师。禽兽知声而不知音，庶民知音而不知乐，唯君子为能知乐：乐是“天地之和也”（《礼记·乐记》）。什么是和？我们吃的五谷杂粮都是天地万物中比较中和的，属于中性；中药材往往是带有偏性的，有些偏寒，有些偏热，我们治病就要以偏纠偏、恢复中和，所以才来吃药。古琴的形制、音色、琴曲就是得了天地和气：不偏不倚，中正平和。

围棋也被称为手谈、坐隐，为何下围棋也可以入道呢？一个棋盘纵横 19 路 361 个点，象征周天之数，黑白二子象征一阴一阳。围棋不似象棋，一定要将对方的老帅拿下，而是我活也让你活，只是看谁占的空大，不是“你输我赢天下太平”，而是机动制衡。围棋没有想着要把对方赶尽杀绝，没有绝对的二元对立意识。中国自古就有以天下为己任的思想，道之所在，即天下之所在。顾炎武《日知录》有句名言“国家兴亡，肉食者谋之；天下兴亡，匹夫有责”——亡天下是人伦大道的丧失，人将不人，沦为禽兽！所以，中国的外交智慧和围棋之道是一以贯之的，她眼里没有绝对的夷狄，夷狄若奉行人伦大道，也可以是中国，而中国自身若是遗弃了这种精神，也就沦为实质意义上的夷狄了。所以中国不是非要和某个国家拼个输赢，也就是“争霸”，而是要在动态制衡中保持我们的原则和立场，这一立场实质上就是中国传统文化里的人文精神。进一步讲，不像象棋“马走日，象走田，过河卒子不回还”，围棋每一个子都没有特定的属性，也没有特定的规则，运用之妙，存乎一心，这不正暗合了大乘佛法的空义吗？空就是没有自性，色不异空，空不异色，就是说一切事物都没有绝对固定的属性。“才有是非，纷然失心”，一般人拘泥是非，所以气量狭小，不能成事，“一心不生，万法无咎”①，有识者心量广大，犹如虚空，无不包容，所以能活用万法，化腐朽为神奇——有不少人批评中国人太灵活了，殊不知那正是人文精神支撑下的权变。

再简单谈谈书画。书法也有道，王羲之的老师卫夫人在《笔阵图》中说：“善笔力者多骨，不善笔力者多肉；多骨微肉者谓之‘筋书’，多肉微骨者谓之‘墨猪’；多力丰筋者圣，无力无筋者病。”她主张书法要“多力丰筋”，即力量柔韧，筋骨丰满，而反对有墨无笔、“无力无筋”。“永字八法”中的横叫“勒”，就是指运笔右行要像勒马一样，要有往回拉的劲道，不能滑溜溜地轻率行进。同时，不同的精神状态写出来的横也是不一样的，书如其人，从书法中能看出人格来。书法是一种文化的书写，书写的也是一种文化。

文人画、山水画体现中国文化的精髓就更形象、更具体了。人在画中，不仔细看都看不到！这是泯灭个性、扼杀人欲吗？不！这恰恰彰显了人的真我，和天地自然和合一体的大我！

上面所讲是偏于“文”的，下面我们讲讲“武”的：中国传统武术。中国功夫驰名世界，影视作品拍摄了很多，但传统武术所蕴含的文化意蕴表现出来没有？我看还有差距。据初步统计，中国现在有一百二十几个拳种，一般可以分为内家拳和外家拳两类，所谓内练精气神，外练筋骨皮。实际上，内家、外家之分只是皮相之论，内家练好了，照样有外家之用；外家练好了，也照样有内家之养。学拳有三个目标：强身健体、自卫反击和究明拳理。当然，这三者也是统一的，得其一必得其二，各有侧重而已。我们的目标是究明拳理。举两个例子。先说说太极拳，我们也称之为“哲拳”，强调内三合、外三合。内三合是心与意合、意与气合、气与力合，在打拳的时候有一个心、意和气息的调整。外三合是手与足合、肩与胯合、肘与膝合。我们的身体本来就是合在一起的，《老子》第五十五章说：“含德之厚，比于赤子。毒虫不螫，猛兽不据，攫鸟不搏。骨弱筋柔而握固。未知牝牡之合而朘作，精之至也。终日号而不嗄，和之至也。”但是由于我们后天的不良生活习惯，致使我们逐渐丧失了“良能”，不能保持自身的自觉、自为的状态，周身散了。练拳

---

① 南怀瑾：《禅话·禅宗三祖僧璨〈信心铭〉》，复旦大学出版社，2007年，第66页。

就是要恢复我们本有的良能。当然，大家要清楚，所谓“拳”，并不就是特指“拳头”，而是指拳拳服膺的意思，也就是周身上下无不是拳，周身一动无有不动，内外上下是一个整体。练拳就是要化去拙力，形成一种和合力，就是弹性力、瞬间爆发力，就是所谓“整劲儿”“拳劲儿”。拳劲儿不是死力气，不是力能扛鼎，也不是肌肉男。一些电视节目武林大会打了十多分钟还不见分晓，那都成摔跤了，真正高手相遇两三分钟就见高低了。太极拳来去无空手，第一路是催僵化柔，第二路也叫炮锤，非常刚猛，是第一路有心求柔之后自然的无意成刚。中国传统武术一直在往前发展，近代出现了一种新的拳种——意拳，也叫大成拳，被认为是集中国武术之大成者。它脱胎于形意拳，重视意感，重视精神，不再重视具体的招数。太极拳还是有它的套路的，到意拳这里所有的套路都没有了。近代的王芗斋先生就是意拳创始人。意拳直指拳的根本——人的意念，认为“意即力也”①。它首先强调站桩，锻炼人的自然力、浑元力，这个拳种义理和练法都非常精微。我觉得，中国传统武术体现了中国人文大道的一个核心精神：对人自身的信任——认为人为万物之灵，自身就有无价之宝，所有的练法归根结底都是要恢复、发挥人自身的良能。这和儒佛认为人人本来都是圣贤、都是佛的见地是一致的。隐藏了中国思想核心精髓的武术界历来藏龙卧虎，不知有多少豪杰之士隐逸于此。

最后再说几句中医。中国的中医讲究天人相应，阴阳平衡，人与自然要保持动态的和谐。中医的医理很明确，那就是人和整个世界的相关性、一体性。人的五脏六腑和五窍、五情、五方、五色、五常、五声、五味、二十八星宿、二十四节气等都是相互对应、和合为一的。中医是从天人一体的角度来治病，甚至可以说在中医眼里没有“病”，所谓“病”，都是身体失调的一时表现。中医讲究三分治、七分养，就是要催动人自身自愈的能力。中国文化的信心建立在人自身上，认为人自身就是天地万物规律的表现，是大自然的精华，一切文教都是从这一洞察出发。朱子在《中庸章句集注》中说：“盖人之所以为人，道之所以为道，圣人之所以为教，原其所自，无一不本于天而备于我。”这句话是朱子对《中庸》第一句话“天命之谓性，率性之谓道，修道之谓教”的解读，中国文化的精髓被他一语道破。没有这样的文化传统和洞察，就不可能有中医。自古有言“不为良相，则为良医”②，医家当中也

① 陈照奎、马虹：《陈式太极拳拳法拳理》，北京体育大学出版社，2010年，第40页。

② 吴曾：《能改斋漫录》卷13，上海古籍出版社，1979年，第831页。

多隐逸之士。

三、内外交养，下学上达

今天所讲内容比较多，很多来不及细讲，只能点到即止，算是画了一张简单的文化地图吧，还需要大家按图索骥，自己去实地走一遭，实到“长安”，才能真有受用。

中国文化的渊源实在太广太深了，“源远”所以“流长”。这条文化的大河就像黄河、长江一样，哺育了我们中华儿女，凡流泽所及，中国人的精神、居室、饮食等心灵生活和物质生活莫不得其浸润，滋养繁茂，可大可久，所以中国广土众民和合一家，历时五千年而屹立不倒。中国传统文化已经全部铺开了，就在光天化日之下，因为看不到，所以才说隐逸，若是看得清，哪里有什么隐逸呢？“二三子以我为隐乎？吾无隐乎尔。吾无行而不与二三子者，是丘也。”（《论语·述而》）太阳底下的东西看清了，到了晚上没有太阳了，你心里还是看得清清楚楚。

所以，世界就在那里，关键是我们自己要“开眼”，做个明眼人，看到中国文化的大统所在，那随文化而隐的广阔世界，就会展露在眼前，如在左右。那时，有道相随，我们就能知道出处进退的大义所在，才是个真正的自在人，“无入而不自得”。

中国文化本末一体，道器不离。“本”就是我们上面所讲的人文大道，“末”就是这个大道生发出来的种种文明成果。成果中蕴含着大道，而大道也不是空虚的，它非常具体，落实在我们的生活当中。所以，我们要内外交养：一方面要内养，立大志，发大愿，尊德性而道问学；另一方面要外修，通过旅游、品茶、练武术、下围棋等，致广大而尽精微，下学而上达，由末而趋本，领悟大道。最终找到自己生命的家园，人生的根本，进而和这片土地真正的血脉相通，相生相养！

参考书目

蒋星煜：《中国隐士与中国文化》，上海三联书店，1988 年。

张立伟：《归去来兮——隐逸的文化透视》，三联书店，1995 年。

杨朝云：《中国隐逸文化史》，云南人民出版社，2004 年。

文青云：《岩穴之士：中国早期的隐逸传统》，山东画报出版社，2009 年。

葛兆光：《禅宗与中国文化》，上海人民出版社，1986年。
皇甫谧：《高士传》，四库全书本。
余嘉锡：《世说新语笺疏》，中华书局，1983年。
逯钦立校注：《陶渊明集》，中华书局，1979年。

后　记

中国政法大学早在2005年就启动新一轮通识教育课程改革，提出打造“有灵魂的通识教育”的教学理念，建设包括“中华文明通论”在内的有层级的通识教育课程体系。“中华文明通论”课程是学校重点建设的两门通识核心课程之一，以“向学识真，闻道求实，博雅文明，心仪君子”为课程目标，将整体架构与专题讲授相配合，课堂讲授、讲座提升与“中华文明季”实践活动互动融合。其中，课堂讲授部分专设“经邦治世”“文化信仰”“社会生活”三个板块，揭示中华文明“天人合一、自强不息、厚德载物、生生不已”的基本特点。本书以2021—2022学年的课堂讲义为基础整理而成，以期作为本校同学修读的参考书目以及推广中华文明的通用读本。

感谢莅临“中华文明通论”课堂的各位专家学者，为中国政治大学学子带来精彩的文化盛宴。除本书各专题的主讲专家外，参与本课程的授课专家还有中国社会科学院刘跃进教授，北京大学楼宇烈、杨立华、赵世瑜教授，中国人民大学孟宪实教授，北京师范大学郭英德、李小龙教授，清华大学张国刚教授，河北大学过常宝教授，武汉大学郭齐勇教授，中国艺术研究院吕品田教授，中国政法大学方尔加、林乾、孙鹤、刘震、刘丹忱教授等，各位专家精彩的讲授，已成为同学们在军都山下永恒的回忆。

在“中华文明通论”课程的建设与改革中，学校主管本科教学的副校长常保国教授，前任教务处处长卢春龙教授，现任教务处处长汪海燕教授，副处长翟远见、宋婧博、邵文郁、王为等老师，人文学院党委书记杨军老师，前任院长李德顺教授、文兵教授，现任院长俞学明教授，副院长赵晓华教授，均给予了鼎力支持。学校每年有50多位各专业教师担任“中国问题论衡”点评嘉宾并给予耐心指导，人文学院学生会承办了历届“中华文明季”展览活动，学院教学办公室赵良伟老师及多位研究生助理、本科生教学助手参与课程组织各环节，为课程顺利进行做了许多保障服务工作，在此一并致谢。

此外，中国人民大学出版社人文出版分社的杨宗元社长和张杰编辑、库晓慧编辑为本书的出版付出良多，衷心感谢。

最后，感谢所有在中国政法大学修读过“中华文明通论”课程的同学们，感谢他们在修读过程中的主动参与、认真研习、积极反馈。

罗世琴　李京泽

2023年1月

图书在版编目（CIP）数据

中华文明通论/罗世琴，李京泽主编．--北京：中国人民大学出版社，2023.10
21世纪通识教育系列教材
ISBN 978-7-300-28476-7

Ⅰ.①中… Ⅱ.①罗… ②李… Ⅲ.①中华文化-高等学校-教材 Ⅳ.①K203

中国国家版本馆CIP数据核字（2023）第154893号

21世纪通识教育系列教材
中华文明通论
罗世琴　李京泽　主编
Zhonghua Wenming Tonglun

出版发行	中国人民大学出版社		
社　　址	北京中关村大街31号	**邮政编码**	100080
电　　话	010－62511242（总编室）		010－62511770（质管部）
	010－82501766（邮购部）		010－62514148（门市部）
	010－62515195（发行公司）		010－62515275（盗版举报）
网　　址	http://www.crup.com.cn		
经　　销	新华书店		
印　　刷	北京密兴印刷有限公司		
开　　本	720 mm×1000 mm　1/16	**版　　次**	2023年10月第1版
印　　张	20 插页1	**印　　次**	2023年10月第1次印刷
字　　数	342 000	**定　　价**	58.00元